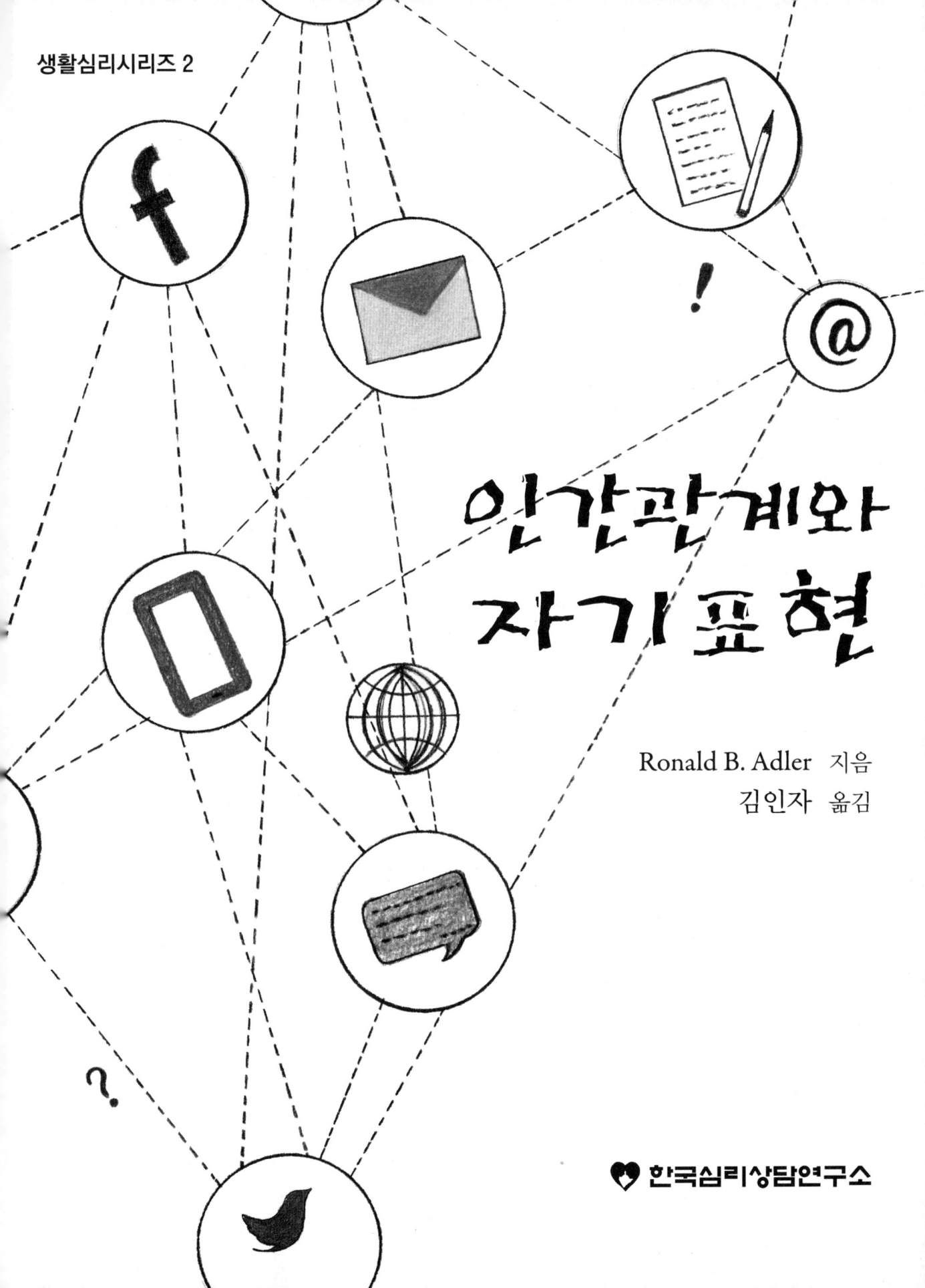

ⓒ 1994년 한국심리상담연구소 김인자에 의해 저작권이 등록되어 모든 권리가 법적으로 공인되어 있음. 이 책의 전체 혹은 부분을 어떤 형태로든지 저작권자 김인자로부터 서면의 허락 없이 복사나 사진을 찍거나 녹음하는 것과 같은 기계나 전류를 통한 전달매체로 전송, 정보 저장과 수정하는 것이 허용되지 않는다.

Writer: Ronald B. Adler
Copyrightⓒ 1977 by Holt, Rinehart and Winston.
All rights reserved. No part of this book may be reproduced in any
form or by any means without permission in writing from the publisher. Printed in the United States of America.
9 140 987543

인간관계와 자기표현®   생활심리시리즈 2

1982년 8월 20일 초판 발행
2001년 3월 31일 개정2판 3쇄 발행
2003년 5월 20일 개정3판 1쇄 발행
2005년 10월 10일 개정3판 3쇄 발행
2007년 5월 30일 개정4판 1쇄 발행
2015년 9월 1일 개정5판 1쇄 발행
2019년 11월 10일 개정5판 2쇄 발행

지 은 이/ Ronald B. Adler
옮 긴 이/ 김인자
펴 낸 이/ 김인자
펴 낸 곳/ 한국심리상담연구소
인 쇄 처/ 가톨릭출판사
        서울 중구 중림로 27(중림동)
        1544-1886(대)
출판등록/ 제10-340호(1989. 8. 24.)
주   소/ 서울시 영등포구 경인로 71길 70, 벽산디지털밸리 605~607호
전   화/ (02) 790-9361~2
팩   스/ (02) 790-9363
홈페이지/ http://www.kccrose.com
E-MAIL / kcc8608@kccrose.com

ISBN 978-89-90738-25-7 03180

값 12,000원

Korea Effectiveness Training Institute®
한국심리상담연구소
KOREA COUNSELLING CENTER

저 자 서 문

내가 확신하건대 효과적인 의사소통은 인간관계에서 성공하기 위한 필수요건이라고 본다. 일자리를 확보하는 일, 동료들과 함께 일하고 사람을 다루는 일, 낯선 사람을 만나고 우정을 발전시키는 일, 사랑을 표현하고, 불가피한 갈등을 처리하는 일, 상인, 이웃, 관리, 기타 우리와 관련된 많은 낯선 사람들에게 도움을 요청하는 일 등, 거의 모든 경우에 있어서 그 성공여부는 기술적으로 자신있게 자기의 생각과 느낌을 표현하는 능력에 의해 좌우된다.

여러 분야의 전문가들이 이러한 필요성을 인식하여 효과적인 의사소통에 초점을 맞춘 다양한 프로그램들을 개발해 왔다. 그러한 프로그램에는 상호 의사전달, 적응심리, 자기표현 훈련, 조직관리 훈련, 인간관계 훈련 등이 있다.

우려되는 한 가지 함정은 이러한 프로그램들이 참가자들에게 효과적인 자기표현을 하는데 실제적으로 필요한 단계를 분명하게 설명하지도 않고, 의사소통의 수많은 문제점에 초점을 두면서 바람직한 행동 방향만 제시하려는 경향이 있다는 것이다. 그 결과, 프로그램에 참가한 사람들은 지금의 상태에서 벗어나 원하는 곳에 가는 방법도 알지 못한 채, 자신의 불행한 처지를 깨닫고도 멀리서나 약속된 땅을 바라보는 처량한 위치에 처하게 된다.

「인간관계와 자기표현」은 이러한 필요성과 목표 간의 거리를 좁히는 교량 역할을 한다. 무엇보다도, 이 책은 실용적인 도구를 쓰도록 꾸며져 있으므로 독자들은 자기의 수많은 의사소통 목표를 명확히 알고, 체계적인 방법으로 그 목표를 향해 나아갈 수 있을 것이다. 왜냐하면 이 과제들을 성취하는 방법들이 실험상으로나 실제생활 상황에서 모두 타당했기 때문에, 만일 독자가 책에 제시한 단계를 충실하게 따라 나아간다면 이 방법들이 인간 관계에서의 만족과 성공을 증대시키리라는 것을 보증하면서 이 책을 독자들에게 내놓는 것이다. 이 말은 굉장히 거창한 약속처럼 들리겠지만, 경험에 비추어 볼 때 나는 자신 있게 말할 수 있다.

실행이 가장 좋은 배움의 길이라는 말은 교육에서는 거의 공리에 가깝다. 이러한 중요한 사실을 명심하면, 각자가 책 속에 실려 있는 각 행동들을 완수하는 것이 왜 절대적으로 필요한지 알게 될 것이다. 이 책의 목적은 단지 의사소통에 관해서 배운다기 보다는 의사소통을 더욱 잘 할 수 있는 능력을 기르는데 있으므로, 이러한 행동은 반복적으로 연습하고 경험할 필요성이 명백해진다. 본문에 있는 각 단계를 실행에 옮겨 나갈 때 그 가치는 분명해질 것이다(덧붙여 말하면, 자기표현을 가르치려는 다른 전문가들을 훈련시켜 본 경험에 따르면 훈련 참가자들 자신이 새로운 기법을 시도해 보는 것이 가장 좋은 방법임이 증명된다).

이 책을 사용하는 많은 전문가들은 그들 지시대로 독자들이 해낸 연습 문제들을 거두어 조언해주고 싶어할 것이다. 이 과정을 손쉽게 하도록, 책 전체를 통틀어 수록된 수많은 활동들을 색인 뒷부분에 게재하였다. 독자들의 반응들을 책에 직접 기록하도록 함으로써 뒷날 참고자료로 다시 점검해 볼 수 있게 했다.

이 책은 광범위한 상황에서 사용되기 때문에 최대로 융통성 있게 꾸몄다. "보기"와 "사례연구"는 독자들의 직업, 연령, 책을 사용하는 특별한 이유가 무엇이든지 간에 흔히 있을 수 있는 문제들을 다루고 있다. 자신의 원하는 바를 요청하는 일, 다른 사람의 못마땅한 간청을 거절하는 일,

대화를 시작하고 진행시키는 일, 갈등을 다루는 일, 비평에 대처하는 일 등을 그 예로 들 수 있다. 각 장의 순서도 융통성 있게 조정할 수 있다. 순서대로 읽어나가도 좋고, 제1부에 있는 모든 내용을 먼저 읽은 다음에, 제3부에 설명된 개인적인 목표들을 독자들이 발견하는 데 도움이 되도록 구체적인 적용으로 살피며, 마지막으로, 이러한 목표들을 달성하는 수단으로서 제2부에 설명되어 있는 대화변경 기술을 도입할 수도 있다. 또 다른 접근방법은 제1부부터 시작하되, 제2부, 3부를 동시에 보는 것이다. 예를 들면, 자기표현 훈련 수업시간에 매주 반은 대화기술의 변경을 가르치는데 사용하고(제2부), 나머지 반은 이러한 기술들을 제3부에 있는 구체적인 목적에 적용시키는 방법을 가르치는데 사용하는 것이다. 이러한 접근방법은 내가 가르치는 학생들에게 잘 실습되고 있는바, 그들은 더 효과적인 행동방법을 배우면서 동시에 그러한 행동들에 숙달하기 위해 새로운 방법을 발견해 나가고 있다. 피로감에 뒤따라 중요한 임무처럼 생각되는 것을 완성시켰다는 만족감을 느끼며, 더 좋은 책으로 만들 수 있게 도와주신 분들께 진심으로 감사를 드린다.

첫 번째로 감사드리고 싶은 분은 Holt, Rinehart and Wiston사 판매부사장인 Emmett Dingley씨이다. 그는 지금과 같이 자기표현훈련 책들의 판로가 확보되지 못한 그 당시의 상황에도 불구하고 이 책의 판매를 수락해주었다(훌륭한 판단도 있었다고 생각한다). 출판업자 측으로 편집인 Roih Wilkofsky씨에게 대륙을 건너 나의 미소를 보내고 싶다. 때때로 그는 나보다도 이 책의 필요성을 더욱 절실히 느꼈다. Holt에서 만났던 모든 사람들과 Rotl1씨의 조력과 호의는 나로 하여금 '출판업자란 작가들의 생활을 혼란케 하는데 주된 관심을 쏟는 별종의 문제아'라고 하는 전형적인 인상을 씻게 하였다.

심리학, 상담, 의사소통 분야에 있는 많은 동료들이 내용 전개과정에서 다양한 충고를 해 주어서 감사하다. 때때로 시간과 공간상의 제약때문에 그 충고 내용들을 다 싣지는 못하지만, John Stewart, Barry. W. McCarthy, Don Atkinson씨, Gordon Morrell, John H. Brennecke,

Judy Pearson, James O. Davis, Russell Lee, Oroville Schomberg, Mary Parish, Bob Sherman, 그리고 Steve Collins 등과 같은 분들에게 감사드리고 싶다. 또한 나는 Ed Rintye씨에게 각별한 감사를 드리고 싶다. 그의 호의로 우리가 함께 전개시킨 자기수정 계획을 나중에 이 책에 포함시킬 수 있었다.

또한 나의 학생들에게 감사하고 싶다. 그들은 의도적으로 또 때로는 자연스럽게 어떤 아이디어들이 실제로 자기표현을 향상시키고, 어떤 아이디어는 단지 그럴싸하게 보일 뿐인가를 확인하는 것을 도와주었다. 이 책을 쓰는 초기에 도움되는 평들을 해 주신 나의 특별연구반 회원들께 특별히 감사드린다.

생각하는 것과 생각을 종이 위에 분명하게 옮기는 것은 별개의 문제이다. 만약 Carolyn Villa Labos씨의 도움과 특별히 Cecily Handly씨의 의무적인 요구를 넘어선 헌신이 없었다면 나는 아직도 제3장 쯤에서 헤매고 있었을 것이다.

내가 우중충한 나의 집필실에서 자신을 잃고 흐느적거릴 때, 따뜻한 말로 항상 격려해 준 친구들에게 감사드린다. Candy, Al, Erik Witholt, Sue, John 그리고 Sam Trowsdale, Ellion Swift, Bev와 Jennifer Sohn, 그리고 Jerry Weber에게 감사드린다.

마지막으로, 이 책의 일반적인 인상에 대해 얘기해 주고, 인내로서 기다려 준 아내 Sherri에게 감사한다. 최근들어 많은 시간을 같이 못 지냈지만, 이 사본을 우체국에서 부치고 나면 나는 곧 집으로 갈 것이다.

R.B.A

El Cajon, California 에서
1976년 12월

역 자 서 문

말 한마디로 천 냥 빚을 갚는다는 옛말이 있다. 그런가 하면 말 한마디로 천 년 원수가 되기도 한다고 한다. 우리네 생활 속에서, 이렇게 개인의 현재와 미래가 말의 힘에 의해 영향받는 예를 허다하게 볼 수 있다. 같은 내용의 말도 때와 장소 또는 말을 건네는 이와 받아들이는 이의 감정적인 색채에 따라 매우 다양하게 효과를 나타내게 되는 것이다. 이러한 차이는 왜, 어디에서 비롯되는 것일까? 어떻게 이러한 차이는 인식되며 또 소멸될 수 있는 것인가?

인간과 인간의 만남이 없는 삶은 존재할 수 없다. 모든 인간의 만남은 현재 속에 있으니 현재는 모든 이의 것이다. 노년, 장년, 청년 그리고 어린이는, 모두들 현재를 서로 도우며 미래로 이어가야만 한다. 즉 잉태, 출생, 성장, 교육, 사회활동, 죽음, 어느 하나도 "현재에 살고 있는 인간관계"라는 과정을 떠나서는 불가능하다는 것이다.

이러한 불가분의 인간관계를, 과거에서 현재로 현재에서 미래로 이어주는 절대적인 매개체는 Communication이며, 바람직한 Communication은 바로 바람직한 인간관계를, 바람직한 인간관계는 이상적인 사회관계와 행복한 미래를 약속해 주는 것이 된다고 생각한다.

그러나, 이제까지 우리의 특수한 교육제도나 사회풍토는 가정, 학교, 사회에서 효과적인 자기표현방법(Assertiveness)의 중요성을 전혀 인정하지 않았다. 오늘날 우리 사회에 아직도 우리가 갈망하는 민주주의, 자유, 평등, 평화가 자기 참여를 통한 신념으로 발전하지 못하는 가장 큰 원인 중의 하나는 바로 바람직한 Communication 기술의 결핍 때문이라고 나는 생각한다. 또한 서구의 많은 심리학자들이 말한대로 나는 사회의 발전은 각 사회구성원의 의사소통 기술의 개발로써 가름된다고 믿어 이 책을 번역하게 되었다.

이러한 작업을 가능케 하는데 있어서, 심리학과도 없는 서강대의 젊은 서강인들 그리고 상담실의 직원들이 이런 기회를 개인적인 자기발전의 계기로 여기며 기뻐하고 도움을 아끼지 않았으니, 특히 그들에게 사랑으로 감사한다. 모든 이의 정성에 못지않게 보다 많은 이들에게 도움이 되기를 기도한다(1982. 7. 16).

"자기표현 훈련"이 더 필요한 현실에서,

나는 1960년부터 서강대학교에서 정신위생, 교육학, 심리학 과목들을 가르치면서, 그 실용성에 대해 늘 답답하게 여겨왔었다. 특히 1970년대부터 나는 그 시절 우리 사회가 안고있었던 여러 가지 문제에 대해서 우리 문제의 심각성보다도, 대부분의 경우 그러한 문제를 힘에 의존해서 해결하려는 사회관습이나 풍토를 가장 심각한 우리의 문제라고 보았다. 나는 그러한 여러 가지 문제를 교육학이나 심리학에서 기왕에 연구 개발한 기술로 해결할 수 있다고 확신하고 적합한 도구를 찾으려했던 것이다. 그래서 자기표현, 적응심리, 인간행동의 신비, 죽음의 이해 등과 같은 과목을 개설하기는 했으나, 마땅한 교과서를 구할 수 없어 고민했었던 것이다. 그 때 미국에 있는 나의 모교 St. Mary대학에 계셨던 지도교수로부터 특별히 이 자기표현 책을 추천 받아 번역하게 되었다.

하지만, 나의 책들은 1970년 당시 출판사들로부터 모조리 외면당했다. 나는 하는 수 없이 여러 과목의 교재를 개인 비용으로 타자 쳐서 등사한 교재를 사용하다가 드디어 조세공론사 같은 곳에서 처음으로 출판해내서 학생들을 지도했었다. 그후로 나는 우리 사회에 그러한 도구의 일반화와 보편화의 필요성을 더욱 절감하고, 근 40여 년을 두고 꾸준하게 그 보급 노력을 지속해왔다. 나는 이제 한국심리상담연구소를 통해 가정, 학교, 사회에 "자기표현"을, 특히 가정에는 "효과적인 부모역할훈련(P.E.T.)"을, 그리고 "현실요법과 기타 성장 훈련 프로그램"은 일반인들에게 활발하게 보급하고 있다.

나는 많은 이들이 우리의 문제를 말로 해결하여, 상호 성장의 기회로 만들기를 선택하고 그래서 개인의 마음에는 평화와 행복이, 지역사회에는 정직, 존중, 평등이 피어나고 나아가 세계평화에까지 연결되기를 빌면서, 이 책을 다시 펴내려 한다. 이 과정에서 P.E.T.를 지도하는 이경숙, 박광석, 이안영, 홍미혜 강사들의 기꺼운 참여가 얼마나 큰 힘이 되었는지 모른다. 여기에 끝까지 오늘의 열매가 있기까지 조건없는 지지와 격려로 나를 밀어준 나의 남편 서대석 회장에게 그리고 건강하게 성장해준 딸들에게 다시 한번 감사의 말을 꼭 남기고 싶다.

2003. 3. 1
김 인 자

목 차

저자서문 / 3
역자서문 / 7
서 론 / 13

제 1 부 자기표현의 필요성(Background on Assertion) ······· 21
제 1 장 자기표현의 개념(Assertiveness:what and why) ······ 23
1. 이 책의 가정 ·· 24
2. 자기표현의 정의 ·· 28
3. 자기표현은 공격행위가 아니다 ·· 31
4. 비자기표현의 범위 ·· 37
5. 비자기표현의 결과 ·· 41
   요 약 ··· 46

제 2 장 자기표현은 학습될 수 있다(Assertiveness Can Be Learned) ·· 47
1. 비자기표현적인 행동의 근원 ·· 49
2. 자기표현도 학습의 결과이다 ·· 65
3. 자기완성적 예언 ·· 66
   요 약 ··· 69

제 2 부 자기표현의 기초(Fundamentals of Assertion) ················ 71
제 3 장 문제의 확인과 목표설정(Identifying Problems and Setting Goals) ··· 73
1. 자기표현의 문제들은 대부분 상황적이다 ·································· 74
2. 문제 행동을 규정짓기 ··· 78
3. 자기표현의 요소 ·· 85
4. 표적행동을 구체화시킬 때의 주의점 ·· 96
5. 목표를 구체화시키기 어려울 때 ·· 101

6. 행동목표 설정의 결과 ································· 108
　　요 약 ··· 109
제 4 장　행위연습(Behavior Rehearsal) ····················· 111
　　1. 목표행동의 준비태세 ······································ 112
　　2. 행위연습의 단계 ·· 116
　　3. 외현적 행위연습의 예 ···································· 121
　　요 약 ··· 133
제 5 장　의사소통에 따르는 불안 다루기("Managing
　　　　　Communication Anxiety) ························· 135
　　1. 자기표현을 두려워하는 이유 ·························· 141
　　2. 방법선택과 사용시기 ····································· 145
　　3. 불안을 다루는 방법 ······································· 147
　　4. 위계설정 ··· 149
　　5. 점진적인 이완 ··· 153
　　6. 둔감화 ·· 159
　　7. 결합과정 ··· 167
　　요 약 ··· 170
제 6 장　자기수정 : 의사소통변경을 위한 청사진(Self Modification) ·· 173
　　1. 행위목표 설정 ··· 176
　　2. 출발점 설정 ·· 177
　　3. 준비단계 : 한 번에 한 단계씩 ······················· 192
　　4. 중재계획 : 바라는 행동의 강화 ······················ 202
　　5. 처벌과 자기수정 ·· 211
　　6. 자기수정에 대한 의문 ··································· 213
　　요 약 ··· 214

제 3 부　구체적인 적용(Specific Applications) ············ 217
제 7 장　대화기술을 통한 인간관계의 정립(Establishing
　　　　　Relationships through Conversational skills) ········ 219

1. 의사소통의 여러 단계 ·········· 220
　2. 대화기술의 문제 ·········· 228
　요 약 ·········· 245

제 8 장 감정표현과 비평에 대처하는 방법(Expressing Feeling and Coping with Criticism) ·········· 247
　1. 감정의 표현 ·········· 247
　2. 자기표현적인 비평대처 ·········· 257
　3. 비평에 대처하는 방법 ·········· 273
　4. 모범적인 대화의 예 ·········· 290
　5. 자기표현대로 비평에 대처했을 때 따르는 여러가지 이점 ······ 293
　6. 비평에 대처한 후 얻어지는 것? ·········· 297
　요 약 ·········· 298

제 9 장 개인의 욕구충족, 갈등의 처리, 요청하기, 거절하기 (Satisfying Personal Needs) ·········· 301
　1. 갈등의 본질 ·········· 301
　2. 갈등의 형태 ·········· 303
　3. 자기표현적인 문제해결 ·········· 311
　4. 거절하기 ·········· 339
　5. 모범적인 대화의 예 ·········· 345
　요 약 ·········· 349

참고문헌 ·········· 352
색 인 ·········· 356

서론 : 이 책의 이용방법

대부분의 사람들은 보다 더 훌륭하게 대화를 나누고 싶어한다. 다른사람에게 자기를 표현하는데 따르는 어려움을 잠시 생각해 보자, 그러한 문제들을 적어보면 좀 더 문제점이 분명해질 것이므로 아래 공간에 각자가 지닌 문제점들을 적어 보도록 하자. 계속 읽어 나가기 전에 반드시 문제점들을 적어야 한다.

가족들과 나누는 대화에서 어려운 점
<보기> 1. 나는 방어적이지 않고는 아내의 비평을 받아 들일 수 없다.
   2. 나는 아버지께 사랑한다는 말씀을 드릴 수 없다.

1. _____ 할 수 없다.
2. _____ 할 수 없다.
3. _____ 할 수 없다.

친구와 나누는 대화에서 어려운 점
<보기> 1. 나는 친구에게 빌려간 돈을 갚아달라고 말할 용기가 없다.
   2. 내가 바쁠 때 친구가 도움을 청하면 거절을 해야 하는데 할 수가 없다.

1. _____ 할 수 없다.
2. _____ 할 수 없다.

3. ＿＿＿＿＿＿＿＿＿＿＿＿＿＿＿＿＿＿＿＿＿＿＿＿ 할 수 없다.

학교나 직장에서 나누는 대화에서 어려운 점

<보기> 1. 나는 자격이 있어도 봉급을 올려달라고 상사에게 말을 할 수가 없다.
    2. 나는 수업시간에 물어봐야 할 중요한 의문사항이 있는데 질문할 수가 없다.

1. ＿＿＿＿＿＿＿＿＿＿＿＿＿＿＿＿＿＿＿＿＿＿＿＿ 할 수 없다.
2. ＿＿＿＿＿＿＿＿＿＿＿＿＿＿＿＿＿＿＿＿＿＿＿＿ 할 수 없다.
3. ＿＿＿＿＿＿＿＿＿＿＿＿＿＿＿＿＿＿＿＿＿＿＿＿ 할 수 없다.

위의 질문에 모두 답했는가? 그렇지 않다면 더 나아가지 말고 답하기를 마쳐야 한다.

방금 작성한 목록을 보기로 하자. 실제로 한 번에 하나씩 각 항목을 자신에게 말해보라. 각 항목에 있는 "할 수가 없다"는 말을 읽을 때마다 어떻게 느껴지는가. 실망? 좌절? 아니면 자신에 대한 분노? 대다수의 사람들이 자신이 원하는 대로 행동할 수 없을 때 이러한 감정들을 경험하게 된다.

작성한 목록을 다시 읽어 보는데, 이번에는 좀 다르게 "~을 하지 않겠다(won't)"로 바꿔서 읽어 본다. 예를 들면, "나는 친구의 요청에 거절할 수가 없다"라는 말은 "나는 수락하지 않겠다"가 된다. 다시 또 이런 식으로 시도해 보라. "~을 하지 않겠다"는 말이 "~을 할 수가 없다"는 말보다 더 적당한 경우가 있었는가? 대부분의 사람들은 그러한 경우들이 있음을 발견했을 것이다. 신체적으로 불가능한 일들은 당연히 할 수 없다. 날아다닐 수가 없다든지 5분 동안 숨을 멈추고 있을 수는 없다.

그러나 이런 종류의 한계점들은 대부분 의사소통 문제에는 적용을 억제하고 있음을 의미한다. 왜냐하면 그렇게 선택하는 것이 더 좋기 때문이다. 예를 들어 "나는 비평을 참을 수가 없다"는 말의 참 뜻은 "나는 비평을 참지 않기로 마음 먹었다"를 의미한다.

지금 작성한 항목을 다시 한 번 읽어 보도록 한다. 이번에는 원래의 "~을 할 수가 없다" 대신에 "나는 ~을 어떻게 해야 할지 모르겠다"로 바꿔 말한다. 예를 들어 "나는 모르는 사람에게 어떻게 접근해야 할지 모르겠다"고 말한다. "사실 사람들 앞에서 자신있게 말할 수가 없다"로 말하기 보다는 "나는 어떻게 자신있게 말해야 할지 모르겠다"로 한다. 더 나가기 전에 지금 곧 해보도록 하자. "어떻게 접근해야 할지 모르겠다"라는 귀절은 여러분이 작성한 몇 몇 항목에 거의 확실히 적용될 것이다. 의사소통 문제는 종종 신체적인 제약이나 진정으로 변화되기를 바라는 의지력이 부족해서 일어나지는 않는다. 자기 자신과 바람직한 행동방식 사이에 가로 놓여 있는 진짜 장벽은 단지 자신을 좀 더 잘 표현하는 방법에 관한 지식이 부족하기 때문이라고 할 수 있다.

작성한 항목 중에서 "어떻게 해야 할지 모르겠다"는 말이 적용되는 항목은 이 책을 읽음으로써 변화될 수 있다고 기대해도 좋다. "할 수 없다(Can'ts)"라는 말은 잊어버리도록 하라. 사실 신체적으로 어떤 일을 할 수 있는 능력이 없다면 변화할 수가 없기 때문이다. "하지 않을 것들(won'ts)"에 대해서도 근심걱정을 하지 말라. 지금 당장 진정으로 변화되기를 원치 않는다면 원하는 척 할 필요가 없기 때문이다. 앞으로 여러분이 부지런히 시도해야 할 것들은 "어떻게 해야 할지 모르는 것들(don't know how's)"이다.

아래와 같은 경우에 자신있게 말할 수 있는 방법을 모르는 사람들을 위해 이 책이 쓰여졌다.

    원하는 것을 요청하는 방법
    자신의 감정을 표현하는 방법
    모르는 사람에게 접근하는 방법
    사람들에게 얘기하는 방법
    비방어적으로 비평에 대처하는 방법
    건설적으로 갈등을 다루는 방법

자신의 권리를 옹호하는 방법
그 밖의 다른 의사소통 목표를 달성하는 방법

　주의사항 한마디를 처음에 해야겠다. 의사소통 방식을 변화시키려면 굉장한 노력과 인내가 필요하다. 새로운 방식으로 자신을 표현하는 방법을 배우는 것은 많은 다른 기술들을 습득하는 것과 비슷하다. 예를 들어, 연구하지도 연습하지도 않고 피아니스트나 훌륭한 목수가 되겠다고 기대할 수는 없을 것이다. 자기표현을 배우는 데는 연구와 연습 두 가지 다 필수적이다. 평범한 잡지기사나 책을 읽듯이 이 책을 읽음으로써 몇 가지 유용한 정보를 배울 수도 있겠지만, 최상의 발전은 이와는 다른 마음가짐으로 임할 때 달성될 수 있을 것이다.
　이미 앞에서도 보았듯이, 때때로 여러분은 이 책에서 리스트를 만들라든지, 몇 가지 사건들을 실행할 것을 요구하는 지시사항들을 보게 될 것이다. 계속 진도를 나가기 전에 반드시 이러한 지시사항대로 따르는게 중요하다. 그렇게 하면 두 가지 점에서 이로울 것이다. 첫째, 지시사항을 따르면 방금 끝마친 내용을 확실히 이해하는데 도움이 된다. 책에서 읽을 때는 분명해 보이는 원리도 나중에 이용해 보려고 시도할 때는 종종 매우 복잡하다고 느낄 때도 있기 때문이다. 계속 진도를 나가기 전에 연습문제를 완성해 봄으로써 각 단계를 정말로 이해하는지 확인할 수 있을 것이다. 둘째로, 자신의 이해도를 점검하는 것 이외에도 지시한 활동들을 시도해 보면 자기표현적인 의사소통 원리를 실생활에 적용하는 방법들도 터득하게 될 것이다. 이런 의미에서, 앞으로 나올 연습문제들을 훌륭한 의사소통을 위한 스스로의 지침서라고 생각해도 좋을 것이다. 다시 말해서, 이 연습문제들은 변화에 대해 이야기할 뿐만 아니라 인간관계의 질을 향상시키기 위한 시도에도 실제로 도움을 주는 실질적인 지시사항인 것이다.
　이 책의 이용법에 관한 또 다른 충고 한마디를 해야겠다. 즉, 앉은 자리에서 한꺼번에 너무 많은 양을 읽으려고 시도하지 말라는 것이다. 이 책을 출판하려고 검토하는 과정에서 한 동료는 제1장을 마치기도 전에 피곤해진다고 말했다. 나는 그 동료가 그릇된 방식으로 내용에 접근하고 있었음을 발견하기 전까지는 이 말 때문에 아주 고민했었다. 그는 소설책 읽듯이 각 장을 한꺼번에 완전히 독파하고 있었다. 어학교재를 섭렵하듯이 읽는 방식이 더 바람직했는데 말이다. 달리 말해서 어느 누구도 외국어를 배울 때 한 번 앉은 자리에서 불규칙 동사나 과거시제를 모두 배우려 들지는 않는다는 말이다. 대신, 각 원리를 읽은 뒤 완전히 이해할 때까지 연습하는게 좀 더 현명한 방법이다. 이 책에서 중요한 것은 다음 내용으로 넘어 가기 전에 한 가지 내용에 익숙해진 뒤 넘어가야 한다는 점이다.

앞으로 종종 접하게 될 연습문제들은 자연스러운 종지부 역할을 할 것이다. 각 연습문제에 이르게 될 때는 거기에 있는 지시사항을 따르고 방금 읽은 내용이 자신의 생활과 어떻게 관련되는지 살펴보라. 짧은 시간 내에 내용을 이해할 수 있고 계속 진도를 나갈 수 있는 준비가 되었다면 무방하겠지만, 생각할 시간이나 습득한 기술을 시도해 볼 시간이 필요하다면, 읽는 것을 멈추고 다시 보도록 한다.

이 책의 또 다른 특징은 처음부터 끝까지 읽는 것 이외에도 필요한 부분에 촛점을 맞추어 다른 장을 참고하고 싶을 때에도 뒤의 색인을 사용할 수 있다는 점이다. 예를 들어 거절하는 방법을 배우기 원한다면 이 주제를 다루고 있는 부분을 모두 찾아볼 수 있다. 원하는 부분에 이르기까지 기다리기 보다는 이 특별한 문제를 극복할 수 있는 방법에 대한 통찰력을 신속하게 얻기 위해 전체에서 그 부분을 즉시 찾아보는 것이 더 바람직할 수도 있다.

이 책은 독자적으로 자기표현을 잘 하기에 필요하다고 생각되는 내용을 모두 포함하고 있지만, 가능하면 그룹을 통하여 목표를 성취하는 게 더 바람직할 것이다. 많은 단체에서 의사소통의 기술 증진을 목표로 하는 집단기회를 제공하고 있다. 대학에서 하는 상담 프로그램도 있고, 성인교육 프로그램, 기업체에서 후원하는 재교육 프로그램, 개인 임상치료자들이 제공하는 모임도 있다. 그룹이 도움이 될 수 있는 이유에는 여러가지가 있다. 첫째, 같은 목표를 추구하는 사람들끼리 만나서 얘기할 수 있는 기회를 가질 수 있기 때문이다. 상호작용을 통해 어느 정도의 비자기표현(unassertiveness)은 거의 누구에게나 있는 문제라는 걸 알게 되기 때문에 자기 자신만이 좀 더 나은 대화를 하고 싶어하는 사람이 아니라는 점이 분명해질 것이다. 둘째, 다른 사람들은 어떤 식으로 관계를 조정해 나가고 있는지 살펴봄으로써, 자신이 지니고 있는 문제처리에 관한 방법에 대해 아이디어를 얻을 수 있다. 때때로 그룹의 동료회원들은 당신은 결코 사용할 것 같지 않은 방법으로 곤경을 헤쳐 나갈 것이므로, 이러한 해결책들을 관찰함으로써 자신의 상황처리에 관한 새로운 통찰력을 기를 수 있을 것이다. 셋째, 그룹의 회원들이 당신을 관찰한 후에 제공해 주는 귀환(feedback)으로 도움을 받게 될 것이다. "과연 나는 어떻게 보이는가?" 하는 질문이야말로 사람들이 끊임없이 자기 자신에게 물어보는 것인데 자기표현 훈련집단에서 이 질문에 대한 대답을 듣게 될 것이다. 그러한 집단은 새로운 행동방식을 편안한 기분으로 시도해 보고 어떤 유형이 가장 효과적인지 다른 사람들의 반응을 알아 볼 수 있는 일종의 의사소통 경험학습이 된다.

대부분의 의사소통 문제들은 이 책에 기술되어 있는 방법에 의해 성공적으로 해결될 수 있지만, 혼자서나 그룹에서 모든 단계들을 따라했어도 만족할 만한 진전을 보지 못할 가능성도 있다. 그렇다고 그것이 당신은 심각할 정도로 적응을 못하는 사람이라거나 당신의 문제는 해결이 불가능하다는 걸 의미하는 것은 아니고, 단지 가장 좋은 행동 변화 방식을 찾아내기 위해 전문가의 도움을 받을 필요가 있음을 지적받은 것에 불과하다.

그러한 도움을 어디에서 받을 수 있을까? 사용하는 자기표현 훈련과목 담당 교수나 강사에게 도움을 요청하는 것이 분명한 첫 단계일 수 있다. 종종 이 책에 기술되어 있는 방법들이 효과적이지 못하다고 생각될 때는 단순히 그 방법들을 잘못 적용했거나 이해를 잘 못한 것일 수도 있으므로 어디에서 잘못되기 시작했는지 지도강사가 지적해 줄 수 있을 것이다.

강의를 듣고 있지 않다거나 강사의 지도가 불충분한 경우에라도, 다른 데서 도움을 받을 수가 있다. 예를 들면, 학교 상담실, 심리 치료실, 정신과 의사, 심리학자, 사설 상담원 또는 사회사업 기관 등이 그러한 도움을 받을 수 있는 원천이 된다.

이 책을 혼자 읽느냐 그룹으로 읽느냐, 또, 학교 바깥인지 안인지 등의 문제는 자신이 변화하고자 하느냐 아니냐를 결심하는 것만큼 그렇게 심각한 건 아니다. 성공도를 결정짓는 가장 중요한 요인은 결심이다. 과연 변화를 심각하게 원하고 있는지? 이 책이나 어떤 전문가가 제시한 제안들을 충실히 따르면서 실행하고 있는지? 이런 질문에 대해 정직하게 큰 소리로 "그렇다"고 대답할 수 있기만 하다면, 당신은 자신감이 넘치는 능숙한 대화자가 될 확률이 대단히 크다 하겠다.

제 1 부
자기표현의 필요성
(BACKGROUND ON ASSERTION)

　　자기표현이란 무엇인가? 자기표현은 왜 중요한가? 어떻게 해서 사람들은 대화하는데 문제점을 지니게 되는가? 구태의연하고 불만족스러운 대화습관을 어떤 식으로 변화시킬 수 있는가?
　　이 책의 제1부는 바로 이러한 질문들에 대답해 줄 것이며 1장과 2장이 끝날 때면 여러분은 생활 속에서 느끼는 자기표현적인 의사소통에 대한 필요성과 이 책이 어떻게 그러한 요구를 충족시켜 줄 수 있는지에 대해 명백한 개념을 지니게 될 것이다.

제 1 장
자기표현의 개념
(Assertiveness : What and Why)

어떤 사람들이 대화에서 자신감을 얻고 싶어하는가? 자기표현을 위한 훈련집단에 등록한 몇몇 전형적인 학생들의 이야기를 물어보고, 그들의 경험 중에서 여러분 자신의 문제와 같은 점이 있는지 살펴보기로 하자.

-Pat는 명석한 학생이나 학점은 좋지 않았다. 왜냐하면 그는 수업시간에 질문을 하거나 자기 생각을 자발적으로 발표하지 못하기 때문이다. "내가 바보 같은 소리를 할까봐 항상 두렵다. 후에 다른 사람들도 나와같은 문제를 갖고 있다는 것을 알게 되었다. 나는 과감히 발표할 수 있는 용기를 가지게 되었으면 좋겠다"고 실토했다.

-Beth는 남의 요청을 거절하기 힘들어 무미건조하고 지루할 것 같은 (대개는 그렇지만) 모임의 초대에 거의 다 참석하곤 했다. 그 결과 그녀에게 중요한 가족이나 친구들을 위해서는 시간을 제대로 내지 못하게 되었다.

-Leslie는 가족이나 친한 친구를 제외하고는 어떤 사람과도 대화를 나누기 어려웠다. 그녀는, "모임에 가면 나는 단 몇 분만에 화제거리가 끊겨 버리고 나머지 시간은 꿀 먹은 벙어리가 되어 바보같다는 생각을 하면서 보낸다. 더 이상 불편함을 느끼고 싶지 않아 이젠 모임에 아예 나

가지 않을 지경에 이르렀다"고 얘기했다.

- Frank는 세 아이의 아버지로 행복한 결혼생활을 하고 있다. 그는 아내와 아이들을 극진히 사랑한다. 그러나 그는 아직까지 그들을 얼마나 사랑하고 있는지 말로 표현한 적이 없다. "필시 어느 정도는 그들이 나의 이러한 심정을 알고는 있겠지만, 때때로 나는 그들이 얼마나 나에게 중요한 존재인지를 말하고 싶은 충동을 느낄 때가 있다. 그러나 그런 말이 입 밖으로 나오지 않는다"고 말했다.

- Jerry의 부인 Susan은 화제가 풍부하고 유머로 모든 대화를 독점하다시피 하는 매우 사교적인 여인이다. Jerry가 대화에 끼어들려 할 때마다 Susan은 그를 나무라거나 화제를 바꾸기 위해 말을 막아 버린다. 이럴 때 Jerry는 방관자같이 느껴지고 화가 머리끝까지 나곤 한다. 그는 Susan에게 자신의 이러한 감정을 표현하고 싶었지만 그녀의 반발을 사지 않고 또 다른 비난이 생기지 않게 하면서 그렇게 할 수 있는 방법을 알지 못했다.

1. 이 책의 가정(Assumptions of This Book)

위의 실례들은 대화의 질을 높이기 위한 노력의 일환으로 학생들이나 참가자들이 얘기한 수 십 가지의 이야기들을 대표하는 것들이다. 지난 20~30년 간 사회과학자들은 사람들이 이같은 상황에 잘 적용할 수 있도록 고안된 많은 방법들을 개발시켜 왔다. 이러한 일련의 테크닉들은 여러 가지 명칭들을 가지고 있는데 예컨대, 사회기술 훈련(social skills training), 사회효율성 훈련(social effectiveness training), 개인적인 효율성 훈련(personal effectiveness training), 표현 조직 훈련(expressive training), 그리고 이 책에서 사용하는 용어인 자기표현 훈련 (assertiveness training)등이다.

자기표현 훈련은 언어적, 비언어적인 일종의 숙련된 기술로써 악기를 다루거나 운동하는 것, 또는 문장을 분명하게 쓰는 등의 기술들과 여러면에서 비슷하다. 이러한 기술들과 마찬가지로 대화능력도 연마될 수 있다. 이 말은 실로 반가운 소식이다. 왜냐하면 효과적인 자기표현이란 단지 운이 좋은 몇 사람 만이 특별히 소유하고 있는 특질이라기보다는 충분한 시간과 노력을 기꺼이 투자하는 사람이면 누구나 배울 수 있는 행위이기 때문이다. 이러한 행위들을 수정하고 또 완전히 익힐 수 있도록 여러분을 도와주고자 하는 것이 이 책의 주요목표이다.

이 책을 읽고 실습에 옮길 때 여러분은 효과적인 대화방법에 관해 많이 알게 될 뿐 아니라 보다 만족스럽고 새로운 방식으로 실제의 행동이 변하기 시작하게 될 것이다. 자기표현의 대화방법은 광범위한 연구결과로 얻어진 세 가지의 가정을 기초로 하고 있다. 이 가정들은 앞으로 서술될 모든 내용의 기초가 되기 때문에 여기서 언급하는 것이 중요할 것이다.

A. 당신은 변할 수 있다(You Can Change)

이 말은 간단한 것 같이 들리지만, 많은 사람들이 그 뜻을 바로 받아들이지 못하여 만족스럽지 못한 관계를 맺은 채로 일생을 보내게 된다. 대부분 "나는 원래 그래요"하며 자신의 침묵을 변명한다. 실례로 Margaret의 경우를 보자. Margaret는 지적이고 매력적인 여성이지만, 어렸을 때 자동차 사고로 부모님이 돌아가신 이후 억센 큰 고모 밑에서 불행하게 자랐다. Margaret는 4년 전에 이혼하고 세 아들을 혼자서 의연하게 키워 왔다. 그럼에도 불구하고 그의 고모는 사사건건 그녀의 행동을 꾸짖고 날카로운 비판을 가했다. 고모의 불평은 하잘 것 없는 일에서 큰 일에 이르기까지 다양하였다. "아이들의 머리가 너무 길다", "집안은 항상 청결해야한다", "너는 가장으로서 제대로 구실을 왜 못하나?, 아이들을 위해서라도 재혼을 해야 한다"는 등 끝이 없었다. 왜 고모의 그와 같은 비난을 견디고 있었느냐고 물었을 때 Margaret는 자기가 고모에게 대드는 것은 당치도 않은 일이라고 대답했다. 고모는 무척 강한 성격을 갖고 있어 대들어 보았자 별 수 없고, 더구나 어려운 시기에 재정적으로 항상 돌보아주었고, 때때로 가족의 뒤치닥거리를 해 준 분을 자극하는 것은 배은망덕한 행동이라고 생각했다. 또 고모는 좋건 나쁘건 Margaret을 어려서부터 길러준 어머니와 같은 존재이기 때문에 비판하는 고모의 입장은 정당한 것인지도 모른다고 했다. 자기표현 훈련과정을 통하여 Margaret는 일생동안 묵묵히 속으로 남을 원망하며 복종하는 것 만이 옳은 길이 아님을 믿게 되었다. 일련의 훈련과 실습을 거친 후 Magaret는 고모와의 관계에서 놀라운 변화가 생겼다고 보고했다. 그전에는 고모의 비평을 인정하고 온순하게 받아들이곤 했으나 이제는 자신이 왜 이렇게 살고 있나에 대한 이유를 표현할 수 있게 되었다. Margaret이 이러한 이유의 정당함에 점차 자신을 갖게 되고, 표현 방법도 더욱 능숙해지자 고모의 불평은 현저히 줄어들었다. Margaret의 이야기에서 전혀 희망이 없는 것처럼 보이는 상황에서도 변화는 가능하다는 교훈을 얻을 수 있다. 본 장의 앞 부분에 있는 각 사례들은 모두 성공적으로 결말지어진 것으로, 이런 종류의 대화의 어려움이 성공적으로 해결될 수 있다는 가능성을 보여주는 것이라고 하겠다.

B. 변화는 비교적 빠르고 영속될 수 있다.
(Change Can Be Relatively Quick and Permanent)

앞의 이야기에서 보듯이, 과거에 배운 비자기표현적인 행위를 버리는데에 나머지 인생을 소비해야 한다는 것은 아니다. 사람들은 흔히 바람직한 변화를 일으키려면 아마 오랜 시일, 즉 적어도 몇 년 정도는 걸리지 않을까 하고 우려한다. 때때로 특수한 경우에는 그럴지도 모르지만 대화나 기타 사회적 기술을 익히는 데는 반드시 그렇게 긴 시간이 필요치 않다.

자기표현적인 대화기술을 익히고 실천에 옮기는 것은 대부분 놀랍도록 간단하다는 것을 곧 알게 될 것이다. 제 3장을 마칠 때 쯤이면 대부분의 독자들은 자신의 행동에 나타난 변화를 느끼기 시작할 것이다. 반대로 변화가 빨리 일어나리라고 기대할 수 있다는 사실이, 그렇다고 곧 이 책이 목표를 즉각 성취시켜 줄 것을 보증한다는 건 아니다. 여러분이 되풀이해서 읽어 나가다 보면, 이 책에서 역설하고 있는 변화의 원리는 점진적이면서도 꾸준하게 진전돼 나갈 것이다. 여러분이 각자 목표를 정하면, 새로운 행동을 어떻게 실천에 옮기기 시작할 수 있는지 이 책에 설명된 방법을 통해 알게 될 것이다. 이렇게 꾸준히 진전시키다 보면 결과로서 생긴 변화가 대개는 오래 지속되는 이점이 있다. 오래 못 가는 신년의 굳은 결심과는 달리 여기서 배울 자기표현 행동은 성격의 중요한 부분을 이루게 될 것이므로, 처음 얼마 동안의 적극적이고 집중적인 훈련기간을 마치고 나면 자연스럽고 쉽게 나타날 것이다.

C. 변화는 실천에서 비롯된다(Change Comes from Doing)

명칭이 암시하듯이 자기표현 훈련은 적극적인 실천과정을 의미하는 것이다. 단지 이 책을 읽음으로써 지적으로는 많은 것을 얻을 수 있다 해도 읽기만 하는 방식으로는 다른 사람에 대한 행동을 변화시키는 데에 실제로 도움을 주지는 못한다. 대화방법에 실제로 변화를 주기 위해서는 여기 소개한 내용을 실천에 옮겨야만 한다. 실행하는데 도움을 주기 위해 다음 페이지에 연습과제를 실었다. 연습과제가 나올 때마다 꼭 실행해야 한다. 실천으로 옮기기 시작함으로써 자기표현의 기술을 향상시킬 수 있을 것이다.

때로는 이 과제들이 인위적인 것처럼 보일지도 모르지만 연습을 통해 일상생활에서 실제로 이런 기술을 사용할 때 생소하지 않게 될 것이다. 피아니스트가 독주회를 열기 전에 음계를 연습해야 하는 것과 마찬가지로 자기표현도 연습해 보는 것이 중요하다.

"연습 없으면 변화도 없다 (No exercises, no change)"는 사실을 기억하라.

2. 자기표현의 정의 * (Assertiveness Defined)

　자기표현을 훈련시키는 훈련자의 수 만큼이나 자기표현에 대한 정의도 상당히 많은 것 같다. 자기표현이라는 용어는 바람직한 의사소통 행위 일체를 일컬어 사용한다. 그러나 자기표현에 대한 여러가지 정의에는 많은 유사성이 있기는 하나 모든 사람이 똑같은 의미로 쓴다고 추정하기 보다는 하나 하나 뜻 풀이를 해 보는 것이 좋겠다.

　이 책에서 사용된 것처럼 "자기표현이란 확신을 가지고 기술적으로 자기의 생각이나 감정을 폭넓게 전달하는 능력"이다. 이 정의에는 부가설명을 해야 할 부분들이 몇 개 있다.

　자신을 표현하는 능력(ability)이란 단지 한 가지 반응에만 국한되어 있다기보다는 어떤 상황에서도 적절한 행동방식을 선택할 수 있는 것을 의미한다. 저녁에 조용히 쉬기를 학수고대하면서 집에 돌아와 보니 옆집에서 맥주와 밴드를 준비해 놓고 1년에 한 번 벌이는 대잔치를 하고 있었다고 상상해 보자. 자기표현을 못하는 사람은 전화를 걸어 경찰에 호소할까 생각(공격적인 경우)하거나 아니면 속으로만 부글부글 끓고 있을 수도 있다. 반면, 자기표현을 할 줄 아는 사람은 이웃에 좀 조용히 해달라고 직접 요청하거나, 그렇지 않으면 별로 문제 삼지 않고 이웃들이 즐겁게 놀도록 허용하는 등 여러 대안 중에서 하나를 선택할 것이다. 이런 대안들은 각각 상황과 사람에 따라 달라질 수 있다.

　그러나 최종선택이 어떤 것이든지 알아야 할 중요한 사항은 자기 표현을 할 수 있는 사람은 적절하고 만족스런 행동을 할 수 있는 선택의 폭이 넓다는 것이다. 그 선택이 때로는 속시원하게 말을 하는 것일 수도 있고 때로는 참는 것일 수도 있으나 어떤 경우에라도 의사소통을 효과적으로 할 줄 아는 사람은 자신에게 가장 바람직한 행동을 선택할 수 있다

---

*역자의 말 : 원래 assertiveness는 사전에 자기주장이라 풀이되어 있으나, 자기주장이 공격적인 인상을 줄 위험이 있어 자기표현이라는 말로 정했음.

는 것이다.

두 번째로 설명해야 할 사항은 자기표현을 하는 사람은 폭 넓게 의사소통을 할 수 있게 된다는 점이다. 대부분의 사람들은 Albert와 Emmons(1974)가 말한 소위 "상황에 따라 비자기표현적인 사람"이 된다.

즉, 대개의 경우 자신을 잘 표현하지만 특수한 사람이나 특수한 상황에서는 확신과 기술이 부족해진다는 것이다. 예컨대, 어떤 사람은 언짢은 것이나 분노는 잘 표현하지만 애정은 잘 표현하지 못한다. 또 어떤 사람은 동성끼리는 잘 이야기 하지만 이성에게는 말문이 막혀 버린다. 또 어떤 사람은 식구나 친구들에게는 능숙하게 이야기를 잘 하면서도 직장에서는 자신의 권리를 옹호하지 못한다. 이 책의 목표 중의 하나는 자신을 좀 더 표현하고 싶은 모든 상황을 알아내어 능력껏 자신을 표현할 수 있도록 도와주는 것이다.

여러분은 얼마나 자신의 생각이나 감정을 잘 표현하는가? 다음 연습과제를 잠깐 살펴봄으로써 이 질문에 대답할 수 있다. 앞으로 계속 읽어나가기 전에 반드시 이 단계를 거쳐야 한다는 것을 명심해야 한다.

방해받지 않을 조용한 장소를 찾으시오. 여러분에게 가장 중요한 사람과 대화하고 있는 자신의 모습을 그려보시오. 그 사람과 다음 사항에 대해 대화한다고 상상해 보시오.

a. 그 사람에 대하여 감탄하거나 존경하는 점 두 가지
b. 그 사람에 관해 바꾸고 싶은 두 가지 방법

이러한 내용을 전달하는데 어려움이 없는가? 내용을 좀 더 잘 전달하길 원하는가? 그렇다면 연습문제 Ⅰ-1(p. 30)을 편 뒤 거기에 기록하시오. 계속 읽어가기 전에 반드시 이 일을 행하도록 해야 한다.

앞의 정의는 또한 자기표현 능력이 있는 사람은 자신의 생각(thought)

을 전달할 수 있다는 점을 말하고 있다. 이러한 생각 속에는 왜 특별한 후보자가 선출되어야 하는지 또는 어떤 책이 읽을만한 가치가 있는가 하는 의견(opinion)이나 세탁소에서 옷을 어떻게 다려 달라고 주문하거나 돈을 빌리려고 하는 이유를 묻는 것과 같은 요청(request), 혹은 왜 직업을 바꾸거나 다른 곳으로 이사 가려는 계획을 세웠는지 하는 행동에 대한 설명(explanation)도 포함되어 있다. 자기표현 능력을 가진 사람들은 또한 분노, 애정, 감사, 고통, 자부심 등과 같은 다양한 감정을 전달하는 데도 익숙하다.

자기표현능력을 가진 사람은 자신감을 가지고 있다. 이는 불안감이 전혀 없다는 말은 아니다. 사실 불안이 전혀 없는 상태란 있을 수도 없고 또 바람직한 상태가 아닌지도 모른다. 이 책에서 자기표현 행동을 성공적으로 익힌 후에도 두려움은 계속 남게 될지 모른다. 상사와 이야기 할 때나, 확신하고는 있지만 탐탁하게 받아들여지기 어려운 아이디어를 주장해야 할 때, 혹은 상대방이 친근감을 느끼고 있는지 알 수 없는데 "나는 너를 좋아해"라는 말을 해야 할 때 두려움이 생길 수도 있다. 자신감이란 항상 두려움이 없다는 것을 의미하지는 않는다는 점을 깨닫는 것이 중요하다. 사실은 정당한 일을 했다고 믿을 수 있을 만큼 자기 자신을 신뢰하면서, 자신의 두려움을 받아들이고 다스리며 계속 앞으로 나아가는 것이 곧 용기라고 할 수 있다.

끝으로, 자기표현 전달은 일종의 기술(skill)이다. 때때로 진실성이나 자신감만으로는 자신을 잘 표현할 수 없다. 음치가 노래를 할 수는 있지만, 음정이 어쩔 수 없이 떨리는 것처럼 뜻은 좋으나 비효과적으로 대화를 하는 사람은 종종 효과적인 의사전달에 실패하는 수가 있다. 하지만 낯선 사람과 태연하게 만나는 것은 배울 수 있는 기술이다. 어떤 것을 요청할 수 있는 것, "싫다"고 거절할 수 있는 것, 그리고 자기표현 능력이 있는 사람들이 할 수 있는 여러 행동들은 모두 배울 수 있는 기술이다. 어떤 사람들은 일찍이 그리고 쉽사리 이런 훌륭한 대화기술을 익힐 수 있을 만큼 운이 있었지만 나머지 사람들은 나쁜 습관을 떨쳐버린 후 새로운 대화기술을 터득해야 할 필요가 있다. 앞으로 나올 내용은 여러분이 배우고 싶어 할 여러 행동을 제시하고, 그것들을 자신의 것으로 만들 수 있는 방법을 소개하는 형식으로 쓰여져 있다.

마지막 주의사항 : 이 책을 읽고 난 후 자기표현에 대한 모든 노력이 모두 성공하리라고 기대하지는 말아야 한다. 기술적으로 훌륭히 전달했을지라도 다른 사람의 반응까지 통제할 수는 없기 때문에 만족스러운 결과만을 낳을 수는 없다. 야구선수들이 평균타율에 임하는 태도에 자기표현의 기술을 비유해 보겠다. 야구선수들은 매 타석마다 안타를 기대하는 것은 비현실적이라는 것을 알기 때문에 자신의 노력에 준한 비율로 성공하면 만족스러워 한다. 마찬가지로 결과가 어떻게 나올지라도 그 상황하에서 최선의 방법으로 자신을 표현하는 것에 만족해야 한다. 이 비유를 명심하면 두 가지 점에서 유리하다. 첫째, 전반적으로 성공률이 증가될 것이 확실하고 둘째, 실패해도 정직하고 당당하게 자신을 표현했다는 자부심을 가질 수 있다.

3. 자기표현은 공격행위가 아니다
(Assertion Is Not Aggression)

자기표현(Assertion)과 공격(Aggreession)의 문제는 9장에서 더 자세히 다루겠지만 우선 그 차이를 설명함으로써 일반적인 오해를 없애는 것이 중요할 것이다.

많은 사람들이 자기표현이란 용어는 떠들썩하고, 거만하며, 싸움질이나 하고, 대체적으로 남을 협박하여 제 실속이나 차리는 밉살스러운 사람을 연상한다. 적의에 찬 여권운동자, 거칠고 떠들썩한 정당인, 병적으로 달변인 사람이 풍기는 전형적인 인상들을 상상한다면 자기표현 훈련을 받겠다고 얘기할 때 왜 사람들이 찌푸리며 부정적인 반응을 보이는지 이해가

갈 것이다.

이런 보편적인 반응 때문에 자기표현은 공격행위가 아니라는 사실을 지적하여 자기 자신을 깨우치는 것이 필요할지도 모른다. 사실은 이런 면에서 자기표현은 아주 다르다. 공격적인 사람과는 달리 자기표현력이 있는 사람들은 자신의 권리 뿐만 아니라 타인의 권리도 존중해 준다. 문제점이 야기될 때는 서로의 요구를 들어 줄 수 있는 해결책을 찾는다. 그들은 우호적이고 적극적이며, 남에게 부담을 주지 않으려 한다.

바꾸어 말하면, 다루기 힘들고 거센 운동으로 뻣뻣하고 거한 근육을 만들어 내는 것이 체육과목의 목적이 아니듯이 여러분을 공격적이고 강압적인 무뢰한으로 바꾸려는 것이 이 책의 목적이 아니다. 앞으로 나올 많은 보기와 사례연구를 읽고 배우게 되겠지만 자기표현을 하는 사람들은 일반적으로 같이 있으면 즐거우며, 불편하게 하는 친척이나 공격적으로 얘기하는 사람과는 전혀 딴판으로 느껴질 것이다.

□ **연습문제** □ **1-1**

자기표현 문제영역 점검(Assertiveness Inventory)

여기에 나오는 30가지 장면묘사는 예상될 수 있는 여러가지 상황인데 자신의 부족한 의사소통 영역을 발견하도록 자기진단을 할 수 있는 문항이다. 각 장면을 읽으면서 상상력을 최대한 동원하여 그 사건 상황에 당신이 있다고 생각하고 또한 거기에 나오는 사람도 가능한 한 당신이 아는 가까운 이웃으로 대치하여 실감나게 상상하라. 대화 장면에 마치 당신이 주인공이 되어서 얘기하듯 명확히 머리 속에 그리면서 그 상황에서 당신이 어떻게 느끼고, 움직이며, 어떠한 대화로 반응할 것인지를 예상해 보라. 만일 여기에 묘사된 상황에 처해본 적이 없다 하여도 앞으로 당신이 그 상황에 처할 때 어떻게 반응을 보일 것인지를 예상하면 된다. 그리고 각 상황에서 바람을 나타내는 모범적 반응이 아니라 자신이 습관적으로 반응하는 것을 평가하라.

묘사된 장면을 생생하게 그려본 당신의 행동 평가에 다음 척도에 따라 점수를 주어라.

5 : 예상되는 자기표현행동이 잘 했다고 생각한다.

4 : 예상되는 행동이 자신을 다 표현하지는 못했지만 그런대로 만족스럽다.

3 : 예상되는 행동이 만족스럽지도 불만족스럽지도 않다.

2 : 예상되는 자신의 행동이 조금 불만족스럽다.

1 : 예상되는 행동이 아주 불만족스럽다고 생각한다.

단, 자기표현을 주관적으로 잘했다 해도 상대방을 공격, 또는 비난하면 인간관계가 악화되므로 바람직한 표현이 아니다.

(   ) 1. 어느날 저녁 고등학교 동창인 친구집에 우연히 들러보니 주인의 중학교 동창생 모임이 한창이었다. 친구를 제외하곤 전혀 알지 못하는 사람들인데 들어와 같이 즐기자고 해놓고 친구는 손님접대에 바빠서 나를 상대할 시간이 없다. 나는 시간도 있고 그 친구들이 친근감 있어 보여 사귀고 싶다.

(   ) 2. 혼자서 기차를 타고 무료하게 4시간이나 여행을 해야 한다. 옆자리에 앉은 사람은 친절하고 다정한 사람 같다. 그 사람이 "고향이 어디세요?"라고 말을 건넨다.

(   ) 3. 친구와 음식점에서 점심식사를 하는데 직장상사나 혹은 평소 존경하던 분이 그곳에서 우연히 만나게 된 것을 기뻐하며 나에게 다가와서 인사를 하고 계속 이야기를 하고 싶어한다.

(   ) 4. 내가 친하게 지내는 사람의 직장 연말송년회에 같이 참석했다. 비록 그 사람들과 공통화제는 없지만 호감이 가는 사람들이라 사교적으로 어울리고 싶다.

(   ) 5. 일주일 전쯤 우리 옆집에 새 이웃이 이사왔는데 그 사람은 한 번쯤 얘기를 나눠보고 싶은 친근감을 주는 사람이다. 내가 막 대문을 나서서 걸어가는데 그 사람이 나를 향해 미소를 지으며 걸어오고 있다.

(   ) 6. 3박4일 자기표현 훈련모임에 참석하고 있는데 친구로 사귀고 싶은 사람들이 있었다. 자유시간이라 혼자 산책을 하는데 마침 그들이 나무그늘에 앉아 얘기를 나누고 있다. 내가 다가가자 그들이 나를 쳐다본다.

(   ) 7. 나의 친한 친구가 요번에 새로 산 옷이라며 한껏 자기맵시를 자랑하면서 어떠냐고 나의 느낌을 물어본다. 나는 그 옷이 촌스럽고 조금도 멋있어 보이지 않는다.

(   ) 8. 나는 요즘 정보화 시대에 맞추어 컴퓨터를 배우러 학원에 갔다. 강

사선생님이 기초적인 원리에 대해 강의를 하고나자 다른 사람들은 내용을 다 파악하고 컴퓨터 실습을 빨리 하기를 고대하는 눈치이다. 그런데 나는 아직 몇 가지가 혼동되어 질문을 하고 싶다.

(　　) 9. 평소 나와 가까이 지내온 이웃이 먼 지방으로 이사가게 되었다. 아마도 오랫동안 다시 만나기가 쉽지 않을 것 같다. 나는 그 사람에게 내가 그를 어떻게 생각하는지 말한 적이 없다. 오늘 저녁에 마지막으로 함께 시간을 보내고 있다.

(　　) 10. 직장 동료가 나를 멋있다고 칭찬한다. 그 말은 진지한 것 같다.

(　　) 11. 한 친구와 의견이 달라 다투었다. 그리고 나서 그것에 관해 신중히 생각해 보니 내 잘못이었으며 어리석게 행동한 것을 깨달았다. 나는 그 친구에게 사과를 해야 한다고 생각한다.

(　　) 12. 나는 요즘에 우울하게 지내고 있지만 누구에게도 그 기분을 말하지 않았다. 가까운 친구를 만났는데 내 안색을 살피며 안 좋은 일이 있느냐고 묻는다.

(　　) 13. 아주 친한 친구가 기분이 상해 우울해 보인다. 내가 그 친구가 걱정이 되어 무엇이 잘못됐는지 물었을 때 그 친구는 나에게 "너는 남의 일에 너무 참견을 많이 해. 네 걱정이나 해"라고 말을 한다.

(　　) 14. 동창회에 같이 가려고 온 친구에게 내 모습이 어떤지를 물어 보자 "솔직히 말하면 흉해"라고 대답하고는 더 길게 늘어놓기 시작한다.

(　　) 15. 직장에서 사장이 "나는 자네가 하려고만 한다면 더 잘할 수 있으리라 생각하네" 하면서 나의 일에 대한 부정적인 반응을 보인다.

(　　) 16. 나는 요즘에 무척 바빴다. 우연히 길에서 친구를 만났는데 내가 친구들에게 관심을 갖지 않는다고 비난을 퍼붓는다.

(　　) 17. 차를 마시면서 자유스럽게 얘기를 나누다가 정치적인 얘기가 나오게 되어 나의 정치적 의견을 말했는데 한 친구가 갑자기 "너는 무엇인지 알지도 못하면서 말을 해"라고 했다.

(　　) 18. 구독하고 싶지 않은 정치잡지의 외판원에게 안 본다고 거절했을 때 그 외판원이 나에게 "당신은 우리의 정치에 그렇게 관심조차 없습니까?"라고 반문한다.

(　　) 19. 나는 근래에 와서 친구나 가족들 간에 갈등이 있어서 그들이 점점 멀어져가고 있다고 느껴졌다. 이런 감정이 수그러들기를 바랐으나 그들에게 나의 느낌을 직접 말하지는 않았다. 하지

만 점점 소외감이 더해 가서 친한 관계가 무너지고 있다.

( ) 20. 서로 잠자는 시간이 다른 동생과 한방을 써야 한다. 나는 초저녁잠이 많고 동생은 새벽잠이 많다. 밤에 조명등을 켜는 문제로 다투어 왔다.

( ) 21. 오랜만에 모처럼 친구와 오후 한나절을 지내게 되었다. 친구는 조용히 음악을 들으며 시간을 보내자고 하고 나는 영화구경을 하고 싶다고 서로 다른 주장을 한다.

( ) 22. 부모는 내가 위대한 의사가 되기를 바라고 있어 큰 희생을 감내해 왔다. 그러나 나는 기술학교에 진학하여 생활전선에 바로 나가고 싶다.

( ) 23. 여러 사람이 모여 즐겁게 얘기를 하는데 한 친구는 자주 어느 특정지역 사람을 헐뜯으며 기분을 상하게 한다. 다른 사람이나 나는 점점 기분이 불쾌해지면서도 아무도 아직 그 사람을 반박하지 않고 있다.

( ) 24. 새로운 동네로 이사를 갔는데 옆집 사람들이 음악을 대단히 좋아하는 것을 알게 되었다. 그 사람들은 일주일에 4~5일은 한밤중까지 음악을 크게 들어 놓아 잠을 잘 수가 없다.

( ) 25. 얼마전에 한 친구가 책을 빌려갔는데 몇 장은 찢기고 더럽혀진 채 가져왔다. 그런데 그 친구가 이번엔 내가 좋아하는 레코드 앨범을 두 장 빌려 달라고 한다.

( ) 26. 친구가 저녁에 놀러 오라고 두 번이나 초대해서 갔었는데 두 번 다 전혀 즐겁지 않았다. 이번에도 그 친구는 미리 초대하면서 내가 그 시간에 약속이 없는 것을 알고 꼭 오리라 믿고 있다.

( ) 27. 친한 친구들이 여행을 같이 가자며 여행계획을 세우고 예약을 했다. 그러나 나는 이 여행을 떠나려면 직장을 하루 결근해야 한다. 나는 이 사정을 상사에게 얘기해야 한다고 생각한다.

( ) 28. 크고 무거운 짐을 몇 개 집안으로 옮겨 놓으려고 하는데 도움이 필요하다. 옆 집 사람이 필요할 때는 언제든지 도와주겠다고 얘기한 적이 있다.

( ) 28. 제주도에 2박3일로 여행을 왔는데 잘 알려진 유명한 장소보다는 일반관광객이 잘 찾지 않는 곳에 가고 싶다. 다방에서 차를 한 잔 마시는데 바로 내가 가고 싶었던 곳에 대해 옆 테이블에서 얘기하는 것을 우연히 듣는다.

( ) 30. 최근에 직장을 옮겼는데 내 업무는 다른 사람에게 일을 할당

해 주는 일이다. 오늘이 첫번째 근무하는 날인데 다른 사람들에게 독선적인 행세를 한다는 말을 듣지 않으면서 지시를 내려야 한다.

답에 대한 평가

당신이 답을 마친 문항들은 5개의 영역으로 나눌 수 있는데 다음과 같다.
* 문항 1~6 대화 기술
* 문항 7~12 감정과 사고의 표현
* 문항 13~18 비평에 관한 대처
* 문항 19~24 갈등의 처리
* 문항 25~30 요청하기와 거절하기

여기에 나온 각 상황에 어떻게 행동할 것인지를 예상해 봄으로써 두 가지 효과를 거둘 수 있다. 각 특수상황에서 취할 자신의 행동이 얼마나 바람직한 반응인가를 알 수 있으며 다른 사람과 대화를 나눌 때 자신의 부족한 대화영역이 어디인가를 비교할 수 있다.

위의 다섯 영역 중 각 영역에 숫자로 나타낸 대답을 합해 봄으로써 자신이 그 영역의 자기표현에 얼마만큼 만족해하는지 짐작할 수 있다. 점수가 17 이하이면 그 영역에 집중적으로 신경을 써야 하겠고, 반면에 점수가 30정도이면 전혀 문제가 없는 영역이라 하겠다.

전체 반응을 종합하여 30으로 나누면 자기표현에 대한 평균 만족도가 나올 것이다. 그러나 그런 측정은 대화방법을 고쳐나가는 데는 별로 도움이 되지 못한다.

여러분은 두 가지 방법으로 결과를 생각해 볼 수 있다. 각 질문을 살펴봄으로써 그런 특수상황에서 취할 자신의 행동에 얼마나 만족하고 있는가를 알 수 있다. 그래서 어떤 질문에 해당하는 상황에 집중함으로써 도움을 받을 수 있다는 명백한 신호가 된다(목차나 색인을 대강 훑어보면 자신에게 적절한 쪽수를 찾을 수 있다). 계속 읽어나가기 전에 자신이 느끼기에 어떤 반응이 불만스러웠는지 또는 나중에 집중적으로 연습해야할 영역인 연습문제 I-2(43p)에 적어야 할 만큼 중요한 것인가를 결정지어야 한다.

위의 다섯 영역에서 각 영역별로 점수를 합하면 자기표현에 대한 평가 점수가 나온다. 그 영역점수가 25~30점이면 자기표현이 잘 되고 있는 영역이라고 할 수 있으며 점수가 17점 이하이면 집중적으로 신경을 써야 할 문제영역이라고 하겠다. 전체 반응을 종합하여 30으로 나누면 자기표현에 대한 평균만족도가 나올 것이다. 이러한 측정방법이 대화방법을 고치는데 도움이 되는 것이 아니라 자신의 의사소통 중 어느 영역에 문제가 있는지 진단하는데 도움이 되는 것이다. 대부분의 사람들은 어떤 상황에서는 자기표현적이지만 또 다른 상황 하에서는 그렇지 못하다. 그래서 변화할 수 있는 방법은 우선 개선을 필요로 하는 특수한 상황이나 영역을 가려내는 일에서 시작한다.

4. 비자기표현의 범위
(The Extent of Nonassertion : A Sampling)

아마도 이러한 자기표현 점검은 원하는 만큼 자기 자신을 표현하지 못하는 여러 영역들이 있음을 깨닫게 해 주었을 것이다. 그 결과, 그렇게 비자기표현적인 것이 자신에게 심각할 정도로 커다란 문제라고 느끼기 쉬울 것이다. 그러나 대화에 관한 연구를 살펴보면 그렇지 않다는 것을 알 수 있다.

Philip Zimbardo와 그의 동료들은 Stanford대학(1974, 1975)에서 비자기표현적인 사람에게서 흔히 볼 수 있는 수줍음(shyness)을 수년동안 연구해 왔다. 그들의 연구는 먼저 수줍음은 보편화된 문제라는 것을 보여줬다. 조사된 800명 이상의 대학생과 고등학생들 중에서 82%는 자기 자신을 현재나 과거의 어느 땐가 수줍어하는 경향을 가진 것으로 기술했다. 나머지 17%는 경우에 따라서 어떤 특정 상황에서 수줍어하는 것으로 보고 되었다. 1%만이 수줍음을 경험 해보지 못한 것으로 보고했다. 연구자들이 지적한 바와 같이 미국 젊은이들의 특징이 경솔과 반항이라고 알려

진데 비하면 이런 수줍음은 놀라운 일이다. Stanford대학 연구진들이 수줍음이 있는 응답자들에게서 발견한 공통된 특징은 비자기표현적인 성격을 지닌 사람의 모습을 너무나 생생하게 나타내기 때문에 다음과 같이 길게 인용해 보는 것이 좋다.

그녀는(그는) 거의 항상 침묵을 지킨다. 특히 낯선 사람들과 이성 그리고 유별나게 위협적으로 보이는 사람들 사이에 있을 때 그러하다. 자주 시선을 피하고, 종종 책과 자연 속으로 혹은 다른 개인적인 작업들에 의도적으로 도피함으로써 다른 이들과의 정면 접촉을 완전히 피하려고 애쓴다. 행동하는 것을 피하고, 이야기할 때는 조용한 목소리로 이야기한다.

이런 종류의 부정적 행동이 외면상 계속되고 있는 동안, 수줍음의 내면세계는 자의식과 불유쾌한 상황에 관한 생각, 그리고 위의 모든 것을 피하려고 애쓰는 여러가지 다른 생각, 산란한 마음으로 가득 차 있다. 생리적인 현상으로 맥박의 증가, 얼굴 붉힘, 오한, 위경련과 심장의 심한 고동 현상이 두드러진다고 보고되었다. 표면적으로는 움직이지 않으나 내부는 혼란된 상태에 있다. 수줍음이 그렇게 고통스러운 까닭을 이해할 수 있다.
Stanford대학의 연구는 자기표현이란 것이 이것이냐 저것이냐 하는 양자택일 현상이 아니라 강도의 폭이 있음을 재확인하였다. 스펙트럼의 한쪽 끝에는 수줍음을 의도적으로 선택하는 사람들이 있다. 그들은 사람보다는 사물과 같이 일하는 것을 택하고 홀로 있기를 더 좋아하기 때문에 다른 사람들을 피한다. 필요한 경우에는 다른 사람과 함께 어울리거나 자기 자신을 표현하기는 할 것이다. 그러나 택할 수 있다면 혼자 있는 것을 택하려 한다. 스펙트럼 중간 수줍음은 사람들과 더 많은 접촉을 바라지만 데이트를 청하거나 대화를 이끌어 나가는 것과 같은 필요한 사회기술이 부족한 사람들을 표시한다. 중간 정도 수줍음을 타는 이들은 상황적으로 자신이 어리석게 느껴지는 것 때문에 다른 사람과 가까워지고 싶을 때에도 자기표현 하기를 꺼려한다. 대부분의 사람들이 이 범주에 속하며,

이 책은 바로 이러한 사람들을 위하여 쓰여졌다. 극도로 수줍음을 타는 부류에 속하는 사람들은 대체로 비자기표현적(generally nonassertive)이라고 말할 수 있다. 다른 사람들과 대화하는 것을 너무도 두려워하기 때문에 가장 바라고 있는 종류의 접촉도 못하게 된다. 연구자들이 지적하듯이, 이러한 극도의 수줍음은 "죄인과 간수의 역할을 동시에 하는 감옥 생활 형태"나 다름없다. 무엇이라고 칭하든 간에 대부분의 사람들은 수줍음을 좋아하지 않는다는게 분명하다. 치료를 받으면 자기 문제에 도움이 될 수 있을 것이며, 만일 "수줍음 치료소(Shyness Clinic)"가 있다면 찾아가겠다고 조사에 참가한 절반 이상의 학생들이 진술했다(물론 이 책과 비슷한 종류의 책들이 이런 요구를 부분적으로 만족시키고 있다).

비자기표현적인 사람들의 또 다른 특징은 무능력해 자기의 권리를 옹호하지 못한다는 점이다. Thomas Moriarty(1975)가 발표한 일련의 실험에 따르면 수동적인 대인관계로 피해를 보는 사람의 숫자가 놀랄만큼 많음을 알 수 있다. 그는 남자대학 심리학과 학생들을 모집해서 20분간 문자를 맞추어 단어를 만들어 내는 어려운 테스트를 실시한다고 했다. 피실험자들은 조그만 방에서 등을 맞대고 앉았다. 피실험자들에게는 알리지 않고, 실험자를 돕는 보조 피실험자를 포함시켰다. 보조 피실험자는 테스트가 시작되자 곧 휴대용 녹음기를 가장 세게 틀어 놓도록 미리 요청받았다. 피실험자가 불평하기까지 17분간 Rock 음악이 계속되었다. 어떤 사람은 귀를 틀어막았고, 어떤 사람들은 방해자 쪽을 멍하니 바라보았다. 그러나 80%는 소음에 대해 전혀 구두 항의를 하지 않았다. 피실험자의 인내력을 알아보기 위하여 세 번 요구받을 때까지는 음악을 끄지 말라는 지시를 받은 보조 피실험자에게 15%만이 가벼운 항의를 했을 뿐이다. 음악이 나오자 한 학생은 도전적으로 그 상황에 맞서 대경 질색하며 음악을 끄라고 공격적인 태도로 요구했다. 보조 피실험자는 당황해서 그의 요구대로 해줬다. 피실험자들에게 실험의 성격에 대해 설명하면서 조용한 가운데서 시험 칠 권리가 있는데도 왜 자신의 권리를 주장하지 않았느냐고 묻자, 그들은 불평을 정당화할 정도로 중요한 테스트가 아니었기 때문이라고 대답했다. 만약 그 테스트가 중요한 것이었다면 항의했을 것이라고 대부분 주장했다. 그러나 이 주장은 그 다음 실험에서 반증되었다. 두 번째 테스트에서는 새로운 피실험자들에게 높은 점수를 받는 사람들은 보상을 받을 것이고, 낮은 점수를 받는 사람들은 약한 전기 충격으로 처벌하겠다고 말했다. 그러나 또다시 80%는 전혀 항의하지 않았고, 오직 한 사람만이 세 번 조용히 해 줄 것을 요구했다. 첫 번째 실험에서처럼 두 번째 피실험자들도 테스트의 중요성을 부인했다. 낮은 점수를 받는 학생들에게 벌준다고 했다는 걸 상기시켰더니, 몇 사람이 "약한 충격이라 했죠?"라고 대답했다.

Moriarty는 다른 상황에서도 비슷한 결과를 얻었다고 보고했다. 도서관해서 책을 읽고 있는 40명의 사람들에게 7분간 큰 소리로 얘기하면서 괴롭히자 한 사람만이 조용히 해 줄 것을 요청했고 9명은 일어나 나가버렸다. 남아 있는 30명은 아무런 이야기도 하지 않았다. 극장에서도 비슷하게 2명의 실험자가 큰소리로 떠벌이며 얘기했을 때 불평한 피실험자는 단지 35%에 불과했다. 여기서 Moriarty는 피해자들이 방해자들의 불손한 행동을 의도적이 아니라고 생각했기 때문이라고 추측했다. 그래서 그는 마지막 테스트에서 실험자들이 명백하게 계획적인 행동을 하도록 꾸몄다. 실험은 그랜드센트럴 역의 공중전화 박스에서 공격적인 기질로 유명한 뉴욕시민에게 행해졌다. 피실험자는 남자 20명이 있었는데 대부분이 사업하는 사람들처럼 보였다. 통화가 끝났을 때마다 전화박스에 반지를 두고 갔다고 주장하면서 혹시 보지 않았느냐고 그들에게 말을 걸었다. 물론, 피실험자들은 "아니오"라고 대답했다. 이 때 실험자는 "그것을 꼭 찾아야겠는데 정말 보지 못했습니까? 때론 누구나 생각없이 물건을 집어 넣기도 합니다"라고 말해 보았다. 피실험자가 또 부인하는데도 불구하고 이번에는 호주머니를 보여 달라고 요구했다. 이렇듯 도둑이라는 억울한 누명을 씌우려는 상황에서조차 20명 중 단지 4명의 피실험자만이 요구에 응하기를 거절했다. 나머지 16명(80%)은 자신의 호주머니를 뒤집어서 보여줬다.

여기 묘사된 피실험자들이 대부분 우리 사회의 전형적인 사람들을 대표한다고 생각해 볼 때 사람들은 가장 단순한 개인적인 권리조차도 옹호하기를 꺼리는 수줍은 사람들로 나타난다. 다른 연구조사를 보면 상이한 표현의 기술들을 평가할 수 있으므로 모종의 자기표현훈련의 필요성이 더 분명해질 것을 예견할 수 있다.

최근에 당신의 권리를 옹호하지 못한 실례를 드시오.
만약 자신의 행동을 변화시키길 원한다면, 연습문제 I-2에 그 문제를 기록하시오.

---

5. 비자기표현의 결과(The Consequences of Unassertiveness)

비자기표현이 단지 대화를 억제하는 것에 불과하다 해도 기분이 좋지 않을텐데 Stanford대학의 Zimbardo와 그의 동료들이 실시한 연구를 통해 보여준 것은 그 이상으로 심각하다.

비자기표현자들은 여러가지로 자신을 표현하지 못하는 댓가를 톡톡히 치르고 있다. 가장 명백한 손실은 사회적인 면이다. 소심한 사람은 새로운 친구를 거의 사귀지 못하며, 사람을 만나도 친해지기를 무척 어려워한다. 때때로 그들은 군중 속에서조차 고독감에 휩싸이며, 결국 고립이라는 불행한 사회병의 희생물이 된다. 다른 사람과 어울릴 때도 자신을 표현하지 않는 사람들은 자주 오해를 받게 된다. 수줍음으로 인한 침묵이나 권태에서 오는 불쾌가 적개심이나 교만심의 표현으로 오해되기 쉽기 때문이다. Zimbardo가 지적한 것처럼, 외모가 매력적인 사람이 비자기표현적일 때 쌀쌀맞다고 오해받기가 더 쉽다. 그들은 남부러운 것이 없기 때문에 그토록 쌀쌀맞게 군다고 보통 생각되기 때문이다.

비자기표현자들은 자주 침묵을 지키므로 그들의 특성, 지능, 공통적인 취미, 유머, 감수성 등을 알아내기가 힘들다. 이런 특성들을 잘 모르기 때문에 그들에게 접근하기를 주저하게 된다. 따라서 대화를 나누기는 더 어렵게 되고, 침묵의 악순환이 시작되는 것이다. 소심한 사람들은 자기 자신을 내세우기 꺼리기 때문에 그들이 소중히 품고 있는 신념에 대해 다른 사람들이 공격하더라도 침묵을 지키고 만다. 그리고 자신의 의견을 피력하려고 애쓸 때도 자신이 없고 떨려서 생각이 혼동돼 버리고 만다.

이런 사회적인 손해 외에도 비자기표현자들은 심리적인 대가를 치루어야 한다. 「Creative Aggression」이라는 책에서 Bach와 Goldberg(1974) 는 자신의 감정을 충분하게 표현하지 못하는 사람들에게서 흔히 발견되는 세 가지 태도를 설명하고 있다. 어떤 사람들은 뜻있는 대인관계를 피하고 인간이 개입되지 않는 활동 속에 피난처를 만든다. 즉, TV를 시청하거나, 차나 오토바이 따위에 광적인 애정을 쏟거나, 돈 버는 일에 몰두하게 되거나 또는 술이나 마약으로 자신을 달래는 것이다.

어떤 사람들은 사람이란 도대체 가까이 할 가치가 없다고 주장하면서 냉소적인 사람이 됨으로써 대화의 무능을 감춘다. Bill은 이런 범주에 속하는 서글픈 예이다. 그는 18세가 되었을 때 가장 신나는 일은 자유롭게 부모 곁을 떠나는 것이라고 말했다. 자기 부모를 바보들이라고 멸시하지만 급우들이 그들의 가정에 대해 자부심을 가지고 이야기하면 의식적으로 귀를 기울이곤 한다. 또 다른 냉소적인 사람의 경우에는, 관심을 가질 만한 가치가 전혀 없는 무가치한 대상에 의지함으로써 자신의 좌절에 대처한다. 앞서 언급한 바와 같이, 이런 태도를 지닌 사람들은 종종 공격적이 되고 만다. 그들은 "네 탓이지 내 탓은 아니다"라는 식의 행동을 취하지만, 사실은 그와 정반대로 느끼고 있다.

비자기표현적인 사람의 셋째 유형은 자기자신과 인간이 처한 상황에 대해 절망적으로 반응하는 경우다. 그들은 인간이란 구역질나는 존재이며 이런 불완전한 세계에서의 삶은 살만한 가치조차 없다고 절규한다. Bach와 Goldberg가 지적한 바와 같이, 이런 태도는 결과적으로 의기소침, 정서적 와해, 최악의 경우에는 자살까지 유발하게 된다.

사회적이고 심리적인 손상 외에도, 비자기표현은 종종 정신신체 질환으로 나타나는 생리적인 대가까지도 치루어야 한다. 병이 나지도 않았는데 아프다고 믿거나 아픈 척 꾀병을 부리는 사람들에 대해 말하고 있는 것이 아니다. 정신신체 질환은 실제로 통증이 있다. 정신신체 질환은 기관장해로 인해 생긴 신체적인 증세와 차이가 없다. 정신신체 질환의 특징은 고통은 몸에서 생긴 것이지만 발명의 원인은 자신이 처한 환경에 적응하려는 심리적인 과정에 있다는 점이다.

정신신체 질환 문제는 자기의 생각과 느낌을 표현하지 못하는 자신의 무능에 대해 느끼는 만성적인 불안에서 오는 것이다. 이런 불안 상태를 이해하기 위해서, 사나운 호랑이에게 공격받고 있는 원시인을 상상하면 도움이 될 것이다. 그의 몸은 자동적으로 이 위협에 여러 가지 방법으로 반응하게 된다. 즉, 맥박이 빨라지고, 혈압이 오르고, 신체 내에서는 근육과 두뇌에 당을 빨리 보내 충분한 에너지를 공급할 수 있도록 호르몬이 분비된다. 눈의 동공이 팽창되어 시야는 커진다. 적에 대항해서 사용되는 에너지를 운반하기 위해 소화활동이 멈추어 진다. 세포에 더 많은 산소를 공급하고 이산화탄소를 나르기 위해 허파에서는 적혈구가 증가된다. 이런 모든 방법으로 기동준비가 된 원시인은 싸우거나, 도망치거나 이 위협에 대처할 만반의 준비태세를 갖추게 되는 것이다.

오늘날 우리도, 압박을 주는 여러 상황, 누군가가 자신이 품고 있는 신념이나 개인의 권리를 침범할 때 자신을 수호해야 하고, 깊게 품었던 감정을 남에게 말하는데 따르는 위험을 고려해야 하며 집단 앞에서 연설하기 위해 서 있어야 하고, 내키지도 않는 요청을 거절할 것인가를 결정해야 하는 상황에서 이 원시인과 똑같은 식으로 반응한다.

때때로 자기표현적인 반응을 요구하는 이런 상황에서 두려움과 억제감 때문에 우리는 그 위기를 해결하기 위해 모든 능력을 기동성 있게 발휘하지 못한다. 그리고 시간이 지날수록 이런 충동에 따라 행동하지 못하고 실패를 거듭하면 생리적 긴장이 계속되고 그 결과 소화기관, 폐, 순환계 근육, 골절 등이 상할 뿐만 아니라 전염병에 대항하는 신체 저항력까지 약해

진다. 심지어는 노화작용까지 촉진시키게 된다(McQuade & Aikman, 1974).

처음에는 이런 주장이 상식을 벗어난 것처럼 들렸을지 모른다. 점차 이를 증명하는 의학적인 증거들이 나오고 있다. 예를 들면, Wolf(1965)는 30여 년에 걸친 연구 끝에 위의 내부를 보호하는 끈끈한 내벽이 매 순간 의식적, 무의식적 정서에 모두 반응하고 있다는 것을 발견했다. 사람이 화를 낼 때 혹은 동물에게 압박을 가해 고통을 줄 때 위벽은 산과 위액을 과다하게 방출하면서 염증을 일으키게 된다. (Sawrey, 1956)실제로 위궤양을 가진 사람들은 거의 계속되는 심적 동요 상태를 겪게 되는데 이것은 자신을 충분히 표현하지 못한 데서 생긴 결과이다.

고혈압이나 극도의 긴장, 그리고 심장질환 역시 만성적인 스트레스가 종종 그 원인이 된다. 약 5년 간에 걸쳐 Flanders Dunbar(1974)는 뉴욕시에 있는 Columbia Presbeterian Medical Center에서 1,600명의 심장병환자를 연구했다. 그녀는 5명 중 4명의 환자는 공통되는 정서적 특징을 가지고 있고, 대부분은 전형적으로 비자기표현적이거나 공격적인 대화자라는 것을 알아냈다. 예를 들면, 대부분의 환자가 시비걸기를 좋아했고, 자신의 감정을 표현하는데 서툴렀으며, 사람들을 멀리 피하고 있었다. McQuade와 Aikman은 심장병 환자들에게서 볼 수 있는 또 다른 특징은, 화를 잘 낼뿐 아니라 화나게 된 상황을 다루지 못하고, 남을 즐겁게 하려고 애쓰면서도 늘 반항하거나, 수동적이고 신경과민적인 태도 두 가지가 교대로 나타난다는 것이다.

이렇게 불균형적인 감정상태로 고통을 받는 것 외에도 비자기표현적인 사람들은 때때로 또 다른 신체상의 문제에 직면하게 된다는 증거가 있다. 스트레스에 휩싸여 있을 때는 전염에 대항하여 신체를 보호하는 면역 체계가 그 기능을 제대로 발휘하지 않는 것처럼 보인다. 때때로 신체는 감염을 막아낼 만큼 아주 빠르게 반응하지 않으며, 어떤 때는 알레르기 반응의 경우처럼 잘못 반응하기도 한다. 스트레스는 보통 감기의 한 원인으로 진단되기조차 하나 스트레스나 불안만으로는 이러한 불균형을 야기시키기에 충분치 않다는 점을 인식하는게 중요하다. 즉 거기에 현존하는 감염의 근원도 있어야 하기 때문이다. 스위스의 생리학자 Hans Selye(1956)의 조사에 따르면, 스트레스에 휩싸여 있는 사람들은 전염병에 걸릴 확률이 높다고 한다. Selye는 "만약 세균이 우리 안에 잠재해 있거나 주위에 항상 있을지라도 우리가 스트레스에 노출될 때까지는 병을 유발시키지 않는다면, 도대체 병의 원인은 세균일까? 아니면 스트레스일까?"라고 말한다. 최근 의료연구가들은 신체의 면역 기능상실에 의해 암이 생긴다면 암 역시 스트레스와 관련되어 있지 않나 하는 의혹을 품기도 한다.

정신지체 질환에 대한 이 모든 내용은 비자기표현적 생활이 자동적으로 위궤양, 심장병 그리고 암을 초래한다는 점을 암시하려는 것이 아니다. 명백하게도, 소심하거나 공격적인 많은 사람들이 결코 이런 불쾌한 고통을 겪지 않고 있으며, 자기표현에 능숙한 많은 사람들이 이런 고통을 받고 있는 경우도 있다. 그리고 우리 사회에는 비자기표현 외에도 정신적 부담을 주는 스트레스 즉 재정적인 압박, 돌보아야 할 사람들이 있어서 생기는 문제, 공해와 범죄같은 도시생활의 불쾌한 면, 수많은 전쟁 위협, 기타 다른 많은 스트레스의 원인이 존재한다는 것도 틀림없는 사실이다.

그럼에도 불구하고, 마음껏 자신을 표현할 수 없거나 표현하기 꺼리는 사람들은 신체적으로 무력하게 될 위험에 처하기 쉽다는 점을 암시해 주는 근거들이 많이 나오고 있다. 담배를 피우지 않는 사람들이 흡연가들보다 폐암에 덜 걸리는 것처럼, 긴장을 풀고 기술적으로 대화를 나누는 사람들은 건강한 생활을 누릴 수 있는 기회를 더 가질 수 있다고 하겠다.

□ 연습문제 □ 1-2

자신이 행위를 변화시키기 위한 첫 번째 단계는 문제를 분명히 규정 짓는 것이다. 제1장을 통해 자기 자신을 좀 더 자기표현적으로 표현하고 싶은 여러 상황을 묘사했다. 이제 그런 반응들을 음미해 보고, 첨가할 필요가 있는가 살피면서 또 다른 중요한 상황이 있다면 5개 골라 적으시오.

1.

2.

3.

4.

5.

요 약

제 1 장에서는 이 책의 기본 가정을 소개했다. 이 소개한 각 단계들을 이해해서 자발적으로 실행해 보는 사람에게는 변화가 비교적 빠르고 오래 지속될 수 있다는 점을 말했다. 자기표현은 자신있게 자신의 사고와 감정을 기술적으로 마음껏 표현할 줄 아는 능력이라고 정의했다. 이런류의 의사소통은 공격성과는 대조되는 것으로써, 공격성이 곧 자기표현인양 잘못 취급되고 있다. 비자기표현적인 사람들의 특성을 요약하고 비자기표현의 대가로 치루는 심리적, 사회적, 신체적 결과를 자세하게 서술했다. 끝으로 연습문제를 해보고 그 결과를 요약해 봄으로써 좀 더 자기표현적인 의사전달로 나아가는 첫 걸음을 내디뎠다. 이 연습문제를 마치지 못한 상태에서 자신의 의사소통의 질을 개선시키기를 희망한다면, 제 2 장으로 가기 전에 반드시 연습문제부터 끝마쳐야 한다.

제 2 장
자기표현은 학습될 수 있다
(Assertiveness Can Be Learned)

 3년 전에 Robin은 태어났다. 출생 후 몇 개월 동안은 출생을 열망하던 가족들을 의식하지 못하고 혼자만의 세계에서 지내는 것 같았다. 다른 모든 아기들처럼 신체적 기본 욕구와 본능이 지배하는 생활이었다. Robin은 울기만 하면 먹을 것, 담요, 기저귀 따위의 욕구가 채워졌고 어머니 젖을 먹기 위해서 다른 훈련을 필요로 하지 않았다. 이렇게 어린 Robin에게 행동방식을 가르치려는 어리석은 사람은 없을 것이다. 사실 첫 몇 주일 동안은 주객이 전도되어, 아기가 주인공이 되었고 주위의 가족들은 아기를 즐겁게 하는 방법을 점차로 익혀나가기만 했다.
 몇 달이 지나자 Robin은 변하기 시작했다. 첫 번째 변화는 엄마 아빠를 빤히 바라보면서 Spock박사가 가스징후라고 말하는 "베내짓"과는 확실히 다른 웃음을 씩 웃는 것이었다. 물론, 이런 웃음이 대단한 환호를 불러일으켜 관심을 갖게 된 사람들이 포옹하고 키스하게 된다. 그 첫 번째 미소를 계기로 Robin과 그 주위에 있는 사람들 사이에 일생 동안 계속될 대화가 시작된 것이다. Robin의 미소가 매번 흥분과 환호성을 불러일으키자 분명히 의식은 못하지만 Robin은 자신이 환경에 어떤 영향을 줄 수 있다고 깨닫기 시작한다. 그 후 Robin은 자신의 다른 행동도 인정받고 있음을 알게 되었다. 다른 소리에 대해서는 반응이 없었지만 엄마, 아빠, 야옹이…… 이런 소리들은 부모의 인정을 받았다. 공을 올리는 일,

숟갈로 음식을 먹는 일, 기저귀가 마른 채로 두는 일 등과 같은 행동들로써 칭찬받게 되었다. 어떤 행동들은 꾸중을 받기도 하는데, 고양이 목 잡아당기기, 음식 내던지기, 차도로 뛰어드는 행동 등은 호된 꾸중을 듣거나 때로는 손바닥이나 종아리에 매를 맞으며, 어떤 때는 2분 동안 침실에 혼자 있는 벌을 받기도 했다.

물론 부모가 Robin을 지배하지만 Robin 또한 부모의 행동에 영향을 준다. 부모들은 이제 딸아이가 콩이나 참치생선을 거들떠 보지도 않는 것을 알고, 그 아이가 좋아하는 다른 음식을 준다. 또 가장 좋은 담요보다는 다 떨어진 양털 조각을 더 좋아한다는 것을 알고 Robin이 잘 시간이 되면 털로 된 장난감을 찾아 놓는다. 마치 모든 사람이 주위 사람을 형성시키고 자신 또한 그 사람들에 의해 형성되는 것과 같이 Robin과 그녀의 부모도 서로 끊임없이 영향을 주고받는다.

심리학자들이 말하는 '학습'이란 이런 종류의 영향을 의미한다. 즉, 한 개인이 환경과의 상호작용 결과에 의해서 얻은 비교적 지속적인 행동 변화를 학습이라 한다. 이 정의에 따르면, 학습은 학교에서뿐만 아니라 다른 곳에서도 이루어진다는 것이 분명해진다. 고의건 아니건 간에 우리의 행동은 타인의 행동에 영향을 미치고 반대로 우리는 주위 사람들로부터 영향을 받는다. 우리는 각자의 주위 사람들을 관찰함으로써 말하는 것을 배운다. 우리는 현대를 모방하거나, 시행착오로 얻는 결과로써 우리 문화의 사회적 규범을 배운다. 도덕과 풍습과 미적 감각 등 모든 행동과 태도에 있어서도 마찬가지다. 모든 것은 경험의 산물이다.

대부분의 행동은 학습의 결과이다. 이 책은 놀랄 만큼 중요한 이 사실에 기초를 두고 있다. 왜냐하면 작문, 수학, 혹은 테니스를 배울 수 있는 것과 같이 자기표현도 배우는게 가능하기 때문이다. 더 나아가서 자기주장이 없다는 것은 어떤 사람의 결정이나 성격상의 결핍이라기보다는 오히려 경험 부족에 기인한다는 점을 말하는 것이다.

이 장에서는 사람들이 어떻게 학습하는가에 대해 간단히 얘기하려고 한다. 여기에 실린 정보는 수 십년 동안에 걸쳐 심리학자와 행동을 연구하는 학자들이 실시한 면밀한 실험과 관찰 결과에 기초를 두고 있다. 일단 이 원칙을 이해하기만 하면 자신의 행동원인과 변화시킬 수 있는 방법에 대한 명확한 심상을 갖게 될 것이다. 제1장의 끝부분에 묘사한 자기표현이 부족한 경우들은 바로 과거의 학습산물이라는 것임을 알게 될 것이며 여기서 자기 자신을 좀 더 숙련되고, 자신감이 넘치는 대화자가 되도록 하기 위해 이 원리들을 이용할 수 있을 것이다.

1. 비자기표현적인 행동의 근원
(The Roots of Unassertive Behavior)

학습에 대한 토론은 사람들이 왜 자기표현을 못하게 되는가를 묘사함으로써 시작하기로 한다. 연습문제 I-2에서 여러분은 변화시키고 싶은 대화 특징의 목록을 만들었다. 거의 대부분의 불만족스러운 행동들이 그러하듯이 당신도 다음과 같은 네 가지 이유 중의 하나 때문에 아마 자기표현을 어려워했을지도 모른다.

A. 더 좋은 대안이 이루어진 적이 없던 경우

사회적 기술 습득의 두 가지 중요한 방법은 모델을 관찰하는 것과 충고를 받아들이는 것이다. 특히 지나치게 수줍어하거나 공격적인 대화자들은 대부분 아무도 자신들의 생각이나 감정을 공개적으로 표현하는 일이 없었던 환경에서 자라 와서 표현방법들을 제대로 배울 기회를 가지지 못한 경우가 많다. 흔히 말하듯이, 우리는 부모의 희생물이고 그들도 우리의 희생물이다. 그러므로 자기표현 부족은 유전적인 특질같이 종종 세대를 이어 전해질 때도 있다.

Sandy는 네 딸 중의 장녀였고 남자친구도 거의 없이 자라왔다. 초등학교를 통해 그녀가 소년들과 접촉한 것은 학교에서 뿐이었는데, 거기서도 동성끼리만 모였었다. 중학생이 되어 데이트가 시작됐지만 Sandy는 한마디로 어찌해야 할지 알지 못했다. "내게는 소년들이 마치 화성에서 온 사람들 같았다"라고 그녀는 회상한다. 계속해서 그녀는 "나는 그들에게 무엇을 말해야 할지, 그들을 어떻게 바라보아야 할지 알지 못했다. 나는 처음 몇 번의 기회를 망쳐 버렸고, 재미없는 데이트 상대라는 평판을 얻은 것으로 기억한다. 학교에서는 끼리끼리 모여 다녔는데, 나는 데이트를 안 하는 친구들과 어울려 다녔고, 고등학교에서도 소년들과 같이 지내는 요령을 익히지 못했다. 대학에 들어가서야 비로소 새 출발을 하며 나의 사회생활은 향상되기 시작했다"고 말했다.

어떤 사람들은 좋은 충고와 좋은 모델을 관찰할 기회가 있었는데도 자신을 잘 표현하질 못한다. 아래에 Todd의 경우가 보여주듯이, 자기표현의 결핍은 잘못된 학습의 소산일 수도 있다. Todd는 사교성이 좋은 부모와 많은 형제 누이들이 있는 집에서 자랐다. 대학에서 그는 대학축구팀에 속했는데 팀의 선수들은 그에게 많은 사회적 충고를 해줬다. 이렇게 모델이 많았음에도 불구하고, 그는 아직도 잘 모르는 사람들 앞에서는 수줍어한다. 다음 대화를 보면 그 이유를 알 수 있을 것이다.

강 사 : Todd, 너는 낯선 사람 앞에 나서면, 좋은 모델들을 많이 알고 있는데도 불편해지고 답답해진다고 말했지?
Todd : 예, 수업 중에 좀 더 의사소통을 잘 하기 위해 취할 수 있는 방법은 의사소통이 능란한 사람을 보거나, 충고를 받는 것이라고 선생님은 말씀하셨습니다.
강 사 : 꼭 그렇지만은 않아. 어떤 사람은 우연한 관찰이나 기회만으로 충분히 기술을 배울 수 있지만 어떤 사람은 세밀한 훈련과 연습이 필요하거든. 나는 네가 올해엔 출전 선수에 끼어있다는 걸 알고 있어. 작년엔 팀에 끼지 못했었는데 말이야.
Todd : 예, 축구팀에 끼게 된 것이 제게 그렇게 쉬운 것은 아니었어요. 이번에 그렇게 된 것은 내가 한 여름 동안 개별시간 지도 아래 힘든 노력을 했기 때문이에요.

강　사 : 자기표현을 하는 것도 마찬가지야. 모델만으로는 불충분하고, 때로는 특별지도와 연습이 필요하거든. 다른 사람들도 대부분 몇 마디 충고를 듣거나 관찰함으로써 능숙한 스키선수나 화가, 연주가가 되리라고는 기대하지 않지. 생각이나 감정을 표현하는 것 역시 그런 기술만큼이나 복잡한 것이야. 그래서 대화스타일을 바꾸려면 종종 특별지도와 전문가의 조언을 들으며 조직적인 방법으로 좀 더 바람직한 대안을 연구해야 하지. 대화를 좀 더 잘 해보겠다는 욕망을 가지고 노력하면 꼭 그 효과를 보게 될 거야.

B. 비자기표현적인 행동이 강화되는 경우

강화(reinforcement)란 미래에 취해질 행동의 가능성을 증가시키는 어떤 요인이다. 예를 들어, 농담을 해서 남을 웃기게 되면 이 웃음이 바람직한 것임을 인식하고 또 다른 농담을 하려고 노력하게 되는데, 이것이 강화이다. 만약 가게에서 구입한 상품이 불량품일 때 권리를 주장해서 변상받게 되면 이 변상행위는 이와 비슷한 환경에서 자신의 권리를 다시 주장할 용기를 주는 강화제가 될 것이다. 제6장에서 강화작용의 몇 가지 유형과 이용방법에 대해 설명할 것이므로, 여기에서는 강화가 미래에도 같은 식으로 행동하게끔 유도하는 행동에 대한 보상이라고 이해하는 것만으로도 충분하다.

많은 부모들이 자신들도 모르는 사이에 아이들을 수동적이거나 교활하게 혹은 공격적으로 만드는 행동을 강화시키면서 자기표현을 가르친다. 시장에서 다음과 같은 장면을 종종 본 일이 있을 것이다. 한 어머니가 두 살난 아이를 데리고 계산대 앞에 서 있다. 갑자기 꼬마가 그의 손이 미치지 않는 곳에 있는 쵸코렛을 보고는 "엄마, 과자"라고 보챈다. 어머니는 안된다고 하고 꼬마는 투정을 부린다. 일 이 분 동안 애는 앙앙 울고 어머니는 모든 사람들이 자기를 쳐다본다고 느끼자 아찔해져서 조용히 하라고 달래면서 과자를 사서준다. 여기서 이 꼬마는 과자가 먹고 싶으면 언제나 투정을 부리면 된다는 것을 배운다. 이 보기에서는 공격적인 행동이 강화되었다고 하겠다.

우리 사회엔 비자기표현적인 행동을 적극적으로 강화시켜주는 말들이 대단히 많다. 지루하고 역겨워서 가만히 있을 때도 부적당하게 "착하다" "친절하다"라고 칭찬을 하는 것이다. 어린아이를 가진 부모들을 비공개적으로 조사한 바에 따르면 솔직한 것보다는 예의 바른 것이 더 강조되고 칭찬 받는다고 나타났다. 남에게 좋은 인상을 주는 것이 솔직한 감정을 나타내는 것보다 더 훌륭한 태도라는 결론에 이르게 되는 것 같다.

마찬가지로, 성인 세계에서도 자기표현을 하지 않는 것이 더 바람직한 것으로 여겨지고 있다. 이는 특히 전통적으로 기대되었던 여성의 역할의 경우에 더욱 적합한 말이 된다. "그녀는 참 상냥하다", "그녀는 남의 험담을 해 본 적이 없다", "그녀는 화를 내지 않는다" 혹은 "그녀는 항상 웃는 얼굴이다"라는 말들을 칭찬으로 여겨왔다. 이런 강화를 받음으로써 자기표현을 못하게 되는 것이다.

C. 자기표현때문에 처벌을 받은 경우

어떤 종류의 처벌은 신체적으로 불쾌하다. 예를 들면, 매를 맞거나 금식 당하는 따위이다. 조롱, 비판, 무시 등 사회적인 처벌도 이에 해당된다. 처벌은 어느 경우든지 미래에 어떤 행동이 반복되는 것을 막기 위해 제재하는 불유쾌한 조치라고 할 수 있다.

많은 사람들이 불쾌한 경험 때문에 당연한 의사표현이 대가를 받지 못한다는 것을 배웠다. 자기 또래와 어울리지 못해 조롱받을 때, 부모의 명령에 말대꾸를 하다 꾸중 받을 때, 대중 앞에서의 첫 번째 연설로 비웃음을 당하게 된 학생은 모두 자기표현을 힘들어하게 될 것이다. 사회적인 거부나 부모의 혹평, 급우들의 놀림이 단지 몇 번만 반복되어도 이러한 처벌을 초래하는 행동을 그만두게 될 것이다. 다시 말해서, 불쾌한 결과로 인하여 자기표현력이 약화된다고 하겠다.

다음 이야기는 자기표현으로 인해 위험을 당하는 경우이다. Chuck는 공과대학을 졸업하고, 큰 우주 항공회사에 설계사로 취직이 된 자신을 행운아라고 생각했다. 취직해서 몇 달이 지났을 때, 그는 자기 부서의 일처리 절차가 비효율적임을 알게 되자, 시간을 내어 회사의 비용을 절감하는 한편 질도 향상시킬 수 있다고 자신하는 새 방법을 연구해 냈다. 예산을 다시 검토하고 그것이 옳다고 확신한 뒤, 칭찬과 조기 승진까지 기대하면서 상사에게 제시했다. 그런데, 상사가 내키지 않는 듯이 기회 있을 때 보겠다고 말하는 것에 그는 매우 놀랐다. 수개월 후 건의에 대한 반응을 여러 번 요구하자 상사는 점점 더 방어적으로 되어 갔다. 결국 오래 근무한 선배 직원이 Chuck에게 충고하기를, 그 상사는 회사를 뒤흔들 정도로 모험하려는 것을 좋아하지 않으며, 그저 자기 부서의 일들이 무난히 진행되어 가는 것을 원하기 때문에 시스템의 변혁에 흥미를 느끼지 않으니, 이런 경우엔, 그럭저럭 지내는 것이 잘 지내는 것이라고 했다. 회사와 그의 장래를 같이 하려면 잘 생각해야 했다. 이 시점에서 그는 양자택일을 하지 않으면 안 되었다. 즉, 자신의 헌신적인 생각을 굽히고 승진하면서 서서히 때를 기다릴 것인가(언젠가는 확실히 변혁을 실천할 수 있는 지위에 도달할 수 있는 것이 가능하다) 아니면, 해고당할지도 모르는 위험과 부딪쳐 공개적으로 주장을 계속할 것인가 하는 것 중 하나를 택해야 한다. 결국 직업을 구하기도 힘들 뿐 아니라, 일반적으로 그 직장은 만족할 만한 곳이어서 그는 입 다물고 가만히 있기로 했다. 어쨌든 그는 자기주장을 굽혀야 처벌 위협을 면할 수 있다는 것을 알았다.

심지어 처벌받으리라는 예감 때문에 자기표현을 못할 수도 있다. 아직 일어나지는 않았지만 사람들은 종종 예상되는 처벌을 피하기 위해 수동적으로 행동하기도 한다. 제 1 장에 나오는 Pat가 교실에서 질문하는 것을 두려워하는 경우인데 학교기록에 의하면 Pat는 6학년까지는 거리낌 없이 말하는데 지장이 없었다. 그런데 6학년이 되자 무슨 이유에서인지 담임선생이 그를 미워하여 그의 질문과 그가 한 일을 항상 비판했다. 일 년 동안 들은 꾸중을 통해 Pat는 조용히 하여 어려움을 피하는 한 가지 교훈을 얻었다. 사실, Pat는 답을 잘 알아 두려워 할 필요가 없는 경우에도 비판에 대한 자제할 수 없는 불안과 공포가 그 한해 동안 자꾸 커갔다.

고등학교와 대학교 시절을 통해서 자신의 공헌이 환영받을 수 있는 경우에도 비판에 대한 공포감을 이길 수 없어 침묵을 지키곤 하였다. 그는 결국 근거 없는 처벌을 예상하여 학창시절을 항상 침묵 속에서 보냄으로써 회피행동의 원리를 보여준 셈이 되었는데, 이 회피행동이야 말로 자기표현을 못하는 사람들이 받는 재앙이다. 위에 지시된 것과 같이 회피행동을 하고 있는 사람들은 처벌을 초래할지도 모를 상황을 피하려 한다. Pat의 경우는 교실에서 떳떳이 말하는 행동이 문제가 된 것이었다. 그는 불쾌한 경험을 피하기 위해 몇 가지 전략을 사용했다. 교실 뒤에 앉아서 선생님과의 눈맞춤을 피하거나, 학생의 참여가 거의 필요치 않은 과목을 선택하여 비판받고 조롱받을지도 모를 행동을 회피하였다.

물론 처벌에 대한 Pat의 공포는 전혀 근거가 없는 것이었지만, Pat 자신은 자기의 의사를 당당하게 발표해 본 적이 없기 때문에 그 사실을 결코 확인할 수가 없었다. 바로 이 점이 행동회피자들이 안고 있는 가장 큰 손실이 되는 것을 알 수 있다. 그들은 회피할 필요가 없게 된 상황에서도 이러한 행동을 계속하기 때문에 실패도 성공도 확인할 기회가 없어지고 마는 것이다.

이와 같이 자기표현을 못하게 된 까닭은 불쾌한 결과가 실제로 생겼기 때문이 아니라 처벌을 상상하는 데서 오는 공포 때문이라고 할 수 있다.

D. 비합리적인 신념을 갖고 있는 경우

아이들은 말하기를 배우면서부터 그 사회의 신념체계도 받아들이도록 배운다. 대다수의 신념들은 유익한 것이다. 예컨대, 타인과의 의견 충들을 해결하기에 신체에 가하는 완력은 좋은 방법이 못된다든지 건강한 신체에 건강한 정신이 깃든다는 가르침 따위를 들 수 있다.

그러나 한편으로는, 효과적인 사회생활을 사실상 억제시키는 수많은 비합리적인 신념들이 있는데, 여기서는 이것을 "신화"(Myths)라고 부르기로 하자(Ellis,1962,1973;Lazarus and Fay,1975). 그러면, 이제 자기표현을 억제시키는 다섯 가지 믿음에 대해 논의 해보기로 하겠다.

1) 완전성에 대한 믿음

이런 믿음을 가진 사람은 훌륭한 대화자는 언제나 완벽한 신념과 기술을 가지고 의사소통을 할 수 있다고 믿는다. 그러나 이러한 완전성에 기준을 두는 것은 영감적인 목표설정이나 원천이 될 수 있을지언정(골퍼가 단 한 번에 적중시키겠다고 하는 것과 같다고나 해야 할까?) 완전한 행동의 수준에 도달한다거나 그러한 상태를 유지한다는 것은 전혀 있을 수 없는 일이다. 왜냐하면, 사람이란 어느 누구도 완전하지 않기 때문이다. 대체로 완전성에 대한 신화는 소설이나 텔레비전 또는 영화를 너무 전적으로 믿어서 생겨난 것 같다. 거기 나오는 배우나 인물들은 완전한 남편이거나 자식 아니면 완전한 자제력을 가진 사교적인 주인이거나 또는 믿기 힘들 정도로 능력있는 전문가로 등장한다. 그러나, 이러한 모습들이 매력적이긴 하지만 우리 자신을 그들과 비교해 보면 언제나 그들에 미치지 못한다는 것은 어쩔 수 없는 사실이다.

일단, 완벽한 대화자가 되는 것이 바람직하며 또 가능하다는 신념을 받아들이게 될 때, 만일 자신이 불완전하다면 사람들로부터 인정을 받지 못하리라는 생각이 곧 들 것이다. 완전성에 대한 믿음을 갖게 되면 "어떻게 해야 좋을지 모르겠다"고 말하는 것, 자신의 실수를 인정하는 것, 또는 불확실하거나 불쾌한 감정을 가지고 남과 얘기하는 것을 사회적인 결함이라고 생각하는 것이다. 누구나 높이 평가되고 인정받고 싶은 욕망이 있는 이상, 완전해 보이고 싶다는 유혹이 생긴다. 그러한 유혹 때문에 사람들은 여러가지 사회적인 가면 속에서 생활한다. 자신이 완전한 것처럼 가장할 수 있다면, 다른 사람들 모두가 자기를 받아들여 주리라 생각하면서 말이다. 이런 기만은 커다란 대가를 치루기 마련이다. 왜냐하면 다른 사람들이 이러한 가장된 신념을 알게 되는 순간 그들은 완전함을 가장하고 있던 배우가 가짜라는 것을 알게 되기 때문이다. 만에 하나 그처럼 신념을 가진 것처럼 하는 행동이 드러나지 않는다 하더라도 그와 같은 배우의 공연은 심리적인 에너지를 과도하게 소모시키므로 인정을 받더라도 자신은 즐겁지 못한 것이 되고 만다.

이러한 그릇된 신념에 매여 자신의 행동이 이 불가능한 기준에 미치지 못하게 될 때 선택할 일이란 남과 교제를 끊는 일이다. 간단히 말해서 "훌륭히 대화를 나눌 수 없다면, 아예 얘기하지 않겠다"는 식이다. 이러한 불쌍한 사람들은 완전한 척하며 불안에 떠는 만큼 고통을 받는다는 것은 말할 필요도 없다.

이렇게 완전성을 통하여 인정을 받으려는 노력이 전혀 필요하지 않다는 점이 아이러니라고 할 수 있다. 연구조사에 따르면 사람들이 좋아하는 인간형은 유능한 사람이지 완전한 사람은 아니라는 사실이 드러났다. 이유는 간단하다. 우선 많은 사람들은 그런 완전한 사람들의 행위는 필사적인 안간힘을 쓰는 것으로 보기 쉽다. 따라서 누군가 완전함을 가장하여 자기를 속이려고 하는 사람보다는 그렇지 않은 사람을 더 좋아하게 된다는 것은 자명한 일이다. 두 번째 이유로, 우리들 대부분은 완전하게 보이는 사람의 주위에서는 불편함을 느끼게 된다. 자신은 높은 수준에 도달하지 못한다는 것을 알게 되므로, 이러한 초인간을 멀리서 존경하고 싶어한다.

완전함에 대한 믿음에 따라 행동하면, 타인이 당신을 좋아하지 못하게 만들 뿐 아니라 자기 자신을 존경하는 데도 지장을 줄 것이다. 자기가 기대한 만큼 성취하지 못한 자신을 어떻게 좋아할 수 있겠는가? 당신은 결코 완전치 못하다는 사실을 다음과 같이 자연스럽게 받아들일 때부터 자신이 매우 자유롭게 느껴질 것이다.

- 모든 사람들과 마찬가지로, 당신도 자신을 표현하는 것이 때때로 힘들 때가 있다.
- 모든 사람들과 마찬가지로, 당신도 때론 실수를 하며, 실수를 숨길만한 이유도 없다.
- 자신의 능력을 깨닫고 그 능력이 허락하는 한도 내에서 가장 훌륭한 사람이 되기 위해서 당신은 진실로 최선을 다하고 있다.

2) 수용에 대한 믿음

수용에 대한 믿음이란, 어떤 사람의 행동에 대한 가치가 그들이 얻게 되는 수용의 정도에 달려있다고 믿는 것이다. 이러한 신념에 따르는 사람들은 그들 자신의 원칙이나 행복을 희생시키면서까지 그들에게 소중한 사람들로부터 수용받기 위해서 엄청난 노력을 기울인다.

그 결과 다음과 같은 우스꽝스러운 상황을 초래하기도 한다.

- 극장 안에서 누군가가 쇼를 방해하고 있는 경우에도 소란스러움을 일으킬 것이 두려워서 침묵을 지키는 경우
- 판매원이 자기 때문에 시간을 낭비했거나 자신을 인색한 사람이라고 생각하지 않도록 원하지도 않는 물건을 사는 경우
- 단지 한 때 그룹의 일원이라는 위치를 차지하려고 어떤 사람이나 또는 그의 생각을 같이 비웃는 경우
- 단지 좋은 사람이라는 말을 듣기 위해서 진심으로 원하지 않을 때에도 심부름을 해주거나 돈을 빌려주므로써 자신을 극도로 불편하게 만드는 경우

이러한 수용에 대한 믿음은 자신의 원칙과 욕구에 어긋나는 행동을 유발하므로 확실히 스스로 불만족스럽게 되며 또, 상대방을 기쁘게 하기 위해 자기의 소신을 버릴 때 상대방이 당신을 더욱 존경하고 좋아할 것이라는 매우 비합리적인 것이다. 그것이 건전한 신념이 아니라는 것은 다음과 같이 간단히 증명된다. 단지 수용을 얻기 위해서 중요한 가치관을 굽힌 사람들을 어떻게 존경할 수 있겠는가? 인정을 받기 위해서 자신의 욕구를 끊임없이 부정하는 사람들을 존경하는 것이 가능하겠는가? 다른 사람들은 그들의 필요에 따라 행동해 주는 사람이 주위에 있는 사실 자체엔 흡족해 하겠지만, 이들을 사랑과 존경으로 대하지는 않을 것이다.

부언하자면, 모든 사람들로부터 인정을 받겠다는 생각은 불합리하며 불

가능하다. 조만간 기대에 대한 갈등이 생길 것이다. 예를 들어, 두 사람이 서로 정반대로 당신이 행동해야만 당신을 인정한다면 도대체 어떤 식으로 행동할 것인가?

절대로 오해하지 말아야 할 사항은, 수용에 대한 믿음을 부정한다는 것이 이기적인 생활을 영위해야 한다는 것을 의미하는 것은 결코 아니라는 점이다. 물론 타인의 요구에 관심을 갖거나 가능하다면 들어주는 것은 중요한 일이다. 그리고, 자기 자신에게 소중한 사람에게 존경심을 얻기 위해 노력한다는 것은 즐거운 일이고, 또 필요한 일이라고 말할 수 있을지도 모른다. 하지만, 문제는 오직 이러한 목적을 달성하기 위해서 자신의 욕구나 원칙을 포기해야 한다면 그 대가는 엄청나게 크다는 것을 알아야 한다는 것이다.

3) 인간관계에 대한 믿음

이러한 믿음에 따르는 사람들은 타인의 감정을 상하게 하거나 그들에게 불편함을 주는 일은 절대로 하지 않는 것을 의무라고 생각한다. 이러한 태도는 다음과 같은 행동을 야기시킨다.

- 진실로 보고 싶어서가 아니라 단지 의무감에서 친구나 가족을 방문하는 경우
- 귀찮은데도 불구하고 다른 사람의 행동에 반대하지 않고 혼자 끙끙거리는 경우
- 다른 약속에 늦었거나 몸이 아픈데도 불구하고 말하는 사람에게 주의를 기울이는 척 하는 경우
- 솔직하게 아니라고 대답해야 하는데도 찬성하거나 안심시키는 대답을 하는 경우

이처럼 마지못해서 행동하는 이유는 자신의 행동이 타인의 감정에 근원이 된다고 믿는데서 비롯된다. 즉, 자신이 다른 사람을 기분 나쁘게 하

거나 혼란시키거나 화나도록 만든다는 생각이다. 그러나, 그건 사실 그릇된 생각이다. 당신은 결코 다른 사람의 감정의 근원이 될 수 없다. 오히려 그들은 그들 자신의 감정에 따라 당신의 행동에 반응한다고 보아야 옳을 것이다. 이와 같은 주장이 사실임을 깨닫기 위해서 "우리는 누군가가 우리를 사랑하도록 만들었다"고 한다면 얼마나 이상하게 들리는지 생각해 보아라. 이러한 진술은 전혀 말도 안되는 소리다. 오히려 우리가 어떤 행동을 함으로써 그 누군가가 우리를 사랑하게 되었다는 말이 훨씬 더 올바른 것이리라. 다른 사람은 그렇게 되지 않았는데도 말이다. 같은 이유로, 우리가 누군가를 화나게 한다거나 기분을 상하게 한다거나 슬프게 또는 행복하게 한다는 문장도 그릇된 것이다. 어떤 사람의 기분을 상하게 하거나 기쁘게 하는 우리의 어떤 행동도, 또 다른 사람에게는 아무렇지 않을 수 있다. 우리의 행위가 계기가 되어 일어나게 된 타인 자신의 심리작용의 결과가 타인의 반응이라는 설명이 오히려 더 확실한 말이다.

이러한 믿음으로 인해서 자신의 의사소통을 제한할 경우 세 가지 해로운 결과를 초래한다. 첫번째는 지나치게 신중하여 오히려 자신의 욕구를 충족시키기 못하게 된다는 사실이다. 타인은 당신에게 부정적으로 영향을 미치고 있다는 사실을 알지 못하는 한 그들의 행동을 바꾸지는 않을 것이다.

둘째, 아마도 침묵을 지킨 결과로 당신을 귀찮게 하는 사람들에 대해서 분노가 일기 시작할 것이다. 이러한 반응은 확실히 비논리적이다. 왜냐하면 별로 자신의 그러한 감정을 나타낸 적이 없기 때문이다. 문제를 숨기면 적개심이 점점 커진다는 것은 당연한 결과이다.

셋째, 최상의 목적을 이루기 위해 설사 자신의 감정을 억누른다 할지라도 장애를 초래하기는 마찬가지다. 즉, 당신의 가장된 본성을 파악하는 즉시 자기들이 어떤 경우에 당신의 기분을 정말로 상하게 하는지 파악하기 어렵다는 것을 발견하게 될 것이다. 그들에게는 모든 것이 다 괜찮다며 당신이 열심히 확신시키는 것조차도 의심스러워하고 만다. 왜냐하면 당신이 어떤 분노를 드러내지 않고 감추고 있을지 모른다는 생각이 그들의 머릿속에 항상 잠재해 있기 때문이다. 그러므로, 여러가지 면에서 타인의 감정을 책임지겠다는 생각은 불합리할 뿐만 아니라 역효과도 초래하게 된다.

4) 무력함에 대한 믿음

이는 대부분의 일이란 자기 자신이 어쩔 수 없는 어떤 힘에 의해 결정된다는 불합리한 생각이다. 끊임없이 스스로를 희생자라고 생각하는 사람들은 다음과 같이 말한다.

- 이 사회에서 여성이 출세할 수 있는 길은 전혀 없다. 이 사회는 남성을 위한 세계이다. 그러니 사실을 받아들일 수 밖에 도리가 없다.
- 나는 수줍은 성격을 가지고 태어났다. 조금 더 활발해지고 싶지만 어찌할 도리가 없다.
- 나는 상관에게 그가 너무 많은 요구를 하고 있다는 말을 할 수가 없다. 만약 그렇게 했다가는 직장을 잃고 말 것이다.

이 책의 서론에 나와 있는 주제를 상기하면, 이러한 진술이 잘못된 것이라는 점은 명백해질 것이다. 자신이 진정으로 원하기만 한다면 불가능한 일은 거의 없기 때문이다. "할 수 없다"는 문장을 좀 더 올바른 문장으로 다시 쓸 수 있는 방법이 여기 두가지 있다.

첫째, 어떤 식으로 행동하지 "않을"것이며, 그렇게 하지 않기로 "선택한다"는 말을 해본다. 예컨대, 자기 권리를 옹호하지 않기로 하거나 달갑지 않은 요청을 거절하지 않기로 선택할 수는 있으나, 어떤 외부의 힘이 하지 못하도록 방해한다는 주장은 아마도 부정확할 것이다. 둘째, "할 수 없다" 는 말 대신에 훨씬 더 확실하게 "어떻게 해야 할지 모른다"고 말해 본다. 이러한 종류의 상황을 보여주는 보기들은 사람들이 방어성을 줄이는 방식으로 불평하는 법을 알지 못하고 있거나 최선의 대화진행법을 알지 못하고 있다는 사실을 암시해 준다. 이상의 두 가지 문제점과 같이 "할 수 없다"고 주장해 온 많은 어려움들도, 사실은 그 해결책이 있다. 문제는 해결책이 무엇인지 찾아내어 열심히 시도해 보고 어떻게 적용시킬 것인지 배우는 일이다.

이러한 관점에서 본다면, "할 수 없다"는 말들은 사실은 변화를 원하지 않는다는 것을 스스로 정당화하려는 합리화 기제에 불과하다. 일단 가망성이 전혀 없다는 것을 자신에게 설득시키면 노력을 포기하는 쪽이 훨씬 수월해지기 때문이다.

반면에, 변경시킬 방법이 있다는 것을 인정하게 되면 - 그것이 아무리 어렵더라도 - 자기가 해야 할 책임을 스스로 어깨에 짊어지게 된다. 최종 목적지에 더 가까이 갈 수 있다는 것을 알게 되면 현재의 상황에 대해 불평하는 일은 어려울 것이다. 당신도 더욱 훌륭한 대화자가 될 수 있다. 이 책은 여러분이 이 목적을 위해서 한 걸음 더 나가도록 돕기 위한 것이다. 제발 포기하거나 쉽사리 낙담하지 말기 바란다.

5) 파국적인 실패에 대한 믿음

이러한 비합리적인 신념을 가진 사람들은 만약 무언가 나쁜 일이 일어날 수 있다면, 그것은 반드시 일어나고야 말리라는 가정을 따른다. 전형적인 파국 환상은 다음과 같다.

- 사람들을 파티에 초대한다면 아마도 그들은 오고 싶어 하지 않을 것이다.
- 내가 어떤 문제점을 해결하기 위해서 발언한다면, 사태는 아마 더욱 나빠질 것이다.
- 원하는 일자리에 응모를 한다면, 나는 아마 고용되지 않을 것이다.
- 그들에게 내가 느끼는 대로 이야기한다면, 그들은 나를 바보 취급할 것이다.

타인과의 관계가 모두 성공적으로만 이루어지리라고 기대하는 것은 의심할 바 없이 고지식한 생각이지만 모두 다 실패하리라고 가정하는 것도 이와 똑같이 해로운 생각이라고 할 수 있다.

이러한 태도의 첫번째 결과로는 중요한 시기에 자기를 표현하고자 하는 시도를 별로 하지 않게 된다는 것이다. 이런 행위는 앞 부분에서 기술한 바와 같이 확실히 회피하려는 행위에 속한다. 예상되는 처벌 가능성을 감소시키는 방식으로 행동하면 파멸 가능성이 정말로 실재하는 지는 결코 발견하지 못하게 될 것이다.

이러한 태도의 어리석음을 알기 위해 극단적인 회피행동의 개념을 적용해 보자. 과연 어떻게 생활해 나갈 수 있을까? 번개나 추락하는 비행기에 맞을까봐 두려워서 아침에 한 발짝도 외출할 수 없을 것이다. 충돌이 두려워서 차를 운전할 수 없는 것은 물론이고, 과로로 인한 심장마비가 두려워서 어떤 종류의 운동에도 참가하지 못하리라. 만약 이러한 예가 우스꽝스러워 보인다면, 일어나지도 않을 결과가 두려워서 의사소통을 그만둔 일이 있는지 없는지 생각해 보기 바란다. 어느 정도의 신중함은 현명한 것이지만, 조심을 지나치게 하다보면 기회를 상실해 버리는 인생을 초래할 수가 있다.

파국적인 신념을 가지고 행동하지 않을 때조차도 사고는 일어난다. 많은 경우에, 실패를 기대한다는 사실이 곧 실패를 더욱 일어나게 만들 가능성이있다. 이러한 사실의 배후에 있는 원리는 "자기 완성적 예언(self-fulfilling prophecy)"이라고 불리워지고 있는데, 이에 관해서는 조금 후에 세밀히 논의하겠다. 단지 지금은 성공하지 못하리라는 예상 때문에 성공할 수 있는 기회를 포기하고 있을지도 모른다는 사실을 깨닫기만 하면 된다.

파국적인 실패에 대한 믿음에서 벗어나는 한 가지 길은, 성공적으로 의사소통을 하고자 하는 노력이 실패하더라도 거기에 따른 결과가 어떤지 재평가해 보는 일이다. 완전해지려는 노력과 타인의 인정을 받기위해서만 살겠다는 생각은 어리석다는 것을 명심하면서, 어떤 주어진 상황에서 겪는 실패는 겉에 보이는 것처럼 나쁘지 않다는 것을 깨달아라. 당신을 비웃으면 어떤가? 그 직업이 아니면 또 없겠는가? 당신의 말에 대해 화를 내는게 무슨 상관인가? 이러한 일들이 정말로 그렇게 중요하단 말인가?

□ 연습문제 □ Ⅱ-1

그 어느 누구도 자기표현능력이 없이 태어나지는 않는다. 일단 현재의 의사소통 방식은 과거의 학습결과라는 것을 깨닫기만 하면, 여러분은 보다 더 가치있고 보람있는 자기표현의 방법을 배우는게 가능하다는 것을 알게 될 것이다.

연습문제 Ⅰ-2에 기록한 바 있는 비자기표현적 행위들을 돌이켜 생각해 보자. 그중에서 현재 자신이 생각하기에 가장 커다란 문제라고 생각되는 세 가지 항목을 뽑아내어 보라.

<예> a) 행동 : 가족이나 친구들에게 노여움이 생길 때, 나는 그 감정을 나 혼자만 간직하든가 아니면 암시를 주거나 투덜대던가 또는 뾰루퉁한 표정을 지음으로써 간접적으로 나타낸다.

b) 그 행동은 어떻게 학습되었고, 지속되었는가?
  ☒ 더 나은 대안을 배운 적이 없다.
  ☒ 비자기표현의 보상을 받아왔다.
  □ 자기표현을 했다가 벌을 받은 적이 있다.
  □ 터무니 없는 신념을 가졌다.

c) 설명 : 나는 어느 누구에게도 직접적으로 화난 감정을 나타내 보이는 법이 없는 가정에서 자랐다. 내 친구들 중 몇은, 노여움을 외부로 표현하는 가정에서 자랐는데, 그들은 나에게는 마음에 들지 않는 매우 과격하고 공격적인 방법으로 분노를 나타낸다. 나는 주위에 자기표현을 하는 모델들을 갖지 못했기 때문에 이번 역시 희미하게 암시를 주고 불평을 말하며 투덜거려서 내 뜻대로 일을 처리했고, 이렇게 되어 간접적인 공격이 보상되어 왔다.

1. a) 행동

b) 그 행동은 어떻게 학습되었고, 지속되었는가?
- ☐ 더 좋은 대안을 배운 적이 없다.
- ☐ 비자기표현의 보상을 받아왔다.
- ☐ 자기표현을 했다가 벌을 받은 적이 있다.
- ☐ 터무니 없는 신념을 가졌다.

c) 설명

2. a) 행동

b) 그 행동은 어떻게 학습되었고, 지속되었는가?
- ☐ 더 좋은 대안을 배운 적이 없다.
- ☐ 비자기표현의 보상을 받아왔다.
- ☐ 자기표현을 했다가 벌을 받은 적이 있다.
- ☐ 터무니 없는 신념을 가졌다.

c) 설명

3. a) 행동

b) 그 행동은 어떻게 학습되었고, 지속되었는가?
- ☐ 더 좋은 대안을 배운 적이 없다.
- ☐ 비자기표현의 보상을 받아왔다.
- ☐ 자기표현을 했다가 벌을 받은 적이 있다.
- ☐ 터무니 없는 신념을 가졌다.

c) 설명

2. 자기표현도 학습의 결과이다
(Assertiveness Is Also Learned.)

사회적 행동을 학습하는데 성공했느냐 아니면 실패했느냐의 정도에 따라서 의사소통 만족도가 다르기 때문에, 의사소통 방법이 만족스럽지 못하다고 해서 그 잘못이 여러분에게만 있는 것은 아니다. 마치 물에 대해 제한된 경험을 가진 사람이 수영을 하지 못한다고 질책 받을 수 없듯이, 여러분도 몇 가지 자기표현의 어려움을 겪고 있다고 하여 질책 받을 수는 없다. 큰 개한테 공격을 받은 적이 있는 아이가 그 두려운 감정을 다른 모든 개에게 일반화 시키는 것처럼, 여러분도 유쾌하지 않은 연상 때문에 대화를 싫어하거나 멀리하고 있는지 모른다. 이럴 경우에 비자기표현적으로 행동하려는 경향은 이해될 수 있다. 지난날의 경험에 의해 행동이 형성된다는 사실은 자기 자신을 질책하는 일반적 오류들로부터 벗어나 불충분한 학습에서 파생되는 것임을 말해 준다. 이런 의미에서, 여러분은 자신의 불행을 자초케한 행위자인 동시에 또한 자신이 불행의 희생자가 되어 왔다고 하겠다.

경고 한 마디 : 비록 지난날의 대화에서 겪은 많은 문제점에 대해선 책임이 없다 하더라도, 미래의 비자기표현적인 행위에 대해서까지 무력함에 대한 믿음 탓이나 불충분한 과거의 학습 탓으로 돌려서는 안된다. 비자기표현적인 것은 자신의 힘 밖이라고 합리화시키고 싶겠지만, 그렇게하면 정말 합리화가 되고 만다. 이 책에 있는 내용을 읽고 연습하면서, 새롭고 좀 더 만족스러운 행동양식을 배우기 위해 바람직하지 않은 의사소통 습관이 생기게 한 원칙들을 이용할 수 있을 것이다. 과거에는 바람직한 모델들을 찾아낼 수 없었던 경우에도, 지금은 그것들을 찾아내어 연구할 수가 있다. 전에는 수동적이거나 공격적인 행동 외에는 대안들이 없어 당황하였지만, 이제는 여러분이 골라 쓸 수 있는 자기표현 대안목록을 갖게

될 것이다. 전에는 자기표현을 못한데 대해서 어떠한 강화나 보상을 받았지만, 이제는 직접적인 태도로 이야기하는데 대해 보상을 받게 될 기회들을 증대시킬 수 있다. 이러한 약속들이 지나친 것 같이 들릴지도 모르나 여러분은 이런 약속들이 어떠한 기적적인 치료법에 기초를 둔 것이라기보다 오히려 현재 대화방식의 원리와 같은 원리들에 기초를 두고 있음을 깨달아야 한다. 다른 점은 자신이 선택한 목표에 도달키 위해 그러한 원리 원칙들을 솔선하여 사용하게 될 것이라는 점이다.

3. 자기완성적 예언(Self-fulfilling Prophecy)

학습 외에도, 의사소통 시도의 성공여부에 영향을 끼치는 또 다른 요인이 있다. 그 요인이 무엇인지 알아보기 위해 잠시 스포츠 세계를 생각해 보자 어떤 운동선수나 능력만큼 승패를 좌우하는 것은 마음가짐에 있다는 것을 시험할 수 있다. 잘 해보겠다고 기대하는 운동선수들은 대개 승리하는 반면에, 실패하리라고 예언하는 선수들은 대개 실패한다. 이런 의미에서 패배할 것이라는 마음가짐을 가진 경쟁자는 자신의 상대보다 아마 자기가 자신을 더 패배시키려 하는 것과 같다고 하겠다. 그리고, 자기 자신이 최고라고 믿고 있는 운동선수는 어느 정도 자신의 신체적 능력이상을 발휘해 성공하게 된다. 이와 똑같은 원리가 다른 종류의 힘든 노력에도 적용된다. 오랫동안 열심히 시험공부했음에도 불구하고 잘 해내지 못할 것이라고 예상하는 학생들은 교실에 들어가면서부터 자신감을 잃어버리고, 잠재능력 이하의 성적을 얻는다. 잘 해내지 못할 것이라고 예견하는 연사나 배우 또는 연기자들은 대개 그러한 예언이 정확히 들어 맞는다는 사실을 알고 있다. 그러나 그 까닭은, 단지 그 불행에 대한 예언이 너무 강해져서 그 예언이 실패를 실현시켰기 때문이라고 하겠다.

이러한 각각의 경우들은, 성공이나 실패에 대한 기대가 실제로 실현되어 진다는 자기완성적 예언을 예시해 주고 있다. 겨울의 첫눈을 기대하는 것은 눈 내리는 일의 여부에 영향을 미치는 것이 아니지만 위에 열거한 것과 같은 예는 사람들이 기대하는 대로 발생한다.

자기완성적 예언이 어떤 식으로 의사소통에 영향을 미치는지 이해하기 위해, Nancy의 경우를 생각하여 보자. Nancy는 동료들이나 학생들에게 매우 높이 평가받고 있는 대학강사이다. 그녀는 평소에 일하게 되기를 갈망해오던 어느 대학에 취직자리가 생겼음을 알게 되었다. 일자리 내용은 그녀의 자격과 일치했고, 경쟁자들을 조사한 결과 그녀가 적어도 다른 어떤 지망자 못지않은 자격이 있음을 보여주었다. 처음에 Nancy는 그 직업을 갖게 되리라는 기대로 자신감에 차 있었지만, 면담시간이 가까워짐에 따라 더 회의를 느끼기 시작했다. "나는 내가 그 자리에 적격이라는 걸 알지만, 면접하는 그 시간 내에 면접위원들은 나의 참다운 인격에 관해선 결코 알아내지 못할거야"라는 불행한 독백이 계속되었다. 일어날 일을 예상은 했지만 그녀는 그 면담이 신통치 않게 진행될 것이라는 우울한 예언을 믿게 되었다. 마침내 그 날이 왔고, Nancy는 가능한 한 가장 좋은 미소를 띄우면서 면접위원들과 대면했다. 후일 그녀는 "제대로 대답을 했지만, 어떻게 된 일인지 성공하지 못했어요"라고 하면서, 계속해서 "내 태도가 나빴는데, 오늘 와 생각해 보니 바로 그 우울한 예언 때문에 그 직업을 갖지 못하게 된 것이라는 확신이 드는군요"라고 말했다.

부정적인 자기완성적 예언의 위험들은 아무리 강조해도 지나치지 않다. 이 책의 가장 중요한 교훈 내용은 사람들은 변화한다는 점이다. 달리 말해서, 과거에 비자기표현적이었다고 해서 앞으로의 행동도 그럴것이라고 예언할 필요는 없다는 것이다.

부정적인 자기완성적 예언은 여러분의 성장을 방해하는 반면에, 긍정적인 기대를 가지고 어떤 상황에 접근하게 되면 바람직한 결과가 열어나도록 도와준다. 취직 면접 때 Nancy가 자기 자신에 대해 자신감을 가졌었다면 사태가 어떻게 달라졌을 것인지 생각해 보라. 똑같은 방법으로, 재미있는 사람들과 대화를 시작한다든지, 곤경에 처해 있을 때 도움을 요청한다든지, 소비자로서 자신의 권리를 옹호한다든지, 또는 그 밖의 많은 상황에서 긍정적인 기대가 만들어 낼 수 있는 차이점을 마음에 그려보라. 물론 긍정적인 기대만으로는 대개 충분하지 않다. 그러한 것들은 표현기법에 기초를 둘 필요가 있다. 여러분은 앞으로 자기표현의 목록들을 증대시켜 나가는 방법을 배우게 될 것이다. 지금 깨달아야 하는 중요한 사실은 여러분도 보다 더 자신감 있고 유능한 대화자가 될 수 있다는 것을 믿어야 한다는 것이다.

□ 연습문제 □ II-2

자기완성적 예언이 의사소통 형성에 어떠한 역할을 할까? 여러분이 연습문제 I-2에서 작성한 바 있는 의사소통 문제의 목록으로 돌아가서 어쩌면 이러한 사건들이 일어나지 않았을지도 모르는데 사건들을 일으키게 한 방식에 대해 자신의 경우들을 회상해 보라. 달리 말하자면, 자기완성적 예언에 따라 행동했던 경우들을 상기해 보라. 어떻게 당신이 행동했었는지와 거기에 관련된 사람들, 그리고 그 행동이 일어난 환경에 관해 설명해 보라.

<보기> 나는 최근 주인 이외에 아는 사람이 아무도 없는 파티에 초대되었다. 나는 아주 끔찍하게 싫은 시간을 갖게 되리라 확신하면서 갔다. 나는 그 누구와도 만나려 하지 않은 까닭에 그때를 돌이켜 보면 나는 내 스스로 끔찍한 상황을 만들었을지도 모른다는 사실을 깨달을 수 있다.

1.

2.

3.

요 약

　불만족스러운 대화를 유발시킬 수 있는 학습경험에는 네 가지 형태가 있다. 즉, 전혀 자기표현 행동 경험을 갖지 못한 경우, 자기표현적이었던 탓으로 과거에 벌을 받았던 경우, 비자기표현적이었기 때문에 보상이나 대가를 받았던 경우, 그리고 터무니없는 믿음을 갖는 경우, 이 네 가지가 여기에 속한다. 이러한 비합리적인 생각 가운데는, 완전성, 수용, 인간관계, 무력함, 파국적인 실패에 대한 믿음 등이 있다. 다행한 점은 과거에 비생산적인 대화 스타일을 자아냈던 것처럼 이 원리들을 양심적으로 다시 적용한다면 앞으로 새롭고 보다 효과적인 표현기법을 터득할 수 있다는 점이다.
　자기완성적 예언은 대화에 영향을 주는 또 하나의 요소이다. 어떤 사람이 대화에 성공하느냐 실패하느냐 하는 것은 기술에 좌우된다기 보다는 성공과 실패에 대한 기대에 더 많이 좌우되는 때가 있다. 이런 이유때문에 간단하게 자기를 선전하기 보다는 현실적인 자세를 가지고 의사소통 상황에 접근하는 것이 본질적이고 중요하다.

제 2 부
자기표현의 기초
(FUNDAMENTALS OF ASSERTION)

제3장은 자신이 실행하고 싶은 영역을 뚜렷이 규정짓는 방법과 특정한 목표를 서술하는 방법에 대해 설명하고 있다.

제4장에서는 효과적인 변화를 초래하는 방법을 다루고 있다. 당신이 표현하고 싶은 방법을 체계적으로 연습하면 새로운 기술을 배우는데 도움이 될 것이다.

제5장의 방법들은 자기표현의 기술보다 불안이 문제가 되는 경우에 도움이 될 것이다. 긴장이완 기술을 매일 연습하여 완벽해지면 이전의 고통스러웠던 상황에 효과적으로 대처할 수 있게 될 것이다.

제6장에서는 가장 어려운 의사소통 문제를 완전히 습득하는 방법을 가르쳐 준다. 여기에서는 이미 배운 기술과 몇 가지 새로운 기술을 한데 조화시키고 있다.

제 3 장
문제의 확인과 목표설정
(Identifying Problems and Setting Goals)

　Dave는 잘 생긴 26세의 청년이었는데 매력적인 여자들에게는 전혀 접근을 못하는 사람이었다. 그는 남녀의 성역할에 관해 토의했던 수업이 끝나자 "내 자신을 변화하고 싶다"고 강사에게 자신의 문제를 고백했다. 좀 더 자세한 질문을 받았을 때, 그는 "나는 이성교제에는 정말 자신이 없습니다. 여자들 앞에서 나는 어떻게 행동해야 할지 모르겠어요"라고 말했다.
　Dave는 자신의 문제를 해결해 가는 단계를 살펴봄으로써 목표를 달성하는 방법에 대해 더욱 명확히 알게 될 것이다. 종종 자신의 문제를 규명 할 수 있고, 원하는 행동방식에 대해 설명할 수 있다는 것이 바로 자신의 목적을 달성하는데 있어서 매우 효과적인 수단이라는 것을 발견하게 되기도 한다.

1. 자기표현의 문제들은 대부분 상황적이다.
(Most Assertive Problems Are Situational.)

 의사소통 문제를 규명할 때 깨달아야 할 첫 번째 요점은 문제의 정도를 과장해서 생각할 수 있다는 점이다. 자기표현을 전혀 하지 못하는 사람은 거의 없다. 대부분의 사람들은 오히려 특정 상황에서만 어려움을 느낀다. Dave가 그랬던 것처럼 침체된 순간에는 자신을 완전한 실패작이라고 생각하는게 일반적이며, 그렇게 이해할 수도 있지만 조금만 더 생각해 보면 그러한 생각이 과장된 것임을 알 수 있다. "나는 소심한 사람이다." "나는 여러 사람들과 말을 잘 할 수 없다." "나는 내 자신의 권리를 옹호할 수 없다" 등과 같은 진술은 정확한 것 같으나, 그런 진술들은 그 사람의 행동을 사실 이상으로 비참하게 보이도록 한다. (그럼에도 불구하고, 자기완성적 예언에 따르게 되어 그러한 부정적인 말을 자주 반복할 경우 불행한 상태가 더욱 사실인 것처럼 느껴지게 된다.)

 일반적이라기보다는 오히려 상황적이라고 판명된 Dave의 경우를 보기로 하자.

 "당신은 이성교제가 완전히 실패했다고 말합니다. 당신이 처한 상태를 바로 알기 위해 몇 가지 질문을 하겠어요. 몇몇 질문은 우스꽝스럽고 어리석게 들릴지도 모르지만, 나를 믿어요. 사실은 그렇지 않으니까요. 첫째, 당신은 어머니와 이야기할 때에도 당황하게 되나요?"라고 Dave의 선생은 물어보았다.

 "물론 그렇지 않습니다."라고 Dave는 대답했다.

 선생은 "당신에게 여자 동생이 있나요?"라고 질문하고, 그렇다는 대답을 받자마자 "당신은 어머니나 누이들과 이야기할 때에는 자연스러운가요?"라고 계속 질문했다. "물론이죠"라고 Dave는 대답했다. 선생은 계속해서 "그렇다면, 나와는 어떤가요? 나도 여자인데 나와의 관계도 불안합니까"라고 물었다. "아닙니다. 내가 의미하는 것은 그런 것이 아니고, 나와 같은 또래 즉 19세에서 30세 사이에 있는 사람들에 대해서 이야기하고 있는 것입니다." "자, 그렇다면 문제를 해결하는데 더욱 도움이 되겠군요. 그러나 나는 아직도 당신이 완전히 정확하게 문제를 파악하고 있다고 생각하지는 않아요. 나는 당신이 같이 수업하는 Nancy와 Connie와도 아주 자주 이야기 한다는 사실을 알고 있어요." "그것은 사실이에요. 하지만, 그들과는 사실상 아무 문제도 없어요" 왜 그렇지 않느냐고 선생이 물었을 때, Dave는 Nancy와는 수년 동안 알고 지내는 사이이고, 그녀와 대화할 때는 남자 친구들과 얘기하는 것과 똑같이 여겨진다고 대답했다. "그러나, 그건 Connie에 대한 설명은 아니다."라고 선생은 주장했다. "이렇게 말하는 것이 잔인하게 들릴지도 모르지만, 나는 그녀가 매우 재미있다거나 매력적이라고 생각하지 않기 때문에 그녀에게 말 거는 것이 쉬워요"라고 Dave는 대답했다. 선생은 "즉, 당신은 가족 중의 한 여성이나, 당신보다 나이가 많은 여성이나 스스럼 없는 여자친구 또는 당신이 흥미있거나 매력적이라고 느끼지 않은 여성들과 이야기할 때는 아무런 문제가 없다는 말이지요?"라고 요약해서 말했다. 이점에 대해 Dave는 이해하는 표정을 지으며 수긍했다. "맞아요. 내가 모든 이성교제에서 실패하는 것은 아닙니다. 데이트를 하고 싶은 여자들 하고만 그런 것 같아요! 그렇다고 생각하는 것만으로는 내가 데이트하는데 아무런 도움을 줄 수 없어요 그러나 어떤 까닭에서인지 차이가 좀 있는 것처럼 느껴져요"

　여기에 이르기까지 Dave에게 일어난 일에 대해 검토해 보자. 첫째, 그는 자신이 여자에게 가졌던 어려움은 어느 것이나 특수한 한 집단에 제한된 것이라는 사실을 발견했다. 이러한 깨달음은 그의 기분을 좋게 만들어 주었다. 그 이유는 그렇게 깨달음으로 해서 자신은 완전한 사회적 실패자라기보다는 의사소통의 한 면을 검토하는 것이 필요할 뿐인 비교적 유능한 사람이라는 것을 알았기 때문이다. 둘째, Dave는 그가 어떤 변화를 일으키기 위하여 특별하게 대해야 할 사람이 누구라는 것을 적어도 지금은 알고 있다는 것이다. 이런 두 가지 방식을 자신의 문제를 어떻게 풀기 시작해야 할지 생각조차 할 수 없었던 때와는 달리 단지 문제를 좁힘으로써 Dave는 문제 해결에 더 가까이 접근하게 되었다.

Dave처럼 대부분의 사람들은 일상적인 주위환경에서는 꽤 잘 해내고 있으나, 특수한 어느 상황에서만 어려움을 갖는다. 예를 들면, 재능이나 지성이나 일에 대하여 칭찬을 들을 때는 기분 좋게 받아들일 수도 있으나 외모에 대해 칭찬을 받을 때는 불편할 수도 있다. 특별한 사람을 제외하고는 "미안합니다" 또는 "내가 틀렸습니다"라고 말하는게 쉬울 수도 있다. 농담조로 애정을 표현하는 데는 능숙할지 몰라도 직접적으로 표현하기는 어려울지도 모른다. 이러한 보기들은 대부분의 사람들이 일반적으로는 자기표현을 잘하지만 어떤 상황에서는 문제를 가지고 있다는 것을 보여준다. 이런 상황들은 과연 어떤 것인가를 알아내므로써 보다 효과적으로 대화를 나누기 위한 큰 발전을 할 수 있을 것이다.

자기표현이 특히 어렵다고 생각되는 상황에는 세 종류가 있다. (1) 첫째 상황은 Dave의 경우처럼, 특정한 개인이나 사람(person or people)과 관련되어 있다. 개인 중심적인 문제를 지닌 사람들을 예를 들자면, 우선 어떤 교사에게 지적을 받았을 때 당황하게 되는 학생이나, 윗사람을 제외한 모든 사람으로부터 불쾌한 말을 듣기 싫어하는 고용자, 또는 다른 인종이나 민족배경을 가진 사람들과 편안하지 못함을 느끼는 사람들이 있다.

(2) 또 다른 경우에 있어서 자기표현 행동이 어렵게 되는 것은 어떤 주제(topic)에 대해 얘기를 나눌 때이다. 예를 들어, 어떤 부부는 성생활이나 아이들의 교육에 대하여 의논하는 것이 어려운 반면에 다른 생각들을 같이 나누기는 쉬울 수도 있다. 또 다른 주제들과 관련된 어려움이란 재정적 도움을 청하거나 미래에 대한 고민을 표현한다거나, 또는 어떤 일에 대하여 정당한 비판을 받아들이는 것을 포함하기도 한다. (3) 자기표현에 가끔 영향을 주는 또 다른 요소는 대화가 발생하는 배경(setting)이다. 예를 들어, 어떤 사람은 조그만 소수의 그룹에서는 사교적일 수 있지만 큰 단체에서는 비사교적이 된다. 별로 원하지도 않는데 집집마다 돌아다니며 물건을 강매하는 사람들을 문 앞에서는 태연자약하게 외면할 수

있으나 길에서 기부금이나 물건을 사라는 요청을 거절하기는 어려워한다.

다음 페이지에서 이러한 문제들 중에서 어떤 것이 자신에게 적용되는지 알 수 있게 될 것이다. 그러나 그 문제가 어떤 것이든지 간에 동일한 기본요소가 적용된다. 즉, 불만족스러운 행동은 대개 어떤 특정한 상황에 국한되어 있으며, 그런 행동들이 일어나는 특수한 경우를 파악하는 것이 문제를 수월하게 만들고 때로는 자신의 불만족스러운 행동을 쉽게 고칠 수 있게 한다.

□ 연습문제 □ Ⅲ - 1

이 연습은 상황적인 의사소통의 본질 파악과 자기표현 목표를 더 뚜렷하게 규정짓는데 도움이 될 것이다. 예습문제 Ⅰ-2에서 작성한 자기표현이 안 되는 행동에 대한 리스트를 재검토 하시오. 거기에서 자신의 생활에 중요한 세 가지 의사소통 영역을 골라내고, 각 영역별로 자신의 장점과 약점을 기술하시오. 연습문제 Ⅰ-2에 문제점들을 기록한 후 좀 더 자기표현 행동을 잘하고자 하는 어떤 다른 방법을 깨달았을 수도 있다. 만약 그렇다면, 연습문제 Ⅰ-2에 있는 항목 중에서 몇 개를 골라 그러한 문제들로 대치시킬 수 있다.

자신의 표현력을 증진시키길 진심으로 원한다면, 이 책을 계속 읽어나가기 전에 여기에 있는 연습문제를 반드시 해보아야 한다는 점을 명심해야 한다.

<보기> a. 대화의 유형 : 분노의 표현
　　　　b. 나의 장점 : 정말로 중요하다고 느낄 때는, 친구나 가족에게 직접 분노 감정을 표현하며, 분노의 감정을 마음 안에 숨기거나 또는 직접적으로나 간접적으로 공격하지 않는다.
　　　　c. 나의 단점 : 나는 자주 식당, 상점, 관공서의 불친절한 써비스에 화가 난다. 이런 일이 생길 때, 나는 아무말도 하지 않고, 소화불량으로 고생한다.

Ⅰ. a. 대화의 유형 :
　　b. 나의 장점 :

c. 나의 단점 :

2. a. 대화의 유형 :

　　b. 나의 장점 :

　　c. 나의 단점 :

3. a. 대화의 유형 :

　　b. 나의 장점 :

　　c. 나의 단점 :

2. 문제점을 행동으로 규정짓기
　　(Defining the Problems Behaviorally)

　앞의 연습문제는 자기표현을 더 잘 하기 바라는 상황이 어떤 것인지 대체로 알려 주었을 것이다. 이렇게 시작하는 게 좋기는 하나, 어떤 변화가 발생할 수 있기 전에 자신의 문제영역을 더욱 더 명료하게 규정짓는 게 필요하다. 문제점을 행동으로 규정짓는 방법을 배움으로써 이 단계에 도달하게 될 것이다. 이러한 연습의 중요성은 아무리 강조해도 지나치지 않다. 왜냐하면 이러한 연습이 없다면 의사소통을 향상시킬 기회는 사라져 버리고 말 것이기 때문이다. 여행을 하는 사람은 목적지에 빠르고 안전하게 도착하기 위하여 현재 자신이 어느 지점에 있는지, 어디로 가고 싶어 하는지를 알아야 한다. 같은 식으로, 자신의 목표에 도달하는 가장 좋은 기회를 갖기 위해서는 현재 자신이 어떤 식으로 표현하고 있으며, 어떻게 표현하고자 하는지를 정확히 기술할 수 있어야 한다. 행위로써 구체적인 정의를 내리면 목표에 도달하는데 도움이 될 것이다. 문제점을 행동으로 규정짓는 데는 세 가지 단계가 필요하다.

A. 누가 관련되어 있는 문제인가?

Dave는 먼저 강사와 대화를 함으로써 이미 이 단계에 도달하였다. 그가 데이트하기 원하는 여성과 대화하는데 있어서 어려움을 겪어 왔다는 사실은 분명하다. 그는 나이 차이가 있는 여성들이나 홍미를 느낄 수 없는 매력 없는 여성들과는 자연스럽고 편안하게 지낼 수 있었다. 또한 아름답고 매력적이지만 이미 결혼했다거나 다른 남자와 교제중인 여성들과는 아무런 문제도 지니지 않았다. 그는 데이트를 하고 싶은 여성들과 만날 때에만 움츠러드는 것이다.

때때로 이처럼 문제의 핵심을 확인하기 쉬운 경우도 있지만, 더욱 많은 시간과 노력이 필요한 경우도 많다. 자선을 이유로 금전을 요구하는 사람을 거절하지 못하는 것에 대해 불평하는 한 여성의 경우가 이에 속한다. 그녀의 문제 진술은 매우 분명한 것처럼 보이지만, 몇 가지 질문을 더 해보면 그녀는 이미 종교에 관한 책자를 사라고 집집마다 방문하는 복음

전도자와 같이 물건을 사라고 억척 떠는 사람들을 거절할 수 있었다는 것을 알 수 있다. 또한 그녀가 원하지 않는 물건을 전화를 통해 팔려고 하는 사람들을 거절하는데 아무런 어려움도 겪지 않았다. 좀 더 자세히 토의한 후에 그녀의 문제를 자신이 동정을 느끼는 종류에 속하는 사람들로 한정할 수 있었다. 즉, 상이용사, 신체적 결함을 지닌 사람, 그리고 어린이들이 거기에 속했는데, 그녀는 어렸을 때 걸스카우트 과자를 팔 때 당했던 고통을 회상했다고 한다. 그러나 여기에서 조차도 그녀의 묘사 가운데 틀린 점을 발견할 수 있었다. 한 친구는 그녀가 이러한 사람들을 동정한다면 그런 사람들을 위해 왜 기부하기를 싫어하는지 그 이유를 물었다. 더 나아가서, 그녀의 동정을 살 만큼 대외 명분이 뚜렷하다면, 왜 돈을 기부한 뒤 자신에게 화를 내냐고 물어보았다. 이에 대해 그녀는 자신이 동정을 느끼는 사람들에게는 기부를 해도 기분이 좋지만 다른 경우엔 돈을 준 후 바보 같은 느낌이 든다고 대답했다.

차이는 어디에 있었는가? 그녀의 경험을 돌이켜보며 드러난 것은 기부에 대한 대가로 전혀 가치없는 선물이 주어졌을 때 배반당했음을 느낀다는 것이었다. 그녀가 아무런 보상도 바라지 않고 기쁘게 기부했었지만 그 대가로 몇 온스의 캔디나 열쇠고리를 주면 속았다고 느낀다는 것이다. 이렇게 명백하게 문제점을 파악한 후, 해결은 분명해 졌다. 그녀가 정당한 이유로 기부한 것에 대해 사례하는 사람과 접할 때마다 그녀는 자신이 적당하다고 느끼는 만큼의 돈을 기부하며, 보상으로 주어지는 어떤 선물이나 상품도 거절하면 되었다. 이런 식으로 그녀는 자신의 모든 돈이 뜻 있는 일에 쓰일 것이라는 것을 알았으며 대신 싸구려 상품을 억지로 "샀다"고 느낄 필요는 전혀 없어졌다.

의사소통 문제를 규정지을 때는 관계되는 사람에 대한 묘사를 가능한 한 구체적으로 하라. 문제가 전체 범주의 사람(여성, 판매자, 이방인)과 생기는 것인지, 아니면 어떤 범주에 속한 사람(매력적인 여성, 무례한 판매원, 당신이 만나고 싶어하는 낯선 사람이나 또는 특정한 사람(Jane Doe, 특정한 가게의 점원, 새로 이사 온 이웃)과 생기는지 스스로 물어

보도록 한다. 자신의 문제를 보다 구체적이고 완전하게 기술할수록 성공의 기회는 더욱 더 커질 것이다.

B. 어떠한 상황에서 문제가 발생하는가?

Dave가 이 질문을 처음 받았을 때, 그는 데이트를 하고 싶은 사람과 가까이 있을 때는 언제 어디서나 편안치 못하고 부자연스럽다고 대답했다. 그러나 좀 더 자세히 질문해 본 결과 사실은 그렇지 않음이 판명됐다.

"Dave, 당신은 어떤 상황에서나 여자들과는 대화를 잘 할 수 없다고 말했지요. 몇 가지 상황을 살펴 봅시다. 나는 당신이 자동차 수리점에서 일한다는 것을 알고 있어요. 그런 직업이라면 아름답고 매력적인 여성을 만나는 경우가 있을 거예요. 그런 경우엔 괜찮아요?"

"음, 그건 상황에 따라 달라요. 내가 일반적으로 차에 관해 이야기하는 한은 아무 문제가 없어요. 말할 거리가 많기 때문에 그들도 대개는 재미있어하는 것 같아요. 또한 내가 잘 알고 있는 얘기에 관해 말할 때는 잘 처리해 나간다고 생각해요. 그러나 화제가 자동차에서 다른 것으로 바뀌면 난 안절부절 못해요."

"주제가 자동차에 한정되는 한 직장에서는 잘 해낸다는 이야기지요. 그러면 학교에선 어때요? 잘 처신할 때가 있나요?"

"내가 생각해 볼 수 있는 예는 단 한 가지 뿐입니다. 화학시간의 실험 파트너는 매력적인 여성입니다. 대개는 그녀 주위에서 바보같이 서 있기만 했었어요. 그러나 지난 주 우리는 같이 실험을 했는데, 잠시동안 우리는 아무 문제도 없이 이야기하며 웃었어요. 그건 정말 멋진 경험이었어요. 그러나 실험시간이 끝난 뒤에는 다시 전과 같이 말을 할 수 없었고 안절부절 못하게 되더군요."

"어떤 윤곽이 보이는 것 같아요"라고 말하며, 선생은 계속 말을 이었다. "당신은 매력적이라고 생각되는 여성과는 상황에 따라 자기표현을 못하게 되는 것 같아요. 당신이 잘 알고 있고, 그래서 토의할 수 있는 어떤 정해진 주제가 있을 때는 잘 해내요. 문제가 될 때는 단지 당신 스스로 말할 주제를 생각해 내야만 할 때에 불과해요."

일단 Dave와 그의 선생이 문제를 이런 식으로 정의하니, 부분적이나마 해결 방법이 저절로 나타났다. Dave가 여성들과 자연스럽게 대화하는 한 방법은 분명한 주제가 있는 상황에서 그들과 접하는 것임을 알았다. 몇 가지 가능한 상황을 설정할 수 있었다. 예를 들자면 수업시간에 학교 공부에 관하여 여성과 이야기하는 것, 여성 판매원에게 그들의 상품에 관해 이야기하는 것, 모르는 사람에게 길을 물어보는 것 등이다. 이런 상황에서 이야기를 시작함으로써, 그는 서로의 공통 관심사가 드러나 어떤 상황에서나 두려움 없이 이야기를 이끌어 나가기에 충분할때까지 편안한 기분으로 얘기를 나눌 수 있었다.

문제가 되는 행위와 관련된 상황을 정의하기 위하여 스스로 물어보아야 할 몇 가지 질문이 있다. 어떤 장소에서 문제가 발생하는가? 문제는 어떤 특정한 때에 생기는가? 특별한 주제에 대해 논의할 때 일어나는가? 이러한 경우에 자신의 신상에 어떤 특별한 일이 일어나는가? 즉, 피곤해 지는가? 아니면, 당황해 하거나 화를 내거나 혼란스러워 지는가? 자신의 외모에 대해서는 좋게 생각하는가? 아니면, 나쁘게 생각하는가? 문제가 되는 사람들에게 공통된 특질이 있는가? 그 사람들은 우호적인가? 아니면 적의를 가지고 있는가? 직선적인가 아니면, 우회적인가? 불안해하는가 아니면, 자신에 차 있는가? 조급해 하거나 귀찮아하는가? 말하자면, 아무런 문제도 없는 상황과 문제를 지니고 있는 상황을 구분하여 파악해야 한다.

C. 어떤 특정한 행동이 불만족스럽다고 생각하는가?

문제를 규정짓기 위한 세 가지의 질문 중 이번 질문은 대체로 가장 깊은 사고를 요하는 것이다. Dave와 강사의 대화를 좀 더 살펴보면 문제가 되는 행위를 구체적으로 규정하는데 관련된 과정을 알 수 있다.

"좋아요. Dave" 선생은 계속했다. "이제까지 우리는 적어도 문제를 점차로 좁혀 왔어요. 즉, 당신이 데이트하기를 원하는 매력적인 여성과 같이 있을 때와 친숙한 주제가 없어서 당신 스스로 화제를 찾아야만 할 상황에서 문제는 일어나요. 자, 이제부터 이러한 불만족스런 상황에서 당신이 어떻게 행동하는지 검토해 봅시다."

Dave는 재빨리 대답했다. "그건 쉬워요, 난 아무 말도 하지 못해요"

"그러면, 어떤 식으로 당신은 행동하나요?" 선생은 계속 질문했다.

"아무런 할 말이 없을 때 당신은 무엇을 합니까?"

"이미 말씀드렸잖아요. 난 바보같이 주위에서 서성거려요. 그 여자는 날 신경쇠약에 걸린 바보로 알거예요."

"Dave, 그러나 그 말은 그러한 상황에서의 당신의 행동에 대한 분명한 묘사는 아닙니다. 아마 우리는 이 문제에 다른 식으로 접근할 수 있을 겁니다. 다른 외계에서 온 사람에게 당신의 행동을 설명하고 있다고 상상해 봐요. 이 사람은 무엇이 '바보'인지 또 어떻게 인간이 행동하는지 몰라요. 이 외계인에게 당신의 말을 이해시키기 위해서는 당신의 문제와 관련된 '관찰 가능한' 행동만을 기술해야 하는 것입니다. 예를 들면, 당신은 매혹적인 여성과 이야기를 할 때 손톱을 물어뜯습니까? 아니면, 당신이 안절부절 못할 때 이리저리 왔다 갔다 합니까?"

"아니예요. 그러나, 당신이 무슨 말을 하고자 하는지는 알겠어요."

몇 분 동안 생각한 후에 Dave는 단지 자신이 바보같이 느껴질 뿐이며, 문제가 되는 상황에서 무슨 행동을 하는지는 전혀 모르겠다고 고백했다. 그가 자신의 특정한 행동을 알아 차리게 하기 위해 선생은 한 주일동안 Dave에게 자연스런 상황에서 여성과 대화하는 것을 기록하는 일기를 써 보라고 제안했다. 상황에 접할 때마다, 그는 자신이 어떻게 행동하는지에 대해 가능한 한 즉시 구체적인 상황을 적어야 했다.

7일 동안의 자기 관찰은 Dave에게 그의 행위에 관한 많은 사항을 알려주었다. 먼저 그는 문제가 발생하는 상황에 대하여 어떤 것을 알게 되었다. 그가 매력적인 여성과 함께 있을 때 일곱 상황은 남성과 여성이 함께 사교적인 목적을 위해 모인 "파티"에서였다. 다른 세 경우는 학교에서 일어난 일들이다. 그중 둘은 서점과 학생회관에서 줄을 서서 기다릴 때였고 다른 하나는 매력적인 여학생이 도서관 휴게실에 있는 테이블에 앉아 있을 때이다. 나머지 두 경우 중 하나는 Dave가 친구집을 방문해 시골에서 온 그의 사촌을 만났을 때이고, 다른 하나는 즉석 햄버거 간이식당에서 햄버거를 먹기 위해 기다릴 때 일어났다. Dave는 매우 특정적으로 기술한 일주일간의 자료에 의해 문제가 되는 상황을 '막연한 상황'에서 '파티와 공공장소'로 재정의 할 수 있었다.

Dave의 일기에서는 문제가 되는 두 가지 특징적인 행동이 드러났다. 그가 어렴풋이 느꼈듯이, 첫 번째의 행동은 "긴 침묵(long silence)"이라고 그가 이름 붙인 것이다. 이는 Dave와 여성이 약 20초 혹은 더 길게 아무도 말을 하지 않을 때를 말한다. 두 번째의 어려움은 Dave가 불안하고 난처한 상황을 역전시키려고 의도할 때 일어났다. 그는 종종 자신이 시작한 문장을 완성하지 못한다. Dave의 표현대로 "질질 끌다 막혀 버리는 것"들은 신경과민으로 혀가 떨어지지 않는 사람의 모습이며, 이것이 그의 사회적인 이미지를 손상시켰다는 것은 명백하다.

자신의 불만족스러운 행동을 기술하고자 할 때는 다음과 같은 몇 가지 사항을 마음에 두어야 한다. 첫째, 기록하는 행동은 관찰 가능한 것이어야 한다. 근심, 분노, 생동감, 애정 등의 감정은 어떤 상황의 중요한 요소이기는 하지만 그런 용어로 단지 묘사하는 것만으로는 변화를 가능하게 하기 위한 충분한 자료를 얻지 못한다. 자신과 다른 사람에 의해 관찰될 수 있는 행동의 설명을 포함해야 한다. Dave의 강사가 제안했던 내용을 돌이켜 보고 인간의 감정에 대해 아무것도 모르는 사람에게 문제행위를 기술한다고 상상하면서, 모든 특질을 관찰이 가능한 행동 용어로 묘사해야한다.

또한 문제행동의 기술이 총체적이어야 한다. 즉, 문제를 이루는 모든 중요한 행위를 포함해야 한다. 문제의 모든 요소를 묘사하고 있다고 확신하기 위해서는 자신에게 적용시킬 수 있는 제 3부의 내용을 공부해야 한다. 여기에 덧붙여서 다른 사람들의 귀환(feedback)을 구하고, 위에 묘사한 일기 형식으로 자신의 행동을 기록함으로써 자신의 행동에 대해 완전한 모습을 파악할 수 있을 것이다.

관찰 가능해야 하는 것과 총체적이어야 하는 것 이외에, 문제에 대한 기술은 구체적이어야 한다. 각 행동을 분명한 용어로 기록하라 : 자기 자신을 '일에 던져진 사람이라 설명하지만 말고 어떻게 행동할지에 대해 적어라, 즉, 퇴근 직전 밤 늦게까지 일하라는 요구에 찬성하는가? 또는, 다른 사람이 해야 하는 일을 대신 떠맡아도 좋은가 : 또 "공격적인 언어 (aggressive language)"를 사용한다는 등의 기술보다는 구체적인 말과 구절을 적고 이런 말들의 음조도 적어 넣도록 한다.

3. 자기표현의 요소 (Elements of Assertive Communication)

자기 자신을 좀 더 효과적으로 표현할 수 있는 정확한 행동원리가 이러 저러한 것이라고 못박아 말하기는 힘들다. 여기에서 다루는 내용들은 자기표현을 하는 대화자들이 대부분의 상황에서 반드시 지녀야만 하는 사항들이다. 자기표현 목표들을 기록하기 전에 아래에 있는 항목을 다시 한번 살펴보고, 어느 조항들이 자신에게 꼭 필요한 것인지 찾아보라.

A. 시각적 요소 : "행동은 말보다 강력하다.(Actions speak louder than words)"라는 격언은 이미 진부한 문귀임에도 불구하고, 아직도 옳은 소리임을 부정할 수 없다. 만일 말하려는 내용을 분명히 전달하고자 한다면, 비언어적 행동(nonverbal behavior)은 분명히 그 내용을 한층 더 보장시켜 줄 것이다. 반면에, 가장 자기표현적인 말이라도 머뭇거린다든지 간접적인 방식으로 표현하면 그 말은 호소력을 상실하고 말 것이다. 다음의 여러 차원 중에서 어떻게 하는 것이 자기 자신을 적극적으로 표현할 수 있는지 살펴보기로 하자.

1) 눈맞춤 : 산만한 눈맞춤은 대개 근심, 거짓, 부끄러움, 나태 혹은 당

황 등의 부정적인 감정표현 방법으로 해석된다. 사람들은 그러한 응시가 산만하다고 깨닫지 못할 때도 무의식적으로 그런 사람을 피하거나 이용하려든다. 반대로 상대방의 시선을 피하지 않고 지나치게 응시하는 것도 좋지 않다. 이것은 응시하지 않는 만큼이나 산란하게 할 것이다. 그러나, 똑바로 그 사람을 응시하라.

필요하다면, 처음에는 상대방 얼굴의 이곳저곳 즉, 이마, 입 혹은 볼 등으로 눈길을 주어가면서 서서히 눈맞춤을 늘려나갈 수 있다. 약 4피트(120cm) 이상의 거리에서는 이러한 종류의 행동이 실질적인 눈맞춤 행동과 아무런 차이를 느낄 수 없을 것이다.

2) 거리 : 상대방과 자기자신 사이에 적당한 거리를 유지하는 것은 자기표현의 중요한 요소이다. 인류학자 Edward Hall(1959, 1969)은 미국 사람들이 상황에 따라 취하는 네 가지의 독특한 거리감각에 대해 조사했다. 친밀감을 주는 거리 (intimate distance)는 피부 표면에서 약 18인치(≒45cm)까지의 거리이다. 이름이 암시하듯이 이 거리는 사적인 만남, 애정, 자기보호, 혹은 화가 났을 때 빈번하게 이용된다. 개인적인 거리는 (personal distance) 18인치에서부터 대략 4피트(≒45cm~120cm) 사이인데, 주로 부담감이 없을 정도로 잘 알고 있는 사람들 사이의 만남에서 취해진다. Hall은 이 상황에서는 비교적 감정에 휩쓸리는 경우가 생겨도 그 긴박성은 친밀감을 주는 거리만큼 크지 않다고 하며, 팔을 뻗어 상대방에게 닿을 수 있는 정도의 거리가 이 거리라고 한다. 사회적 거리 (social distance)는 4피트에서 12피트(≒120cm~360cm)까지이며 개인적인 만남의 분위기가 아닌 상황 즉, 낯선 사람과의 대면이나 공식적인 사업거래 등에서 취해진다.

이것은 사업상의 인터뷰, 고객과 판매원 사이, 혹은 새로운 사람이 제삼자에 의해서 소개될 때 취하는 거리이다. 때때로 사회적 거리를 유지해야 할 사람이 개인적인 거리를 취하는 경우, 그런 사람을 지나치게 적극적인 사람이라고 힐난하기도 한다. 마지막으로 Hall은 12피트(≒360cm)

이상을 유지하는 거리를 공적인 거리(public distance)라고 명명했다. 말 그대로 공적인 거리는 극히 공적인 모임, 즉 교실, 대중예술 공연장 등 많은 사람들이 모여 있는 경우에 취해지는 거리이다. 자신이 표현하고자 하는 메시지에 알맞은 거리를 유지해야 한다는 점을 명심해야 한다.

3) 얼굴표정 : 자기표현 훈련을 위한 전형적인 집단에 참가하고 있는 사람 중에서 한 두 사람은 언제나 자기네들이 왜 심각하게 받아들여지지 않는지 모르겠다며 몹시 당황해 한다. 그런 사람들은 어휘와 적당한 거리 그리고 눈맞춤을 잘 유지하고 있다고 주장한다. 보통 때 자기 자신을 어떻게 표현하고 있는지 시범을 보이라는 질문을 받으면 그때서야 문제가 종종 드러난다. 즉, 그들의 얼굴표정은 메시지와는 전혀 어울리지 않는다는 것이다. 예를 들면, 말로는 불만을 토로하면서도 얼굴표정만은 마치 잘못된 것이 하나도 없는 양 미소를 띠고 있다. 또, 어떤 사람들은 이해 내지는 승낙한다는 표현을 하면서도 얼굴표정은 송장을 쳐다보고 있는 모습 그대로이다. 어떤 학생은 취직 인터뷰에서 자신의 행동을 재현해 본 후에야 그 실패한 원인이 어디에 있었는지 알게 되었다. 그는 자기 능력을 믿고 있었지만, 굳어버린 턱과 비참한 표정이 초조한 지원자의 모습을 드러내 버린 것이다. 위의 예에서 살펴 본 문제점들은 모두 다같은 성질의 것이다. 다른 사람들에게 진지하게 받아들여지려면 얼굴표정은 자신의 메시지와 일치시켜야 할 것이다.

4) 몸동작과 자세 : 얼굴표정과 마찬가지로 몸동작과 자세 또한 메시지의 긴박감을 고조시키거나 덜어 버린다. 안절부절해 하는 손동작, 신경질적인 발걸음, 혹은 축 늘어진 어깨 등은 진정한 자기표현의 메시지가 될 수 없으며, 어쩌면 이들은 원하는 것과 정반대의 영향을 끼칠지도 모른다. 반면에, 말과 어울리는 동작이나 화제와 어울리는 몸자세는 자신의 말을 강화시켜 줄 것이다. 말솜씨가 뛰어난 이야기꾼이나, 인터뷰하는 사람, 배우 또는 다른 모델들을 살펴보고, 그들은 자신의 메시지를 어떻게

보충 강조하고 있는지 주시하여 보라.

이러한 행동의 중요성을 인식하라고 해서 과장된 행동으로 자기의사를 표현하라는 것은 아니다. 팔을 이리저리 휘젓는다거나, 손가락질 하는 모습은 신바람난 무당의 동작처럼 주위를 산만하게 만들어 버릴 것이다.

여기서 지적하고자 하는 바는 말에 충분하게 어울리는 느긋한 몸놀림을 갖추어야 한다는 것이다.

5) 몸의 방향 : 자신의 태도를 옳게 표현하는 방법 중 다른 하나는 상대방에 따라 자신의 몸 위치를 바로 잡는 것이다. 상대방과 마주 대하여 이야기하는 것이 그렇지 않은 것보다 대화의 긴박감을 더욱 고조시킨다.

얼굴이나 어깨 등을 단호하게 상대방과 직접 마주 대하는 자세는 공격적인 자세를 암시하는 것으로 해석되기 쉽다(심판의 판정에 불만을 품은 야구선수나, 신병을 노려보는 해병대의 훈련조교가 취하는 자세를 상상해 보면 이해하기 쉽다). 자기표현을 효과 있게 잘 하는 사람을 살펴보면, 가장 좋은 몸가짐의 방향은 정면으로 대하기는 하되 약 10도내지 30도쯤 빗겨서는 것이다. 이러한 위치는 깊은 관심을 표시하면서도 너무 직접적인 응시를 피할 수 있는 여유를 보여 준다.

B. 음성적 요소 : 이 부분을 위한 항목들은 "무엇을 말해야 하나?"라는 문제보다는 "어떻게 말해야 하는가?"하는 문제에 촛점을 맞추고 있다. 음성이 어떻게 메시지를 전달하는지 알기 위해서 벽 뒤에서나 혹은 문닫은 방안에서 은밀하게 들려오는 대화를 무심코 듣게 된 경우를 머리에 떠올려 보자. 그 대화를 나누는 사람들의 행동을 직접 보지도 못하고, 그들의 말을 잘 알아듣지 못해도, 그들이 어떤 감정으로 대화를 나누고 있는지는 그들의 목소리를 통해서 알 수 있을 것이다. 그러면, 자기표현을 전달하는 목소리에 대해 네 가지 측면에서 살펴보기로 하자.

1) 목소리의 크기 : 목소리의 크기는 그 순간의 감정에 좌우된다. 목소

리의 크기가 대화의 긴박성에 영향을 주는 방식에는 두 가지가 있다. 첫째는 자신이 사용하는 기본적인 크기 즉, 평상시에 말하는 방식이다. 예를 들어 다른 사람이 알아 듣기 힘들 정도로 부드럽게 이야기하는 습관이 있다면, 그 이유야 어떻든 간에 이는 때때로 자기 의사를 불확실하게 만드는 요인이 된다. 반면에, 다른 사람이 불안감을 느낄 정도로 큰 소리로 말하는 습관이 있다면 그것은 자신의 진정한 감정과는 관계없이 공격적인 것이 될 수 있고, 화를 내고 있다거나 혹은 야비한 사람이라는 해석을 낳을 수도 있다.

언제나 어울리지 않게 큰 소리나 또는 작은 소리로 이야기하는 사람과는 달리, 어떤 비판적인 대화에서만 지나치게 큰 소리나 혹은 작은 소리로 이야기하는 사람도 있다. 예를 들어, 화가 좀 나면 즐거운 대화를 나누다가도 금방 소리를 지르거나, 비위가 좀 뒤틀린다 해서 거의 들리지 않을 듯한 목소리로 말해 버리는 사람들이다. 이 두 가지의 극단에 속하는 사람들은 말할 것도 없이 자신이 상대방에게 전하고자 하는 메시지의 효과를 감소시켜 버리고 만다.

2) 말하는 속도 : 어떤 사람은 너무 빨리 이야기하고, 또 어떤 사람은 너무 느리게 이야기 한다. 속도가 너무 빠른 말투는 너무 신경질적이거나 공격적인 느낌을 주고, 지나치게 머뭇거리는 말투는 메시지를 불확실하게 만든다. 영어로 말할 때의 보통 속도는 1분에 100내지 200단어이며 한국말은 약 70~80단어로 이야기하는 것인데, 그 정도의 길이로 쓰여진 글을 찾아서 대화를 나누고 있다는 기분으로 그것을 읽으면서 시간을 재어 보라. 그런 글이나 다른 형태의 글들을 자꾸 자꾸 연습함으로써 상황에 따라 알맞은 속도로 이야기할 수 있는 능력을 기르게 된다.

3) 유창함 : 적당한 목소리나 말의 속도 뿐만 아니라 이야기를 더듬거리게 만드는 요소들 -이야기를 자꾸 반복해서 지루하게 만들거나 이야기 도중에 너무 긴 휴식을 취하게 하는 것들로 "음" "에" "저" 등과 같은

장애 요소-을 없애는 일도 매우 중요하다. 자기 자신은 그러한 나쁜 습관이 몸에 배어 있음을 알고 있는지? 만일 모르고 있다면 친한 친구에게 그런 습관에 대해서 물어보라. 연설에 대한 강의를 하면서 나는 유창함에 대한 토론을 하는 도중에 "O.K"라는 말을 지나치게 많이 사용하고 있다는 것을 알고 깜짝 놀라게 되었다. 학생들은 내가 이 단어를 어떻게 거의 쉬지 않고 사용하고 있는지 알려 주었다. 예를 들면, "O.K, 방어에 대해 이야기해 봅시다." "다음 화요일에는 비언어적인 대화에 대해 공부하겠습니다. "O.K?" 등등, 한 학생은 80분의 강의 도중 내가 쓰는 O.K라는 말을 109번이나 세었다. 이러한 습관을 알고 난 후 나는 자기수정계획(제6장 참조)을 통해 그 습관을 쉽게 고칠 수 있었다.

4) 정감 : 정감을 주는 목소리의 요소는 음조(tone)와 억양(inflection)으로 구성된다. 이 요소들은 감정을 표현하는 중요한 수단이다. "전화해 주시기 바랍니다"라는 간단한 문장의 음조만을 바꾸면 상대방에게 어떤 느낌으로 전달될 수 있는지 생각해 보자. 이 단순한 말도, 소리의 높낮이에 따라 때로는 흥분적인 말로, 때로는 기대에 부푼 말로, 다정스러운 말로, 아니면 톡 쏘아부치는 말로, 화난 말로, 혹은 그냥 형식적인 인사 등 여러가지 감정으로 전달될 수 있다.

음조의 다양성 뿐만 아니라 단어를 바꿔가면서 강조할 때, 말의 의미가 어떻게 전달되는지 살펴보자.

나는 당신이 내게 전화해 주시기를 희망합니다. (그들은 당신이 걸어 주기를 원치 않으나 나는 원한다.)

나는 당신이 내게 전화해 주시기를 **희망합니다.** (당신이 전화할지는 의문이나 나는 전화해주기 바란다.)

나는 당신이 내게 전화해 **주시기를** 희망합니다. (다른 사람이 아니고 당신이 전화해 주시기를 바란다.)

나는 당신이 내게 **전화해** 주시기를 희망합니다. (당신이 전화할 수 있다는 건 알지만 나는 당신이 꼭 그렇게 해주기를 희망한다.)

나는 당신이 내게 **전화해** 주시기를   (엽서만 보내지 말고 전화를
희망합니다.   해 달라.)

나는 당신이 **내게** 전화해 주시기를   (내게만 전화해 달라)
희망합니다.

음조와 강조를 달리 조화시키므로써 이 문장의 또 다른 의미를 생각해 볼 수 있을 것이다.

많은 사람들이 이 정감에 관한 문제를 중요하지 않게 생각하여 전하고자 하는 메시지의 긴박감을 상실하고 만다. 단조로운 음조로 이야기하면 듣는 사람을 금방 지루하게 만들고 만다. 모든 감정을 똑같은 억양으로 표현하면 듣는 사람의 신경을 거슬리게 할 수가 있다. 자신은 지금 어떤 음조나 억양으로 이야기하고 있는지 알아보고, 다른 사람들이 자신의 메시지를 정말 잘 알아듣고 있는지 살펴보라.

C. 언어적 요소 : 자기표현은 행동이나 목소리에 의해 좌우될 수 있는 사실을 알았으니까 이제는 언어 사용의 중요성에 대해서 다루기로 하자. 여기에서 좀 더 효과적인 자기표현을 위해서 사용해야 할 말들이 반드시 이러이러한 것이라고 얘기하지는 않겠다. 다양한 상황속에서 자신을 표현하기 위한 구체적 내용에 대해서는 제 7, 8, 9장에서 다루기로 하자. 아래 부분은 주제에 관계없이 자기표현적인 메시지에는 어느 것에나 모두 공통적으로 필요한 몇 가지 요소들이 있음을 설명하고 있다.

1) 문장 끝맺기 : 분산된 문장이나 불완전한 문장으로 말하는 사람은 분명히 마음이 안정되지 못했거나 정신이 혼란하다는 느낌을 준다. 이와는 대조적으로, 완벽하고 분명한 생각으로 의사를 표현하는 사람은 상대방을 쉽게 이해시킬 수 있다. 대화에서 사용하는 문장은 복잡하거나 지나치게 어려운 단어들을 사용할 필요가 없다. 여기서의 요점은 자신의 생각

을 미리 주의 깊게 헤아려 봤으며 그것을 지금 자신 있게 제시하고 있음을 암시해 줄 수 있는 방식으로 간단히 표현해야 한다는 것이다.

만일 일상대화에서 문장을 끝맺기가 힘들다면, 다음 두 가지 방법으로 이를 수정할 수 있다. 첫째는 간단한 문장으로 이야기하는 것이다. 여러 개의 간단한 문장들은 복잡하고 길게 구성된 하나의 문장보다 더욱 분명하게 의사를 전달해 줄 수 있다. 둘째는 가능한 한 이야기 하기 전에 수차례에 걸쳐 마음속으로 먼저 검토해 보는 것이다. 대사를 미리 연습하라는 얘기가 아니고 하기 전에 진정 무엇에 대해 이야기하고 싶은지 정확하게 생각해 보고, 어떻게 하면 좀 더 정확하게 자신을 표현할 수 있는지 생각해 보라는 말이다.

2) 핵심의 전개 : 효과적인 대화를 하기 위해서 우선 수행해야 할 요소 중 하나는 다른 모든 말이나 생각의 밑바탕이 되는 하나의 지배적인 생각을 가지고 있어야 한다는 것이다. 예를 들면, 이 책의 핵심은 일상생활에서 타인과 자신 있게 성공적으로 대화할 수 있는 여러 가지 대화기술을 배울 수 있다는 것이다. 이 책에서 다루고 있는 모든 이야기들은 이 핵심을 보충하고 있을 따름이다. 같은 식으로, 어떠한 주제를 간결하게 이야기 하면 그 의미를 분명하게 나타낼 수 있을 것이다. 만일 어떤 상품이 마음에 들지 않아서 도로 물르고 싶을 때에는 돌려서 말하지 말아야 한다. 머리가 복잡해서 다른 사람의 도움을 필요로 할 때에는 평범한 말로 청해야 한다. 우정에 감사할 때에는 자신의 감정을 분명하게 나타내야 한다. 간결하고 분명하게 핵심점만 이야기 하면 두가지 면에서 효과를 발휘하게 될 것이다. 첫째는 덜 오해 받게 될 것이고, 둘째는 상대방이 좀 더 관심을 가지고 대할 것이다.

간결하게 요점을 말하지 못하는 이유는 적어도 두 가지가 있다. 가장 평범한 이유는 당황하기 때문이다. 혹시 자신의 의사가 잘못 전해지거나 받아들여지지 않을까봐 두려운 나머지 머뭇거리다가 마음 속에 품고 있는 생각을 똑바로 이야기 하지 못하는 경우가 허다하다. 사람들은 흔히 부당한 대우를 받고도 괜히 불평했다가는 까다롭다는 소리를 들을까봐 이의를 제기하지 못하기도 한다. 어떤 사람은 자신이 고마움이나 다정함을 표현했음에도 불구하고 상대방이 같은 식으로 받아주지 않을까봐 그 뜻을 전하기를 포기해 버리기도 한다. 또 때로는 상대방이 자신의 의견에 반대할까봐 이야기하기를 주저하기도 한다. 이와 같은 상황에서 사람들은 보통 노골적으로 이야기하기 보다는 간접적으로 우회시켜 이야기한다. 제9장을 읽어보면 알게 되겠지만, 간접적으로 이야기한 결과는 분노, 분개, 마음의 상처 혹은 조롱당했다는 느낌 등과 같이 대개는 불만족스럽게 나타난다.

두 번째의 이유는 자신이 정말 무엇을 이야기 하려고 마음먹고 있는지 모르는 경우이다. 예를 들어, 이웃집 사람들의 행동이 정말로 어째서 자신을 괴롭히고 있는지, 최근에 산 물건이 어디가 어떻게 잘못된 것인지 그래서 자신은 무엇을 원하고 있는지 정확하게 모르고 있다. 그리고 다른 사람에 대해서 자신이 이해하고 있는 것이 정확하게 무엇인지, 자신의 견해는 무엇이며, 어떻게 그런 견해를 가지게 되었는지, 그 견해는 다른 사람들의 견해와 어떻게 다른지 정확하게 이해하지 못하고 있는 경우가 있다.

□ 연습문제 □ Ⅲ - 2

당황이나 혹은 정신적 혼란 등의 이유가 어디에 있든 핵심적인 생각을 분명하게 표현하지 못하는 이유는 동일하다. 자기표현적인 메시지는 간결해야 되며 정곡을 찔러야 한다. 잠시 동안 여유를 가지고 다음의 각 주제에 대해 자신의 생각이나 느낌을 간결한 한 개의 문장으로 써 보라.

a. 최근에 친구나 친지의 행동에서 느낀 불만을 하나만 적어 보시오.

b. 다른 사람들의 논쟁의 대상이 될지도 모르는 개인적인 신념을 하나 적어 보시오.

c. 다른 사람들에게 하고 싶은 고마움이나 감사의 표현 한 가지와 그렇게 느끼는 자신의 이유를 적어 보시오.

3. 지나친 한정어 사용의 금지 : 때때로 사람들은 메시지가 어떻게 전달될 것인지에 대해 걱정한다. 그 결과 메시지의 충격을 덜기 위해 자신의 생각이나 감정을 완화시킨다. 메시지의 긴박감을 줄이게 하는 단어나 구절을 한정어(qualifier)라고 한다.

- "너는 내가 까다롭게 굴고 있다고 생각할 것이다. 그러나(but)…"
- "부담감 없이 들어주기 바랍니다. 하지만(but)…"
- "너를 괴롭힐 생각은 없어. 그렇지만(but)…"
- "내가 틀린지도 몰라. 하지만(but)…"

위의 보기에서 가장 흔한 한정어는 전환접속사(but에 해당)인데, 이 단어는 앞서 한 말의 신용도를 덜게 하는 부정적인 영향을 준다. 사실상, 이 단어를 너무 많이 사용하면 그 다음에 하려고 하는 말은 그 전에 했던 말과는 정반대의 이야기가 될 것이라는 예고를 하는 셈이 된다. 예를 들면, "난 정말로 자네와 함께하고 싶긴 하지만, 그렇지 못하겠는데." "당신은 참 훌륭하게 임무를 다하고 있다는 사실을 알고 있기는 하지만, 예산 문제 때문에 어쩔 수 없이 당신을 해고 시켜야겠어." "학생이 제출한 리포트는 참 훌륭하지만, 나는 D라는 성적 밖에 줄 수가 없어요."

다른 한정사에는 다음과 같은 것들이 있다.

단지~만, ~따름(just) : "단지 십 분 동안만 이야기하고 싶어," 혹은 "꼭 한 가지의 문제점만 있는데……"

조금, 약간(kind of, sort of) : "당신이 나한테 한 이야기는 좀 기분이 안 좋은데……" 또는 "조금 조용히 합시다."

이 밖에도 "이런 문제를 야기시켜 죄송합니다." 또는 "이런 부탁을 드리게 되어 정말 죄송합니다" 등과 같이 사죄하는 식의 표현들이 여기에 속한다.

위의 예에서 볼 수 있는 것처럼, 한정어들은 지나치게 사용하면 상대방이 반응을 나타내기도 전에 자기 스스로 자신의 이야기의 가치를 떨어뜨리는 가장 나쁜 적(enemy)이 되어 버리고 만다.

제 2장에서 설명한 바 있는 근거가 희박하면서도 몸에 배어버린 그런 그릇된 신념에 굴복해서는 안 된다. 자신을 스스로 어리석게 보일 권리, 스스

로 불확실하게 나타낼 권리, 자신의 감정을 표현할 권리, 그리고 상대방의 이야기가 어떻든 간에 자기 마음대로 행동할 권리가 있다는 점을 명심해야 한다. 자기 자신에 대해서 사과할 필요도 없다. 즉, 그러한 자신의 생각에 잘못된 것은 하나도 없다는 말이다. 심각하게 이야기를 바로 시작하면 상대방도 같은 식으로 나올 것이다.

그렇다고 해서 한정사들은 절대로 사용하지 말라는 말은 아니다. 물론, 때때로 자신의 행동에 대해 사과를 해야만 할 때가 있고, 또 불확실하게 느낀다고 표현해야 될 때도 있겠지만 한정사들을 지나치게 사용해서 자기 자신과 상대방에게 스스로의 이미지를 망쳐버리는 일을 해서는 안 된다.

□ 연습문제 □ Ⅲ - 3

대화에 문제가 있다고 생각되는 세 가지의 행위를 적으시오. 연습문제 Ⅰ-2나 Ⅲ-2에 적은 것 중에서 택해도 좋다. 만일 문제를 행동적으로 진술하기 어려우면, 특정한 그 상황 속에서 당신의 행위를 다음 보기와 같이 기록하시오.

<보기> a. 문제에 관련된 사람 : 집에 방문한 손님
b. 문제 발생상황 : 내가 피곤하거나 손님과 대화하는 것보다 더 중요한 일이 생겼을 때
c. 문제행위 : 해야 할 중요한 일이 없는 것처럼 대화를 계속한다. 또 방문객이 가겠다고 얘기할 때, 괜찮다며 더 얘기하다 가라고 한다.

문제 1. a. 문제에 관련된 사람 :

b. 문제 발생상황

c. 문제행위

문제 2. a. 문제에 관련된 사람

b. 문제 발생상황 :

c. 문제행위

문제 3. a. 문제에 관련된 사람

b. 문제 발생상황

c. 문제행위

4. 표적행동을 구체화시킬 때의 주의점
(Specifying Target Behavior)

이제 몇 가지 자기표현적인 문제점들을 규정지었으므로, 보다 바람직한 대화방식을 결정지을 준비가 되었을 것이다. 방금 위에서 적은 문제점을 진술하듯이 자신의 목표를 행동적인 용어로 표현해야 한다. 실제로, 작업의 대부분은 이미 이루어졌다. 왜냐하면 각각의 표적행동은 앞에서 이미 정의한 두 가지 요소를 포함하고 있기 때문이다. 즉, 자신의 이상적인 행동과 관련된 사람과 그 행동이 발생하는 상황이 규정되었다고 하겠다. 행동목표를 완전하게 하기 위해 이러한 요소에 마지막으로 하나 더 추가해야 할 요소는 이룩하고자 하는 행동에 대한 정확한 정의이다.

이러한 바람직한 행동들을 기술함에 있어서, 한 가지 소망만이 이루어지게 허락되어 있는(이야기에 따라서는 두 가지 또는 세가지)주인공이 나오는 옛이야기들을 돌이켜 보는 것도 도움이 될 것 같다. 대부분의 이야기에 있어서 욕심 많은 주인공은 그가 의도했던 것과 전혀 다른 선물을 성급히 주장한다. 이런 부도덕의 소치로 행복을 얻기 보다는 불행한 희생자가 되어 사태는 전보다 더 악화되어 끝이 난다. 아마 이런 이야기의 가장 좋은 본보기로는 마이다스 왕(King Midas)의 이야기일 것이다. 그는 그가 손 댄 모든 것이 금으로 변하기를 원했고, 결국은 아들이 금덩이가 된 것으로 이야기는 끝이 난다.

개인적인 자기표현 목표를 정의했으므로 이러한 이야기의 교훈을 기억해 보는 것도 좋은 생각이다. 원하는 행동방식을 정확히 구체화 시키지 못한다면 잘 해봤자 좌절감이 생기고 최악에는 큰 불행의 결과를 가져오는 반면, 신중히 생각해서 목표를 세운다면 행복하게 대화를 나누는 사람이 될 것이다. 예를 들어 Henry의 경우를 보기로 하자.

Henry는 큰 산업공급체의 판매 대표인으로서 장래성 있는 직장생활의 첫발을 내디뎠다. 그가 지닌 단 한 가지 문제점은 주요 고객들에게 안내선전을 하려면 떨린다는 것이었다. 그는 이러한 불안감의 행동요소로 두근거리는 심장, 땀이 흐르는 손바닥, 붉어지는 안색 등을 들었다. 제5장과 제6장에서 배우겠지만, 이러한 불안을 처리하는 방법들이 있는데 Henry는 현명하게도 그 방법들을 자신의 목표에 도달하는 수단으로 선택했다. 그는 자기 수정계획을 완성시켰기 때문에, 그의 새로운 행동은 판매를 증가시키는 결과를 가져오리라는 자신감이 있었으며, 다음 번에 참석한 몇몇 회의에서는 안도감을 느꼈었다고 말했다.

그런데 사실은 정반대 현상이 발생했다. 새 고객들을 사로잡기는커녕 실제로는 거의 주문을 받지 못했다. 자신의 계획들을 재고해 본 결과, 그는 전체목표(total goal)를 서술하지 않았다는 사실을 알았다. 긴장을 푸는 것과 더불어, 유능한 세일즈맨이라면 또 다른 행동을 보여줄 필요가 있는데, 그 중 하나는 논리적인 순서에 따라, 하고자 하는 얘기를 조직화

하는 능력이다. Henry는 긴장 푸는 것을 너무 성공적으로 잘 해냈으므로 똑같이 중요한 이 기술을 무시하게 되었다. 그 결과로, 그는 고객들에게 비조직적인 방법으로 접근하게 됐던 것이다. King Midas처럼, Henry는 그가 원했던 것을 정확히 얻긴 했지만 그 결과는 자신이 기대했던 것과는 다르다는 것을 알게 되었다. 이제 이룩하고자 하는 정확한 결과를 구체화시킨다는 것이 얼마나 중요한지 깨달았으니까, 자기 자신의 목표를 서술할 준비가 된 셈이다. 그러한 목표는 연습문제 III-3에서 실시한 문제점 진술에 비추어 보면 분명한 것처럼 보일지 모르나, 각각의 목표에 관해서 다음과 같은 질문들을 해보면 어떤 것이 가장 좋은 결과를 얻을 것인지 확인할 수 있을 것이다.

1) 구체적인 것인가? 이 책에서 앞으로 반복해서 읽게 되겠지만, 당신이 성공할 수 있는 가장 좋은 기회는 하고자 하는 새로운 의사표현 방식을 가능한 한 가장 정확한 용어로 정의할 수 있을 때 생길 것이다. 목표에 대한 서술은 주어진 상황에서 습득하고자 하는 각각의 개별적인 행동들을 기술해야 한다. 그러한 리스트를 작성하는 가장 좋은 방법은 바람직한 태도로 행동하고 있는 자기 자신의 모습을 마음속에 떠올리면서 그 모습에 필요한 중요한 요소들을 모두 적어두는 것이다. 마음속으로 그려보는데 대한 지시사항은 이 장의 뒷부분에 나온다.

2) 실현가능한 것인가? 자신이 세운 목표에 혼자서 도달할 수 있다는 신념을 가져야 한다. 이 말이 장기적인 목표는 적당한 것이어야 한다는 것을 암시하지는 않는다. 그와는 반대로 이 책에서 서술된 기술을 배울 때, 아마도 기대했던 것보다는 훨씬 더 많이 성취할 수 있다는 것을 알게 될 것이다. 그러나, 단시일 내에 자신의 노력이 완전하게 또는 눈에 띄게 변화 하리라고 기대하는 것은 현명하지 못하다. 예컨대, 항상 완전무결한 대답으로 따라가기를 기대하기 보다는 강사의 질문에 대답할 목표를 겨냥하는 것이 더 현명한 태도이다.

3) 긍정적인 것인가? 가능할 때는 언제나 원하지 않는 행동의 빈도수를 줄이기보다는 바람직한 행동의 빈도수를 증가시키려는 목표를 세우려고 노력하라. 예를 들어 "나는 어떤 사람을 피하는 행동을 그만두고 싶다"라고 말하는 대신에, "나는 그 사람에게 더 자주 접근하고 싶다"라고 말한다. "나는 칭찬 받는데 대해서 덜 수줍어하기를 바란다"라고 말하기보다는, "나는 미소 지으며 고맙다는 말로 칭찬을 받아들이기를 원한다"라고 말한다. 이러한 적극적인 방식은 두 가지 면에서 도움이 될 것이다. 첫째는, 현재의 비생산적인 자신의 행동들을 단순히 묘사하는 대신 자신을 보다 잘 표현하기 위해서 해야 될 일을 정확히 말해 줄 것이다. "그렇게 어지럽히는 짓을 그만해"라는 부모의 막연한 명령과 "네 장난감들을 벽장에 갖다 놓아"라고 하는, 보다 긍정적인 요청과 비교함으로써, 적극적인 목표의 바람직스러움을 이해할 수 있다. 첫 번째의 지시는 단순히 어린애가 잘못을 저지르고 있다는 것을 말해 주는 반면, 두 번째에선 해결책을 제시해 주고 있다. 목표를 긍정적으로 서술하는 또 다른 이유는 제 6 장에 나올 것이다. 행동목표의 빈도수를 세기 시작할 때는 부정적 행동의 부재보다는 적극적 행동의 실현을 세는 것이 훨씬 쉽다.

4) 얼마나 빈번한 행동을 다루는 것인가? 일 년에 단 한 번 만나는 친척과의 대화를 향상시킨다거나, 중요한 직업인터뷰를 보다 자신 있게 행하는 것도 바람직할지 모르나, 보다 자주 일어나는 사건 속에서 자기표현을 증가시키는 시도를 행하는 것이 현명할 것이다. 그 이유는 간단하다. 연습은 향상의 열쇠이며, 정기적으로 종종 발생하는 사건은 기법을 개발시킬 수 있는 기회를 더 많이 제공해 주기 때문이다. 윗 장에 나오는 자기 변화에 대한 기술들을 습득할 때, 성공할 기회는 좀 더 잦은 연습과 더불어 많아질 것이다.

5) 중요한 것인가? 물론 자기표현 계획을 위한 바람직하지 못한 목표를 선택하지 않겠지만, 성공에 필요한 주의와 노력을 요하기에는 덜 중요

한 목표를 고를 위험성도 있다. 이미 살펴보았듯이, 어떤 목표들을 정의하는 과정에 있어서도 많은 시간과 사려가 필요하다. 그러한 목표에 도달하는데 관련된 단계들도 똑같은 만큼의 시간과 사려를 요한다. 이런 이유로, 진정으로 성취하고자 하거나 또는 기꺼이 하고자 하는 목표를 선택할 때는 세심한 주의를 기울여야 한다.

6) 조절할 수 있는 것인가? 많은 사람들이 자기표현의 목표를 다른 사람들의 행동변화를 포함해서 생각한다. 그런 경우, 오직 자기 자신의 행동을 수정하는 데만 촛점을 두어야지, 다른 사람들을 변화시키는데 촛점을 두어서는 안 된다. 형편없는 서비스에 관한 불만을 책임자에게 표현만 하겠다는 목표가 자신의 얘기는 항상 성공할 것이라는 기대목표보다 더 좋은 목표이다. 애정 어린 감정을 더 개방적으로 표현하겠다고 시도해보는 것이야 말로 그렇게 표현하면 항상 보답 받을 것이라고 기대하는 것보다 더 낫다. 자신감 있게 행동했다고 해서 꼭 다른 사람들이 항상 호의적인 반응을 보일 것이라는 보장은 없다는 점을 기억하라.

7) 측정할 수 있는가? 주어진 기간 내에 얼마나 자주 목표행동들을 실행하는지를 측정할 수 있어야 한다. 예를 들면, 낯선 사람들을 더 많이 만나고 싶다고 말하는 대신 다음 주에는 적어도 다섯 명(또는 몇 명)의 새로운 사람들을 만날 것을 목표로 한다고 말한다. 마찬가지로, 한 달 동안 달갑지 않은 초대의 80%는 거절하겠다는 의도가 단순히 그런 초대에는 응하지 않겠다고 말하는 것보다 더 좋다(제 6 장에서 측정에 관해 자세히 다루고 있음.)

8) 인간적인 것인가? 원칙적으로, 개인적 목표는 자기 자신에게나 다른 사람들에게 결코 파괴적인 것이어서는 안된다. 자신에게 동의하지 않는 어떤 사람을 창피주겠다는 목표를 달성시킬 수는 있지만, 그러한 공격적인 행동이 과연 바람직한 것인지는 신중히 생각해 봐야 한다. 그 대신에

자신의 존엄성과 다른 사람들의 존엄성을 다 유지시킬 수 있는 행동양식을 습득하는데 목표를 두는 것이 더욱 좋을 것이다.

5. 목표를 구체화시키기 어려울 때
(When You Have Difficulty Specifying A Goal)

지금까지의 얘기는 이미 자기표현 목표를 마음속에 갖고 있으며, 거기에 도달할 것인가에 대한 지시사항을 찾고 있는 중이라고 가정했다. 그러나 불행하게도 모든 경우가 그렇지만은 않다. 때때로 문제점은 바로 현재의 만족스럽지 못한 대화방식에 대해 어떤 대안도 생각할 수 없다는데 있다. 예를 들면, 외모나 일, 또는 다른 특성에 대해 칭찬을 받을 때는 당황한 나머지 편안하고 품위 있게 반응할 수 없을 수도 있다. 자신의 판단에 대해 가벼운 비평을 당할 때조차 논쟁적으로 반응하고 있음을 발견하게 되더라도 어떻게 행동해야 할지 모를 수도 있다. 그러한 경우 자기표현 목표를 정의하는데 이용할 수 있는 방법에는 세 가지가 있다.

1) 모방 : 가끔은 자신이 하고 싶어 하는 방식으로 행동하는 대화자를 모델로 삼아 관찰하기만 해도 더욱 바람직한 자기표현 방식에 대한 아이디어를 얻는 근원이 될 수 있다. 이 점은 Dave를 또 한 번 살펴봄으로써 명확해진다. 그는 줄서서 기다릴 때나 파티에서 매력적이고 마음에 드는 여자들과 보다 기술적으로 대화를 나눈다는 계획을 실시하면서 이와 같은 사실을 알아냈다. 그는 선생의 제의로 그런 상황에서 친구들이 행하는 방식을 관찰했다. Dave는 그가 사용해서는 결코 편할 것 같이 보이지 않는 방식으로 어떤 남자들은 성공을 거두었다는 사실을 알게 되었다. 예를 들면, 그들은 문제의 여성들에게 익살맞은 창피를 주기도 하고, 매혹되었다고 크게 말하기도 했다. Dave는 한 가지 유용한 관찰을 했다. 모든 성공적인 모델들은 그들이 관심 있는 여성과 이야기 하는 동안 눈

맞춤을 종종하고 있음을 알았다. Dave는 잘 생각해 본 끝에, 말할 때만 가끔 슬쩍 엿보는 것보다 이런 무언의 행동이 관심을 훨씬 더 효과적으로 전달한다는 것을 알 수 있었다. 이와 같이 "말을 하고 듣는 동안 눈 맞춤을 하는 것"은 "완전한 문장을 얘기하기"와 "침묵을 20초 이하로 제한하는 것"과 아울러 Dave의 행동목표가 되었다.

이와 같이 모델들로부터 여러 가지를 배울 수가 있다. 관찰할 수 있는 실제의 인물은 아이디어의 한 근원이 된다. Dave처럼 습득하고자 하는 방식으로 행동하는 사람을 발견할 수도 있으나 때론 그러한 실제의 모델을 찾기가 어려울 수도 있다. 그런 경우에는 상징적인 모델들도 동일한 가치가 있다. 상징적인 모델에는 존경하는 유명인사들 뿐만 아니라, 책이나 영화에 나오는 주인공들도 포함된다. Dave가 만일 적당한 실제 모델을 발견할 수 없었다면, 그는 그가 한 번 읽어본 어떤 소설에서 주인공을 열심히 찾아내려고 노력했을지도 모른다. 물론, 실제적이건 상징적이건 모델을 선택함에 있어서 그 인물은 자신이 현실적으로 흉내낼 수 있는 그런 사람이어야 함을 명심해야 한다. 국가 선수만큼 강해지겠다거나 자신이 즐기는 T.V 코미디 프로에 나오는 주인공만큼 재치를 지니겠다는 것도 바람직할지는 모르나, 그와 같이 도달하기 어려운 목표를 두고 애를 쓰다보면 좌절감에 빠지기 쉽다.

목표를 행동적으로 정의하는 과정

나는 여자들에게 접근하는 것이 익숙치 못하다.
↓
나는 내가 데이트하기를 원하는 매력적이고 마음에 드는 여자들에게 익숙치 못하다.
↓
나는 내가 데이트하기를 원하는 매력적이고 마음에 드는 여자들을 파티나 공공장소에서 만났을 때 접근하는 것이

익숙치 못하다.

↓

나는 내가 데이트 하기를 원하는 매력적이고 마음에 드는 여자들을 파티나 공공장소에서 만났을 때, 오랜 시간 말을 하지 않고(침묵) 시작한 말을 끝내지 못한다.

↓

나는 내가 데이트하기를 원하는 매력적이고 마음에 드는 여자들을 파티나 공공장소에서 만났을 때 20초 이상의 침묵을 지키지 않으며 시작한 말은 모두 끝을 맺고, 눈마춤을 유지하며 대화를 진행하기를 원한다.

모델에게 행동하는 방법을 배울 뿐만 아니라, 그들이 결과로 받는 보상을 관찰하는 것 또한 도움이 될 것이다. Dave는 그의 친구들이 직접적인 눈길을 주었을 때 그들이 접근한 여자들로부터 정다운 반응을 받는다는 것을 주목했다. 이를 보고 Dave는 그 자신을 변화시키려는 큰 자극을 얻게 되었다. 이와 마찬가지로 자신이 선택한 실제의 모델이나 또는 상징적 모델이 어떻게 그 행동을 해서 이익을 얻는지 주목해 볼 수 있으며, 그렇게 해서 스스로 행동을 시도하는 것에 대한 보상을 얻을 수 있다.

모델을 통해 배운다는 아이디어가 소개되었을 때, 어떤 사람들은 그들이 생각하기에 엉터리이며 고유성이 없다고 여기는 방법으로 행동하는 것에 대해 반대했다. 그들은 "나는 나 자신이 되고 싶지, 다른 사람을 모방하지는 않겠다"라고 주장했다. 이런 식의 저항은 이해할 수는 있으나, 근본적으로 그들은 오해를 하고 있다. 스스로 관찰하고 연습하여 결국에는 습득하게 될 행동들은, 다른 사람들의 행동의 복사판이 결코 아닐 것이다. 왜냐하면 그런 행동에 익숙해지면 그것들은 자신의 독특한 행동이 될 것이기 때문이다. 모방을 통해 이미 배운 많은 기술들을 생각해 본다면, 그것들이 자신의 개성이나 고유성을 위협하지는 않을 것임을 알게 될 것이다. 사람들은 모방을 통해 말하는 것을 배웠으나 언어를 사용하는 방식은 어떤 누구와도 같지 않다. 문체, 유머 감각, 또 다른 특성에 있어서도 다 마찬가지이다. 자기 자신은 유일한 존재이기 때문에 모델에게 대화에 관한 새로운 아이디어를 얻었다고 해서 자기만이 지닌 독특함을 위협받지는 않을 것이다. 이와는 반대로, 자기 자신을 지키면서 이전보다 더 많은 기술을 습득하게 될 것이다.

□ 연습문제 □ Ⅲ - 4

다음 페이지에서 기술한 각 상황들을 기술적으로 잘 처리하는 모델들에 대해 잠시 생각해 보자. 당신이 선택한 모델들은 실제적일 수도 있고 상징적일 수도 있다. 각 문제에 대해서 자신이 뽑는 모델의 이름을 기입하고, 그 사람이 보여준 당신이 습득하고자 하는 구체적 행동들을 기술하시오.

<보기> 모델 : 나의 친구 Cecily

모델이 보여주는 행동에서 습득하고 싶은 것 : 그녀는 피곤하거나 바쁠 때 손님들이 머물러 있을 것 같이 보이면 실례되지 않게 어떤 일을 할 필요가 있다는 것을 설명한다. 보통 그녀는 더 이상의 얘기를 할 필요가 없으며, 사람들은 이해하고 떠난다.

모델 1.

  모델 :

  습득하고 싶은 행동

모델 2.

  모델 :

  습득하고 싶은 행동

모델 3.

  모델 :

습득하고 싶은 행동 :

2) 조언 : 때때로 표적행동에 관한 아이디어를 제공해 줄 아무런 모델도 구할 수 없을 때가 있다. 그럴 때는 조언을 구하는게 바람직하다.

조언은 몇 가지 근원에서 나올 수 있다. 종종 친구들이나 가족들은 가능한 변화방식에 대한 유용한 제안을 해 줄 수 있다. 당신의 행동방식에 친밀해져 있는 사람들이 당신에게는 결코 떠오르지 않았을지도 모르는 대안을 찾아낼 수 있다. 이와 더불어, 이렇게 친한 사람들은 근본적인 문제에 대한 당신의 인식을 수정시켜 줄 수 있다. 예를 들면, 그들은 한편으로는 당신이 딜레마의 심각성을 너무 과장한다고 주장할지도 모르며, 또 다른 한편으로는 당신이 변화의 필요에 처한 정도를 너무 과소평가하고 있다고 제안할지도 모른다.

조언은 교사나, 의사, 카운셀러, 심리치료자, 성직자와 같은 전문가들과 상의하여 받을 수도 있다. Dave는 그러한 도움을 그의 선생에게 받고 좋은 결과를 얻었다. 계속해서 전문가들의 지도를 받을 필요는 없다. 적당한 목표에 관한 제안을 단지 받아들이는 것만이 필요한 모든 것일 수도 있다. 그런 후에 스스로 자신의 변화 과정을 처리할 수 있다.

세 번째 조언의 근원은 이 책과 같은 출판물이다. 이 장에서 목표를 작성하려고 시도할 때 자신에게 직접적으로 적용되는 제 3부의 내용들을 탐구해 보면 도움이 될 것이다. 또한 이 책의 목차와 색인을 조사해 본다면 자신에게 유용한 페이지들을 알 수 있을 것이다. 이 책 이외에도 목표를 정의하는데 도움이 될 많은 책들이 있다(Bibliography 참조).

3) 이상화 된 자아상 : 심리학자 Dorothy Suskind는 자기표현 목표에 관한 아이디어를 만들어 낼 수 있는 세 번째 근원을 개발했다. 그녀는 종종 내담자들에게 그들이 바람직하다고 생각하는 모든 특성을 소유한 그들 자신의 모습을 상상해 보라고 권한다. 그런 환상은 종종 구체적 행동으로 다시 표현될 수 있는 여러 이미지의 긴 목록을 만들어 낸다. 이

기술은 종종 어떠한 모델이나 조언의 근원을 찾을 수 없는 사람들에게 잘 작용한다. 문제의 상황에서 기술적인 대화자로 갑자기 변형된 자신의 모습을 상상해 보라고 지시받을 때, 선명한 그림 그 자체가 나타난다.

Jan의 경우가 이에 속한다. Jan은 사람들 앞에서 발표를 할 때면 너무나 떨리기 때문에 발표를 할 때마다 마티니 두 잔에 의존해야 하는 학생이었다. 수업시간에 발표를 하고 있는 이상적인 자기 모습을 상상해 보도록 지시를 받은 후, 그녀는 비공식적 연설양식을 기술했는데, 이는 특별히 효과적인 것 같았다. 그녀는 교수의 도움으로 상상한 것을 구체적 행동 리스트로 다시 적었다. 즉, 긴장을 푼 자세, 미소 짓는 얼굴표정, 명랑한 목소리, 그리고 일화적인 구성양식 등. 그리고 난 뒤 이러한 모든 요소를 포함하고 있는 연설을 계획하고, 마음속에는 성공적인 모습을 그리며 연습하도록 지시받았다. 그러나 다음 숙제의 연설을 하는 날이 왔을 때, Jan과 교수는 이러한 이미지가 목표에 쉽게 도달하는데 도움을 주었다는 사실을 알고 즐거워했다. "나의 문제는 바로 나 자신을 언제나 실패하고 있는 모습으로 보는 것이었다. 성공적으로 해내고 있는 나 자신의 모습을 그리자마자, 나는 잘 할 수 있으리라는 것을 알았으며 그렇게 했다"고 그녀는 설명했다.

연습문제 Ⅲ-3에서 적어본 각각의 문제행동에 관해서 이상화된 자신의 모습을 잠시 떠올려 보자. 효과가 있게 하기 위해서는 방해받지 않는 장소에서 눈을 감고 긴장을 푼 자세로 앉아 있을 때 상상해야 한다. 자기 자신을 구체적인 장면 속에 집어넣고 자신을 표현하기 위해서 사용할 대화나 비언어적인 행동들을 상상해 보라. 실생활에서 고치고 싶은 이미지의 모든 부분을 살피고 그것들을 부록Ⅱ에 기록하도록 한다.

행동적인 정의를 내리기 위한 점검표

A. 그 문제에 누가 포함되는가?

1. 당신은 특정한 상황에서 어떤 사람 혹은 어떤 집단의 사람들과 대화를 하는가?
 B. 어떤 상황에서 그 행동이 발생하는가?
   1. 어떤 시간에 일어나는가?
   2. 어떤 장소에서 일어나는가?
   3. 행동이 발생할 때 자기 자신에게 독특한 것은 무엇인가?
   4. 행동이 발생할 때 남들에게 독특한 것은 무엇인가?
 C. 현재 당신의 행동 중 어떤 것이 문제가 되는가?
   1. 그 행동은 구체적인 것인가?
   2. 그 행동은 관찰할 수 있는 것인가?
   3. 당신의 묘사는 완전한가?
 D. 당신은 표적행동을 명확히 기술했는가?
   1. 구체적인 것인가?
   2. 실현가능한 것인가?
   3. 긍정적인 것인가?
   4. 얼마나 빈번한 행동을 다루는 것인가?
   5. 중요한 것인가?
   6. 조절 가능한 것인가?
   7. 측정 가능한 것인가?
   8. 인간적인 것인가?

 이제는 당신이 자기표현 목표를 규정하기 시작할 때다. 부록 II는 자신의 대화를 향상시키고자 하는 몇몇 방법들을 기술할 수 있는 공간을 제공한다. 지금 거기로 들어가서, 연습문제 III-3에서 윤곽을 잡았던 문제들을 이용해서, 당신이 장차 어떻게 행동하고자 하는가를 정확히 기술하라. 아직도 가능한 목표에 대해서 명확히 알 수 없다면, 부록 I에 있는 자기표현 목표목록을 참고하라.

더 많은 목표들이 떠오를 때마다, 그것들을 부록Ⅱ에 계속 기입하라. 이 책의 나머지 부분에서는 이러한 목표에 도달할 수 있는 많은 방법들을 제공해 줄 것이다.

6. 행동목표 설정의 결과
(Results of Setting Behavioral Goals)

이제는 명확한 행동 목표들이 원래 서술했던 막연한 행동 목표들과 확실히 다르다는 것을 알 수 있을 것이다. 그러한 목표들을 적어 나가는 과정에서 꽤 많은 시간과 사고를 필요로 하겠지만, 당신의 노력은 여러 면으로 노력에 상응하는 보상을 받을 것임에 틀림없다.

첫째, 대부분의 의사표현 문제를 행동으로 서술할 때, 특별히 한정된 배경을 구체화 하면 전부 그런건 아니나 상황에 따라 자신을 표현하지 못한다는 것을 분명히 깨달을 수 있게 될 것이다. 이미 앞에서도 읽었듯이, 어려운 문제점들이 비교적 한정되어 있다는 것은 용기를 주는 일임에 틀림없다. 왜냐하면 이전에 생각하고 있던 것보다 자기 자신을 표현하는 데 대부분의 상황에서는 능하다는 것을 알려주기 때문이다.

둘째, 목표를 행동으로 서술하면 어떤 문제는 Dave의 이야기가 설명해 주듯이 스스로 해결된다. 말을 시작한 문장은 모두 끝마치는 것이 개인적인 목표라는 것을 깨닫자, Dave는 그 목표를 달성하기 쉽다는 것을 알았다. 문제는 아주 단순했기 때문에 그의 새로운 인식과 집중력만으로도 바람직한 변화를 야기시키기에 충분하다고 판명됐다. 마찬가지로, 대다수의 바람직하지 않은 의사소통의 특성들은 일단 개방되면 사라진다. 한 신문기자는 취재 대상인물과 함께 있을 때 시선을 똑바로 하고, 미소를 짓는게 필요하다고 일단 깨닫게 되자 보다 성공적인 인터뷰를 행할 수 있었다. 마음이 약한 한 소비자는 점원이 보여 주는 원치 않는 물건을 어쩔 수 없이 받아들이는 것은 유쾌하지 않으며, 그럴 필요도 없다는 것을 깨달은 후에 점원의 공격적인 판매에 대해 "나는 흥미가 없어요"라고 말하는 방법을 배우게 되었다. 일단 자신의 문제를 행동적으로 정의하는 것을 배우고 나면, 독자들 중 대부분은 실제로 "문제를 깨닫자마자, 문제는 곧 사라졌다"고 이구동성으로 말하게 될 것이다.

물론, 모든 종류의 비자기표현 행동들이 그리 쉽게 사라지지는 않는다. 때로는 새로운 대화기술을 익히는데 시간이 걸릴 것이고, 때로는 어려운 상황을 수반하는 갈등을 감수해야 할 필요가 있을 것이다. 이런 상황에 있어서도 행동적인 목표는 자기표현의 향상과정에 있어서 중요한 첫 단계가 된다. 행동적인 목표의 유용성은 자신이 할 수 있는 명확한 목표를 세우고, 그 목표에 따라 진전 상황을 측정할 때 나타난다. 바람직한 변화를 가져오기에는 이룩하고자 하는 목표를 단순히 깨닫는 것만으로는 불충분하나, 명확한 목표에 대한 서술은 도움을 줄 수 있다. 마음속에 이점을 명심하면서, Dave는 훌륭한 대화자인 모델들을 관찰할 수 있었고, 그들의 대화기술을 자신의 스타일에 적용시키려고 노력했다. 그는 또한 제7장에 언급된 대화 진행 방법의 비결을 제6장에 언급된 자기 수정계획에 이용할 수 있었다. 이런 단계를 따라감에 따라, 좋은 결과가 나왔다. 두 달 동안의 꾸준한 과정을 마친 후 Dave는 결과에 대해 만족했다. 그러나 아직도 가끔은 대화에서 어려운 상황을 경험하긴 하지만, 그에게 중요하게 부각될 만큼 흔히 일어나지는 않았다. 또한 매력적인 여자들 주위에서 더욱 더 자신감을 느끼며, 자기 자신에 대해서도 더 좋게 느낀다고 그는 말했다.

요 약

제3장에서는 문제를 확인하고, 목표를 행동적인 용어로 써보는 방법을 배웠다. 대부분의 대화자들이 근본적으로는 유능하면서도 특정한 상황에서 비자기표현적이거나, 그들 생활 중 어떤 분야에 대해서만 어려움을 느끼는 것을 보았다. 자신의 문제를 해결하는 첫 단계는 그것을 행동으로 정의하는 것인데, 즉 관계되는 사람은 누구며, 어떤 상황에서 발생하며,

근절시키고 싶은 불만족스런 구체적 행동은 무엇인가를 서술하는 것이다. 자신의 문제를 규정지은 후에, 이미 서술한 상황에서 하고 싶은 정확한 행동을 상세히 묘사함으로써 개인적인 목표를 세워야 한다. 만일 표적행동을 정의 내리기가 힘들면 모델을 관찰할 수도 있고, 이 책이나 다른데서 조언을 받을 수도 있으며, 바람직한 대화를 하고 있는 자신의 이상형을 그려 볼 수 있다. 이러한 단계들을 주의하여 따르면, 자기표현 기술에서 경험하게 될 어떠한 어려움이나 다 해결할 수 있는 첫 단계를 성취하게 될 뿐만 아니라, 대화자로서의 현재의 기술에 대해서도 틀림없이 새로운 평가를 받음으로써 보상 받게 될 것이다.

제 4 장
행 위 연 습
(Behavior Rehearsal)

이제 자기 자신의 대화기술이 향상되었음을 발견할 수 있을 것이다. 단순하게 문제를 규정하고, 확실한 목표를 수립하는 것만으로도 원하던 변화가 종종 이루어질 때가 있다. 그러나 비록 자신이 어떻게 해야 할지를 알고 있다 하더라도 자기표현적으로 행동하기 어려울 때도 있다.

예를 들면, Susan은 폐차수집과 수리가 취미인 이웃사람이 폐차를 한 대 혹은 두대 씩 언제나 그녀 집 앞에 세워 놓아 문제가 된다고 했다. Susan은 자기에게 나쁜 영향을 주는 사람들에게 불만을 잘 토로하지 못하는 사람인데다 설상가상으로 그 이웃사람은 완고하고 비협조적이라고 악평이 높은 사람이었다. 이러한 문제에 직면하여 그녀는 "집 앞에 내 차를 주차시킬 수 있는 공간을 비워 달라고 이웃에게 요청하는 것"을 목표로 설정했다. 또 어떻게 이웃에게 접근할 것인가 결정했다. 즉, 그 요청은 그녀의 당연한 권리였으므로 상대의 눈을 똑바로 쳐다보고 크고 분명하게 말할 것이며, 요청에 대한 변명도 하지 않겠다고 결정했다.

이와 같이 사려 깊은 만반의 준비에도 불구하고, 결과는 실패로 끝나고 말았다. "나는 내가 원하는 바를 그에게 말했지요. 그러나 그것은 큰 실패였습니다. 처음에는 멋지게 시작했어요. 그러나 그 사람이 그곳은 공공도로라고 말했을 때, 나는 무슨 말을 어떻게 해야 좋을지 몰랐습니다. 당연히 내가 집 앞에 주차시킬 권리가 있다고 주장하자, 그는 내가 자신의 권리에 대해 그렇게 이야기하는 것이 마치 여권운동자처럼 들린다고 말했어요. 그 말이 정말로 나를 당황하게 만들었습니다. 추측컨대, 나는 시무룩해 보였을 겁니다"라고 그녀는 말했다.

그렇다면 Susan이 정당한 요구를 관철시키기 위한 그 기회를 어떻게 좀 더 개선할 수 있었겠는가? 그녀는 다음의 두 가지 요소를 더 첨가하여 시도했어야 했다. 즉 도전목표에 점차적으로 접근했어야 하며, 실제로 만나기 전에 미리 이에 대해 연습할 기회를 가져야만 했다. 달리 말하자면, 운동선수가 큰 시합에 대비해 연습을 하듯이 학생이 연습문제를 풀어봄으로써 점차로 실력이 향상되듯이, 쉬운 것부터 어려운 상황에 이르기까지 점진적인 단계를 따라 연습해 봄으로써 실생활에 사용하는 대화기술을 향상시킬 수 있는 것이다.

이 장에서는 이러한 양상을 포함하여 자기표현을 증대시키는 방법에 대해 살펴볼 것이다. 그 방법은 "한번에 한 걸음씩"과 "연습해야 완전해진다"는 원칙에 기초를 두고 있다. 다음 페이지를 읽으면서 이러한 요소들의 눈에 보이는 단순성에 속지 말아야 한다. 왜냐하면 제3장에서 설명한 목표설정 방법과 함께, 이 방법은 여러분이 자기표현하는 법을 배우는데 가장 중요하고 유용한 방법이 될 것이기 때문이다.

1. 목표행동의 준비태세(Shaping)

준비태세란 목표에 점진적으로 접근하는 과정이다. 준비태세가 스키 타기와 같은 육체적 기술에 어떻게 적용될 수 있는지 살펴봄으로써 준비태세가 의미하는 바를 이해할 수 있을 것이다. 스키를 한 번도 타 본 적이 없는데 산에 도착했다고 가정해 보자. 우뚝 솟은 봉우리를 둘러보고, 다른 사람들이 가파른 비탈을 우아하게 타는 것을 보면 스키를 마스터하는 것이 불가능하게 보이겠지만 승강기에 올라타고 최난코스의 정상에 오르면서 두려움을 씻어버리려 할 것이다. 올라가면서부터 비극적인 일 즉 다리가 부러져 고통을 받고, 인대가 끊어져 기브스한 모습을 상상한다. 산의 정상에 도달했을 때, 당신은 스키를 탈 수 있다고 생각한 자기 자신을 바보라고 여기며 산 정상에 올라온 것을 후회할 것이다. 그러나 이 순간에는 선택의 여지가 없다. 그래서 떨리는 다리로 출발한다.

이 방법은 분명히 위험이 수반되는 운동을 처음으로 배우기는 좋은 방법이 못된다. 그 이유는 명백하다. 왜냐하면 스키는 한 번에 배우기에는 너무 복잡한 기술이기 때문이다. 좀 더 재미있게 하는 방법은 눈에 발을 들여놓기 전에 연습을 통해 몸의 근육을 스키에 적합하도록 만드는 것이다. 스키에 관한 영화나 책을 보거나 또는 능숙한 스키선수와 이야기하여 여러 가지 정보나 조언을 얻는 것도 현명한 방법일 것이다. 또 스키학교에 등록하는 것도 좋은 방법이다. 이와 같이 한 후에 스키장에 가서 스키에 대한 감이 잡힐 때까지 초보자 코스 비탈에서 연습을 하고, 자신을 얻으면 점점 더 힘든 코스에 도전하여 마침내 최난코스를 우아하게 타게 되는 것이다. 자기표현적인 대화방법을 배우는 것도 스키와 다를 바 없다. 수줍어하고 소극적인 사람을 어떠한 상황도 극복할 수 있는 자신감 넘치는 사람으로 하루 밤에 바꾸어 놓으려는 시도는 현명치 못한 처사이다. 여러분이 이러한 목표에 대담하게 접근하여 성공할 수도 있지만, 그럴 경우 실패할 확률도 더 커질 수 있다. 게다가 만약 실패하면, 자신을 격려해서 다시 시도하기란 훨씬 더 어려워 질 것이다.

이와 같이 한 번에 성취하려는 어리석은 태도는 적극적인 사람이 되기로 결정한 새해의 결심이 실패로 끝나는 이유와 비슷하다. 최근에 당신은 이러한 결심을 얼마나 했는가? 더 이상 결심을 하는 것조차 괴롭지 않았는가? 결심을 하는 데는 좋은 방법이 있어야 하는데, 다행히도 준비태세가 좋은 대안을 제공해 주고 있다. 이 과정은 궁극적인 목표를 설정한 뒤 성공이 가능한 소단계를 거쳐 접근하는 것이다. 그러면 구체적 예를 들어 보도록 하자. Mary는 권위있는 인사들과 의견이 불일치 할 때 자연스러운 표현을 하고 싶었다. 목표설정 과정에서 그녀는 권위있는 인사를 대학교수, 목사, 상관으로 규정했다. 이러한 사람들과 의견이 불일치 할 때마다 자신의 생각을 불쑥 말하기 보다는 개방적이고, 토론에 기꺼이 응해 줄 것 같은 한 교수에게 몇 가지 질문을 하는 방법을 택했다. 어색한 분위기가 사라진 뒤 그녀는 다음 단계의 질문을 하면서 자신의 의견을 피력했다. 이러한 성공은 Mary로 하여금 목사와의 의견이 불일치 할 때 자신의 의견을 표현할 수 있다는 자신감을 갖게 해 주었으며, 그 적극성은 놀랍게도 목사에 의해 수용되었다. 드디어 그녀는 상사를 만나기로 결심했다. 상사는 교수나 목사처럼 그녀의 생각을 잘 받아들이려 하지 않았다. "그는 내 이야기를 듣고 똑바로 지나쳐 가더니 하던 일을 했다. 몇 달 전에 그러한 반응을 받았다면 나는 매우 불쾌했을 것이다. 그러나 나는 지나치지 않은 범위에서 내 생각을 표현하는 것이 나의 권리임을 알았기 때문에 전에는 내가 그의 의견을 의심하지 않았었다는 말에 동의하면서 내가 왜 자신의 생각을 표현하려 하는지에 대한 이유를 설명하려고 노력했다. 며칠 후 상관이 나를 부르더니 나의 제안을 수락하고, 그런 제안을 해준 데 대해 칭찬해 주었다. 만약 내가 교수나 목사와의 대화에서 성공하지 못했다면 나는 결코 나의 생각을 적극적으로 표현할 자신감을 얻지 못했을 것이다"라고 Mary는 말했다.

(Mary의 목표행동의 단계)

목표 : 권위있는 인사들의 의견과 불일치 할 때 나의 의견을 충분히 표현하는 것.

부수목표 : 확신을 가지고 접근할 것

1. A교수에게 한 두 가지 질문을 하는 것.
2. B교수에게 그의 의견에 동조하지 않음을 표시하는 것.
3. C교수에게 그의 의견에 동조하지 않음을 표시하는 것.
4. 목사에게 그의 의견에 동조하지 않음을 표시하는 것.
5. 사장에게 내가 원하는 직책으로 옮겨 달라고 이야기 하는 것.

자신의 목표에 점진적으로 다가갈 수 있는 많은 방법들이 있다.

Mary가 한 것처럼 점진적으로 좀 더 권위있는 사람에게 접근하는 방법 외에, 처음에는 자세와 목소리로, 그 다음에는 거리, 유창함, 발언의 내용, 이런 식으로 한번에 한 두가지 자기표현 요소를 고쳐 나갈 수 있다. 또 하나의 다른 방법은 처음에는 주당 1-2회, 나중에는 자주 자신의 의견을 표현함으로써 자기표현 회수를 점차로 증가시키는 것이다. 또 다른 방법은 동일인물이 있는 상황에서 점차로 어려운 상황을 증가시키는 것이다. 이러한 방법에 대해선 제6장에서 자세히 설명할 것이다. 그러나 이 장에서 이해해야 할 사항은 자기표현을 잘하는 사람이 되려면 각 부수목표들을 수행할 때, '성공 기회는 바로 이때다' 라고 확신하면서 한번에 한 단계씩 목표에 접근함으로써 이루어질 수 있다는 점이다.

□ 연습문제 □ IV-1

당신이 기록한 자기표현 목표 중에서 실행하고 싶은 것을 세 개만 골라 그 부수목표를 결정하시오. 각 목표가 여러 개의 작은 목표로 나누어 질 수 있으나 살펴본 뒤 그것을 아래의 빈칸에 기록하시오. 쓰기 전에 친구나 교수님과 가능한 접근방법에 대해 토의하는 것이 유익할 수도 있다. 그리고 필요하다면 제6장에 있는 조형에 관한 자료를 미리 보는 것도 좋다.

<보기> 목표 : 동료들이 모임계획을 세울 때까지 기다리는 대신에 그들을 여러 활동에 끌어 들임으로써 사회생활에서 내가 주도권을 잡고 싶다.

단계 1. 퇴근시 같은 차를 타는 R을 집에 초대한다.
    2. 이웃집 J를 초대하여 정원용 소모품을 판매하는 정원 재료상에 간다.
    3. 점심 식사에 이웃인 J를 초대하여 나의 정원에서 준비한 야채샐러드를 먹자고 한다.
    4. W를 만찬에 초대한다.
    5. W, V, S와 그의 가족을 주말 파티에 초대한다.

목표 1.

단계 1.

단계 2.

단계 3.

단계 4.

단계 5.

목표 2.

단계 1.

단계 2.

단계 3.

단계 4.

단계 5.

2. 행위연습의 단계(Behavior Rehearsal)

　개인적인 목표에 쉽게 도달할 수 있도록 일련의 단계로 나누었으므로 이제 준비가 다 된 셈이다. 행위연습 과정, 즉 실제생활에서 당신이 직접 시도 해보기 전에 안전한 환경에서 새로운 행동을 연습하고 발전시키는 조직적인 방법을 통해서 목표에 도달할 수 있다.

　어떻게 행위연습을 하는지 이해하기 위해서, 다른 스포츠에 비유해 살펴보자. 우승을 준비하는 미식축구팀을 생각해 보자. 당신은 전문가가 아니더라도 시합 전 몇 주일 동안은 열심히 전력을 다해 연습해야 된다는 것쯤은 알고 있을 것이다. 자기 팀의 장점과 약점을 분석하는 것과 마찬가지로 예상되는 상대팀의 전략도 분석한다. 실제 게임상황을 흉내내기 위해 스크럼을 짜는 동안 몇몇 선수들은 상대방 선수들의 역할을 수행한다. 어떻게 게임을 할 것인가에 대해 말로만 떠드는 것은 소용이 없기 때문에, 일어날 수 있는 상황을 실제로 미리 경험해 보는 데에 준비의 목적이 있다. 일단 실제게임이 시작되면 연습의 가치는 분명하게 나타난다. 연습기간 동안 계획이 잘 짜여졌으면 실전에서도 연습할 때처럼 어떻게 행동할 것인지에 대해 거의 본능적으로 알게 된다.

운동선수와 마찬가지로 연주자에게도 준비연습이 중요하다. 연주회를 갖고자 하는 피아니스트는 실제공연에서 능숙하게 연주하기 위해서 같은 곡을 계속 반복하면서 연습해야 한다. 배우도 실제로 공연하기 전에 대사를 미리 연습하는데, 그렇게 해야만 가장 설득력 있는 태도로 맡겨진 역할을 잘 수행하게 될 것이다. 연설자도 하고자 하는 말을 확실하게 효과적으로 전달하기 위해서 미리 할 말을 연습한다.

이제 자기표현은 일종의 기술임을 잘 알았을 것이며, 운동선수나 배우, 연주자에게 적용되는 것이 의사를 소통시키고자 하는 당신에게도 역시 적용된다는 점을 알았을 것이다. 연습과정을 통해 목표행동을 연습함으로써 더욱 효과 있게 대화하는 방법을 배울 수 있다. 그렇다고 세세한 경우마다 대사를 준비하여 어떤 일이 일어나든지 고려치 않고 그대로 따라한다는 것을 의미하는 것은 아니다. 만약 그런식으로 시도를 하면 어색해질 뿐만 아니라 제대로 반응하지 못할 것이다. 그러나 만일 당신이 행위연습을 통해 편안하고 자연스럽게 처리하는 방법에 관한 기본적인 아이디어를 얻게 되면 나중에 당면할 일반적 상황을 경험하는데 도움이 될 것이다. 다시 축구팀을 가상해 보자. 연습할 때 그들은 상대방 팀이 시합기간의 60% 정도를 공을 보내는데 쓰고, 나머지를 달리는데 쓴다고 예상했다고 가정해 보자. 그러나 실제 게임에 있어서는 그 반대로 2/3정도를 뛰고, 나머지는 공을 보내는데 쓸 경우, 이러한 변화로 말미암아 당혹하게 되지는 않을 것이다. 왜냐하면 선수들이 몇 주일 동안 연습한 것은 아직도 유효할 것이므로, 실제 시합에서 일어나는 상황에 적응만 하면 되기 때문이다.

이와 마찬가지로 당신이 몸에 배도록 연습할 경우 효율성이나 자연스러움을 잃지 않고 연습한 것을 일상생활에 쉽게 전환할 수 있게 될 것이다.

A. 행위연습의 단계

행위연습을 통해 자기표현을 발전시키는 데는 여섯 단계가 있다. 이 단계들을 살펴보면서 이것들이 부록 Ⅱ에 작성한 목표에 어떻게 적용되는지 생각해 보라.

1) 목표행위의 규정 : 부록 Ⅱ(p.335)에 열거한 목표를 위해 지시사항을 따름으로써 여러분은 이미 이 과정을 마친 셈이다. 다른 경우에도 역시 같은 진행과정을 따른다는 것을 기억하라. 분명한 목표행동에는 자기표현 행위를 하는데 관계되는 사람이라든가 일어날 상황, 원하는 구체적인 행동방법이 포함돼야 한다.

2) 목표행위의 모델 관찰 : 배우고 싶은 행동을 다른 사람이 수행하는 것을 가능한 한 많이 관찰하는 것이 최선의 방법이다. 모델이 얼마나 도움이 될 수 있는가를 알려면 새 기술, 즉 요리하는 것이든지, 시쓰기든지, 도덕적인 생활을 배우는데 있어서 자신의 경험에 관해서 생각해 보라. 기회가 닿을 때마다 관찰해 보면 실제 모델은 자신이 어떻게 행동할 것인지에 관한 이상적인 정보의 근원이 되는 것을 알 수 있을 것이다. 하지만 다른 유형의 모델을 소홀히 해서는 안될 것이다. 즉, 소설이나 영화에 나오는 가공적인 인물들, 스스로 창조한 상상 속의 인물들, 이러한 모델들도 목표를 연습할 때 모방할 정보를 제공해 줄 것이다. 이러한 모델들은 그들의 행동을 그대로 모방하기 위해 필요한 것이 아니고, 자기 자신

의 스타일에 맞는 행동을 채택하는데 필요한 아이디어를 제공해 주는 것이 필요하다고 하겠다.

3) 목표행위 연습 : 앞에서 언급했듯이 축구팀이 게임 전에 낯이 익은 경기장에서 연습하는 것처럼, 실제로 목표상황에 접근하기 전에 원하는 행동방식을 연습하므로써 도움을 받을 수 있다. 연습장면은 안전한 분위기에서 새로운 행동을 시도할 기회를 제공해준다. 실제 상황에서 일어날지도 모르는 결과에 대해 책임질 필요 없이 실수를 할 수도 있고, 말이나 행동을 변화시킬 수도 있으며, 심지어는 자신이 바보가 될 수도 있다 (누구나 가끔은 바보노릇을 하지 않는가?)

이 책의 서론에서 읽은 것과 같이, 행위연습을 위한 이상적인 장소는 자기표현 훈련집단이나 그 밖에 의사소통을 위한 강의 또는 연수회 같은 곳이다. 이런 곳에서는 모든 구성원들이 개선에 대한 욕구를 지니고 있으므로 우호적인 분위기에 접하게 된다. 또한 외형적 행위연습(overt rehearsal)에서는 목표상황에 관계되는 사람들의 역할을 해 줄 사람들이 필요한데 이런 그룹은 역할을 맡아 줄 배우들을 제공해 준다. 다른 회원들은 역할 대행자로서 도움이 되는 외에도, 개선시킬 수 있었던 부분을 지적해 주는 동시에 그 장면에서 당신의 장점에 관해 유용한 귀환을 제공해 줄 수도 있다. 물론, 자기표현 훈련집단의 지도자도 효과적인 대화의 모델로서 뿐만 아니라 유용한 정보와 충고를 제공해 주는 원천이 되기도 한다.

때론 이러한 목적을 위해서 특별히 형성된 그룹에서 자기표현 장면을 연습할 수 없을지도 모른다. 그러나 이 문제는 대수로운 것이 못된다. 왜냐하면 기꺼이 협력하려 하고, 목표상황에 관계되는 상대방의 역할을 대신해 줄 수 있는 누군가와 함께 목표행동을 연습할 수 있기 때문이다. 예행연습은 강의, 상담시간, 혹은 단순히 친구와 함께 모이는 곳에서 가능하다.

4) 지도, 귀환, 재모방 : 일단 목표행동을 시도하고 나면 자기 자신이 남에게 어떻게 보였나 하는 반응을 얻을 수 있다. 자기 스스로 장면이 어떻게 진행되있는지에 대해 생각해 볼 수도 있지만, 관찰한 사람들이 유용한 전망에 대해 말해 줄 수 있을 것이다. 예행연습 장면에 귀환하는데 있어서 기억해야 할 세 가지 주의점이 있다. 첫째는 단점을 논하기 전에 자신의 장점을 인식하라는 것이다. 개선하기 위해 노력하고 있으므로 잘 실행된 부분을 대수롭지 않게 생각하기 쉽기 때문이다. 이런 일이 일어나지 않도록 주의하라. 가장 오래 지속되는 개선은 작은 단계에서 비롯된다는 것을 명심하고, 각 단계들을 잘 인식하고 있어야 한다. 두 번째로 기억해 둘 점은 한 번에 한 가지 또는 두 가지 변화에만 열중하는 것이다. 다시 한번, 목표행동의 준비단계 목적을 상기해 보라. 즉시 모든 것을 진전시키는 것이 바람직하다고는 하지만 한꺼번에 너무 많은 요구사항을 다루기는 힘들다. 한 번에 소수의 변화만 고려하라. 곧 최종목표에 도달할 것이다. 세 번째 주의점은 최종 판단자라는 점을 명심하라는 것이다. 비록 다른 사람들이 당신의 어떤 구체적인 행동을 어떻게 느끼는지 그들이 생각하기에 상황을 어떻게 조성해야만 하는가에 논평해 줌으로써 가치 있는 귀환을 제공해 줄 수 있기는 하지만 어떤 변화라도 수행해 내어야 할 장본인은 바로 당신이다. 만일 그렇게 하는 것을 불편하게 느낀다면, 당신의 모든 노력은 단지 인위적이며, 불만족스러운 공연으로만 끝나고 말 것이다.

5) 추가적인 지도와 귀환, 모방의 수용과 목표행동의 재연습 : 위에서 받은 충고로써 만반의 준비가 되어 있으므로, 장면을 다시 연습해 보자. 방금 의논한 한 두 가지 사항을 개선시키는데 중점을 두어라. 첫 연습에서 보여주었던 장점을 유지하라. 그런 장면을 다시 연습한 뒤에는 다른 회원들이 개선사항에 대해 칭찬해 줄 것이고, 당신의 행동을 변화시키는데 도움을 줄 다른 방법을 제시해 줌으로써 또 다른 귀환을 받게 된다. 도움이 되는 한 연습과 귀환과정을 되풀이하면서 배운 행동들을 자연스

럽게 수행할 준비가 되었다고 느낄 때 그만두도록 한다.

6) 실생활에서 행위실행: 이제 연습한 것을 실제로 사용할 준비가 되었다. 이제부터 지금까지 준비해 왔던 상황이 발생하면, 여태까지 배운 새로운 기술을 실행하라.

연습 상황에서 행했던 것과 똑같이 실제 상황을 처리해야 한다고 느낄 필요는 없다. 어떤 장면도 기대했던 것과 똑같이 일어나지는 않는다. 실생활에서 성공의 열쇠는 이제까지 배운 기본적인 원리에 따르는 구체적인 행동을 적용시키는 결정에 있다.

3. 외형적 행위연습의 예
(A Sample Behavior Rehearsal Scene)

아래에 전형적으로 자기표현훈련 집단에서 볼 수 있는 행위연습을 설명하고 있다. 그룹 구성원들이 이 책에서 지금까지 다루어 온 몇 가지 요점을 어떻게 적용시키는가 주시해 보라.

- 시각적, 언어적, 음성적 요소는 목표행동을 더욱 구체적으로 만드는 데 이용된다.
- Judy는 변화를 위한 제안중에서 어떤 제안이 편안하게 느껴지며, 또 어떤 제안을 그녀의 계획에 포함시킬 것인지를 결정하는 최종판단자이다.

이 장면에서 Judy는 아파트 단지의 관리자인데, 그녀는 그녀의 업무시간을 고려해 집세를 좀 낮추어 달라고 사장인 Brown씨에게 요청하기로 결정했다. 이 대화에서 훈련자는 그녀가 사장의 방에 들어가는 장면을 가능한 한 사실적으로 꾸몄다.

훈련자 : 이리로 들어와서 당신이 무슨 말을 하고자 하며, 어떻게 진행되어가는지 보도록 합시다. 완전해야 한다고 생각하지 말고, 시도만 해 보기로 해요.

사　장 : 들어오시오!

Judy : 안녕하세요. 에, 잘 모르지만, 에, 당신이 매우 바쁜 걸로 알고 있습니다. 그러나 당신에게 아파트 관리 업무에 관해 약간 여쭙고 싶은 것이 있습니다.

사　장 : 그래요? 무엇이죠?

Judy : 저, 에, 잘 모르지만, 에, 당신이 매우 바쁜 걸로 알고 있습니다. 그러나 당신에게 아파트 관리 업무에 관해 약간 여쭙고 싶은 것이 있습니다.

사　장 : 그래요? 무엇이죠?

Judy : 관리 업무를 수행하는데 얼마나 많은 시간이 걸리는가를 사장님께서 알고 계시는지 궁금합니다.

사　장 : 알고 있다고 생각해요. 그래서 당신에게 돈을 지급하고 있는 것 아닙니까?

훈련자 : 자, 됐습니다. 여기서 잠깐 멈추고, 조금씩 상황을 분석해 봅시다. 여러분은 Judy가 자신을 표현하기 위해 어떻게 말하고 행동했다고 생각하는지 모두 말해 줄 수 있습니까?

사람 3 : 당신의 목소리는 크고도 명확했어요.

사람 4 : 사장이 어떠냐고 물었을 때, 당신의 어조는 정말 흥미있는 것처럼 들리긴 했지만 너무 짧았어요.

사람 5 : 당신은 곧바로 안으로 걸어 들어가서, 그를 직접 마주보고 앉았어요.

훈련자 : 그러한 것들은 Judy의 행위에 대한 아주 구체적인 관찰이었어요. 그 밖에 어떤 것들이 좋았지요, Judy?

Judy : 나는 내가 즉시 큰 소리로 이야기하고, 문제점에 바로 들어갈 수 있었던 점이 좋았던 것 같아요.

훈련자 : 옳은 말이에요. 어떤 점을 다르게 하고 싶었어요?

Judy : 음, 나는 내 목소리가 좀 더 자연스럽게 들릴 수 있도록 "에" 하는 소리를 빼고 싶었어요. 그리고 일의 문제점을 제기하는 방법이 마음에 안들었어요. 방법이 너무 간접적인 것처럼 느껴졌고, 사장에게 너무 그 문제에 대해 계속 이야기할 책임을 전가한다는 느낌이 들어요. (자신의 행동에 대한 스스로의 평가임을 주목할 것.)

훈련자 : 두 가지 모두 훌륭한 지적입니다. 그 업무시간 문제를 어떤 식으로 다르게 제기함으로써 진정으로 이야기하고 싶은 요점을 표현하겠어요?

Judy : 사장님에게 내가 그 업무에 얼마만한 시간을 쓰고 있는지 알려주고, 그 이유로 집세를 내려 달라는 나의 요망사항을 말하겠어요.

훈련자 : 방금 그 말은 좀 더 일찍 요점을 얘기하고 싶었다고 말하는 것 같이 들리는데, 다시 해보도록 해요. 우리는 특히 "에"소리를 빼는가, 말하고자 하는 점을 모두 직접 말하는가에 주의하겠어요.(제한된 특정 목적임을 주목할 것)

사　장 : 들어오시오!

Judy : Brown씨! 안녕하세요?

사　장 : 음, Judy, 어떻게 왔지요?

Judy : 저는 아파트 관리자로서 주당 20시간씩 일해왔는데, 집세 공제액을 월 $200로 인상해 달라고 말씀드리고 싶습니다.

훈련자 : 좋아요! 그만, 여러분께서 Judy가 자기주장을 말한데 대해 어떻게 생각하시는지, 구체적인 평가가 있겠습니다.

사람 3 : Judy는 확실히 "에" 소리를 내지 않았고, 훨씬 수월하게 이야기가 진행됐어요.

사람 4 : Judy는 최대한 자신이 말하고자 하는 점과 요청하는 표현을 명확하게 직접 말했다고 생각해요. 정말 잘했어요.

사람 5 : Judy는 사장의 바쁜 일들을 방해하는데 대해 굉장히 우려했던 바를 생략함으로써 자기의 관심사가 좀 더 똑바로 전달됐어요.

Judy : 예, 저도 여러분께서 들으신 그 방법이 좋았다고 생각해요. 저 역시 제 자신의 요청을 똑바로 이야기했을 때, 그 대화를 잘 이끌어가고 있다는 것을 느꼈어요.

훈련자 : 정말 훌륭해요. 당신은 원하던 변화를 달성해 내고야 말았어요. 달리 더 바꾸고 싶은게 있어요?

Judy : 음, 나는 내가 이야기하고 있을 때, 웬지 수줍은 웃음을 지었다고 느꼈어요. 심각하다는 걸 내 얼굴에 나타내고 싶어요.

훈련자 : 좋아요. Judy에게 또 다른 제시를 하실 분 계세요?

사람 6 : 예, Judy! Brown씨와 눈을 마주치는 횟수를 늘려 주시겠습니까?

Judy : 예 아주 좋은 제안입니다. 나는 자주 다른 곳을 보았어요.

훈련자 : 좋아요! 다시 한번 해보는데, 이번에는 얼굴의 표정과 눈의 움직임에 집중하도록!

Judy는 몇 번 더 만나는 장면을 연습했다. 처음에는 사장 역할을 하는 사람도 협조적이 되도록, 그리고 그 요청을 들어주도록 지시받았다. 그녀가 전체 장면을 성공적으로 완수하였을 때, 훈련자는 고용주의 부정적인 반응(노여움, 협박, 무관심, 등 그녀를 거슬리게 하는 반응)에 대해서도 연습하라고 요청했다. 이러한 상황속에서 그녀가 비협조적인 고용주에게도 적극적으로 표현해서 만족할 때까지 연습하였다. 아래 내용은 이러한 의도로 확대시킨 연습의 보기이다.

훈련자 : Judy, 당신이 Brown씨와 이야기하러 가기 전에 걱정되는 일에 대해서 이야기할 때, 당신은 그가 비난하거나 소리칠지도 모른다고 얘기했어요. Brown씨가 전과 같이 협조적이 아닌 상태에서 연습을 해보겠어요?

Judy : 예, 그러한 상황은 정말로 나를 얼어붙게 만들기 때문에 연습해 보겠습니다. 내가 그 상황을 잘 처리한다면, 좀 더 자신이 생길 것 같아요.

훈련자 : 좋아요. Bill(Brown씨 역)에게 이번에는 어떻게 행동을 취해야 하는가를 알려주세요.

Judy : 음, 먼저 당신은 정말로 바쁜 것처럼 행동하고 내가 관리인으로서 얼마나 많은 시간을 일하는가에 대해 이야기하면, 당신은 힐책하는 태도로 내가 어떻게 시간을 보내는지를 묻기 시작하세요. 마치 당신은 내가 정말로 아무 일도 하지 않는다고 믿는 것처럼. 그리고, 내가 좀 더 집세를 내려 달라고 이야기하기 시작하면, 내가 마치 무언가를 당신에게 덮어 씌우려 한 것처럼 화를 내기 시작하세요.

사 장 : 정말 내용이 분명하군요. 한 번 잘 해보겠어요.

훈련자 : 자, 그럼 처음부터 시작합시다. 몇 번의 대화 후에 멈추게 하겠습니다. (노크)

사 장 : 들어오시오. 들어와요!

Judy : 안녕하세요, Brown씨!

사 장 : 안녕하시오. 왜 저를 보러왔죠?

Judy : 저, 저는 아파트 관리인으로서 관리에 얼마나 많은 시간을 쏟고 있는지 얘기하고 싶어요. 그 시간은 일주일에 20시간 이상이고…….

사 장 : 일주일에 20시간이라니! 무얼하는데 일주일에 20시간씩이나 걸려요?

Judy : 저어, 최근에 많은 사람들이 열쇠를 잃어버려서, 그들에게 문을 열어주어야 합니다. 그리고……

사 장 : 그런데 그게 정말로 20시간씩이나 걸린단 말이요? 그렇지 않을 텐데요.

Judy : 그래요. 당신이 옳다고 합시다. 그러나, 저는 파손된 것과 수리할 것을 찾아내서 그것을 수리하도록 하는 일도 많아요. 그런 일엔 시간이 많이 걸린다고 생각하지 않으세요?

훈련자 : 좋아요. 거기서 그칩시다. Judy에게 그녀가 행동했던 것 중에서 좋았던 점들을 이야기해 주세요.

사람 4 : 당신이 사장에게 인사할 때, 당신의 목소리는 차분하고도 명랑했어요. 그리고 당신이 자신의 일에 관해 이야기하기 시작했을 때, 당신의 말은 적당히 심각하게 들렸어요.

사람 6 : 시종 똑바로 쳐다보는 시선이 좋았어요.

사람 7 : 당신은 문제점을 신속하고 명확하게 꺼냈어요.

훈련자 : 다 좋은 지적들입니다. Judy, 당신은 어때요?

Judy : 나는 사무실에 들어가서 문제를 꺼낼 때까지 모든 일에 만족했어요. 나는 차분함을 느꼈어요. 나의 얼굴표정과 목소리가 하는 말들과 부합됐습니다. 나는 어떤 식으로 내가 시간을 보내는지에 관한 그의 질문을 못하게 하려 하긴 했지만, 내가 그의 질문에 대해 대답하려 했던 것이 역시 좋았어요. 그전 같으면 너무 당황한 나머지, 무슨 말을 해야 할지 잊어버리고 전혀 답변하지 못했을 거예요.

훈련자 : 정말 훌륭한 관찰이예요, Judy. 당신은 정말 통찰력이 있군요. 좀 더 바르게 하고 싶었던 점은 없는지요?

Judy : 있어요. 그가 내 말을 가로 막았을 때, 여전히 걱정이 되었어요. 내가 정말 하고 싶었던 것은 잠깐 생각을 함으로써 그에게 좀 더 완벽한 답변을 주는 것이었어요. 실제로 많은 시간이 걸리지 않는 일에 너무 빨리 반응을 보였어요. 비록 귀찮은 일이기는 하지만, 시간이 많이 드는 일은 아니므로 잠깐 멈추어서 생각들을 정리한 다음에 차분하게 대답하고 싶어요. 또한, 마치 엄격한 아버지 앞에서 이야기하는 것처럼 변명적이고 방어적인 태세로 이야기했던 것을 느꼈습니다. 그래서 나는 좀 더 사실을 보고하듯이 덜 겁먹은 듯 들리게 하고 싶었습니다.

훈련자 : 그러한 것들은 좋고도 명확한 변화들입니다. Brown씨는 사람들에게 공격적인 질문으로 위축된 상태를 조성하여, 자기 자신이 결정권을 가지고 있는 위치에 있음을 암시하고, 당신을 수동적이고, 그의 승인을 구하게 만드는 것처럼 한다고 들리는군요.

Judy : 예, 그게 바로 제가 생각하는 Brown씨이고, Brown씨가 바라는 저의 태도입니다. 그리고 저는 제 의견을 말할 권리를 가지고 있다고 생각합니다.

훈련자 : 그것은 아주 훌륭한 지적입니다. 당신은 생각을 모으는데 걸리는 시간적인 여유를 가지기 위한 무슨 좋은 방안이 있는지요?

Judy : 우리가 전에 논의했던 것처럼, 내가 불안감을 느낄 때는 우선 심호흡을 하고 난 뒤, 내가 그에게 무엇을 이야기 하려고 하는지에 집중합니다.

훈련자 : 좋습니다. 다시 한번 해 봅시다. 생각하기 위해 잠깐 멈추는 것과 그의 찬성여부에 관계없이 의사전달을 하려는 태도로 이야기하는 데에 주력해 봅시다. 그가 "무엇 때문에 왔소?"라고 말하는 장면부터 시작해 봅시다.

사 장 : Judy 날 보러온 용건이 무엇이요?

Judy : 나는 당신에게 내가 관리인으로서 얼마나 많은 시간을 쓰고 있는지 이야기하러 왔습니다. 그 시간은 주당 20시간이 넘으며, 그리고 저는…

사 장 : 뭐라고? 당신은 어떻게 주당 20시간 이상씩이나 일하고 있다고 하오? 농담을 하는 거요? 그렇게 많은 시간에 당신은 도대체 무얼하오?

Judy : (잠시 멈춘다) 대부분의 시간은 이상유무 점검과 거주자들로부터 받은 고장신고에 대한 적절한 조치를 하는데 소요됩니다. 나는 개개의 수리작업을 점검해야 하고, 그 완성여부를 확인해야만 합니다. 그리고 관리비를 걷는 정규 행정업무가 있습니다.

그리고 저는 장래에 아파트에 입주할 만한 사람들에게 아파트를 보여주는데 일주일에 몇 시간을 보냅니다. 사실, 저는 지난 3주간 무엇을 하는데 그러한 시간이 소비되는지 대강 기록했습니다.

사 장 : 좋아요, 당신이 그만큼 일을 한다고 합시다. 당신은 지금 관리비 감면 혜택을 받고 있지 않소?

Judy : 그 점이 바로 제가 당신과 이야기 하려던 점입니다. 저는 관리비의 감면액이 월 $200로 인상되기를 원합니다. 그것은 시간당 약 2달러 50센트에 해당됩니다.

훈련자 : 좋아요. 거기서 끝내도록. 정말로 훌륭했어요! 여러분! Judy에게 어떠한 점이 정말로 좋았는지 말해 주시겠습니까?

사람 3 : 예, 당신은 정말로 그 곳에서 멈추었지요. 즉, 그가 당신의 말을 막으려 했을 때, 약간 멈추었어요. 당신의 답변은 확고했으며, 정말 그에게 훌륭한 사실을 말해 주었어요. 무엇보다 당신의 목소리가 바뀌었어요. 당신의 목소리는 자신 있게 들렸어요.

사람 5 : 나는 당신이 그의 압력전략에도 아랑곳 하지 않고 차분하고 사실을 말하는 태도로 이야기한 점이 좋았다고 생각합니다.

사람 6 : 당신은 요전번까지도 되풀이 했던 "에"하는 말을, 그가 말을 막았을 때도 하지 않았어요. 그리고, 당신의 얼굴표정은 심각했으나 거칠진 않았어요.

Judy : 참 좋은 얘기들이군요. 정말 저에게 많은 도움이 되는 것 같아요. 약간 불안하기는 했지만, 나는 내 생각들을 조절할 수 있었습니다. 그리고, 제가 무엇을 말하려 했던가를 의식할 수 있었고, 마침내 그것을 해냈어요.

이상의 두 가지 보기에서, 상황은 실행 가능한 단위들로 나뉘어졌고, 상당한 보강이 주어졌으며, 개선에 중점을 두었고, 참여자들은 긍정적인 재검토와 제안을 하도록 요청되었다. 그리고 Judy에겐 자기평가를 할 수 있는 기회가 많이 주어졌다. Judy가 이야기한 것에 주의하면서, 그녀의 대화방식 뿐만 아니라 구체적인 행동에 관한 귀환과 평가가 이루어졌다. 마지막으로 숙고할 사항이 하나 있는데 위의 예에서는 고용자의 반응보다는 Judy의 행동에 더 중점이 주어졌다는 점이다. 그것은 고의로 행해진 조치이다. 왜냐하면 자기표현을 잘 못하는 사람들은 자기 자신의 행동보다는 다른 사람들의 반응에 더 관심을 두기 때문이다. 물론, 참가자들이 전적으로 타인의 반응을 무시하라는 것은 아니다. 어떤 상황에 있어서는, 타인의 반응을 검토하는 것이 중요할 때가 있는데 그 사람이 권력을 쥐고 있거나 각 개개인에게 영향력을 미치는 사람일 경우에 특히 그러하다. 그러나 검토할 때는 그 사람의 반응에 대해 이성적으로 생각하는 것이 중요하다. 이런 상황에서는 한 회원이 자기표현을 잘 할 수 있으려면 서로 다른 사람으로부터 부정적인 반응을 가장 적게 받을 수 있게 하고 잘 한 점을 격려해 주는 방식을 취하면서 훈련자와 다른 회원들이 도움을 주도록 한다.

B. 내재적 행위연습(Covert Behavior Rehearsal)

가끔은 목표달성을 실행하는 장면에서 함께 연습해 줄 마땅한 사람이 없을 때가 있다. 즉, 외현적 행위연습(overt behavior rehearsal)을 하는 것이 불가능할 때가 있다. 그러한 상황에서는 목표를 연습하기 위해 대안적인 방법인 내재적 행위연습(covert behavior rehearsal)을 사용할 수 있다. 내재적 행위연습은 방금 배운 기본적인 계획들과 똑같은 과정을 밟는다. 단지 다른 점은 혼자서 실제로 하듯이 생생하게 연상을 함으로써 실행한다는 점이다. 앞서 얘기했던 기본단계들이 여전히 적용된다. 첫째로, 구체적인 행동목표를 세우고, 그 다음엔 행동을 어떻게 실행할 것인가에 관한 명확한 아이디어를 얻기 위해 모델을 찾는다. 실제적인 행위연습은 원하는 방식으로 행동하는 자신의 모습을 마음속에 그린 다음에 그 장면에 관련된 사람들의 반응방식을 상상함으로써 행해진다.

이 방법이 효과적이라는 데는 의심할 여지가 없다. 내재적 행위연습은 적어도 진술한 외현적 연습만큼이나 효과가 있다는 것이 증명되었다. 이 방법을 적용한 예 중에서 가장 흥미있는 경우를 보도록 하자. 심리학자인 Richard Suinn(1976)은 스키선수들에게 이 방법을 약간 수정하여 가르쳤다(그는 이 방법을 VMBR : visuo-motor behavioral rehearsals이라 칭함). 그들은 스키할 때의 실수를 줄이고 경쟁심을 앙양시키기 위해 질주방법, 경쟁심 그리고 기억력 등을 정신적으로 연습했다. 그 결과는 매우 인상적이었다. 한 대학 팀은 연맹전에서 우승하였으며, 많은 출전 선수들이 그들의 종전 기록을 갱신하였다. 그리고 VMBR과 다른 행동기술 등을 연습한 결과, U.S. Olympic Nordic Cross Country팀은 사상 최고의 기록을 냈다.

내재적 행위연습에서 가장 중요한 것은 명확한 영상화(clear visualization)이다. 이 연습과정이 효과적이기 위해서는 목적하는 상황에 자기자신을 마치 실제로 거기에 살아있는 것처럼 생생하게 그려 넣을 수 있어야 한다. 자신이 상상의 영화배우로서 자신을 단순히 관찰하는 것은 실생활에서 광경을 실제로 보고, 냄새 맡고 소리를 듣는 것만큼 효과적은 아니다. 명확한 영상화의 효과는 극적일 수가 있다. Suinn은 한 수영선수의 경험으로 서술하였는데, 이 선수는 연습장면에서 마음속으로 수영장에 뛰어들고 물의 차가움을 느끼며 헤엄칠 때 그 광경이 흑백에서 천연색 장면으로 바꾸어지는 것을 느꼈다고 보고했다. 한 스키선수가 단지 상상만으로 스키 타는 광경을 생각할 때 실시한 근전도 검사 결과 또한 이러한 방법이 효과를 보여주고 있다. 즉, 그 스키선수가 실제로 경주에서 점프를 하고, 험한 코스를 달릴 때 일어나는 근육운동과 같은 정도를 근전도 검사기의 바늘을 가리키고 있었다. 어떤 직업스키 선수는 마음속으로 스키 타는 모습을 그릴 때, 실제로 발을 움직였다. 마찬가지로 상상의 힘은 실제로 자신이 거기에 있는 것만큼이나 거의 실제적이라는 것을 확실히 체험할 수 있다.

□ 연습문제 □ Ⅳ-2

여러분들은 밑에 서술되어 있는 각 장면을 마음에 그림으로써 명료하게 영상화할 수 있는 능력을 증대시킬 수 있다. 자, 먼저 방해받지 않을 조용한 장소에 편안하게 앉아 시작하자. 각 장면을 읽고 어디서 일이 발생할 것이며, 무슨 일이 일어날 것인지를 확실히 이해하도록 하라. 이러한 여러 요소들을 확실히 이해한 후에 주의를 집중시키고, 실제로 그 장면들을 느껴 보도록 하라. 잠시 후에 각각의 아래 장면에 대해서 이와 같은 과정을 반복하라. 여기서 여러분은 목표로 하는 행동을 내재적으로 연습하기 위해 위의 방법을 이용할 준비가 되어야만 한다.

<연습장면 1.>

여러분이 살고 있는 장소를 마음속에 그려 보아라. 아침에 막 잠에서 깨어나서 아직 침대 속에 있다고 상상하므로써 시작해 보자. 잠이 깼는가 아니면 아직 졸음이 오는가? 일어나고 싶은가 아니면 침대 속에 계속 있고 싶은가? 방은 얼마나 밝은가? 돌아보니 무엇이 보이는가? 어떤 소리가 들리는가? 침대 속에서 움직일 때마다 피부에 닿는 침대 시트와 담요의 촉감을 느껴 보아라. 피부의 감각은 어떤지 그리고 입안의 느낌에 신경써 보아라. 자, 이제 침대에서 일어나자. 발이 마루에 닿을 때 느낌은? 자, 기지개를 쭉 펴보아라. 뻣뻣한 근육이 나아질 것이다.

이제 세면실로 가보자. 거기에는 무엇이 보이는가? 수도꼭지를 틀고 거기에서 물이 튀는 소리를 주의해 들어 보아라. 자, 찬물을 얼굴에 뿌려보자. 어떻게 느껴지는가? 그 다음, 칫솔을 들고 치약을 좀 짠 후 이를 닦아보자. 입안에서 칫솔이 어떻게 느껴지는가? 또, 치약의 맛도 느껴 보아라.

이제 다시 방으로 가서 옷이 있는 곳으로 가보자. 하나하나 차분히 당신이 손을 뻗쳐, 그 옷의 촉감을 느껴 보아라. 자, 이제 오늘 입을 옷을 꺼내 입어보자. 이때 옷을 잡았을 때와 입었을 때 어떻게 느껴지는지 알아보아라. 끝마친 후 거울에 가서 자신의 모습을 머리부터 발끝까지 세밀히 주의해서 보아라.

<연습장면 2.>

지금 당신은 복잡한 고속도로를 달리고 있다. 한낮이며, 기온은 30도를 넘고 있다. 차의 유리창은 열려 있지만 무덥고 탁한 공기가 감싸고 있는 것을

느낄 수 있다. 코를 찌르는 배기가스의 냄새와 차들의 소음이 꽉 차 있다. 하늘은 맑지만 수평선 근처에 갈색의 매연현상 기미가 보인다. 라디오를 틀어 뉴스를 들어보니 아나운서는 다음과 같이 일기예보를 한다 : '맑겠지만 더욱 더 무더워지고 스모그 현상은 여전하겠습니다.'

주위는 온통 자동차와 트럭과 버스들로 가득차 있다. 이 차들이 움직일 때, 차의 크롬 모서리나 페인트가 태양빛에 반사된다. 당신은 지금 추월선 쪽으로 차를 몰고 있는데, 둘레의 차들이 덮치는 듯한 느낌이다. 이때 커다란 트럭이 당신 뒤를 따르고 있다. 갑자기 트럭 운전사가 당신의 차 조금 뒤에서 속력을 내더니 좀 더 속력을 내든지, 옆으로 비키든지 하라고 신호등을 깜박거린다. 그러나 복잡한 교통 때문에 어떻게 할 수가 없다. 그런데 트럭 운전사는 커다랗게 경적을 빵빵 올린다. 그래서 방향 신호등을 켜고 비켜 달라고 하지만 어느 운전사도 비켜서지를 않는다. 트럭운전사는 자꾸 경적을 울리고, 또 바로 뒤에서 자꾸 차를 모니까 소음, 무더위, 혼란 이 모든 것이 합쳐져서 이상한 불안감을 느낀다.

<연습문제 3.>

어느 상점에서 셔츠나 블라우스를 구입했는데, 치수표시가 잘못 붙었는지 작아서 맞지 않는다. 그래서, 상품을 교환하러 상점에 들어갔다. 상점 문이 닫히자 거리의 소음 대신에 돈이 짤랑거리는 소리와 점원과 손님들 간의 대화 목소리 등이 들린다. 상점의 전기불빛과 밖의 환한 태양빛과의 차이점을 주의해 보아라. 또 피부로 느껴지는 온도의 차이도 느껴 보라. 자 이 상점 안을 쭉 돌아보고 옷더미들을 주의해 보라. 어떤 옷을 보았는가? 어떤 색깔과 모양을 보았는가? 손에 들고 있는 옷의 무게와 감촉을 느껴 보자. 색깔은 어떠하며 모양은 또한 어떠한가?

자, 이제 점원이 당신에게 다가온다. 그녀의 표정은 어떠한가? 당신 기분은? 이제 옷을 쳐들고 문제점을 얘기해 보아라. 당신의 목소리와 당신이 설명하기 위해 쓰는 단어들이 적합한지 주의해서 귀담아 들어보자. 당신의 목소리 톤은? 너무 빨리 하거나 혹은 느리게 말하고 있지 않은지? 자세와 얼굴표정은 어떠한지?

이제 점원이 반응을 보인다. 그녀의 말을 유심히 듣고, 그녀가 보내는 비언어적 전달 등을 조심해서 살펴보자. 당신의 느낌은? 계속 대화를 하면서 자신의 반응을 면밀히 주의해 듣고, 정확히 무슨 일이 벌어지고 있으며 당신이 어떻게 반응하는지 신경을 쓰면서 진행시켜 나가라.

조금 더 자기표현을 잘 하기를 원하는 이러한 장면들을 내재적으로 연습한 후에 외현적 행위 때 이용했던 동일한 반응과정을 이용하라. 자신이 어떻게 행동했는지에 대해 생각해 보라. 어느 행동을 특별히 잘 했는지, 혹은 어느 행동을 개선시킬 필요가 있는지 알아보아라. 어떻게 하면 좀 더 나은 행동을 할 수 있는지 알아본 후에, 마음속으로 계속 반복하여 더욱 개선하면서 이러한 평가과정을 반복하라. 마지막으로 준비가 된 후에 그 장면을 실생활에서 적용해 보아라.

이러한 내재적 연습과정이 아직도 낯설게 느껴진다면, 비록 대개는 파괴적인 목적을 위해서라고는 해도 우리가 이러한 것을 매일매일의 생각 속에서 얼마나 자주 사용하는지 고려해 보자. 얼마나 자주 중요한 상황에서, 예를 들어 취직 면접, 사회적인 모임, 또는 운동경기에 결과가 나쁠 것이라고 미리 생각함으로써 실패를 했었는가? 결과가 나쁘리라고 미리 예상해 버리면 자기 자신이 스스로 예상했던 나쁜 결과에 사로잡히게 되어 결국은 그 예언을 스스로 성취하게 되고 만다. 내재적 행위연습은 긍정적인 목적을 달성하기 위해 성공적으로 행동하는 자신의 모습을 영상화할 수 있게 도와주면서 이와 동일한 자기완성적 예언원리를 사용하는 것이다.

요 약

이 장에서는 두 가지 방식 즉, 목표행동의 준비태세(shaping)와 행위연습(behavior rehearsal)이 좀 더 효과적으로 자신을 표현하는데 어떻게 도움을 줄 수 있는지에 관해 살펴보았다. 준비태세란 어떤 기술을 갑자기 습득하려고 시도하는 것보다는 단계를 거치면서 습득하는 것이 더욱 쉽고 생산적이라는 원리에 기초를 두고 있다. 대화기술을 습득하는 데는 여러가지 방식이 있다. 즉, 기술을 실행하는 빈도수를 늘리고, 문제와 관련된 힘든 사람에게 점차적으로 접근해 나가며, 더욱 더 도전적인 상황을 시도해 보고, 점진적으로 최종목표에 해당하는 요소들을 첨부하는 것이다. 이들 각각의 방식에 관해서는 제 6장에서 자세히 검토할 예정이다.

    행위연습은 자기표현을 실생활에서 시도해 보기 전에 안전한 환경에서 미리 연습해 보는 방법이다. 행위연습 과정은 다섯 단계로 이루어져 있다. 첫 단계는 목표행동을 명확히 규정짓는 것이고, 그 다음 단계는 가능할 때마다 원하는 행동을 실행하는 모델을 관찰하는 것이다. 세번째 단계는 목표행동을 스스로 연습하는 것이고, 넷째 단계는 어떤 점이 성공적이었으며 어떤 점에서 개선이 필요한지를 알아보기 위해 귀환, 지도, 추가적인 모방을 받아들이는 것이다. 다섯째 단계는 목표로 하는 행동을 다시 연습하는 것이다. 이때는 앞 단계에서 받아들인 귀환을 이용하도록 한다. 이 과정이 끝나면 마침내 새로 배운 행동을 실생활에서 실행할 때가 되는 것이다.

    행위연습은 외형적으로나 또는 내재적으로 수행될 수 있다. 내재적으로 연습하는 경우에는, 목표장면이 공개적으로 발현되는 대신 대화자의 마음 속에서 검토될 때만 빼놓고, 위에서 말한 동일한 절차가 이용된다.

제 5 장
의사소통에 따르는 불안 다루기
(Managing Communication Anxiety)

    대부분의 사람들은 중요한 상황이든 아니든 간에 자기표현적인 행동이 파멸을 가져올 가능성이 있다고 한 두 번쯤 생각해본 경험이 있을 것이다. 내가 한 농담이 익살맞지 않다고 생각하면 어떻게 하지? 내가 솔직히 얘기 한다면 일자리를 잃게 되지는 않을까? 사람들이 내 초대에 응해 줄 까? 내가 한 질문을 사람들이 바보같다고 여기면 어떻게 하지? 내 심정을 사실대로 토로한다면 친구나 애인이 동요되지 않을까? 이와 같이 우리는 거의 매일 자신을 표현하거나 침묵을 지키거나 둘 중에서 하나를 선택해야만 하는 상황에 직면한다. 그리고 솔직히 얘기하면 잠재적으로 이익을 얻기도 하지만 종종 불쾌한 결과를 초래하기도 한다.

    자기표현과 불안이 어느정도 관련되어 있다는 점을 이해할 수 있다. 자기 자신을 털어 놓는다는 것은 위험을 내포하고 있으며, 가장 조리 있고 진실한 표현조차도 종종 거절당하곤 한다는 것이 경험에 의해서 입증되었다. John Powell(1969)은 「Why Am I Afraid To Tell You Who I Am?」이라는 책에서 그 이유를 "상대방이 나를 싫어할지도 모르기 때문이다"라고 얘기하고 있다.

    우리는 중요한 사람들로부터 자신이 받아들여지고 인정받기를 원하면서도 마음 한구석으로는 거절당할지 모른다는 생각을 한다. 이런 예상에 직면하게 될 경우, 실망으로 인한 위험을 회피하려고 침묵을 지키고 싶어진다. 물론, 침묵을 지키는 것이 안전하긴 하지만 해결책은 못된다. 자신을 털어 놓아야 만 우리가 가장 원하는 수용, 사랑 그리고 인정을 주고받을 수 있기 때문이다.

우리는 대화의 기본을 이해함으로써 대화에서 오는 두려움을 처리하는 방법을 배울 수 있을 것이다. John T. Wood(1976)는 「What Are You Afraid Of ?」라는 책에서, 모든 유형의 불안이 지닌 공통적인 요소는 모르는 것과 새로운 것에 대한 예감이라고 지적하고 있다.

두려움은 언제나 미래의 것이다. 비록 과거가 우리를 괴롭히긴 하지만 두려움은 결코 과거의 것은 아니다. 우리가 현재 머무르고 있는 시간에 어려운 문제를 갖고 있을지라도 두려움은 결코 현재의 것도 아니다. 하지만 새로운 것은 매순간 우리가 자신의 삶을 영위하면서 우리가 계속적으로 빠져 들어가는 약속이며, 희망이며, 기회인 것이다.

형태치료법 (Gestalt therapy)의 원조인 Fritz Perk(1969)도 같은 말을 했다.

박수갈채를 받게 될지 망신을 당하게 될지 모른다고 생각하면 우리는 망설이게 된다. 그래서 심장은 뛰게 되고, 흥분되어 행동에 지장을 준다. 처음 무대에 서는 사람과 같이 무대 공포증을 갖게 된다. 이렇듯 불안의 양상은 아주 단순하다. 불안이란 것은 지금과 미래 상황의 사이에 있는 간격인 것이다.

Perls의 박수갈채 대신에 망신을 당하리라는 예감에 관한 논의는 흥미롭다. 아무리 미래가 보상과 행복을 보장한다 하더라도 그것은 실패와 불행을 의미할 수도 있는 가능성 위에서 우리가 살고 있는 것일지도 모른다. 그리고 자기완성적 예언에 의하면, 불행에 대한 예언은 불안을 불러 일으키며, 종종 대화를 중단 시키거나 대화를 형편없이 이끌기도 한다.

다음 연습문제는 자신의 감정이 정당화 될만한 것인지 아니면 불합리한 예상으로 파멸의 결과로 끝날 것인 지를 알아보고 또 어떤 상황에서 불안해지는 지를 알아보는데 도움이 될 것이다.

☐ **연습문제** ☐ V-1

무엇을 두려워하는지 잠시 동안 생각해 보고 자신을 표현하고 싶지만 두려움을 느끼게 되는 상황을 네가지 적으라. 특히 최근에 경험한 상황을 기억해 보면 도움이 될 것이다.

<예> a) 두려움을 느끼는 상황 : 어떻게 하면 직업을 바꿀 수 있을지 그 방법을 충고해 달라고 해야하는 일 (교사, 상담원).
b) 두려움에서 연상되는 파멸적 환상 : 내가 그런 천한 직업을 즉시 포기하지 못하는 겁쟁이라고 그들이 생각할 지도 모른다는 것.

두려움 1. a) 두려움을 느끼는 상황 :

b) 두려움에서 연상되는 파멸적 환상

두려움 2. a) 두려움을 느끼는 상황

b) 두려움에서 연상되는 파멸적 환상

두려움 3. a) 두려움을 느끼는 상황

b) 두려움에서 연상되는 파멸적 환상

위에 적은 각각의 환상을 살펴보고 어느 것이 실제적인 것인 지를 결정하라. 비참한 결과를 초래할 확률이 높은가? 아니면 불행한 결과를 초래할 가능성을 과장하고 있지는 않은가?

대부분의 사람들에겐 보통 실패에 대한 지나친 두려움이 낮은 수준에서 작용하고 있기 때문에 두려움이 존재함에도 불구하고 자기 역할을 수행할 수가 있다. 그러나 이 불안이 사회적 역할을 방해할 만큼 커지는 경우도 있다. 특정한 사물이나 상황에 대해 비합리적인 두려움을 계속적으로 느끼는 극단적인 상태를 공포감(Phobia)이라 부른다. 엘리베이터나 어두운 장소, 또는 물에 대한 과도한 두려움으로 인해 강박감에 사로잡히듯이 어떤 사람들은 여러 사람 앞에서 말을 해야 할 경우나 호의를 표시해야 할 경우, 또는 거절해야 할 경우 등 여러 형태의 대화에 참여해야 할 경우엔 근심걱정으로 인해 심적 불능상태에 처하게 된다. John Wood는 불안을 초래하는 상황이 어떤 것이든지 과장된 두려움을 나타내는 세 가지 징후에 대해 지적하고 있다. 이 중 어떤 것이 연습문제 V-1에 기록한 리스트에 적용되는지 살펴보라.

첫째는 한 상황에 대한 지속적인 선입관(prolonged preoccupation)이라는 것이다. 예를 들어, 당신은 남이 자신을 어떻게 생각할까? 혹은 사교 모임에서 어떻게 행동할 것인가를 계속해서 걱정하고 있음을 알고 있는가? 이와 같은 일에 대해 염려하는 것은 정상적이지만, 그 상황에 비하여 자주 두려워하고 거의 강박적인 것으로 나타나면 주의해야 한다.

두번째 징후는 자신의 걱정이 부담이 되는 사물이나 상황에 대해 과도한 두려움(exaggerated fear)을 느끼는 경우이다. 어떤 사람이 험한 절벽을 오르고 있거나 높은 빌딩의 꼭대기에 앉아 있으면서 수직적인 높이에 대해 두려워하는 것은 정상적이라고 생각하겠지만, 층계를 오르거나 의자에 앉는 것에 대해서도 같은 감정을 갖는 사람에 대해서는 오히려 의아심을 품을 것이다. 이와 같은 식으로, 어떤 사람이 대화를 할 필요성이 있을 때에 느끼는 과민함은 전적으로 상황에 비례하게 된다. 예를 들어, 들락날락거리는 외판원에게 거절을 해야 한다든가 낯선 사람에게 짤

막하게 말해야 한다는 생각에 대해 숨이 가쁘게 된다면 자기 자신이 그런 상황에 지나칠 정도로 두려워하고 있다고 생각해도 된다.

세번째 징후는 과장된 두려움을 주어진 상황에 강렬하게 반응(Intense reaction)하는 경우이다. 예를 들면, 어떤 사람들은 대중 앞에서 이야기 하려고 일어설 때 안절부절 하거나 전혀 앞으로 나가지도 못한다. 이와 같은 과도한 두려움으로 인해 발생되는 신체적 징후로는 떨림, 현기증, 구역질 기억상실 등이 있다. 이와 같이 과도하고 비합리적인 두려움은 확실히 비생산적이다. 이와 동시에 의사소통에 대한 두려움을 -공포조차도- 유용한 길잡이로 쓸 수도 있다. 왜냐하면 종종 가장 두렵다고 느끼는 것은 곧 우리가 가장 바라는 것 즉, 감정을 서로 교환하는 것, 다른 사람을 만나는 것, 정직해 지는 것, 깊은 신념을 잘 표현하는 것을 뜻하기 때문이다. 이러한 목표를 수행할 수 있기 위해서는 확실히 두려움을 느낄 필요가 있다. 더우기 이런 두려움들은 우리가 원하는 것을 정확히 말해주기 때문에 이들을 피하려고 노력할 필요는 없다. 다시 Wood의 말을 인용하자.

-두려움은 부적절하거나 부자연스러운 것이 아니다. 그것은 매우 적절한 것이다. 그것은 우리가 어떤 상태에 놓여 있다는 암시이며, 긴장이고 흥분이다. 어떤 장벽이 곧 무너질 것이며, 어떤 문턱을 통과했다는 징후인 것이다. 만약 두려움이 없다면 우리는 어리석다. 그러나 우리는 민감하고 통합된 용기로서 우리 자신과 우리가 만든 유대관계를 새로운 형태로 꽃 피울 수 있는 집합체 속으로 들어갈 수 있다. 이런 순간에 옛 것과 새 것을 비교할 수는 없지만 있는 그대로 그것을 바라보아야 한다.

Wood는 이와 같이 용기와 두려움을 동시에 가지고 있어야 한다는 필요성에 대해서 말하고 있다. 이는 모순 될 뿐 아니라 양립할 수 없는 것처럼 보일런지도 모른다. 그러나 사실은 그렇지 않다. 왜냐하면 용기있는 사람은 자신의 두려움을 매우 잘 알고 있기 때문이다. 심리학자 Leonard

Zunin(1972)은 그의 저서 「Contact; The First Four Minutes」에서 다음과 같이 말하고 있다.

   나는 두려움이 없는 것이 곧 용기인양 아주 잘못 이해되고 있다고 믿는다. 만일 절벽에서 줄을 타고 내려오는 것이 두렵지 않다고 하면 미치광이나 바보로 취급받을 것이다. 실제적인 관점에서 두려움을 직시하고 대안을 고려하여 위험을 무릅쓰고라도 선택하게 하는 것이 용기이다.

   이 장의 목적은 대화를 나눌 때 겪는 두려움을 슬기롭게 다룰 수 있는 용기와 기술을 발전시키도록 도와주는 것이며, 여기서는 두려운 감정을 다룰 수 있는 두 가지 방법을 배우게 될 것이다. 우선, 자신이 실제로 위기에 대비해서 그런 감정들을 관망하는 방법을 배우게 될 것이다. 그렇게 되면 실패에 대한 불합리한 공상으로 시간을 낭비하지 않게 될 것이다. 이와 아울러 자기표현을 준비할 때 생기는 단순한 불안에 대처할 수 있는 방법을 배우게 될 것이다. 몇 가지 새로운 기술과 제4장에 소개된 준비태세 원칙의 사용법을 배우게 될 것이므로 성공할 기회를 증대시킬 수 있는 방식으로 자신을 다룰 수 있게 될 것이다. 그 결과 이 과정을 다 읽고 실제 실습행동을 끝낼 즈음이 되면, 자신의 두려움을 인정할 수 있을 것이며 정직하고 충분하게 자신을 표현해야 하는 도전을 받아들일 준비가 되어 있게 하여 확신을 가지고 위협적인 상황에 직면할 수 있을 것이다.

1. 자기표현을 두려워하는 이유
(Why People Fear Self Assertion)

자신의 불안을 다루는 방법에 들어가기에 앞서, 사람들이 공포를 느끼게 되는 이유를 몇 가지 살펴보는 것이 도움이 될 것 같다. 여기에는 적어도 다음과 같은 세 가지 이유가 있다.

A. 예전의 경험

자신을 표현하는데 대해 우려를 느끼는 가장 논리적인 이유는 불쾌한 경험이나 과거의 경험 때문이다. 때론 일련의 사실로 드러난 결과를 보는 것만으로도 불안한 느낌을 갖기에 충분하다. Lisa는 어느 수업에서나 자신있게 얘기를 하는 것이 불가능 하다는 것을 알았다. 그녀는 자기 의견을 자발적으로 발표하겠다고 마음먹는 것조차 두렵게 느껴졌으며, 아주 간단한 질문에 답변해야 할 때에도 불안으로 가득 차게 되었다. 이러한 두려움은 Lisa의 지능과는 아무런 관련이 없었다. 왜냐하면 그녀의 성적은 평균치를 훨씬 상회했기 때문이다. 그리고 그녀도 동의했듯이 좀 더 활발하게 수업에 참여할 수 있는 방법만 알게 된다면 훨씬 더 좋아질 수 있었기 때문이다. Lisa의 사회생활 또한 조용한 것이었다. 가족과는 편안함을 느낄 수 있었지만, 가장 친한 친구들을 제외하고는 어느 누구에게나 똑같은 두려움을 겪었다고 했다. 이런 두려움 때문에 Lisa는 낯선 사람을 편안하게 대할 수 없었고 그 결과 불만족스러운 생활을 해야 하는 운명에 처한 것 같았다.

우연히 Lisa는 자기표현 기술에 중점을 둔 대인관계 의사소통을 다루는 강의에 등록하게 되었다. 그 곳에서의 경험을 통해서 자기표현을 못하는 근본적인 이유를 명백히 알게 되었다. 여섯 살 되던 해까지 그녀는 치열로 인해 혀 짧은 소리로 말을 했었다. 그녀의 부모가 보기에는 비용을 들여가면서 치료해야 할 만큼 아주 심각하지는 않았다. 오히려 그녀의 말버릇이 귀엽다고 하면서 그녀가 말하는 것을 흉내내어 애칭을 붙여 줄 정도였다고 한다. 몇 년이 지나자 Lisa는 자기의 말버릇을 자각하게 되었다. 대화법을 치료하는 전문의사는 유치원 선생과는 반대로 Lisa가 아직도 이상하게 발음하고 있다고 생각하고 있었다. 이 느낌 때문에 그녀는 거의 모든 상황에서 말을 꺼내기를 두려워하게 되었다.

다른 사람들은 한 가지 사건이 후에 같은 형태로 일어나면 두려움을 일으킨다고 보았다. Andy는 이전에 한 번도 외국에 나가본 적이 없다가 멕시코로 첫 여행을 가게 되었다. 그는 대학에서 2년간 스페인어를 배웠기 때문에 멕시코에서 잘 지내는데 도움이 될 것이라고 기대했었고 그의 교수들도 그럴 것이라며 안심시켰다. 멕시코 여행은 기대에 찬 것이었다. 여행을 떠난 처음 며칠간은 잘 지냈다. 그러나 셋째 날 아침 어떤 구덩이를 피해 돌아가던 Andy는 다른 차와 충돌해 버렸다. 그 차주인은 따발총과 같은 스페인어로 쉴 사이 없이 욕지거리를 내뱉았지만 Andy는 단지 어깨를 움추릴 수밖에 없었다. 현장에 도착한 경관도 영어를 전혀 몰랐다. 이 일이 있는 후부터 Andy는 위협이 거의 없는 상황에서도 스페인어를 구사하려고 하면 당황하게 되었다.

이러한 얘기들은 이미 관련이 없어진 후에도 과거에 생긴 일들이 얼마나 우리를 따라 다니는지 보여준다. 이미 존재할 이유가 없는 두려움을 영속시킴으로써, 지난 사건의 영상들이 아직도 유령처럼 따라붙고 있는 것이다. 물론, 슬픈 것은 Lisa나 Andy가 현재의 자신들을 표현하려고 시도해 본 적이 없기 때문에 두려움은 쓸모없는 것이라는 사실을 알아내지 못했다는 것이다.

연습문제 V-1에서 작성한 두려움 중에서 불쾌한 과거 경험에 바탕을 두고 있는 것이 있는지 지금 살펴보도록 하시오.

한 두 가지 그런 게 있다면, 그 당시 불안을 느끼게 만들었던 사건이 지금도 일어날 가능성이 있는지의 여부에 대해 자신에게 물어보시오. 현실적으로 그 가능성을 헤아려 보시오.

B. 두려움을 유발하는 모델

　두려움을 느끼는 두번째 이유로는 비슷한 상황에서 다른 이들이 불안해하는 것을 본 적이 있기 때문이라는 걸 들 수 있다. 우리 마을 YMCA에서는 어린이를 위한 수영강습을 열고 있는데, 나는 세살 된 딸 Robin을 얼마동안 가입시키고 싶었다. 그 강습은 화요일 아침에만 있는데, 그 시간엔 내가 애를 데리고 나갈 틈이 없었다. 그래서 나는 아내인 Sherri에게 나 대신 딸을 데리고 가라고 얘기했는데, 아내는 자신이 물을 무서워한다는 이유로 그렇게 하기를 꺼려했다. 아내의 그런 느낌을 Robin도 곧 알아챌 것이며 그런 감정으로 인해 수영장과 바다는 무서운 곳이라는 새로운 개념을 꼬마가 배우게 될 것이라고 현명하게 지적했다.

　이와 같이 우리는 다른 사람들을 봄으로써 자기표현을 하는 것이 두렵다는 것을 배우곤 한다. 자기표현을 못하는 환경에서 자란 사람들은 자기표현을 하기가 어렵다. 애정표현과 분노처리, 실수인정 등을 하기 싫어하는 가족이나 친구들이 주위에 있다면, 우리도 같은 식으로 느끼는 걸 배우게 될 것이다. 이런 이유 때문에 주위의 몇몇 사람들이 자신을 표현하지 못한다고 해서 그런 감정들이 모든 사람들에게도 당연스럽다는 것을 뜻하는 것이 아니라는 점을 깨닫는 것이 중요하다. 자신이 배우고 싶은 태도를 지닌 사람들을 찾아보고 그들을 모델로 이용하도록 하라.

　연습문제 V-1(p135)에 기록한 상황들을 다시 한 번 살펴보고 거기에서의 자신의 느낌이 비슷한 상황에 있는 다른 사람들을 봄으로써 유발됐는지 생각해 보시오. 반드시 이런 식으로 느껴야만 하는 지 여부에 대해 자신에게 물어보시오. 그러한 상황에서 자신을 잘 처리하는 사람들을 잘 알고 있는가?

C. 비합리적인 자세

　때때로 자기표현에 대한 두려움은 제2장에 기록된 것과 같이 비합리적인 신념에 그 밑바탕을 둔 행동방식에 있다. 여러분이 그들 중의 어느 것을 믿는지 알아보기 위해서 가장 널리 퍼져 있는 믿음 몇 가지를 다른 모습으로 살펴보도록 하겠다.

　두려움을 증대시키는 비합리적인 생각은 파국적인 실패에 대한 믿음에서 비롯된다. 만일 이런 태도를 가진 어떤 사람이 있다면 일이 잘 되지 않았을 경우 그 결과는 비참해질 것이다. 이런 믿음은 어떤 기괴한 환상을 유도해 내기도 한다. "그 모임에서 나 자신을 잘 다루지 못한다면, 모든 사람들이 나를 바보라고 생각할 것이다." "만일 사장이 내 제안에 동의하지 않으면, 아마 나를 내쫓을 것이다." "만일 내가 극장 안에서 떠드는 사람들에게 조용히 하라고 한다면, 그들은 아마도 큰 소동을 벌일 것이다."

　여러분은 이와 같은 환상 네 가지를 연습문제 V-1에 기록했다. 지금 여러분에게 묻고 싶은 질문은 과연 이러한 비참한 기대가 얼마나 현실성이 있느냐는 것이다. 사실 어떤 사람들이 당신을 바보로 생각할 수도 있지만 반면에 당신을 이목을 끄는 존재로 생각할 지도 모른다. 사장은 당신을 내쫓는 대신에 당신의 제안을 주저없이 받아 주거나 오히려 칭찬할 지도 모르는 것이다. 비극적인 환상은 단지 자기표현의 결과 중 하나에 불과하다는 걸 깨닫게 되면 수많은 두려움도 사실 근거 없는 것임을 알게 될 것이다.

　비합리적인 두려움을 갖게 되는 또 다른 원인은 수락에 대한 믿음에서 비롯된다. 남들이 당신을 좋아하고 당신의 행동을 찬성하는 것은 언제나 가능하고 필요하다. 이렇게 믿는다면, 다른 사람이 자신의 행동을 받아들이지 않을 가능성이 있을 때는 언제나 자신의 권리를 옹호하고 의견을 내세우는데 두려움을 느낄 것이다.

　셋째로 두려움을 유발시키는 이유는 완전성에 대한 믿음에서 비롯된다. 즉, 자신의 모든 관계는 실수가 없어야 하는데, 그렇게 되지 않으면 실패했다고 생각하는 것이다. 그렇기 때문에 자기감정이나 권리를 주장할 때

혹시 잘못이라도 저지를까봐 두려워하는 것이다. 보다 더 건전한 태도는 자기 자신을 표현하는데 계속 실수를 범할 수도 있지만, 시도 그 자체가 고상한 행동임을 깨닫는 것이다. 이것을 넘기면, 아마 매순간 자기 자신을 더 잘 표현할 수 있게 될 것이다. 끝으로 확실하게 믿는다는 것은 어떠한 두려움이나 근심도 느끼지 않는다는 것을 의미한다고 생각한다면, 그것은 비합리적인 신념에 바탕을 두고 있는 것이다. 자기표현 반응을 요구하는 많은 상황에서 두려움은 아주 자연스러운 감정이라는 사실에 대해 이미 논의한 바가 있다. 그와 같은 상황에서 성공은 파멸적인 환상으로 빠져 들지 않고 두려움을 관망할 수 있는 정도에 달려 있다.

연습문제 V-1에 기록된 상황 중에서 자신의 불안이 위와 같은 터무니없는 믿음에서 비롯된 것인지를 살펴보시오. 실제로 지금 각 항목으로 돌아가서 어떤 믿음이 적용되는지 살펴보시오.

2. 방법선택과 사용시기
(When to Use the Methods in this Chapter)

이제 곧 의사소통에 따르는 두려움을 처리하는 방법을 배우게 될 것이다. 방법을 살펴보기 전에 먼저, 그 사용 시기를 알아야 할 것이다.

그 방법이 어느 특정 문제에 적합한 방법인지 아닌지를 결정짓는 첫 단계는 구체적인 문제를 살펴보는 것이므로 연습 V-1에 기록된 두려움을 느끼는 상황 중에서 한 항목을 뽑도록 한다. 나중에 다른 항목에도 똑같은 방법을 적용시킬 수가 있다. 이런 상황에서의 두려움은 어떻게 처리해야 할지 모르기 때문이거나, 어떻게 해야 할지는 알지만 두려움 때문에 실행하지 못하기 때문에 생긴다. 만일 대답이 전자 때문이라면, 이 책에 있는 다른 방법들이 지금 곧 배우게 될 방법보다 더 적절하다. 맨 처음 본인의 운전교습을 들이켜 보면 그 이유를 가장 잘 설명할 수가 있을 것같아 그 얘기를 해보도록 하겠다. 나는 비어 있는 주차장 주위를 아버지와 함께 천천히 차를 몰 동안엔 제대로 잘 했었다고 기억한다. 그러나 시내에서 운전할 때는 사정이 달라졌다. 처음에 뒤로 몰 때 약간의 충돌사고가 있는 이후로는, 차를 몰 때마다 초조했던 기억이 난다. 친구 중에서 나만 운전을 못 배울 것 같은 생각이 들었다. 그러나 내 일생동안 버스를 기다리며 따르게 될 곤욕을 생각하고 열심히 계속한 결과, 몇 달 후엔 교통이 가장 복잡한 곳에서도 스스럼없이 운전할 수 있게 되었다.

나의 두려움은 기술부족에서 발생한 것으로서, 운전에 필요한 기술을 발전시켜 나가자 두려움은 곧 사라지게 되었다는 것이 이 이야기의 요점이다. 마찬가지로 의사소통 행동에 따르는 두려운 감정도 어떻게 행동해야 하는지 모르기 때문이거나 충분한 경험을 해 본 적이 없기 때문에 발생할 수도 있다. 여러 번 읽었겠지만, 의사소통은 학습에 필요한 기술이다. 그러므로, 자신의 두려움이 지식부족이나 불충분한 연습 때문에 야기됐다면, 이러한 사항에 대해 이 책에 자세히 지시해 놓은 부분을 찾아 시작해야 한다. 먼저 제3장에 나온 자기표현 요소를 점검함으로써 시작하라. 제7장의 관계 정립, 제8장의 감정표현, 제9장의 갈등처리 등도 찾아 보도록 하라. 그리고 자기표현을 잘 하도록 도와줄 모델을 찾아보고 충고를 받는 것도 잊지 말라. 제3장에서 다룬 것처럼 목표를 충분히 행동적인 어휘로 명확하게 규정지으라. 일단 목표가 설정되면 제4장에 기술되어 있는 행위연습이나 제6장에 있는 자기수정 테크닉을 사용할 수 있을 것이다. 대부분의 경우, 운전에 대해 내가 두려워했던 것처럼 당신의 두려움도 일단 문제점을 규정짓고 기술을 배우게 되면 말끔히 사라져 버릴 것이다.

한편, 위에 언급한 방법으로는 해결 못 할 두려움도 몇 가지 있을 것이다. 즉 어떻게 해야 하는지는 알고 있지만 두려움 때문에 실행하지 못하고 있거나 아니면 너무도 두려워서 필요한 기술을 배우기조차 못하는 경우이다. 이런 경우에는 다음 방법을 시도해 보도록 하라.

3. 불안을 다루는 방법(A Method for Managing Anxiety)

  이 장의 나머지 부분에서는 불안에 대처하는 방법을 소개하겠다. 더 나아가기 전에 바로 위에서 다른 출발점에 합치하는 불안 유발 상황을 적어도 하나 선택해야 한다는 점을 명심하라. 이 때 불안은 그 상황을 다루는 방법에 대한 경험이나 지식부족에서 기인한 것이라기보다는 두려움 그 자체 때문에 알고 있으면서도 원하는 대로 행동하지 못하는 데에서 기인한 것이어야 한다. 그러한 상황을 아직도 택하지 않았다면 지금 당장 여기에 기술하라.

□ **연습문제** □ V-2

그 상황에 관련된 사람:

두려움이 생기는 상황:

자신이 원하는 행동방식:

  위의 두려움은 연습문제 V-1에 적은 이유 중의 하나 때문에 야기된 것일 수도 있다. 다시 말해 과거의 불쾌한 경험이나 두려워하는 모델관찰, 또는 비합리적인 신념들을 가지고 있었기 때문일 수도 있다. 이유야 어떻든 간에 당신은 위에 적은 상황과 마주칠 때마다 두려움을 느끼는 지경까지 이르게 되었다고 할 수 있다. 설사 당신이 두려움을 느낄 이유가 전혀 없다 하더라도, 두려움에 대한 당신의 반응은 반사경같이 거의 자동적인 것이다. 바꾸어 말하면 그런 상황에서 두려움을 느끼는 것이 조건화 되어 버렸다.

  다음은 초등학교 육성회에서 학교 근처에 교통신호등을 새로 달아 달라고 요청하는 연설을 하기로 되어 있던 학부모 June의 예를 들어보자.

연설하려고 일어섰을 때, 그녀는 당황했다. 속이 울렁거렸고 땀이 흘러내렸다. 무릎은 후들거렸다. 이렇게 느낄 아무런 이유가 없다고 스스로에게 타일러도 소용이 없었다. 사실, 모이는 사람들 모두가 다 아는 사람들이었고, 말 할만한 충분한 이유도 있었으며, 말할 원고 준비도 잘 해 둔 터였는데도 불구하고 June은 떨고 있었다.

비록 그 당시엔 미처 알아차리지 못했지만, 그녀가 두려워하고 있는 데에는 몇가지 이유가 있었다. 첫째, 이전에 교회 사람들 앞에서 연설을 했던 경험이 있었다. 몇몇 신도들이 현재의 목사를 바꾸는 것이 좋겠다고 하면서 그녀에게 문제를 제기할 것을 요구한 적이 있었다. 그녀 자신은 그 의견에 동의하지 않았지만, 다른 이들의 부탁으로 그런 의견을 제안했다가 항의만 받고 모두들 불쾌한 기분으로 헤어졌던 기억이 있었던 것이다.

둘째로 June이 불안을 느끼게 된 근본 이유는 그녀의 가장 친한 친구인 Mandy의 말 때문이었다. June이 사람들 앞에 나서기 직전에 Mandy는 "어떻게 저렇게 많은 사람들 앞에 서서 이야기 할 수 있겠니? 나는 기절해 버릴거야"라고 말했기 때문이다. June은 교회에서의 경험 때문에 이미 약간은 떨리고 있었으므로 Mandy의 말은 그녀의 내부에서 자라고 있던 불안의 씨를 더욱 더 키워준 셈이 되고 말았던 것이다.

June은 교통신호등 설치에 책임을 느끼기 시작했다. 만약 신호등이 설치되지 않는다면, 그건 자신의 실수 때문일 것이라고 생각하며 그렇게 돼서 교통사고라도 나면 그건 모두 자신의 잘못 때문이라고 파국적인 환상을 할 지경에 이르렀다. 실제로 그녀가 성공할 기회도 있었으며 사람들 앞에서 두려워 할 이유가 없었음에도 불구하고 June이 얼마나 겁에 질리게 되었는지 쉽게 알 수 있을 것이다.

June의 문제는 분명히 하나의 단순한 걱정일 뿐이지 기술 때문에 생긴 문제가 아니다. 그 문제를 해결하기 위해 어떻게 둔감화 방법을 사용할 수 있는지 살펴보기로 하자. 둔감화의 작용원리는 상호억제(reciprocal inhibition)라고 말한다(Wolpe 1958). 간단히 말해서, 이 이론은 긴장과 편안함을 동시에 느낄 수는 없기 때문에 June으로 하여금 이전의 위협적인 상황 속에서 편안함을 느끼도록 조건화 시켜줌으로써 그녀의 두려움을 사라지게 하는 것이다. 달리 얘기하면, 말하기 전에 긴장을 느끼도록 조건 지어졌기 때문에 이제는 긴장 푸는 방법을 배울 것이라는 것이다.

4. 위계설정 (Hierachy Building)

두려워하고 있는 상황의 위계를 설정하는 것이 재조건화 과정을 시작하는 지름길이다. 가장 확실하게 출발하는 방법은 제 4장에서 이미 배운 것처럼, 새로운 기술을 배우는 방법의 하나로 좀 더 쉽게 최종목표를 이룰 수 있는 소규모의 단계들로 나누어 놓고, 각 단계를 한번에 하나씩 배워나가는 준비단계를 통해서다. 지나친 두려움을 극복하는 때도 같은 원리가 적용된다. 비록 June이 두려워하는 연설을 하므로서 근거도 없는 두려움을 없앨 수 있을 지도 모르나, 그렇게 되면 더욱 겁에 질려 질식할 것 같은 상황에 빠질 확률도 그만큼 커진다. 그러므로 좀 더 현명한 방법은 하위목표의 위계를 설정하여 점진적으로 육성회에서 연설하겠다는 최종목표에 접근하는 것일 것이다.

대개, 효과적인 위계는 10내지 12단계로 구성되고 각 단계의 격차가 아주 적어서 다음 단계로 넘어갈 때 편안히 건너갈 수 있을 만큼 균등하게 분포된 것이라야 한다. June이 이용했을 지도 모를 위계를 살펴보도록 하자.

1. Mandy를 비롯한 다른 친구들에게 마을의 교통안전에 대해 이야기한다.
2. 파티에서 새로운 신호등의 필요성에 대해서 이야기 한다.

3. 신호등에 대해서 교장 선생님의 도움을 받는 것에 대해 생각해 본다.
4. 교장선생님께 이야기한다.
5. 신호등을 주문하는 과정을 알아보기 위해 기술자를 부른다.
6. 이웃사람들에게서 신호등을 요청하는 서명을 받는다.
7. 육성회에서 신호등에 관해 연설할 것을 생각해 본다.
8. 혼자서 연설을 연습해 본다.
9. Mandy와 다른 친구들 앞에서 연설을 연습해 본다.
10. 육성회에 도착한다.
11. 회장이 연설을 소개하는 것을 잘 듣는다.
12. 육성회에서 연설을 한다.

각 단계 사이의 공간이 얼마나 작은지를 주의해 보라. 윗 단계로 옮겨가는데 거의 아무런 도전도 없는 듯이 보인다. 이것이 위계설정의 요점이다. 여기서의 원리는 마치 장기 휴가여행을 위해 한 번에 돈을 마련하는 것보다 하루에 몇 푼씩 저금하는 고통스러운 과정을 택하는 것과도 같다.

June이 설정한 위계를 검토한 후에, 당신은 다른 단계를 선택하거나 그녀가 선택한 단계들을 다른 순서로 재조정할 수도 있다. 이러한 중간목표들을 설정하는 것은 개인적인 과정이므로, 가장 중요한 요점은 자기 자신에게 가장 적합한 방법으로 조절하는 것이다. 그 결과 연설하는데 따르는 두려움을 극복할 수 있는 방법에 대해 생각하고 있다는 사실은 좋은 징후이다. 왜냐하면 그렇게 하는 것이야 말로 곧 시작해야 할 방법이기 때문이다.

제 4 장에 있는 준비태세를 가지고, 불안에 대한 위계를 여러가지 방식으로 조정할 수 있다. 예를 들면, 시간중심의 단계로서 사건이 일어나기 훨씬 전부터 시작하여 점차로 최종목표에 접근하는 방법이 있다. 또 다른 방법으로 처음에는 마음 편하게 느끼는 사람들로부터 시작해서 어려움을 느끼는 사람에게로 접근해 가는 방법이 있고, 여러 종류의 다른 주제로

나누어 가장 편하게 느끼는 주제에서 어렵게 느끼는 주제로 옮겨가는 방법 등도 있다. 명심해야 할 가장 중요한 사항은 궁극적인 목표를 향하여 한 단계씩 나아가는 과정에서 자신에게 가장 적합한 방법으로 위계설정이 되어야 한다는 사실이다. 어떠한 과정을 선택하든지 간에, 첫 단계는 단지 약간의 두려움만을 초래하는 것이어야 하며, 각 단계간의 격차는 아주 적어야 한다는 것이다.

〈불안 상황 카드〉

1. 선을 따라 자르시오.
2. 각 카드에다 불안위계에 있는 구체적인 상황 하나를 묘사하시오.
3. 가장 덜 위협적인 것에서부터 가장 위협적인 것까지 순위를 매기시오.
4. 빈 공간에다 각각에 대해 SUDS 수치를 할당하시오.
5. 필요하다면 상황카드를 추가로 작성하시오.
6. 빈 공간에다 각 카드의 번호를 매기시오.

☐ 연습문제 ☐ V-3

이 장에서 실행에 옮기려고 선택한 두려운 상황의 위계를 설정하라. 한 가지 상황을 아직도 선택하지 않았다면, 앞에 있는 선택기준에 따라 지금 당장 택하도록 한다.

1. 3×4인치 카드 뭉치를 준비한 후 시작하라. 카드 하나에만 자신이 선택한 주제와 관련이 있으면서도, 직면할 가능성이 있는 가장 두려운 상황에 대해 묘사하라. 예를 들어 자신의 불안이 호의를 표현하는 것과 관련된 것이라면, 그런 감정을 표현하기가 가장 어렵다고 생각되는 사람과 끔찍한 대면이 이루어 질 수 있는 상황에 대해 묘사하도록 한다.

2. 두 번째 카드에는 약간의 불안감을 느끼게 만드는 한 가지 상황에 대해 묘사하라. 반드시 이를 실행해야 하며 모든 상황 묘사는 하나의 장면으로서 마음속에서 각각 그릴 수 있을 만큼 구체적이어야 함을 명심해야 한다. 보기 하나를 들면, 호의를 표시하는 내용에 대해 가장 덜 불안을 느끼는 카드에는 "우리가 둘이서 저녁을 함께 보내고 헤어질 무렵에는 내 친구 C에게 즐거웠다고 말을 한다."라고 쓰여 있을 수도 있다.

3. 위계와 관련된 세 번째 장면을 서술한 다음, 최고 불안카드와 최저 불안 카드 사이에다 끼어놓는다.

4. 다른 카드에는 이와 같은 과정을 계속한다. 각 카드가 끝날 때마다 자신이 느끼는 어려움의 수준과 일치하는 지점에다 그 카드를 두도록 한다. 점차적으로 위계가 증가하는 상황을 제공하는 충분한 장면을 기록하고 조정할 때까지 이 과정을 계속한다. 다음 단계로 넘어가기 전에 이 단계를 반드시 끝마치도록 하라.

5. 각 장면의 등급을 누진 단계로 정하여 각 습득과정이 순조롭게 한다. 자신의 위계가 그렇다는 것을 확인해 보기 위해 각 카드에다 SUDS(Subjective Units of Disturbance : 정서장애의 주관적인 단위)(Wope & Lazarus, 1966 ; Wolps, 1973)척도 수치를 할당할 수가 있다. 가장 두렵다고 서술한 상황에다 숫자 100을 적음으로써 시작하라. 숫자 0은 완전한 이완감과 자신감을 나타내는데 사용할 것을 고려하라. 작성한 각 카드에다 SUDS 수치를 지금 할당하라. 계속 나가기 전에 반드시 이를 실행에 옮기도록 하라.

6. 각 카드 사이의 SUDS점수 수치를 살펴보라. 정말 점진적으로 설정된 위계라면 각 항목사이의 점수차가 5~10점 이상을 넘어서는 안된다.

(척도 맨 꼭대기의 점수차는 5점에 가까울수록 좋다). 두 카드 사이의 간격이 20점이나 그 이상이 될 정도로 벌어지면 그 단계는 너무 거창하다고 생각하면 된다. 이런 경우에는 좀 더 쉽게 옮겨갈 수 있도록 중개 장면을 서술해야 한다. 불필요하다고 생각될 정도로 소규모여야 효과가 있다는 점을 명심하라. 카드를 다 작성한 후에는 다음 부분을 읽을 동안만 잠시 두도록 한다. 카드들은 조만간에 곧 사용될 것이다.

5. 점진적인 이완 (Progressive Relaxation)

이제는 둔감화 과정의 주요 특징인 이완훈련을 해보도록 하자. 이 부분에서는 자기 자신을 점진적으로 이완시켜 나가는 방법을 배우게 될 것이므로, 결국에 가서는 이렇게 편안한 감정을 연습하고자 선택한 상황으로 옮겨갈 수 있을 것이다.

이 방법은 하버드 대학의 Edmund Jacobson에 의해 처음으로 체계적으로 개발되었다. 어떤 사람이 갖는 주관적인 불안은 근육섬유를 수축시키고 긴장시키는 생리적인 작용을 수반하게 된다는 사실이 그의 연구에 의해 밝혀졌다. 이 수축된 근육이 이완되면 근심도 사라진다는 것이다. Jacobson은 근심을 사라지게 하는 한 가지 방법은 사람들이 의식적으로 이러한 이완상태에 도달할 수 있는 방법을 개발하는 것이라고 결론지었다. 많은 노력 끝에 그는 위축된 상태를 뜻대로 완화시킬 수 있는 능력을 얻을 수 있을 때까지 몸의 여러 근육들을 수축, 긴장시키고 이완시키는 과정을 개발하였다. Jacobson방법의 최대 결점은 배우는데 시간이 너무 많이 걸린다는 것이다. 이 방법은 총 56과정으로 되어 있는데 각 과정에 따라 1시간부터 9시간까지 걸린다.

이 방법을 획기적으로 보완하여 템플 대학 Joseph Wolpe의 20분법이다. 이 방법은 30분 정도 씩 하루에 두 번 연습하는 것인데, 모두 10과정으로 되어 있으므로 약 5시간 정도 밖에 걸리지 않는다. 이 정도의 수고는 훌륭한 투자임에 틀림없다. 왜냐하면 이 방법을 터득하면 원할 때마다 완전한 이완상태에 도달할 수 있게 되기 때문이다.

이 방법은 4단계로 되어 있는데, 각 단계마다 자신의 몸을 점차적으로 완전하게 조정할 수 있게 해 줄 것이다. 한 두 단계를 생략하면서도 효율적으로 마지막 단계에 도달할 수도 있다. 그 대신 각 단계의 이득을 완전히 얻을 수 있도록 천천히 옮겨가야 한다.

이완과정은 방해받지 않을 조용한 장소에서 실행해야 한다. 편안 의자에 앉아 조명을 어둡게 하고, 눈을 감고 실행하면 더욱 더 효과가 있다는 것을 알 수 있을 것이다. 여기에서 여러분은 신체에 있는 열 여섯 근육그룹을 한 번에 하나씩 이완시키는 방법을 배울 것이다. 처음에는 각 부분들을 수 초 동안 긴장시킨 후 일시에 긴장을 풀어 이완시킨다. 처음 수초 동안은 점점 더 강하게 긴장시키다가 최고점에서 갑자기 긴장을 일시에 푸는 것이다. 특별한 근육들을 긴장시키는 것은 그 부분에 주의를 집중시키게 해주어, 다양한 대화상황에서 거기에 어떤 일이 일어나는 지를 느끼게 해 줄 것이다. 마지막으로 긴장과 이완의 생생한 대조는 이 두 상태의 느낌에 대한 차이점을 명백하게 해주는 효과가 있다.

A. 기본 이완과정

1. 우세한 손과 전박

이완훈련의 첫 단계는 우세한 손과 전박(팔꿈치에서 손목까지)의 근육을 긴장시키는 것이다(즉, 오른손잡이면 오른손부터 시작함.) 손과 전박에 긴장감을 느낄 수 있도록 주먹을 불끈 쥠으로써 이들 근육을 긴장시킨다. 그러한 자세를 5초 내지 7초 동안 유지한 다음 즉시 이완시킨다. 손 주위에 지금 흐르고 있는 이완감을 느끼면서 그런 감각을 약 20초 동안 즐기도록 한다.

이완감을 깊이 느끼기에 필요한 만큼 여러 번 이 과정을 되풀이 한다. 이 단계가 끝나면, 차례차례 다음 단계로 넘어가도록 한다. 진행할 때는 긴장시킨 근육이 충분히 이완될 때까지 각 과정을 반복해야 한다는 점을 명심해야 한다. 달리 말하면, 단계를 밟아 내려갈 때, 당신의 몸은 더욱 더 느슨해져야 한다는 것이다. 처음으로 이 과정을 실행할 때는 40분 가량 걸릴 수도 있으나 몇 번 반복한 후에는 근육을 긴장시킬 필요도 없이 이완상태에 거의 즉각적으로 이를 수 있다.

아래에 나머지 이완과정이 적혀 있는데, 명심할 사항은 앞 단계를 완전히 끝마친 후에 다음 단계로 넘어가야 한다는 점이다.

2. 우세한 이두근

    이완시킨 손과 전박에 영향을 주지 않고 이두근이 긴장될 때까지 팔에 힘을 가한다. 5초 내지 7초 동안 한 다음 즉시 이완시킨다.

3. 열세한 손과 전박

    반대팔을 1단계처럼 한다. 5초 내지 7초 동안 한 다음 이완시킨다.

4. 열세한 이두근

    반대팔을 2단계처럼 한다. 5초 내지 7초 동안 한 다음 이완시킨다.

5. 얼굴 위

    머리가죽과 이맛살을 단단히 긴장시키면서 가능한 높이로 눈썹을 올린다. 5초 내지 7초 동안 한 다음 이완시킨다.

6. 얼굴 가운데

    눈이 사팔이 될 정도로 긴장시키고, 코에 주름을 잡은 다음 이완시킨다.

7. 얼굴 아래

    이를 확 다물고 입 구석을 뒤로 당긴다. 5초 내지 7초 동안 한 다음 이완시킨다.

8. 목과 목구멍

    턱을 가슴을 향해 아래로 당기는 동시에 실제로는 가슴에 닿는 걸 피하도록 노력한다. 5초 내지 7초 동안 근육이 긴장됨을 느낀 다음 이완시킨다.

9. 가슴, 어깨, 등

어깨를 움직이며 숨을 깊이 들여 마신 뒤 가만히 5초 내지 7초 동안 유지한 다음 이완시킨다.

10. 복부

    마치 누가 복부를 강타할 것 같은 준비를 한 자세에서 배에 힘을 가한다. 5초 내지 7초 동안 한 다음 이완시킨다.

11. 오른쪽 허벅지와 넙적다리

    허벅지와 넙적다리의 근육을 5초 내지 7초 동안 긴장시킨 다음 이완시킨다.

12. 오른쪽 종아리

    종아리 근육이 단단해 질 때까지 발가락을 위로 당긴다. 5초 내지 7초 동안 그런 다음 이완시킨다.

13. 오른쪽 발

    발끝을 땅에 대고 발을 둥그렇게 만든 다음 힘을 준다. 5초 내지 7초 후 이완시킨다.

14. 왼쪽 허벅지와 넙적다리

    11단계 과정을 5초 내지 7초 동안 반복한 다음 이완시킨다.

15. 왼쪽 종아리

    12단계 과정을 5초 내지 7초 동안 반복한 다음 이완시킨다.

16. 왼쪽 발

    13단계 과정을 5초 내지 7초 동안 반복한 다음 이완시킨다.

이 과정을 실시하는 동안, 한 단계에서 다음 단계로 넘어가기 전에 각 단계에서 실제로 완전히 이완됐음을 확인하면서 자신의 페이스로 옮겨가는게 중요하다. 어떤 단계에서 무리가 생길 때는 잠시 쉰 다음 심하게 긴장되지 않은 상태에서 다시 시도해 보도록 한다. 실행하기 어려운 단계가 발견되면 이미 이완시킨 근육에 긴장을 주지 않는 한도 내에서 동일한 목적을 수행하는 또 다른 절차를 개발하여 사용해도 괜찮다.

B. 7그룹 과정

위에서 설명한 16그룹의 근육을 두 번에 걸쳐 완전히 이완시킬 수 있으면, 다음 단계인 이 과정으로 넘어갈 준비가 된 셈이다. 이 과정은 16그룹을 7그룹으로 통합 조정하여 줄인 것이다. 15분 내에 모든 그룹의 근육을 완전히 이완시킬 수 있을 때까지 아래 과정을 연습하도록 한다.

1. 우세한 팔의 모든 근육
   손과 전박, 이두근을 포함한 지배적인 팔의 모든 근육을 5~7초 동안 긴장시킨 다음 이완시킨다.
2. 열세한 팔의 모든 근육
   1단계의 과정을 되풀이 한다.
3. 안면 근육
   눈, 이맛살, 코, 입 등을 기본 이완과정처럼 5초~7초 동안 긴장시킨 다음 이완시킨다.
4. 목 근육
   기초 이완과정처럼 한다.
5. 가슴, 등, 어깨, 복부
   기초 이완과정처럼 5초~7초 동안 한 다음 이완시킨다.
6. 오른쪽 허벅지, 발
   다리를 가볍게 들어 올리고, 발끝을 세운 다음 발을 안쪽을 비튼다. 5초~7초 동안 한 다음 이완시킨다.
7. 왼쪽 허벅지, 종아리, 발
   6단계의 과정을 되풀이 한다.

C. 4그룹 과정

위의 과정을 사용하여 모든 그룹의 근육을 쉽게 이완시킬 수 있으면, 다음 단계인 이 과정으로 넘어올 수 있다. 이 과정은 7그룹을 아래처럼 크게 4그룹으로 통합 조정한 것이다. 전과 같은 방법으로 이들을 5분 내에 이완시킬 수 있을 때까지 아래 과정을 연습하도록 한다.

1. 양손의 팔, 전박, 이두근
   이들을 한번에 5초~7초 동안 긴장시킨 다음 이완시킨다.
2. 얼굴과 목 근육
   이미 배운 과정을 통합하여 5초~7초 동안 긴장시킨 다음 이완시킨다.
3. 가슴, 등, 어깨, 복부
   이미 배운 과정처럼 5초~7초 동안 긴장시킨 다음 이완시킨다.
4. 양 허벅지, 종아리, 발
   이미 배운 과정을 통합하여 5초~7초 동안 긴장시킨 다음 이완시킨다.

D. 회상 과정
위의 과정들을 마치고 나면, 4그룹의 근육들을 처음엔 긴장시키지 않고 이완시키는 연습을 한 준비가 된 셈이 된다. 이 과정은 문제가 되는 근육들에 대해 조심스럽게 생각한 후에 그것들을 완전히 이완시켰을 때의 느낌을 회상하도록 한다. 그러한 느낌에 대한 회상이 마음속에서 분명해진 후에 진행시켜 나가면서 실제로 근육들이 이완되도록 노력을 한다. 그러한 느낌을 약 30초가량 몸 전체에 흐르도록 한다. 이러한 회상을 한 후에도 어떠한 특정부분에 긴장이 남게 되면 그 부분에 주의를 집중시켜 이완시킨다. 이 과정이 잘 수행되지 않으면 다시 잘 될 때까지 앞에서 연습한 긴장 이완과정을 반복하도록 한다.

E. 셈 과정
점진적인 이완훈련의 최종단계는 몸 전체를 일시에 이완된 상태로 되게 하는 것이다. 이 과정은 긴장을 풀었을 때의 느낌을 10부터 1까지 천천히 숫자를 거꾸로 세면서 회상하는 것만으로 이루어진다. 각 숫자에 이를 때마다 몸은 더욱 더 느슨하게 되며, 숫자 1을 셀 때는 거의 이완된 상태에 있게 된다. 이 과정을 가치 있게 다루는 방법 하나는 긴장감을 신체의 각 부분에서 마치 치약이 튜브에서 짜여 나오는 것처럼 천천히 떠나가게 하는 것이다. 숫자 10을 셀 때에는 긴장이 손과 팔에서부터 흐르도록 한다. 그 다음엔 이두근, 머리가죽, 얼굴 목, 어깨 등으로 차례로 풀리게 한다. 숫자 1을 셀 때가 되면 마지막으로 조금 남은 긴장이 다리와 발가락 끝으로 빠져나가게 해야 된다.

이 수준의 기술을 습득한 후엔 대부분의 상황에서 잘 이완시킬 수 있어야 한다. 가끔은 "이완"이라는 말만 해도 긴장을 풀 수 있게 될 것이다. 그러나 아직까지는 위계를 설정했던 상황에서 불안을 느낄 수도 있는데, 이 불안은 다음 과정에 의해 해결될 것이다.

6. 둔감화 (Desensitization)

"둔감화"란 용어는 개인적응에만 국한된 것이 아니고 의약세계에서도 사용되는 말이다. 어떤 물질에 대한 알레르기 반응 때문에 고통을 받고 있는 환자는 그 물질을 점차적으로 증가시켜 투여 받게 되었다. 첫번째 투여양은 너무나 적기 때문에 어떤 반응도 일으키지는 않으나, 신체는 그 물질에 대한 약간의 내성을 기르게 된다. 그 다음 번에는 처음보다 조금 더 증가시켜 투여하지만, 아주 점진적으로 증가시키기 때문에 어떤 반응도 일으키지 않는다. 일정기간에 걸쳐 조금씩 그 물질을 증가하여 투여시키므로 환자는 전에 괴롭힘을 당했던 물질에 인내할 수 있는 능력을 기르게 된다. 그렇게 되면 신체는 전에는 괴롭힘을 당했던 물질에 더 이상 과민한 반응을 보이지 않게 된다. 둔감화란 말을 사용하는 까닭이 여기에 있다. 몇 해 전 여름에 나와 우리가족은 이 원리의 혜택을 본 적이 있다. 옴나무란 식물에 있는 자극물질을 일주일에 단지 한 두 방울 씩만 증가시켜 먹는 음식에 조금씩 집어넣었다. 캠핑을 떠날 때 쯤 되니까, 전에 우리를 괴롭혔던 그 식물이 더 이상 어떤 해도 입히지 않는 것이었다. 치료는 성공적이었고 처음으로 우리는 옴나무가 있는 지방에서 조금도 가려워 하지 않으면서 한 달 동안이나 지낼 수 있었다.

여러분은 전에 두려움을 느꼈던 상황에 대해 자신을 둔감화시키는 방법과 동일한 과정을 따를 수 있다. 자신의 SUDS위계에 적혀 있는 가장 낮은 항목부터 시작하여 전에는 불안하게 느꼈던 감정을 대개는 이와 상반된 이완감정으로 대치시키기 시작하게 될 것이다. 이러한 상황은 단계적으로 시작할 때만 약간의 불안을 초래하기 때문에 전에 두려웠던 반응을 억제하기가 매우 용이함을 발견하게 될 것이다. 일단 이렇게 하는 게 가능해지면 그 다음 항목에도 동일한 절차를 반복하게 될 것이므로, 비교적 짧은 시일 내에 전에는 아주 위협적이었던 상황을 증진된 자신감과 이완감을 가지고 처리하게 될 것이다.

두려운 상황에서 자신을 둔감화시키는 데는 두 가지 방식이 있다. 첫째 방식은 실제 둔감화(in vivo desensitization)라 하는데, 여기서는 가장 덜 위협적인 상황에서부터 시작하여 자신을 불안하게 만들었던 상황속에 자기 자신을 밀어 넣는다. 이러한 상황과 마주치게 될 때, 여러분은 옛날의 두려운 감정을 이와는 상반되는 감정으로 대치시킬 것이다. 자신의 위계설정이 잘 되어 있고, 점진적으로 되어 있다면, 초기의 성공으로 말미암아 더욱 위협적인 상황에서도 불필요한 긴장을 느끼지 않고 자신있고 아주 용이하게 처리하게 될 것이다.

두번째 둔감화 방식도 같은 원리를 따르긴 하지만, 여기서는 실생활에서 위계상황에 접근하는 대신 상상을 통해 접근하게 된다. 믿을 수 없을 정도로 생생한 상상력을 통해 실제와 비슷한 상황속에 있게 될 것이다. 이 두 과정을 언제 어떻게 사용할 것인 지에 대해 아래에서 살펴보도록 하자.

A. 실제 둔감화

가능한 한 각각의 두려운 상황과 실생활속에서 직면하므로서 점차적으로 어려운 상황으로 옮아가는 방법이 가장 좋다. 직업 사진사인 Bob은 사진을 찍게 해달라는 허락을 받기 위하여 그 당사자에게 접근하는 것이 두려웠었다. 이상할 정도로 그의 두려움은 사진을 찍고 싶은 사람의 연령과 정비례해서 증가했다. 다시 말해서 어린 아이들에게 부탁할 때는 별 어려움이 없었지만, 나이가 점점 많아질수록 불안도 더욱 많이 느꼈다. 그는 여섯 살 아래의 어린이들에게 접근할 때 자신을 진정시킬 수 있게 하기 위해 여러분이 방금 배운 이완방법을 사용하여 시작했다. 그 다음엔 일곱 살 에서 열 살 까지의 아이들에게 같은 과정을 반복했다. 그가 느끼는 불안을 억제시키기 위해 조금씩 단계적으로 새로 배운 이완기술을 사용함으로써 얼마 가지 않아 그는 노쇠하고 험악스럽게 보이는 사람들에게도 접근할 수 있는 능력을 얻게 되었다. 가끔 거절을 당할 때는, 새로 얻은 자신감으로 극복할 수 있었다.

심리학자인 Herbert Fensterheim(1975)은 그의 환자 한 명이 채용 면접시험에서의 두려움을 없애기 위해 실제 둔감화 방법을 어떤 식으로 사용했는지에 대해 기술하고 있다. 그 환자는 자신이 원하지 않거나 구하지 못할 거라고 알고 있는 직업에 응모하기로 마음먹었다. 그는 풍부한 직장 경력을 가지고 있기 때문에 이러한 상황 속에서는 그의 행동이 크게 영향을 받지 않을 것이므로 비 위협적인 환경 속에서 편안함을 느낄 수 있는 기회를 그에게 제공해 준 셈이 되었다. 이렇게 위험이 전혀 없는 활동 속에서 그가 얻은 자신감으로 인해 그는 나중에 면접시험을 볼 때 자기자신을 아주 쉽게 이완시킬 수 있었다.

이완만이 실제생활에서 두려움을 극복하는데 사용할 수 있는 유일한 감정은 아니다. 여러분은 불안과 상반되는 또 다른 반응을 고려해 보아야만 한다. Watson과 Tharp(1972)는 통로 쪽의 좌석을 택하고 앉아 자신과 매력적인 여승무원과의 열정적인 관계를 상상하는데 몰두함으로써 비행기에 대한 공포를 극복한 젊은 청년에 대해 얘기한 적이 있다. 이런 식으로 그 청년은 두려움과 상반된 감정을 불러일으키는 동시에 전에 불쾌했던 비행기 탑승경험을 강화시켰다. 비슷한 방식으로 여러분도 호기심, 분노, 흥분, 기아 등과 같은 자신의 두려움을 극복하기 위해 다른 감정상태를 사용할 수가 있다. 한 학생은 여행 중에 낯선 사람에게 접근하는데 따르는 두려움에 대처하기 위해 위계를 설정했다. 여행자는 언제나 어떤 것, 예를 들어, 좋은 음식점 등과 같은 것을 찾기 때문에, 그 학생은 이러한 요구를 낯선 사람에게 접근하기 위한 명분으로 사용했다. 그는 우선 거리, 방향을 물어 봄으로써 시작한 다음, 숙박 장소나 식당 등으로 옮겨 갔는데 결국에 가서는 자신의 개인적인 관심사를 털어 놓을 수 있었고 같이 얘기를 나눌 사람도 구할 수 있었다. 이런 경우에는 일시적으로 덜 다급한 불안감으로 대치시켰다고 말할 수 있는데, 그렇게 해서 그는 의문사항에 대해 해답도 얻을 수 있었고 동시에 자신감도 증진시킬 수 있었다.

연습문제 V-2에 기록한 목표를 살펴보라. 실제 둔감화를 사용할 수 있겠는가? 만일 그렇다면, 과거에 겪었던 두려움을 상쇄시키기 위해 어떤 상반된 감정을 사용하겠는가?

B. 체계적인 자기 둔감화

실제 둔감화는 직면하고 있는 위협적인 상황의 규모와 시기를 규정지어야만 하므로, 좀 더 어려운 상황에 넘어가기 전에 쉬운 상황부터 대처할 수가 있다. 이러한 방법은 자신의 최종목표에 접근하는 바람직한 한 가지 방법이긴 하나 항상 실제적인 것은 아니다. 왜냐하면 위협적인 상황이 발생하는 정확한 시기와 대처하기 쉬운 상황이 어려운 상황보다 먼저 발생할 것인지의 여부는 조절할 수가 없기 때문이다. 때론 이처럼 전반적인 준비태세 원리가 허물어지고 전보다 더 못한 상황에 처하게도 된다. 이러한 경우 가장 적당한 방법은 자기둔감화(self-desensitization)의 방법이다. 앞서도 언급했듯이 이 과정은 각 위계 항목을 상상속에서 영상화시키면서, 불안을 상반된 다른 감정으로 대치시키는 것이다. 그렇게 해서 접하게 되는 각 항목의 순서와 빈도는 임의로 조절할 수 있다.

체계적인 둔감화는 불안을 다루는데 아주 효과적인 방법이라는 많은 증거들이 나오고 있다(Kanfer & Goldstein, 1975:Rimm & Masiers, 1974:Frank, 1969), 이 방법은 대개 전문가의 지도 하에 사용되나, 최근의 연구를 보면 혼자서도 성공적으로 사용할 수가 있다고 한다(Hosford & Brown, 1975;Waston & Tharp, 1972). 물론, 혼자 하는데 어려움이 있다면 도움을 받기 위해 훈련받은 전문가와 상의해야만 할 것이다. 효과를 보기 위해서는 아래에 적혀 있는 단계들을 충실히 따르는게 절대적으로 필요하다.

1) 영상화 연습

불안위계를 마음속에서 훑어 내려갈 것이기 때문에 위계에 설정한 각 상황을 가능한 한 생생하게 그릴 수 있어야 한다는 점이 중요하다. 이 말은 마치 자신이 거기에 있는 것처럼 각 장면을 상상할 수 있어야만 한다는 뜻이다. 각자가 경험하는 감각은 영화 관객으로서 관람하는 장면에서 느끼는 감각이 아니고 또렷한 꿈속에서 느끼는 감각과 같은 것이어야 한다. 잠깐만 생각해 보면 각자가 이미 그러한 경험을 해 본 적이 있음을 알게 될 것이다. 왜냐하면 사람들은 종종 자신과 관련된 장면을 상상할 때 강한 두려움, 행복감, 그 밖의 다른 감정들을 경험하기 때문이다.

지금 당장 몇 분간을 할애해서 각자의 영상화 능력을 시험해 보라.

1. 10~15분 동안 방해받지 않을 안락한 장소를 찾아 앉은 뒤, 긴장을 풀고 눈을 감는다.

2. 그 다음엔 자기 방이나 근무하는 직장과 같이 자신에게 매우 친밀한 장소를 마음속에 그린다. 이러한 공상 속에서 자신이 위치해 있는 정확한 장소를 알아차림으로써 시작하도록 하라. 지금 의자에 앉아 있는가? 그렇다면 어느 의자에? 지금 서 있는가? 그렇다면 어느 곳에? 몇 시인가? 어떻게 아는가? 체온을 의식해 보라-따뜻한지, 아니면 차가운지? 편안한

기분인가?

만일 다른 가구들이 나타난다면 느낀 다음에 색과 촉감을 느껴 보도록 한다. 상상 속에서 계속 진행해 가면서 몇몇 물체들을 만져보고 어떻게 느껴지는지 알아보도록 한다.

또 다른 사람도 나타나는가? 그들은 누구이며, 무엇을 하고 있는가? 그들은 어디에 위치해 있는가? 그들의 표현은 무엇인가? 만일 그들이 얘기를 하고 있다면, 그들은 무엇에 대해 말하고 있는가? 어떤 목소리로? 당신은 어떤 모습으로 어떻게 대답하는가?

배경음악, 차소리, 목소리 등과 같은 또 다른 소리들도 들리는가? 당신은 배가 고프거나 갈증이 나는가? 만일 그렇다면, 그러한 욕구를 충족시키고 있는 자신의 모습을 그려보라.

3. 영상화시킨 당신의 모습을 마음속에서 즉시 완전하게 지우도록 하라. 이제는 앞에서 배운 기술을 이용하여 이완을 시킨다.

4. 다시 진행을 시켜 장면을 다시 구성하도록 하라. 당신은 모든 장면을 신속하게 회복시킬 수 있어야 한다.

5. 마지막으로, 다시 장면이 진행되게 한 다음 이완을 시키고 눈을 뜬다.

이 활동을 성공적으로 수행할 수 있을 때까지 연습해야만 한다는 점을 명심해야 한다. 자기 둔감화의 전 과정은 상황을 분명하게 영상화 시키는 능력에 달려 있으므로, 이 단계를 완전히 습득하는 것이야 말로 후일의 성공을 위해 필수적이라고 하겠다.

2) 순수 둔감화

전체 위계에 대한 둔감화는 각각 15분~30분가량 걸리는 여러 개의 과정을 필요로 한다. 전처럼 각 과정은 편안한 기분으로 착석할 수 있는 조용한 장소에서 진행되어야 한다. 가장 덜 위협적인 상황을 위에 오게 하고 가장 위협적인 상황은 맨 밑에 오게 구성한 카드 더미를 준비하도록 한다. 첫 과정을 시작할 때 몇 분간을 할애해서 몸을 완전히 이완시키도록 한 다음 첫번째 카드를 보고 거기에 묘사된 장면을 영상화 시킨다. 정신적인 이미지는 생생해야 한다는 점을 명심하라. 왜냐하면 이 과정의 가치는 가능한 한 분명하게 상상 속에서 그 장면을 재창조하는데서 비롯되기 때문이다. 첫번째 카드에 대한 이미지는 영상화 연습에서 그렸던 장면 만큼이나 자신에게 분명해야 한다. 카드에 있는 장면을 계속 그려 나가면서 다른 장면으로 이탈되지 않도록 해야 한다. 이제 약 20초 동안 그 이미지를 붙잡고 있도록 노력하라. 그렇게 할 때는 실제로 그 상황에 있는 자신의 모습을 계속 그리도록 한다. 자신이 어떻게 행동하고 있는지 살펴보고 다른 사람의 행동처럼 효과적인지 살펴보라. 실제로 자기 자신을 거기에 있게 놔두라. 어떤 불안도 느끼지 않고 20초 동안 그 이미지를 붙들고 있을 수 있다면, 상상을 그만두고 긴장을 풀도록 한다. 약 1분가량 이 기분을 즐긴 다음, 다시 그 장면을 반복한다. 또 다시 1분 동안 긴장을 푼 후, 다음 카드들 가지고 이와 동일한 과정을 반복하라. 위계에 설정한 각 장면에 대해, 가장 높은 SUDS 환경에서 조차도 평안을 유지하고 있는 자신을 상상할 수 있을 때까지 이 과정을 계속하라. 다음단계로 넘어가기 전에 각 장면을 조용하게 두번 씩 그릴 수 있어야 한다는 점을 명심해야 한다.

때때로 장면을 그리고 있는 동안에 불안을 느끼는 것은 정상적이다. 이러한 일이 생기거든, 상상을 즉각 멈추고 긴장을 풀도록 한다. 편안한 감정을 느낄 수 있게 시간을 충분히 할애한 다음에 다시 시도해 보도록 한다. 완전히 20초 동안 불안해 지지 않고 한 장면을 그릴 수 없을 경우엔, 점차적으로 다가가는 중간단계 설정에 대해 고려해 보라. 어떤 장면을 시작하자마자 불안해지면, 앞 카드로 다시 되돌아가도록 한다. 위협적이라고 자신이 생각하는 단계에 대한 전이과정에서 또 다른 중간단계를 삽입해야 할 필요성이 있는지 고려해 보라.

한 가지 방법은 어려운 장면을 여러 부분으로 쪼갠 다음, 다루기 힘든 상황을 점차적으로 첨가해 가는 것이다. 예를 들어, 낯선 도시에서 방향을 물어보기 위해 모르는 사람에게 접근하는 것이 어려운 장면이라면 원래 설정한 위계를 변화시키거나 첨가하므로서 그 위계를 향상시킬 수 있다면 자신의 원래 위계에 대해선 두려워 할 것이 하나도 없다는 점을 꼭 기억해야 한다.

여러분은 기껏해야 한 과정에 세 항목 정도 처리할 것이라고 기대할 것이다. 그러나 이 수치는 피상적인 것이다. 왜냐하면 한 항목에 1분~30분 전체를 다 소비해도 아주 훌륭하기 때문이다. 그렇게 하면 점차적으로 오랫동안 영상화 시키는 연습을 할 수가 있다. 서두를 필요가 전혀 없다는 점과 얻을 결과를 고려해 볼 때 소비하는 시간은 언제든지 충분한 가치가 있다는 점을 깨닫기 바란다.

3) 자기 둔감화에 따르는 문제점

둔감화 과정에 생기는 어떤 문제점이든 아마도 다음과 같은 세 가지 이유 중의 하나 때문일 것이다. 첫째 장면을 마음속에서 생생하게 그리는데 어렵다고 느끼면서 희미한 이미지 때문에 고통 받을 수도 있다.

만일 그런 경우라면, 앞의 영상화 연습으로 되돌아가서 기술이 향상될 때까지 친숙한 장면을 아주 자세히 그려보도록 한다. 상상 속에서 좀 더 생생함을 구하기 위해 이 때는 개인적인 문제가 관련된 사항에 촛점을 맞추도록 한다. 현실에 좀 더 가까운 이미지를 끌어내기 위해 실제 대화에 촛점을 맞출 수도 있다(Marquis, Morgan & Piaget, 1974).

두 번째 어려움은 장면을 20초 동안 완전히 붙잡고 있을 수 없는 자신의 무능과 관련이 있을 수도 있다. 이런 경우엔 몇 초 동안의 영상에서 시작하여 점차적으로 완전히 20초 동안 끌 수 있도록 준비태세 원리를 적용시켜야만 한다.

많은 사람들이 직면하는 세번째의 흔한 문제점은 이완시키는데 따르는 어려움이다. 그 가장 대표적인 이유는 이완훈련을 철저히 연습하지 않았기 때문이라고 하겠다. 이 이유가 자신에게 적용될 경우엔 순수 둔감화를 시도하기 전에 이완과정의 각 단계를 밟아야만 할 것이다. 그러나 다른 경우에는, 이완연습을 유쾌한 상황에 정신적인 이미지로 대치시킴으로써 더욱 성공적으로 이완시킬 수도 있다. 그러한 이미지에는 유쾌하게 회상할 수 있는 과거 경험이다. 편안함과 유쾌함 또는 불안과 상반되는 다른 감정을 느끼게 해주는 공상이 포함될 수도 있다.

이러한 문제점들과는 대조적으로 둔감화 과정을 지도받기 위해 전문가의 도움이 필요한 경우도 있다. 예를 들면, 둔감화 과정 중에 불안을 유발하는 공상을 멈출 수 없다거나, 때때로 그러한 이미지들이 떠올라 멈추지 못할 때도 있으며, 몇 번 반복 연습한 후에도 이완기술을 습득하지 못할 수도 있다. 또한 주의깊게 조형을 한 후에도 위계의 맨 꼭대기에 이르지 못할 수도 있다. 체계적인 둔감화는 아주 다양한 장소에서 훈련하고 있지만, 이 분야에 훈련을 받은 사람을 가장 쉽게 찾을 수 있는 곳은 학교 상담실, 심리 치료실, 정신병 치료실이나 또는 개인적으로 훈련을 시키는 심리학자나 정신병 의사이다. 이 분야에 종사하는 대부분의 전문가들은 이 방법을 행동요법의 일부로 간주하기 때문에 도움을 구할 때 이런 명칭이 붙여있는 사람들을 이용하는 것도 좋은 생각이다.

연습문제 V-2에 서술한 당신의 목표는 체계적인 자기 둔감화에 적합한지 또는 적합하지 않은 지 그 이유를 설명하시오.

---

7. 결합과정(Combination Procedure)

이번 장과 앞 장에서 배운 의사소통을 보다 효과적으로 해주는 여러가지 방법-예 : 행위연습, 긴장 이완훈련, 둔감화 훈련 등은 개별적으로 활용해도 좋지만, 의사소통의 최종목표를 위해 서로 결합하여 사용하는 것이 최적일 때도 있다. 예를 들면, 체계적인 자기 둔감화와 실제 둔감화를 동시에 요구하는 위계를 설정할 수도 있다. 신문사 광고부에 근무하는 Clint라는 사람은 새로운 고객에게 접근하는 방식으로서 이 방법으로 택했다. 그는 처음에는 점차적으로 도전할 수 있는 위계를 설정했다. 그는 고객과의 약속을 하기 전에, 고객과 이야기할 내용에 대해 두려움을 갖지 않을 때까지 이완기술을 사용하여 마음 속에서 그 내용을 영상화 시켰다. 그런 다음에 실제로 전화를 걸었는데, 이 때도 영상화에 의해 완전히 지워지지 않고 남아있는 불안을 처리하는 방법으로서 또 다시 이완기술을 사용하였다. 이러한 상상과 실생활의 결합은 그에겐 아주 완벽한 것임이 판명되었다. 왜냐하면 그는 한 달도 채 되기 전에 모든 약속을 아주 증진된 자신감을 가지고 처리할 수 있었기 때문이다.

어떤 목표들은 증진된 기술과 이완, 둘 다 동시에 필요로 한다. 이러한 경우에는 둔감화를 행위연습과 결합시키는게 아주 좋다. Mary Ann은 규모가 큰 대학교 학부생들의 수업조교로서의 자신의 새로운 역할을 이 방법을 사용해서 접근했다. 그녀는 상황위계를 설정함으로써 시작했는데 그 일부분이 아래에 적혀 있다.

1. 학기 수업계획 준비
2. 지도 교수와의 계획논의
3. 첫째 날 수업 준비
4. 첫째 날 수업에 들어감
5. 수업에 관한 소개의 말
6. 첫째 번 강의
7. 강의에 대한 학생 질문에 응답
8. 중간고사 채점방식에 대한 학생 질문에 응답

Mary Ann은 1, 2 단계를 위해 자기 둔감화를 사용했다. 일단 지도교수에게 얘기하는 것에 대해 편안함을 느끼게 되자, 첫째 날의 수업에 대한 개요를 편안하게 작성할 수 있었다. 그 다음 불편함을 느낄 때마다 새로 배운 이완기술을 사용하여 학생들에게 강의하는 방식에 대해 예행연습을 하기 위한 친구의 도움을 열거하였다. 실제 강의 시간엔 필요할 때마다 이완기술을 또 다시 사용하였다. 그녀는 이러한 결합방법이 자신에겐 아주 효과적이었다고 보고했다. 행위연습은 그녀로 하여금 상황을 다루는데 필요한 기술을 개발시켜 연습할 수 있게 해주었고 둔감화는 두려움보다는 흥미를 가지고 새로운 단계에 접근할 수 있게 해주었다.

□ 연습문제 □ Ⅳ-4

이제까지 배운 방법 중에서 어떤 것이 연습문제 Ⅴ-2에 기록한 자신의 목표에 가장 적합한 방법인지 생각해 보라. 다음 보기를 읽어 본 다음 자신의 계획에 대해 서술하도록 한다.

<보기> 나는 내가 존경하는 사람이나 내가 생각하기에 나를 존경하지 않을지 몰라서 두려움을 느끼던 사람과 이야기를 하게 되면, 안절부절하게 되고 그들과 시선을 피하게 된다. 나는 이미 연습문제 Ⅴ-3에 있는 카드를 이용하여 사람과 상황에 대한 위계를 설정했다.
나는 다음과 같이 함으로써 각 항목에 접근할 생각이다.
(a) 이완 연습을 함으로써
(b) 문제 상황에 있는 사람을 성공적으로 다루고 있는 장면을 조용히 영상화시키기 위해 둔감화 방법과 내재적인 행위연습을 결합하여 사용함으로써
(c) 실제상황에 눈맞춤을 유지하는 동안 긴장되지 않도록 실제 둔감화를 사용함으로써

최종목표와 계획 :

요 약

　의사소통에 따르는 불안은 자신의 행동에 의해 초래될 미지의 결과를 예측함으로써 생겨난다. 사회적인 상황 속에서 생기는 많은 일들은 불만족스러울 가능성을 내포하고 있기 때문에 미지의 사실에 대한 어느 정도의 불안은 당연하다 하겠다. 그러나 희박한 실패의 가능성이 파멸적인 환상의 문을 열어 놓음으로써 마음대로 상상해 버리는 경향도 있다. 이렇게 과장된 두려움이 어떤 한 가지 사건에만 국한될 경우 대개 공포(Phobia)라고 이름을 붙인다. 공포는 보통 세 가지 원인 즉, 불쾌한 과거의 경험, 불안을 유발시키는 모델 관찰, 비합리적인 태도 등에 의해 생겨난다.
　이러한 두려움에 대처하는 방법으로는 두 단계 과정이 있다. 첫 단계는 두려워하고 있는 생각이 과연 실제적인 것인 지의 여부를 관망해 보는 것이고, 둘째 단계는 불안때문에 바람직한 행동이 방해받지 않도록 어떤 종류의 불안이라도 남아 있지 못하게 하는 것이다. 이러한 불안억제 과정은 다음과 같은 세 단계로 나누어진다.
　첫 단계는 한 가지 주제와 관련된 두려운 상황에 대한 자기완성적 예언위계를 설정하는 것인데 이렇게 함으로써 자신의 불안을 다룰 수 있는 소규모의 단계로 지워 나갈 수 있을 것이다. SUDS 평가단계는 각 단계에 수치를 할당해 줌으로써 위계에 설정된 각 항목간의 거리가 점차로 동등한 간격을 유지할 수 있게 해 줄 것이다.
　둘째, 위계를 설정한 후엔 깊게 이완시키는 방법을 배울 필요가 있는데 이 방법은 오랫동안 지녀온 터무니없는 두려움을 억제시키는데 사용할 수가 있다. 점진적인 이완훈련은 궁극적으로는 몸 전체를 마음대로 이완시키기 위해 다양한 근육 그룹들을 긴장시켰다가 이완시키는 훈련이다. 대부분의 사람들에겐 원할 때마다 이완시킬 수 있는 능력만으로도 위계에 설정한 항목들을 다루기에 충분하다고 하겠다.
　두려워하는 상황을 다루는 세 번째 단계는 둔감화를 통해서인데, 이는 실제로 또는 상상을 통해서 이루어진다. 어느 경우에나 이 방법은 이완이나 그밖의 다른 양립할 수 없는 반응들을 연습하는 동안 위계에 있는 각 항목을 차례차례 살펴 나가야만 한다.

둔감화와 이완기술을 서로 결합될 수 있으며, 의사소통의 최종목표에 다다르기 위해 행위연습(제4장)이나 자기수정(제6장)과도 결합될 수 있다.

제 6 장
자기수정 : 의사소통 변경을 위한 청사진
(Self-Modification : Blueprint for Communication Change)

때때로 대화에서 자기 자신을 표현하기는 쉽다. 이 책의 앞부분을 읽었고, 나머지 다른 부분을 살펴본 사람이라면 이미 자신을 좀 더 효과적으로 표현하고 있는 것 같은 생각도 든다. 많은 독자들이 언급하기를 이 책에 서술된 몇몇 원리들은 너무 단순해서 전에 왜 그 원리들을 실행에 옮기지 못했는지 이해하기가 어렵다고 한다. 또 그들은 문제점을 명확하게 단지 규정짓는 과정만으로도 변화를 일으키기에 충분하다고 말한다. 어떤 경우는 시선을 맞추거나 핵심을 찌르는 말을 사용하고(4장), 개방적으로 질문을 하며(7장), "나는 (I)"이라는 말을 사용(9장)하면 거의 즉각적으로 좋은 결과를 얻는다. 처음에는 사용하기 어려운 것처럼 보였던 목표조차도 행위연습(behavior rehearsal)이나 앞서 기술한 둔감화 방법(desensitization methods)를 통해 접근할 때는 점점 쉬워지기도 한다.

한편, 간단하거나 신속히 해결할 수 없는 몇몇 의사소통에 따르는 문제점들이 있다. 보통 이러한 어려움에는 두 가지 이유가 있다. 첫 번째는, 새로운 행동에 대한 즉각적인 강화작용이 없었기 때문일 수도 있다는 것이다. 때때로 새로운 자기표현 유형은 즉시 보상되지 않는다. 사실상 이러한 변화의 첫 번째 결과는 가끔은 좋지 않을 수도 있다. Marge의 경우를 예로 들어본다. Marge가 처음 자신을 소개할 때, 수줍고 다소간에 소심해 보인다는 인상을 주었다. 그녀는 여자란, 모름지기 가정과 아이를 돌보게 되어 있고, 남편의 경력에는 사회적 자산이 된다고 믿는 문자 그대로 독단적인 남편과의 15년간에 걸친 결혼생활에 대해 얘기했다. 또한 이와 비슷한 환경에서 성장했기 때문에, Marge는 처음 몇 년 간의 결혼생활 동안엔 이런 생각을 그대로 수긍해 왔다고 말했다. 그러나 최근 들어 이러한 생활이 무의미하다는 것을 깨달았다. 구체적으로, 그녀는 이런 생활이 자신의 자존심을 손상시켰으며, 자기의 관심사를 추구하는데 장애가 되었다고 말했다. 몇 번 토론을 한 뒤 남편의 결정이 마음에 내키지 않을 때는 이러한 감정을 거리낌 없이 이야기하겠다는 것과, 전에 했던 간호원 일을 시간제로 다시 하겠다고 주장하기 위한 행위목표로 전환시켰다. Marge는 이러한 변화가 자신과 남편 모두에게 굉장한 것이기 때문에 현명하게도 자기 자신을 점진적으로 나타냈다. 그러나 이러한 주의에도 불구하고 처음에는 적당하게 자기표현을 시도해 보는 것조차 벽에 부딪쳤다.

이 시험기간 동안 Marge는 결혼과 가정문제에 대해 상담하는 카운슬러의 도움으로 남편이 좀 더 완화시키는 자기 수정안을 생각했다. 이 계획을 수행하는 동안, 그 카운슬러는 거리낌 없이 이야기 하고자 하는 Marge의 시도가, 그녀가 참석하고 있던 자기표현 훈련집단(assertiveness building group)으로부터 기술과 용기에 대한 찬사와 인정을 받음으로써 강화되었다는 것도 아울러 그녀에게 확신시켜 주었다. 이러한 뒷받침은 Marge로 하여금 자기표현에 있어서 어려운 첫 단계에 부딪쳤을 때 자신을 보호할 수 있도록 해주었다. 이런 계획이 실시된 몇 달 후 다음과 같은 결과가 나타났다. 즉 그녀의 남편은 자신의 걱정과는 반대로 Marge의 새로운 커뮤니케이션 양식이 그녀의 아름다움이나 가정에서의 남편의 위치를 위축시키지 않았다는 것을 깨달았다. 마지막 보고서에 따르면 그들의 관계는 예전보다 더 좋아졌고 계속 개선되고 있었다.

강화를 즉각적으로 못 받는 것과 아울러 목표행위가 즉시 이루어질 수 없을 수도 있는 두 번째 이유는, 목표행위가 너무나 복잡해서 동시에 모든 것을 터득할 수 없기 때문이다. 이 이유는 흔히 능숙한 대화자가 되기를 원하는 사람에게 모두 적용된다. 목표에 도달하는 과정에서 능숙한 커뮤니케이션 기술은 대단히 복잡한 재능임을 보여주는 모델을 관찰하면 기대되는 보상의 정도를 알게 된다. 제7장은 이러한 기술의 몇 가지 요소를 열거하고 있지만, 그 요소들을 모두 결합하는 것은 수줍음을 타는 사람에게는 너무나 부담이 크므로 단순한 행위연습이나 둔감화 방법을 통해서는 다룰 수가 없다. 이러한 문제는 제3장에서 매력적이고 꼭 맘에 드는 여자들과 능숙하고 부담없이 대화를 나누는 것이 목표였던 Dave의 경우를 예로 들 수 있다. Dave에겐 이 목표에 도달하기 위해선 이야기가 소강상태가 될 때마다 단순히 목표를 높여 이야기하거나, 불안감을 저하시키려 하기보다는 세련된 접근방법이 요구된다는 것이 자명한 사실로 나타났던 것이다. 그래서 그는 Marge처럼 자기수정 테크닉을 통해 목표를 달성했다.

이 장에서는 목표가 복잡한 경우나 즉시 보강되지 않을 때에 대화를 하기 위한 형태면에서 방법을 터득하는 법을 기술하고 있다. 이 접근방법은 내용과 형태면에서 여러분이 이미 배운 것과 다르다기 보다는 좀 더 조직적이고 세세한 방법으로 여러 학습원리를 응용한 것이다. 이러한 방법은 항상 자신의 목표행위를 기록, 관찰해야 하기 때문에 정확한 실행과 많은 노력이 필요하다. 만일 충실하게 지시를 따른다면 여러분의 노력은 두 가지로 보상받게 될 것이다. 첫째, 자신의 계획을 실질적으로 옮기는 작업이 의미하는 것은 자기보강의 준비를 뜻한다. 달리 말해서, 신중히 계획을 짠다면 작업을 실행하는 자체에서 만족스러운 경험을 할 것이다. 둘째, 여러분의 작업은 지금 당장 실행하는데 어려움을 느끼는 중요한 커뮤니케이션 행위를 결국엔 숙달케 해 줄 것이다. 여러분이 자기표현에 고통을 겪어온 기나긴 시간을 고려한다면 아마 앞으로 제시할 정보를 충실히 응용해서 얻을 대가는 정말 큰 것이라고 할 수 있다.

이야기를 좀 더 전개하기 전에 이 장은 여러분이 단숨에 읽을 수 있게 되어 있지 않다는 것을 알아야 한다. 그 대신, 여러분이 각 부분을 읽고 그 내용을 자신이 설정한 자기표현의 목표에 적용시키면서 단계적으로 자기수정이라는 과제에 접근할 수 있도록 계획을 세워야 한다.

1. 행위목표 설정(Establish a Behavioral Goal)

이미 배운 여러 방법과 같이 자기수정 계획의 첫 단계는 행위목표를 설정하는 것이다. 목표는 완벽하고 명확하게 하라. 그리고 좋은 결과는 명백한 목표에 달려 있다는 것을 명심해라. 목표상황에 관련이 있는 사람들과 그 상황이 일어나는 환경을 자세히 기록하라. 그리고 그러한 상황에서 어떻게 행동하기 원하는지 상세히 정확하게 기술하라. 예를 들어, "나는 더 좋은 대화자가 되고 싶다."라고 말하기보다는 "나는 허심탄회하게 질문하고, 나의 의견과 느낌에 대해 개방적이고, 진심으로 칭찬을 해 주고, 자유로운 정보에 접하기를 원한다."라고 말한다. 만일 지금까지 그래오지 못했다면 지금이야말로 이 책의 색인과 내용을 이용하여 여러 모델들을 살펴보고 이상적으로 생각하는 자신의 이미지를 구상화하고, 목표에 부합하는 행위를 정확하게 발견할 때다. 연습 Ⅲ-5에 나와 있는 대조표를 다시 검토해 보면 가장 분명하고 가능한 용어로 목표를 말했는지 확신하게 될 것이다.

이 장에 서술된 자기수정 계획은 여러분이 지금까지 어렵다고 생각해 온 자기표현의 목표를 달성하는데 도움을 줄 것이다. 부록 2에 있는 "커뮤니케이션 목표"에 대한 목록에서 목표를 선택한 후 계획을 실행하기 시작하라. 선택한 항목은 여러분이 자기수정 계획에 들인 시간과 노력을 정당화할 수 있을 만큼 중요하다는 것과 이미 배운 방법, 즉, 모델관찰, 행위연습, 둔감화에 의해선 이루어질 수 있을 것 같지 않다는 것을 명심하여야 한다. 부록 3에 있는 '자기수정 진도표'의 적당한 공간에 선택한

목표를 적으시오.

이 장에 있는 내용은 여러분이 각 행위를 완성시킨 후 진도를 나가는 경우에만 효과가 있을 것이라는 점을 명심해야 한다.

---

2. 출발점 설정(Establish a Baseline)

어디서부터 자기표현을 시작했는지 모르고서는 얼마나 달성했는지 정확히 아는 것은 불가능하다. 그렇기 때문에 자기수정 계획은 출발점 즉, 지금 실행하고 있는 목표행위의 빈도수에 대한 기록이 있어야만 한다. 출발점은 두 가지 기능을 수행할 수 있다. 즉 자기표현 훈련계획이 성공적인 것이라 가정할 때 출발선은 진전 상황을 생생하게 보여줄테고, 그렇게 함으로써 지금 하고 있는 과정을 계속하도록 강화시켜 준다. 반면에 자기표현 행동의 빈도수가 기준보다 높지 않다면 일부계획이 효과가 없기 때문에 수정할 필요가 있다는 것을 알게 된다. 어느 경우에나 출발점은 진전 상황을 측정해 볼 수 있는 귀중한 표준이 된다.

A. 측정방법

출발점을 설정함에 있어서는 '자기수정 진도표'에 적었던 목표와 같이 증가시키고자 하는 자기표현 행위의 빈도수를 계산하여야 한다. 여기에는 네 가지의 계산방법이 있는데, 각각 목표에 맞추어 적용해야 효과가 있다. 여러가지를 고려한 다음 어느 방법이 선택한 목표에 가장 적합한 것인지 결정하면 된다.

1. 빈도수 측정(frequency) : 목표를 위해 실행한 횟수를 세어보는 가장 간단한 방법이다. 어느 큰 식료품 가게의 주인은 종업원들이 잘한 일

을 칭찬을 하지 않고 지나치게 힐책해 왔다는 것을 깨달았다. 일을 잘하는 것이 당연하다고 생각하지 않고 오히려 보상을 해야 된다고 결정한 그는, 칭찬할만한 일을 했을 때에는 언제나 칭찬을 하기 시작했다. 출발점을 결정하는 기간 동안 그는 부하직원을 칭찬할 때마다 단지 세기만 했다. 일어난 빈도수를 세는 이 방법은 대부분의 경우 목표를 실행할 수 있는 기회가 상당히 규칙적으로 생기고, 장소와 목표행위가 분명하게 구별될 때 예를 들어, 낯선 사람에게 인사를 한다거나, 요청을 하고, 실수를 인정하는 경우에 잘 적용된다.

2. 지속시간 측정방법(duration) : 때로는 지속시간을 늘리는 것이 목표가 되기도 한다. 한 여학생은 이웃 사람과 친절하게 지내긴 하나 잘 알지 못하는 피상적인 관계라고 묘사했다. 두 여자는 서로 마주칠 때마다 인사는 교환해도 단 몇 마디 이상의 대화를 나누는 적은 거의 없었다. 이런 경우의 목표는 이웃사람과 자주 만나는 것이라기보다는 이야기하는 시간을 늘리는 것이다. 이와 같은 경우에는 매번 목표행위를 실행하는데 걸린 시간을 기록하는게 필요하며 그 이후 기준율을 알아내기 위해서 이와 같은 모든 경우를 전부 합쳐 계산하도록 한다.

3. 전부 혹은 전무 측정방법(all or none) : 때로는 다음 두 가지 이유 중 어느 하나로 인해 정확히 측정하기 어려운 행위도 있다. 즉, 행위가 대단히 빈번하게 일어나거나 또는 그 행위를 개별적으로 분리하기 어려운 경우가 있기 때문이다. 예를 들면, 어느 교사는 강의시간에 끊임없이 "에(uh)"라는 말을 사용하고 있다는 것을 알았다. 만일 그가 한 시간에 이 말을 정확히 몇 번했는가를 계산해 본다면 강의 내용에 혼란을 느낄 정도인 것이다. 따라서 이 경우 빈도수를 세는 방법은 적당치 않다. 그래서 그는 수업시간 50분을 10분씩 나누고 10분 동안 한 번이라도 "에"라는 발음을 했다면, "있었다"고 기록하여 "있었다"가 몇 번인지를 기록함으로써 출발점으로 설정했다. 이제 그 는 5분 단위로 "에"가 있었던 횟

수를 세기만 하면 되었다. 목표는 "에"를 사용하지 않고 말하는 횟수를 늘려가는 것이었다. 같은 방법으로 친구와 이야기하는 동안 항시 이야기가 중단되어 불쾌감을 느껴온 어떤 여자는 이야기가 중단되지 않는 5분 간이 몇 번 있었는가를 기록함으로써 기준율을 발견했다고 한다.

4. 백분율 측정방법(percentage) : 가끔 목표행위를 실행할 수 있는 기회가 매일이나 매주에 걸쳐 급격히 변한다. 이런 경우, 위에 서술한 세 가지 방법은 이에 합당한 기준율을 도출하지 못할 수도 있다. 왜냐하면 기록하는 동안 목표를 실행할 기회가 불규칙하게 많던가 아니면 적을 수 있기 때문이다. 이런 경우는 목표행위를 실행할 기회가 생겼을 때 이를 실행하는 횟수의 비율을 산정함으로써 행위를 좀 더 정확히 헤아려볼 수 있다. 학교에 다니고 있는 두 아이들을 돌보는 일 이외에도 시간제로 일을 하고 있는 과부인 Laura의 경우가 이에 해당한다. 이러한 바쁜 스케줄 때문에 종종 그녀는 피곤을 느끼게 되는데, 이럴 때는 친구들과 외출하는 것보다는 집에서 조용히 저녁시간을 보내는 것이 더 마음에 끌렸다. 그러나 그녀는 녹초가 됐을 때 조차도 초대를 잘 거절하지 못했기 때문에 거절할 수 있는 능력을 기르는 것을 목표로 삼았다. 처음에는 그녀가 마음이 내키지 않는 요청을 몇 번이나 거절했던가를 세어보는 빈도수를 측정하는 방법이 가장 적절할 듯했다.

그러나 기간을 기록하는 기준선을 설정한지 불과 얼마 안돼서 두 가지 문제점이 드러났다. 첫째는 초대받는 횟수가 매주 변한다는 것이었고, 둘째는 초대에 응함에 있어 관심도가 그때 그때 상당히 달라진다는 것이었다. 따라서 거절하는 빈도수가 낮았던 것은 때론 그녀의 우유부단함에서 비롯된 것이었을 수도 있고 친구와의 교제에 대한 그녀의 내적 욕구나 사교활동에 대한 타인의 제약 때문이었을 수도 있다. Laura가 추구하는 것과 같은 목표에는 비율을 계산하는 방법이 위와 같은 변수를 설명할 수 있는 적절한 방법이었다. 이 방법은 두 가지 형태의 수치를 기록해야 했는데 첫째는 목표행위 그 자체(달갑지 않은 초대를 거절한 횟수)이고 둘째는 목표행위를 실천할 수 있는 기회(달갑지 않은 초대를 요청받은 횟수)이다. 그녀의 기준선은 초대를 받고 이를 거절한 비율로 되어 있다.

즉 이를 도식화 하면, $\dfrac{5번의 거절}{14번의 요청}$ = 35%의 성공률

백분율 측정방법의 가치는 아래의 숫자가 보여주듯이 변하는 상황에 대한 적응성에 있다. 마음에 내키지 않는 요청을 Laura가 거절한 숫자는 다음과 같다.

주(Week)	1	2	3	4
거절수	5	2	3	2

단지 거절한 횟수만을 보면 Laura는 시간이 흐름에 따라 점점 더 자기 주장대로 못하고 있다는 것을 알 수 있다. 그러나 백분율 방법은 제시된 추가정보에 의하면 이와는 정반대임을 알 수 있다.

주	1	2	3	4
거절수	5	2	1	2
달갑지 않은 초대	14	5	2	3
성공율	37%	40%	50%	66%

백분율 방법은 Laura가 실질적으로 그녀의 목표에 더욱 가까이 도달해 가고 있음을 보여준다. 그녀가 거절의사를 분명히 밝혔던 숫자는 달갑지 않은 초대 숫자의 변화와 관련이 있었다.

요약하면, 출발점을 설정하고 진전상황을 기록하기 위해 선택하는 방법은 목표의 성격에 따라 좌우된다는 것이다. 목표행위에 접한 개개의 경우를 쉽게 셀 수 있을 때, 그리고 이러한 경우가 비교적 일정한 비율로 일어날 때 빈도수 측정방법을 사용하고, 목표행위의 효율성이 그 목표 행위를 얼마나 오랫동안 실행하는 가에 달려 있을 때는 지속시간 측정방법을 사용하도록 한다. 목표행위의 빈도수가 높아 계산하기 어려울 때나 행위 개개의 경우를 구별하기 어려울 때는 전부 혹은 전무 측정방법을 사용한다. 마지막으로 목표행위를 실행할 기회가 크게 변할 때는 백분율 측정법

을 사용하도록 한다.

이제 부록 3으로 돌아가서 여러분이 거기에 기록한 목표행위를 재검토한 후, 자기수정 계획 동안 자신의 행위를 기록하기 위한 가장 적절한 방법을 결정할 수 있도록 아래 표를 사용하시오.

1. 빈도수 측정방법
　　(　) 목표를 실행에 옮길 기회가 규칙적으로 일어난다.
　　(　) 목표행위가 일어나는 각각의 경우는 다른 경우와 동일하다.
　　　　 (길이, 난이도 등)

2. 지속시간 측정방법
　　(　) 행위를 실행한 시간의 길이를 측정하는 것이 곧 목표 성공여부에 대한 측정이다.

3. 전부 혹은 전무 측정방법
　　(　) 모든 경우를 세어보는 것이 비실제적일 정도로 행위가 빈번하게 일어난다.
　　(　) 행위를 개별적으로 분리하기 어렵다.

4. 백분율 측정방법
　　(　) 목표행위를 실행할 수 있는 기회가 불규칙적으로 일어난다.

□ 연습문제 □ Ⅵ - 1

계속 더 읽어나가기 전에 목표행위를 기록하기 위한 방법을 결정지은 후 여기에 선택한 방법을 적으시오.

B. 데이타를 신빙성있게 하는 방법

신빙성이 없는 측정법은 진전상황을 잘못 기록하게 하기 때문에 방금 선택한 기록법이 일관성이 있고 믿을만한 것이라는 점을 확실히 해야 한다. 동일한 경우가 일어날 때마다 같은 식으로 기록되면 그 기록방식은 신빙성이 있다고 말할 수 있다. 흔한 예를 들어, 5파운드짜리 벽돌을 저울에 올려놓을 때마다 매번 같은 무게를 기록한다면 그 저울은 믿을만하다고 생각될 것이다. 출발점 데이타의 신뢰도를 확실히 하기 위해 여러분이 택할 수 있는 몇 가지 단계가 있다.

1) 목표행위는 명백하게 설정하고 도중에 바꾸지 말 것

자신의 목표가 사교적인 모임에서 낯선 사람에게 접근하는 기회를 증가시키는 것이라 가정하자. 자신이 생각하는 "사교적인 모임"과 낯선 사람에게 "접근하는" 행위를 정의하는 기준이 항상 같을 경우에만 이들에 대한 기록은 신빙성을 갖게 될 것이다. 예를 들어, 어떤 경우 누군가를 보고 단지 미소를 지으며 접근하는 것이라 생각한다면 그와 같은 경우만을 계산해야 한다. 즉 나중에 가서 대화를 나누었던 경우만을 기록하겠다고 결정짓지 말라는 말이다. 전에 단지 몇 마디 얘기만을 나눈 적이 있는 사람들을 낯선 사람이라고 정의하는 것은 좋다. 그러나 그렇게 정의를 내린 후, 계획 실행 도중에 전혀 만나지 않았던 사람들까지 고려하기로 결정해서는 안된다. 사전에 미리 "사교적인 모임"이라는 것은 무엇을 의미하는 것인지 결정짓고 그 정의에 충실해야 한다. 만일 여러분이 제3장에 서술된 목표 설정을 위한 지시들을 주의 깊게 읽고 따라 왔다면 모호한 문제들은 없을 것이다. 자신의 목표가 명확하다는 것을 확실히 하기 위해서는 연습 IV-5에 있는 도표에 적힌 기준과 대조해서 이를 점검하는 것이 현명하다.

2) 목표행위가 발생할 때 바로 모든 행위를 기록할 것

자기표현 계획 중에 직면하는 가장 큰 문제 중의 하나는 불규칙하게 계산하게 되는 경향이다. 목표행위가 발생하는 모든 경우를 기록하는 것이 절대적으로 필요하다. 기억력을 과신한 나머지 나중에 기록하겠다고 생각할 수도 있다. 그러나 그러지 말라. 기록하고 계산하는 사소한 불편은 목표행위에 도달하고자 하는 최종목표를 위한 잠정적인 수단에 불과하며 그 불편은 곧 사라질 것이라는 점을 깨달아야 한다. 충실하고 일관된 기록자가 되어야 한다.

경험과 조사에 의하면 나중에 기억해 낸 데이타는 거의 부정확한 데이타라는 것이다. 여기에는 두 가지 이유가 있다. 첫째 이유는, 계속적으로 수많은 정보에 휩싸이면서 오랫동안 여러 사실들을 기억해 내기가 어렵기 때문이다. 예를 들어 이야기를 더 많이 하는 것이 목표라면 많은 얘기로 생긴 흥분 때문에 얼마만큼 이야기했는지 기억하지 못할 것이다. 자신이 말한 것을 기억하고 계산하는데 너무 집착한다면 아마도 다른 사람들이 이야기한 것을 대부분 잊어버릴 것이고 따라서 원래의 목적은 좌절될 것이다. 같은 이유로, 자기표현 행위들을 정확히 기억해내기는 어렵다. 즉 몇 번이나 목소리를 높여 이야기했는지 또는 비판당할 때 추가로 설명을 요구한 횟수의 비율이나 대화의 지속시간을 정확히 상기하기는 어려운 일이다.

데이타를 기억하려고 하는 데서 생기는 두 번째 문제는 불쾌한 사실일 때는 실제로 일어난 일을 왜곡하는 경향이 있다는 점이다. 예를 들어, 쉬지 않고 4분간 대화할 수 있는 횟수를 늘려 나가기를 원한다고 가정하자. 처음 한 시간 동안 자기 관찰을 해보니까 단지 두 번 그런 경우가 있었다. 시간이 흐름에 따라 전부 3시간의 대화 중에서 중단 없이 대화가 지속된 것은 겨우 세 번 더 있었다는 것을 상기하게 되었다. 행위를 기록할 때가 됐는데 대화를 나눈 다섯 시간 동안 단지 다섯 번, 도합 20분 동안 중단되지 않았다. 그러나 마음속으로는 그 사실을 불쾌하게 생각한다. 그래서 중단 없이 이야기한 몇 부분을 잊어버렸음에 틀림없다고 합리화시키고는 자기 이미지를 고려하여 전부 10번이라고 기록한다. 이런 일은 근거가 없다 하더라도 그 당장은 자기만족을 느끼게 해줄 것이다. 그러므로 항상 일이 일어날 때 곧 기록하도록 하라.

3) 가능한 한 독립적인 관찰자를 이용할 것.

사람들은 자기 자신의 행위에 대해서는 본래 정확한 관찰자가 되지 못한다. 이러한 이유 때문에 목표행위의 빈도수를 감시해 줄 친구를 구해야 한다. 물론 자신을 관찰해 줄 사람을 구하는 게 언제나 가능하지는 않다. 다양한 곳에서 행위가 일어날 수 있으며, 몇몇 행위는 관찰해 줄 친구가 없는 곳에서도 일어날 것이다. 어떤 경우에 자타가 도저히 외적으로 관찰할 수 없는 행위, 이를테면 "나는 내세울 만한 가치가 있는 게 아무것도 없어"하고 자기 자신에 대해 말하는 것처럼 비극적 상황을 상상하는 행위수정에 초점을 맞출 수도 있다는 것이다. 그러나 어떤 경우에 있어서나 데이타에 대한 신뢰도는 그것이 다른 관찰자에 의해 확인될 때, 보다 더 커지게 될 것이다.

C. 데이타 기록방법

앞의 마지막 부분은 목표행동이 발생할 때마다 그때그때 기록해 두는 것이 중요하다는 점을 명백하게 해주고 있다. 그렇다면 기록을 가장 쉽고 정확하게 처리할 방법이 문제가 된다. 만약 숫자 기록이 아주 귀찮은 일이 돼 버리면, Marty의 경우에서와 같이 일을 훌륭하게 처리할 수 없을 듯 하다. Marty의 아내는 두 아이의 양육에 관해서 대화를 나눌 때 Marty가 그 대화에 관심을 보이지 않는다고 투정하였다. 이 문제를 분석해 보면, 그가 그런 화제는 따분하고 재미없다는 것을 아내에게 넌지시 암시하면서 손을 만지작거리고 딴 곳만 쳐다보는 것이 아내의 기분을 상하게 하는 신체적인 행동이었다. 그러니까 Marty의 목표는 대화 중의 몇 분간 눈을 아내에게 고정시키고 손을 가만히 있게 하는 것이었다. 행동변화를 위한 계획에 따라 그는 조그마한 메모지를 가지고 다니면서 자신의 진전상황을 기록하였다. 그런데 불행히도 이 방법은 시작하자마자 곧 다른 문제들을 유발시켰다. 그의 아내는 "얼마 동안은 괜찮았지만 당신이 10분간마다 메모지를 끄집어낼 땐 미칠 지경이라구요"라고 말했다. 환언하면, 자신의 행동을 기록하는 Marty의 바로 그 행위가 목표와 상충되는 것이었다. 그가 종이와 연필을 사용해서 데이타를 기록하는 한, 자기 아내를 결코 만족시키지 못할 것이다.

기록할 때 생기는 두 번째 유형의 문제는 경기장에서 좀 더 과감하게 자기를 주장하고 싶다고 말하는 욕심 많은 배구선수 Doug에게서 볼 수 있다. 그는 이 욕망을 그가 받을 수 있다고 생각되는 공을 다른 선수가 받으려고 할 때 '내 공(mine)'하고 크게 소리치는 목표행동으로 전환시켰다. 그는 "행동이 일어나는 즉시 기록하는 것이 중요하다고 말했지만 경기 도중에 어떻게 기록할 수 있어요? 아시다시피 기록판을 지니고 다닐 수는 없잖아요"라고 항변했다.

이같은 문제들은 어떤 행위기록 방법이 다 지녀야 할 몇 가지 특징을 강력히 시사하고 있다. 첫째, 계산하는 것에 불필요한 신경을 쓰지 않도록 해야 한다. 둘째, 다른 행동들을 방해함이 없이 각 행위를 계산할 수 있도록 조작이 용이해야 한다. 마지막으로, 어떤 목표상황에서나 항상 기록할 수 있도록 휴대가 가능해야 한다. 많은 경우에 휴대하기 용이한 조그마한 카드와 연필을 가지고 다니는 것만으로도 충분히 효과적인 기록방법이 된다. 물건을 살 때 판매원의 도움을 받기 원하는 한 남자는 주머니에 그러한 카드를 지니고 다녔다. 물건을 사러갈 때마다 그는 항상 돈 지갑에 메모지를 가지고 다녔기 때문에 어느 때고 그곳에 기록할 수 있었다. 쓸만한 소재를 발견하고선 사진에 담고 싶지만 허락을 구하기가 힘들었던 한 직업 사진작가는 카메라 뚜껑에 종이쪽지를 붙여 놓고 자신의 발전 과정을 기록하였다. 수업 중에 더 많은 질문을 하기 원하는 한 학생의 경우는 기록용 노트 한 페이지를 따로 할당하였다.

어떤 경우, 종이와 연필을 사용하는 방법은 실제로 사용하기가 곤란하다. 배구선수인 Doug는 보통 운동구점에서 구할 수 있는 것과 같은 것으로서, 발목에 장치하는 계산기를 고안하였다. 이 장치는 두 가지를 따로 기록하게끔 되어 있는데 백분율로 계산하기에 이상적이다. 한 쪽에는 자기에게 오는 공의 횟수를 기록하였고(물론 점수가 가산될 때까지 기다렸다가), 다른 한 쪽에는 다른 선수에게 큰 소리로 저리 가라고 소리친 횟수를 기록하였다. Doug가 사용한 것과 유사한 기계는 각종 상점에서 주로 총 구입물품의 계산을 해두는데 사용하는 구매자들에게 판매된다.

이같은 편편한 소형 플라스틱 기계는 호주머니나 지갑에 넣고 다니기가 편리해서 인사, 미소, 자발적인 의견, 질문 그리고 눈에 띄게 변한 행동을 기록함으로써 중단 없이 여러 행동들의 빈도수를 기록하는데 훌륭하게 사용될 수 있다. Marty는 이와 같은 기계를 사용함으로써 자기 아내의 기분을 건드리지 않고 대화에 정신을 집중하는 시간 간격을 기록할 수 있었다.

휴대용 물건으로 남의 신경을 건드리지 않고 쉽게 행동을 기록하는 방법은 단순히 개인의 상상력에 의해서 개발되기도 한다. 어떤 학생은 자기 왼쪽 호주머니에 있는 동전을 세면서 그 날을 시작한다고 하였다. 목표행위를 실행에 옮길 때마다 그는 동전 한 닢을 오른쪽 주머니로 옮겼다. 저녁이 되면 진전상황을 기록하기 위하여 단지 그 동전을 세 보기만 하면 되었다(Waston & Tharp, 1972). 어떤 독자들은 일정 시간 동안에 실행한 목표행위의 빈도수를 기록하기 위해 시계의 날짜만을 이용하는 방법이나 노끈에 매듭을 지우는 방법 혹은 미리 숫자를 계산해 둔 과자나 은단 알을 먹는 방법을 제시했다.

☐ 연습문제 ☐ Ⅵ-2

자기수정 계획을 수행하기 위한 행위기록 방법을 선택하시오. 그런데 그 방법은 다음과 같아야 함을 명심해야 한다.
- 목표행위가 일어날 수 있는 모든 상황에서 사용할 수 있게 휴대가 가능한 방법
- 기록하는데 너무 주의를 기울이게 하지 않는 방법
- 일상 활동을 방해하지 않고도 계산할 수 있도록 조작이 용이하여 선택한 방법을 여기에 기입하시오.
- 기록방법을 선택하기 전에는 진도를 나가지 마시오.

D. 진전상황 그래프 작성

목표행위가 일어난 횟수를 기록하는 방법을 나름대로 발전시켰다면,

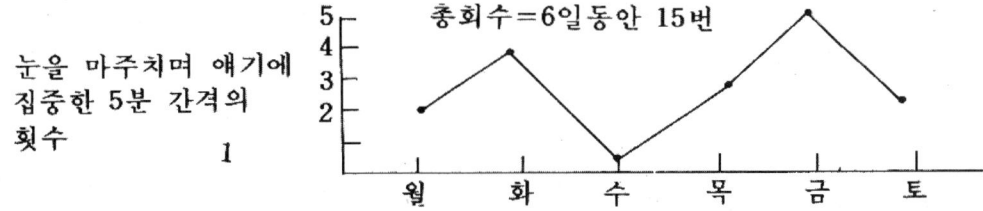

그 다음에는 시도 기간 중의 진전상황을 분석하는 방법을 설정하는 것이 필요하다. 대부분의 경우 이를 위한 가장 좋은 방법은 그래프를 이용하는 방법인데, 6일에 걸쳐 Marty가 기록한 다음 그래프에 나타난 결과를 보면 잘 알 수 있다.

 이 그래프를 보면 Marty의 주의집중 양상을 알 수 있다. Doug가 자기 아내와 하루에 몇 시간을 같이 보낸다는 사실을 감안해 볼 때, 날마다 급진적인 진폭은 없음을 보여주고 있다. 이는 아내의 이야기를 듣는 기회와 그 기회를 다루는 방법이 일치하고 있음을 시사하고 있다. 만일 그래프가 큰 진폭을 나타냈다면 그것은 다른 주위환경(예를 들면 직장에서, 발생되었던 문제, 아내와 같이 보낸 시간의 변화 혹은 긴장이나 과로의 정도 등)이 Marty의 주의집중에 영향을 미쳤다고 볼 수도 있을 것이다. 또한 진폭이 큰 경우라면 이는 아마도 그들이 같이 보낸 시간에 아내의 이야기를 듣는 기회가 다양해졌다고 볼 수도 있을 것이다. 이같은 경우라면 보다 타당한 행동 측정기록을 얻기 위해서 백분율을 사용할 수도 있다.

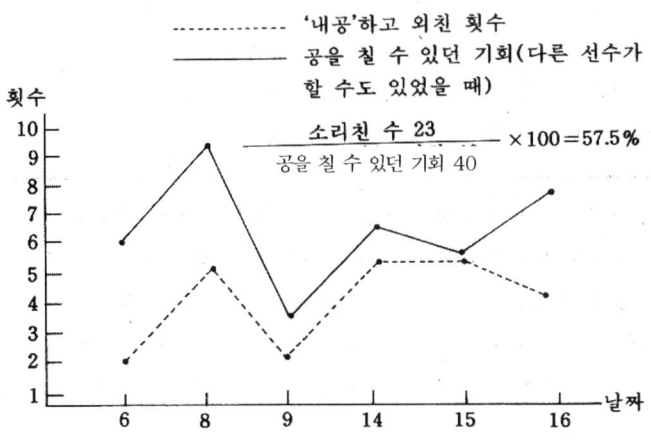

Doug는 배구코트에서의 행동변화 과정을 그래프로 나타내기 위해 백분율을 사용하였다. 주시할 것은 매일매일의 기록 결과를 기입하지 않고 실제로 경기를 한 날의 자료만을 기록하였다는 점이다.

그는 실제로 '내 공(mine)'하고 외친 횟수를 소리쳐야 했던 기회의 총수로 나누어 그 백분율을 계산했다. 이같은 단순한 계산으로 그는 답을 얻었던 것이다.

E. 출발점 설정을 위한 기간의 길이

출발점 설정에 필요한 자료를 기록하는데 어느 정도 기간이 소요되어야 할 지는 경우에 따라 다르다. 출발점을 설정하는 목적은 어떤 조정이 가해지기 전에 목표행위를 얼마나 자주 행하고 있는 지를 알아보는 것이기 때문에 일반적인 원칙은 행동의 대표적인 표본(sample)을 얻을 수 있기에 충분한 시간을 출발점 설정기간으로 잡는 것이다. 행동이 일어나는 빈도가 상당히 일정하다고 가정할 수 있을 때는 보통 일주일이면 충분하지만, 반면에 날마다 큰 차이가 있다거나 혹은 그 행동이 매일 일어나지 않는 경우에는 보다 긴 시간이 필요할 것이다. 출발점 설정 기간이 전형적인 일상생활을 보여주는 기간과 다를 경우에는 출발점을 보다 명확하게 보여줄 수 있도록 그 기간을 연장하는 것을 고려해 보아야 한다. 얻은 자료가 자신의 대화스타일을 그대로 반영한다고 믿기 전에 자료 및 그래프에 나타난 날마다의 차이 그리고 그것이 일상생활을 대표할 수 있는 시간에 실시되었는가의 여부 등을 검토하여 출발점 자료를 기록하는데 필요한 기간에 대한 좋은 방안을 얻을 수 있을 것이다.

자, 그러면 이제부터 부록 3에 있는 '자기수정 진도표'를 사용하여 각자의 기준선을 기록해 보시오. 샘플 도표가 부록 4에 하나의 모델로서 제시되어 있다. 계획을 성공적으로 수행해 내기 위해서는 목적을 달성할 때까지 목표행위가 일어나는 모든 경우를 솔직하게 계산해야만 한다. 매일 자주 접하는 장소 예컨대, 거울, 화장실 문, 냉장고 또는 눈에 잘 띄는

곳에 자기변화 과정 기록표를 붙여 놓으면 잊지 않고 기록할 수 있을 것이다. 가능하면 지금 아니면 오늘밤 잠자리에 들기 전에 붙여 놓으시오.

F. 출발점 설정 기간 중에 일시적이고 미숙한 발전을 바로 인식할 것

간혹 출발점 설정 기간 중에 타당치 못한 수치를 얻을 수도 있다. 그 이유는 자신을 관찰하는 바로 그 행동의 영향을 받아 목표행동이 나타날 수 있기 때문이다. 이러한 현상을 '확인현상(reactivity)'이라 하는데 이는 목표행위가 측정하는 과정에 대해 반동하듯이 나타나는 것처럼 보이기 때문이다.

자기통제 과정으로 자신의 행동이 개선되었다 하더라도 흥분하지는 말라. 출발점 설정이 잘못되어서 아주 높게 나오면 실제 이상으로 발전되었다고 생각할 수 있다. 그러나 곧 여러분은 이러한 사실을 알아차릴 것이기 때문에 그 영향이 별 것 아닐런지도 모른다.

단지 행동 관찰만으로도 즉시 발전하는데 대해서 덧붙이자면, 반동현상으로 말미암아 바라는 행위가 증가하는 것은 일시적이라는 점이다(Mahoney and Thoresen, 1974). 이러한 이유 때문에 대화 스타일의 즉각적인 변화가 지속될 것이라고 가정해서는 안 된다. 대개의 경우 그러한 변화를 지속시키기 위해서는 본 장의 나머지 부분에 언급되어 있는 방법을 사용할 필요가 있을 것이다.

G. 목표량은 점진적으로 설정한다.

출발점 설정 기간이 거의 끝나갈 무렵에는 현재 실행하고 있는 목표행위에 대해 상당히 정확한 빈도수를 알 수 있을 것이다. 이 수치를 마음속에 지니고 있으면 얼마나 자주 새롭고 바람직한 방법을 행동하기 원하는 지를 명확하게 구체화시킬 수 있다. 환언하면, 주어진 시간에 자기표현대로 행동하고자 하는 빈도수를 구체화시킴으로써 목표행위의 설정을 완결시킬 수 있다는 것이다.

배구선수인 Doug를 생각해 보자. 앞의 그래프에서 볼 수 있듯이 그가 해낼 수 있다고 생각하고 '내 공'하고 소리친 기준 수치는 대략 58%였다. 이 수치를 염두에 두고 Doug는 90%의 목표를 달성해야겠다고 생각하였다. 아내와 대화할 때 손을 가만히 둔 채 얘기를 나누기 원하는 Marty도 출발점 측정결과인 주당 15회를 배가시켜 30회로 늘이려고 계획하였다.

　목표행위의 최적 빈도수를 어떻게 결정할 수 있을까? 맨 처음 생각은 완전을 추구하는 것일 수도 있다. 즉 항상 배구공을 때리겠다고 생각하거나, 사람들 앞에서는 완전한 자신감을 가지고 얘기하겠다고 마음먹거나, 원치도 않는 침묵 때문에 대화를 중단하는 일은 절대로 하지 않겠다는 등 완전을 추구하는 것일 수도 있으나 결코 초조해 해서는 안 된다. 여러분이 최종적인 목표달성을 설정하는 것이 좋겠으나 보다 적절한 목표를 설정해야 하는 두 가지 이유가 있다. 첫째, '완전무결하게' 행동하기를 기대하는 것이 실질적이라 할지라도 그렇게 하기를 원치 않는 것이 좋을 수도 있다. 완전무결하게 보이는 대화자나 연설가 혹은 항상 친절하게 인사를 나누는 사람이나 아주 자신 있게 의사를 교환하는 사람도 다소 비인간적인 때가 빈번히 있다. 많은 경우 인간이 지닌 불완전함이란 인간이 갖고 있는 장점 못지않게 매력적이다. 내가 내 아내를 아주 좋아하는 이유 중의 하나는 그녀의 차분한 성미와 유머를 훌륭하게 구사하는 점이다. 반면에 아내의 온화한 성품이 바뀌어지지 않았는데도 불구하고 두 사람의 생활이 매우 불만스럽고 흥미없을 때도 있다. 내가 화를 낼 때마다 어처구니없게 행동할 때 분노를 터뜨리는 것이야말로 보다 인간적임을 느끼게 한다. 더욱이 때때로 있는 우리의 부부싸움은 시시각각 서로에 대해 품고 있는 조그마한 문제들을 씻어내는데 아주 효과적인 방법이 된다. 또한 대부분의 사람들처럼 나의 아내도 불완전한 인간으로서 발생된 좌절감을 해소시키기 위한 방법을 필요로 하는데, 이때 분노를 터뜨리는 것이야말로 아주 훌륭한 해소가 될 수 있다. 결과적으로 내 감정과 마찬가지로 그녀의 감정이 폭발할 때는 가끔 불쾌하지만 그런 기회를 통해서 최후의 일을 생각해 볼 수 있으며, 이럴 때는 앞서의 불유쾌한 기분을 덮어 주고도 남을 정도로 즐거운 일이 된다. 이 모든 얘기는 전적으로 자기표현을 하는 사람들의 생활은 맨 처음 생각했던 것만큼이나 바람직하지 않을 수도 있다는 것을 말해 준다.

애정을 느끼게 하는 상대방의 결점을 그대로 지니게 하고자 하는 욕심 이외에도 완전성에 미달된 자기표현 목표를 설정해야 하는 두 번째 이유가 있다. 가끔 어떤 행동 실행에 대한 최적의 수준은 100%가 아닐 경우가 있다. 예를 들어, 목표가 남의 이야기 도중에 얘기를 가로채는 행위의 빈도수를 줄이는 경우를 생각해 보자. 너무 지나치게 남의 이야기를 가로채는 행동은 분명히 화를 돋구는 버릇이기도 하지만, 반대로 그러한 행동이 바람직하거나 심지어는 필요한 경우도 종종 있다. 예를 들면, 이미 들어서 알고 있는 이야기를 어떤 사람이 반복해서 지껄일 때, 혹은 긴급히 전해야 할 이야기가 있을 때는 주저 없이 이야기하고 싶을 수도 있다. 이와 같은 경우에, 결코 이야기를 가로채지 않겠다는 목표는 주제넘게 자주 나서는 경우와 마찬가지로 바람직하지 못하다. 행동목표를 양적으로 나타내겠다는 생각을 가지고 기준선 설정 자료를 검토할 때는 어느 수준의 행동이 자신을 위해 가장 최적인지 고려해 보아야 할 것이다.

현재의 자기표현 행위 수준을 정확하게 반영하는 자료가 모아졌다고 생각되면 출발점 측정기간을 마치고 목표행동을 양적으로 표현하시오. 자기수정 진도표의 출발점 끝에다 수직선을 그려 넣으시오. 그 다음에는 적절한 방법을 사용하여 현재 실행하고 있는 수준을 수치로 기록하시오. 예를 들면, 하루 평균, 일주일 전체 회수 혹은 성공률 등을 이용하여 이제 여러분은 진전상황을 측정할 수 있는 표준을 얻은 셈이 된다. 마지막으로, 목표행위를 실행에 옮기고자 하는 빈도수를 설정하시오.

3. 준비단계(Shaping) : 한 번에 한 단계씩

　이 시점에서 출발점은 현재의 자기표현 수준을 명확히 측정하게 하며 표적(target)은 분명한 목표(goal)를 알려 준다. 여기서 우리가 물어야 할 명백한 질문은 '어떻게 이 수준에서 저 수준으로 옮겨갈 수 있는가?' 하는 것이다.

　자기표현을 체계적으로 배우는 방법 중의 하나는 준비단계(process of shaping)나 지속적 접근(sucessive approximation) 방법이 있는데, 이에 대해선 이미 4, 5장에서 간단하게 논의한 바 있다. 준비단계는 일련의 중간 단계를 거치면서 새로운 행동을 가르치는 것으로 구성된다는 사실 즉, 우선 표적에 거의 접근하면 보상받고 그 후 숙달됐을 때 점차적으로 최종목표에 점점 더 가까워지는 행동들이 강화된다는 점을 상기할 필요가 있다. 따라서 학습자는 어떤 기법을 단번에 터득한다기 보다는 바람직한 의사전달 과정에 서서히 이르게 된다고 하겠다.

　자기수정 계획의 다음 단계는 최종 목표로 이끌어 줄 수 있는 일련의 중간 목표들을 설정하는 것이다. 이러한 단계들을 설정할 때는 가장 중요한 두 가지 준비단계 규칙을 상기하고 있어야 한다. (1) 중간 단계는 규모가 작을수록 좋다. (2) 아주 기본적인 수준에서부터 출발할수록 더욱 좋다. 준비단계는 어떤 급격한 변화보다 점진적인 발전에 그 가치가 있으므로 대단치 않더라도 일정한 비율로 변화하는 것처럼 보이는 것이 실상은 오히려 더 빨리 변화하는 것임을 알 수 있다. 일련의 중간 단계들이 서너 달 이상 걸리면서 완성되는 경우는 거의 없을 것이다. 대부분의 사람들이 오랫동안 의사소통의 어려움을 겪고 있음을 감안해 볼 때 그 정도의 계획은 굉장히 빠른 것으로 보인다.

A. 중간단계의 유형

몇몇 중간단계로 목표하는 바를 나누는 데 여러가지 방식이 있다. 목표의 성질에 따라 선택 방법이 다르다.

1) 빈도 (frequency)

빈도에 따라 단계를 설정하는 것이 가장 쉬운 방법이므로, 아래에 적혀 있는 다른 방법으로 특별한 효과를 보지 못할 경우 이 방법을 사용하도록 한다. 빈도를 알아보는 중간목표들을 설정하기 위해서는 기준선 비율과 최종목표 비율 사이의 차이를 여러 조각으로 단지 나누기만 하면 된다.

백화점 판매원인 Sarah는 근무시간 동안 많은 고객들을 도와주고 싶어했다. 그녀는 평균 19명의 고객을 일주일 단위의 기준선으로 하여 매일 4시간 동안의 임무 교대 시간에 도와주고 있었다. 다음에는 자신의 주변에 고객이 소통하는 정도를 관찰한 후에 교대 시간마다 35명을 접촉하는 것을 최종목적으로 세웠다. 그러기 위해 그녀는 매일 평균 16명이나 더 많은 고객들에게 접근해야 했다. 단계를 작게 할수록 좋다는 충고를 받아들인 그녀는 첫 번째 중간 목표로서 매일 한 사람의 고객을 증가시키기로 했다. Sarah는 이를 달성하기는 아주 쉬울거라고 생각했으며 일주일 후에 실제로 그렇게 해냈다. 다음 주에는 매일 두 사람씩 더 만나기로 목표를 세웠고 역시 일주일 후 달성했다. 그 후로 그녀는 매주 두 명씩 증가시켜가는 비율을 계속 유지했으며 두 달 후에는 그녀의 최종 목표를 달성하게 되었다(계획을 끝낸 바로 직후에 Sarah는 담당 지배인으로부터 칭찬을 받았으며 승진도 했다).

☐ 빈도접근법 (Sarah의 경우)

표적행위

　대　상 : 직장고객

　상　황 : 담당부서에 처음 들어올 때

　희망행동 : 그들에게 먼저 다가가서 도움을 준다.

기 준 선
　하루에 19번 접근하고 있음
표적 빈도수
　하루에 35번 접근하기
중간 단계
1. 하루에 20번 접근　　　5. 하루에 28번 접근
2. 하루에 22번 접근　　　6. 하루에 30번 접근
3. 하루에 24번 접근　　　7. 하루에 32번 접근
4. 하루에 26번 접근　　　8. 하루에 34번 접근

2) 개인 접근(Person)

이 방법은 개인특성에 따라 표적행위를 실행하는게 힘들 경우 적당한 방법이다. 이런 상황에서 가장 좋은 접근방법은 처음에는 덜 까다로운 사람들에게 자신을 표현해 보고 점차적으로 상대하기 힘든 사람들에게로 이동해 가는 것이다. 이런 방식으로 진전해 나감으로써 먼저 번의 시도에서 성공적이었던 행동을 그 다음 번에는 보다 어려운 상황에도 적용할 수 있게 된다.

□ 개인 접근법(Gus의 경우)
표적행위
　대 상 : 친구, 부모, 상사
　상 황 : 수락하고 싶지 않은 초대를 받았을 때
　희망행동 : 가족과 모처럼의 시간을 보내는 것이 중요함을 설명하면서
　　　　　　정중히 거절한다.
기 준 선
　아래 기술된 모든 상황에 대해서 평균 40%
표적 빈도수
　아래 기술된 모든 상황에 대해서 평균 90%

중간 단계
1. 파티, 카드놀이 골프 등을 하자는 친구 제안을 정중하게 거절하는 데 초점을 맞춘다.
2. 일 단계에 덧붙여 부모의 원하지 않는 초대를 거절하는데 초점을 맞춘다.
3. 일 단계와 이 단계에 덧붙여 퇴근 후 '술 한잔하자'는 상사의 제안을 거절하는데 초점을 맞춘다.

Gus는 자기가 좋아하는 가족과 함께 보내는 시간을 방해하는 초대나 방문을 줄이기 위해 사람에 따라 위계를 정하여 사용했다. 달갑지 않은 초대에서 자기가 직면했던 여러 가지의 경우를 돌이켜 본 후, 친구들이 저녁식사, 카드놀이, 골프 등에 초대하는 것을 거절하는 것이 가장 쉽다고 결정했다. Gus가 취한 다음 단계는 자신의 양친들에 대해서였다. 차로 왕복 4시간이 걸리는 집으로 2주에 한 번 씩 오라고 하는 양친의 초대를 거절할 때마다 그는 깊은 한숨이 나오고 양친들은 '항상 외롭다'는 생각과 그밖의 다른 죄의식으로 가득 차 있었다. 친구들의 초대를 처음 성공적으로 거절한 후 Gus는 양친에게 자기가 매달 또는 6주마다 그들을 방문하는 것이 좋을 것 같고, 또한 자신의 가족과도 즐길 시간이 필요하다는 것을 설명할 수 있었다. 비록 이러한 말이 양친의 집요한 시도를 감소시키지는 못했지만, 자신의 입장을 표현함으로써 Gus는 양친이 자신의 거절에 대해 어떻게 반응하든 자신에게 책임이 없다는 것을 깨달았다. 이런 사실을 깨달은 그는 계획을 진행시켜 나갈 마음의 준비가 되어 있었다. 최종적인 단계는 상사와의 관계였는데, 상사는 일을 마친 후에 술 한잔하러 술집에 들리자는 제안을 자주 하곤 했다. 이전의 자기표현에 확신을 얻은 Gus는 함께 어울리는 것이 아주 즐겁기는 하지만 가족과 함께 즐기는 것도 그에게 아주 중요하며 따라서 정기적인 모임을 갖는다는 것은 불가능하다고 차분하면서도 정직하게 자신의 입장을 설명했다. 그러나 그는 상사에게 금요일 오후에 가끔 갖는 주말 파티는 아주 흥미있다는 것을 덧붙이는 것도 잊지 않았다.

3) 상황(Situation) 조절에 관계되는 수정

어떤 경우 오로지 한 사람에게 최종 목표가 집중될 수도 있다. 그 사람에게 자신을 표현한다는 것이 상황에 따라 더욱 어려워질 때가 있다. 이런 경우 다양한 상황을 반영해 주는 중간 목표들을 구성할 필요가 있다.

□ 상황 접근법(Roy의 경우)

표적 행위
   대 상 : Marcia
   상 황 : 그녀는 어떤 사실이나 의견에 대해 확실한 것처럼 행동하고 나는 내 입장에 대해 자신이 없을 때
   희망행동 : 허위로 긍정적인 것처럼 행동하지 않고 불확실한 점을 표현하고 싶다.

기 준 선
  전체 기회 중의 15%

표적 빈도수
  100%

중간 단계
  1. 불확실한 점을 표현하는 기회를 25%로 증가시킨다.
  2. 불확실한 점을 표현하는 기회를 35%로 증가시킨다.
  3. 불확실한 점을 표현하는 기회를 45%로 증가시킨다.
  4. 불확실한 점을 표현하는 기회를 55%로 증가시킨다.
  5. 불확실한 점을 표현하는 기회를 65%로 증가시킨다.
  6. 불확실한 점을 표현하는 기회를 75%로 증가시킨다.
  7. 불확실한 점을 표현하는 기회를 85%로 증가시킨다.
  8. 불확실한 점을 표현하는 기회를 95%로 증가시킨다.
  9. 불확실한 점을 표현하는 기회를 100%로 증가시킨다.

Roy의 목표는 자기가 어떤 주제에 관해서 잘 모르는 경우 그 답을 아는 척 하기보다는 잘 모른다고 인정하는 것이었다. 그는 실내 장식 일을 같이 하는 동업자이자 친구인 Marcia와 있는 경우에만 불확실한 점을 표현하는 게 어렵다는 것을 알았다. Roy는 자신에게 문제가 되는 일에 대해 정당하게 자신의 주장을 내세우는 경우 이 친구의 독단주의가 언제나 논쟁으로 이끌어 갔다고 주장했다. 이처럼 갈등이 점점 더 심해져 우정과 사업 모두를 망칠 정도로 위협적인 것이 되어 갔다. Roy는 한꺼번에 자신의 행동을 바꾸기보다는 조금씩 자신이 느끼는 의혹스러운 점을 표현하면서 목표에 접근하기로 결정했다. 그가 독단적으로 행동했던 모든 경우들을 검토한 후, Marcia와 정치에 관해 사교적인 토론을 하는 것이 가장 손쉽게 변화시킬 수 있는 이슈라고 생각했다. Roy는 정치 문제에는 높은 관심이 없으므로 그 어떤 입후보자나 쟁점에 대해 자신의 주장이 강력하지 않음을 인정해도 자신의 권위가 그리 크게 손상되지 않을 것이라고 생각했다. 그 다음으로는 경쟁업자들의 업무동태 문제나 고객의 집이나 사무실을 새로이 단장하는 문제 등의 환경미화나 조경에 대한 불일치 상황에 도전해 볼만하다고 생각했다.

Roy는 그들의 사업에 새로운 디자이너를 참가시켜서 다른 도시로 사업을 확장할 것인지를 토의하는 과정에서 솔직한 반응을 요구받았을 때 자신의 불안한 심정을 털어놓기로 결정짓는 것이 목표이다.

4) 요 소 (Elements)

때때로 복잡한 의사소통 기술을 마스터하는 가장 적절한 방법은 복잡한 기술 하나하나의 구성성분으로 분해하는 것인데, 그렇게 되면 한 번에 하나씩 처리해 나갈 수 있다. 제3장에서 매력적이고 마음에 드는 여자와 좀 더 대화를 나누기 원했던 Dave는 목적달성을 위하여 요소접근법을 사용했다. 모델관찰과 제7장의 review는 Dave가 개방적인 질문을 하고, 자기개방을 통해 자신에 대한 느낌과 사실들을 자발적으로 나타내며, 여자가 제시한 내용을 끝까지 놓치지 않으며, 정중하게 찬사를 표현하는 등의 기법을 마스터함으로써 훌륭하게 목표를 달성할 수 있었음을 보여준다. Dave는 이러한 요소들을 한 번에 하나씩 현명하게 선택하여 처리해 나갔고, 최종목적지에 도달하기 위해서 여러 개의 소 계획들을 효과적으로 수행해 나갔다.

□ **요소접근법(Dave의 경우)**

표적행위

　　대　상 : 매력적이며 마음에 드는 여자

　　상　황 : 파티에서, 줄지어 서 있는 동안에, 기타 우연한 상황에서

　　희망행동 : 20초 이상의 침묵 없이 계속해서 대화를 나누며, 시작한 이야기는 모두 끝낸다. 대화 중에 상대방의 눈을 쳐다본다.

출 발 점

　3분 이상 성공적으로 대화를 나눈 기회가 없음.

표적 빈도수

　자신이 생각하기에 적당하다고 느끼는 시간동안 계속 대화를 이끌어 가면서 대화의 80% 중에 위의 기준을 맞출 수 있게 한다.

중간 단계

1. 개방적인 질문을 던진다.
　1) 대화 때마다 적어도 한 번 질문한다.
　2) 대화 때마다 적어도 두 번 질문한다.
　3) 대화 때마다 적어도 세 번 질문한다.
2. 자기개방을 통해 생각과 감정을 자발적으로 표현한다.
　1) 대화 때마다 적어도 한 번 표현한다.
　2) 대화 때마다 적어도 두 번 표현한다.
　3) 대화 때마다 적어도 세 번 표현한다.
　4) 대화 때마다 적어도 네 번 표현한다.
3. 어떤 내용이든 끝까지 놓치지 않는다.
　1) 어떤 내용이든 그 내용에 근거를 두고 적어도 한 번 질문한다.

2) 어떤 내용이든 그 내용에 근거를 두고 적어도 두 번 질문한다.
3) 어떤 내용이든 그 내용에 근거를 두고 적어도 세 번 질문한다.
4) 어떤 내용이든 그 내용에 근거를 두고 적어도 네 번 질문한다.
4. 자발적으로 정중한 찬사를 표한다.
1) 대화의 1/4을 정중하게 찬사를 표한다.
2) 대화의 1/2을 정중하게 찬사를 표한다.
3) 대화의 3/4을 정중하게 찬사를 표한다.

요소접근법의 사용은 진전상황을 기록하는 방법과는 약간 다르다(부록 4의 진도표 샘플 참조). 표적행위를 실행에 옮기는 빈도수를 그래프로 나타내는 것 외에, 중간 단계들을 분리하여 기록할 필요가 있다. 왜냐하면 중간 목표들은 최종목표보다 더 다양한 측정단위를 요구하기 때문이다. 만일 요소접근법을 사용하려 한다면 중간 단계들을 기록하기 위하여 부록 3에 있는 보조차트를 사용하도록 한다. 중간 단계에 대하여 관심을 쏟는 동시에 최종목표를 측정하고 있는 그래프도 눈여겨 보아야 한다. 그렇게 함으로써 선택한 중간 단계들이 실제로 좋은 디딤돌인지 아닌지의 여부를 알게 될 것이다. 왜냐하면 각 요소에 대해 점차적으로 숙달되어 갈 때 최종목표의 빈도수가 증가하는 것을 살펴보기 시작해야 하기 때문이다.

5) 종합(Combination)

가장 효과적인 일련의 중간 단계들을 설정하기 위해서 어떤 경우에는 접근방법들을 둘 또는 그 이상 결합하는 것이 바람직할 수도 있다. 자신의 의견과 요구사항을 좀 더 강력하게 남편에게 알리고 싶어했던 Marge의 경우를 상기해 보자. Marge는 그녀 자신을 강력하게 알리기로 단단히 마음먹었으나 그녀의 남편이 자신의 의견에 대해 강한 반발을 보이자 현명하게도 자신의 행동을 점진적으로 변화시켜 나갔다. 이 장에 기술되어 있는 점진적인 접근방법은 남편이 새로운 대화 스타일에 적응하기 쉽게 해주었고 그와 동시에 Marge에게는 좀 더 도전적으로 자기표현을 하기 이전에 자신을 쉽게 나타내는 여러 기법에 익숙해지도록 해주었다.

처음에 Marge는 단순한 빈도 접근방법을 통해서 목표에 도달하려고 생각했다. 이 방법은 점차적으로 자신의 의견이나 요구사항을 점점 자주 표현해 나가는 것이지만, 그녀의 남편이 어떤 특정한 내용에 대한 자기표현을 좀 더 잘 받아들인다는 사실을 이용하지는 못했다. 그래서 그녀는 상황 접근방법과 빈도 접근방법을 결합시켜서 아래 보이는 바와 같은 체계를 개발해 냈던 것이다. 똑같은 방식으로 여러분은 중간 단계들을 완성시키기 전에 위의 모든 방법들을 고려할 것을 명심해야 한다.

□ 결합접근법(Marge의 경우)

표적 행위

    대   상 : 남편

    상   황 : 서로 의견일치가 되지 않을 때, 그리고 다시 간호사로 일하고자 한다는 이야기가 나올 때

    희망행동 : 남편이 나를 이해하고 있구나 하는 만족을 느낄 때까지 내 입장을 표현하고자 한다(동시에 그의 입장도 경청하면서).

출 발 점

    의견이 대립되는 경우 중 15%만 거리낌 없이 털어놓고 이야기한다. 그리고 간호사 일에 관한 문제는 더 이상 얘기하지 못한다.

표적 빈도수

    의견이 대립되는 경우의 80%정도를 거리낌 없이 털어놓으며 이야기하고자 한다. 그리고 간호사 일에 관한 문제가 언급되어야 할 만큼 중요하다고 느낄 때에는 언제든지 거리낌 없이 이야기 하고자 한다.

중간단계

    1. 사소한 의견대립이 있는 그 시간 중 25%의 시간은 내가 이야기를 한다(한가한 저녁을 보내는 방법, 최근 사태에 관한 애기 등).

    2. 사소한 의견대립이 있는 그 시간 중 40%의 시간을 내가 이야기

한다.
3. 사소한 의견대립이 있는 그 시간 중 60%의 시간을 내가 이야기한다.
4. 사소한 의견대립이 있는 시간 중 80%의 시간을 내가 이야기한다.
5. 주된 의견대립 시간 중 25%를 내가 이야기한다(자녀 교육문제, 경제적 수입, 미래의 우리 부부의 관계 등).
6. 주된 의견대립의 35%를 내가 이야기한다.
7. 주된 의견대립의 45%를 내가 이야기한다.
8. 주된 의견대립의 55%를 내가 이야기한다.
9. 주된 의견대립의 65%를 내가 이야기한다.
10. 주된 의견대립의 75%를 내가 이야기한다.
11. 주된 의견대립의 85%를 내가 이야기한다.
12. 적당하다고 생각될 때마다 간호사로 다시 일하는 것에 대한 나의 느낌을 표현한다.

최종목표 지점에 도달하는데 가장 중요한 역할을 할 가장 큰 기회를 주는 일련의 디딤돌에 도착하기 위해서는 각 접근방법의 가장 유용한 특징을 사용해야 한다는 점을 명심해야 한다.

B. 몇 마디 충고

조금 있으면 자기수정 계획의 중간 단계를 설정하게 될 것이다. 이러한 목표들은 신성불가침적인 영역이 아니므로 일단 설정되었더라도 필요하다고 인정되면 계획 중의 어떤 부분이라도 자유스럽게 변경시킬 수가 있다.

만일 한 단계에서 다른 단계로 넘어가는데 어려움이 있다면 쉽게 넘어갈 수 있게 각 단계 사이의 간격을 줄일 수도 있고, 반면에 진전이 아주 빠르다면 몇몇 하위목표를 삭제하고서도 쉽게 진전이 이루어질 수가 있다.

좀 더 기능적인 순서로 각 단계를 재조정할 수도 있다. Dave의 경우를 예로 들면, 그는 진실한 찬사를 표함으로써 대화를 진행하는 것이 상대적으로 쉽다는 것을 발견했기 때문에 어떤 내용 하나를 끝까지 놓치지 않겠다는 목표 하에 찬사의 목표를 설정해 놓았다.

마지막으로 계획을 시작한 후 최종목표를 다시 결정지을 수도 있다. 낯선 사람에게 좀 더 자주 접근하기를 원하는 많은 독자들이 나중에 그 같은 우정의 예비교섭이 때로는 노력할만한 가치가 없다는 것을 발견하고 좀 더 제한된 숫자의 사람들에게만 접근하기로 마음먹는 경우가 있다.

지금은 표적행위에 점차적으로 다가가기 위하여 통과해야 할 중간목표들을 설정할 때다. 중간목표들을 설정하기 위해 여러가지 방법을 검토한 후 자신에게 가장 적절한 방법을 한가지 선택하시오. 각 목표마다 성공할 수 있도록 목표사이에 적당한 간격을 두어야 한다. 기준선 바로 위에서 시작하고 단계는 작게 잡을수록 좋다는 점을 명심해야 한다. 자신의 '자기수정 진도표'에 선택한 단계들을 지금 연필로 써 놓으시오(나중에 수정할 수도 있음).

---

4. 중재계획(The Intervention Plan) : 바라는 행동의 강화

A. 보강재의 필요성

제 3장에서도 읽었듯이 어떤 행동은 강화되었을 때 좀 더 자주 일어나기 쉽다. 이 강화의 원칙은 왜 인간이 자기표현적으로 행동하는가 설명해 주는데 즉 그렇게 행동한데 대해서 어떤 보상을 받기 때문이다. 때때로 이러한 보상은 새로운 사람을 만난다거나, 옛 친구들에게 보다 더 가까워지는 등 사교상의 이득을 가져오기도 한다. 다른 경우에는 그 보상이 물

질적인 경우가 되는 수도 있다. 예를 들면 피고용인을 다스리거나 상품을 판매하는 탁월한 능력에 대하여 더 많은 봉급을 받는 경우이다. 또 다른 경우 그 보상은 자기 자신을 잘 표현했을 때나 각자의 신조를 지킴으로써 돌아오는 만족감과 같이 지극히 개인적인 경우도 있다. 어느 경우에 있어서나 요점은 똑같다. 자기표현적인 행동을 할 때 바람직한 결과가 그 뒤를 따르기 때문이다.

그렇다면 왜 사람들은 보다 더 자기표현적인 행동을 하지 않는가? 부록 2에 있는 의사소통 목표목록은 자신이 어떻게 행동하기를 원하는지에 대해 분명히 말해 줄 것이며, 아마 여러분은 그러한 행동의 결과로 생길 보상을 상상할 수가 있을 것이다.

변화시키기가 어렵다고 생각할 수도 있는 이유 중의 하나는 지금 하고 있는 행동에 대해서 어떤 강화를 받고 있기 때문이다. 예를 들면 Carla는 남자친구에게 불만이 있을 때 그녀가 침묵을 지키는 대신 품고 있는 불만을 함께 나누길 원한다고 했으나, 면밀히 검토해 본 결과 불만이나 애정표시를 억누르는 것이 몇 가지의 이익을 가져온다는 점을 터득하게 되었다. 즉, 남자친구는 그녀가 침묵을 지키고 있을 때 그녀를 평소보다 더 주의해서 대해 주었고, 가끔 그녀를 격려하기 위해서 자기의 단점을 자진해서 이야기하였으며, 남자친구가 그녀를 불유쾌하게 만드는데 대해 혼내주는 만족감도 갖게 되었다. 그녀가 한 행동의 결과를 볼 때, 대체로 그녀의 침묵은 못마땅하였을지 모르지만 그 반면 강화된 결과를 얻게 되었다.

때때로 변화시키기 어려운 그 두 번째 이유는 비록 최종목표가 강화된다는 것을 분명히 알고 있다 해도 목표에 도달하기까지 겪어야 하는 일들이 고통을 줄 수도 있기 때문이다. 이 장의 처음 부분에서 남편에게 자신의 요구와 의견을 표현하려고 했던 Marge에 관한 얘기를 상기해 보자. 그녀의 자기표현의 궁극목표는 확실히 관심을 끄는 것이었지만, 그녀는 그 방법을 따르면 남편으로부터 많은 저항을 받게 될 것이라고 정확히 예측했었다. 이와 비슷하게, 중간단계들은 고통을 항상 초래하지 않을

지도 모르지만 때로는 상당한 시간과 에너지를 소모하여 행동을 헤아려 보고, 그래프를 그려야 할 만큼 노력할 가치는 없는 것처럼 보이기도 한다. 이 중재계획의 목적은 위와 같은 문제점들을 개선하여 변화에 필요한 모든 단계들을 열심히 따를 수 있도록 하고 출발점에서 목표에 이르기까지의 변천과정에 충분한 활력을 불어 넣어주는 것이다. 여기에 사용되는 방법은 단순한 생각에 근거를 둔 것이다. 즉, 중간 단계에서 확실히 보강될 수 있도록 어떻게 해서든 주위환경을 잘 다루어 나가게 하는 것이다. 목표를 향한 계속적인 접근을 강화시켜 줌으로써 각 단계를 의도적으로 가치 있게 만들 것이다. 주의 받지 않고 스스로 새로운 행동을 유지해 나갈 만큼 충분히 강화될 때를 기다린다. 목표를 향해 계속 돌진해 가기 위해서는 보강재들을 어떻게 선택하고 다룰 것인지 아래에서 얘기하겠다.

B. 보강재의 유형

진전상황을 강화시켜 주기 위해 어떤 보강재들을 사용할 수 있을까? 가장 좋은 선택을 하기 위해선 보강재들을 네 가지 범주 즉, 구체적인 것, 사회적인 것, 활동적인 것, 내면적인 것으로 분류하는 것이 유용하다.

1) 구체적인 보강재: 물질적인 것들이 이에 속한다. 예를 들어, 음식은 많은 사람들에게 강력한 보상이 된다. 또 사람들은 말할 것도 없이 표적행위를 실행에 옮기는데 훌륭한 보상이 될 어떤 특별한 것들을 지니고 있다. 옷 매무새, 머리모양 등과 같이 개인적 용모를 개선시켜 주는 것들이 있다. 유쾌한 활동에 사용할 수 있는 품목들도 보강재가 될 수 있다. 예를 들면, 신간서적, 레코드, 악보, 운동장비 등은 바라는 행동을 많이 하도록 용기를 북돋아 줄 보강재가 된다. 아마 활력을 불어넣어 줄 수 있는 다른 구체적인 항목들도 생각해 볼 수 있는 것이다. 연습문제 Ⅳ-3에 있는 보강재 목록을 창조하면 가능한 항목들을 찾는데 도움이 될 것이다.

2) 사회적 보강재: 명칭이 암시하듯이 사회적 보강재는 바람직하다고 생각되는 타인의 행동방식을 말한다. 찬성, 신체적 애무, 대화, 미소 등은 모두 사회적 보강재의 보기에 속한다. 가장 결정적인 사회적 보강재는 새

로운 대화기술을 습득하게 되는 것이며, 일단 보다 단호하게 자기를 표현하게 되면, 계획에 포함되어 있지 않는 사람들로부터도 자동적으로 받게 될 것이다. 그러나 지금은 바라는 행동을 강화하기 위해 다른 사람들의 협력을 얻어야 한다. 대부분의 경우, 사람들은 당신을 칭찬하고 호의를 베풀어주는 등 당신의 대화기술이 향상되는 것을 도와줌으로써 기뻐하게 될 것이다. 그 이유는 당신의 대화기술이 개선되면, 가끔은 그들을 도와줄 수도 있기 때문이다. Carla는 남자친구와의 관계에서 그녀가 직면하고 있는 문제들을 이야기할 때마다 남자친구가 그녀를 격려해 줄 수 있게 되어서 기뻤다. 이러한 보상은 Carla가 마음을 털어놓을 수 있도록 그녀를 고무시켜 주었을 뿐만 아니라 격려해 주면서 이야기를 나누는 유쾌함은 그들의 대화를 보다 빨리, 보다 원만하게 끝내도록 해주었다.

3) 활동 보강재 : 몇몇 바람직한 활동은 사회적 보강재보다 처지기는 하나, 하고 싶은 일들을 다시 검토해 봄으로써 새로운 보강재를 생각해 볼 수 있다. 음악회, 영화, 연극 등을 관람하는 것은 가끔은 효과적일 수 있다. 스포츠나 음악활동에 참가하는 것도 유용할 수 있다. 책을 읽고, T.V를 보거나, 단어맞추기 게임 등에 열중하는 것도 역시 기쁜 일이다. 단지 공상에 잠겨 주의를 기울이기만 해도 곧 보강재 목록을 길게 작성할 수 있을 것이다.

평소에 즐길 수 있는 활동목록은 비용이 적게 드는 다양한 보강재가 될 수 있는데, 이는 구체적인 보상을 찾을 수 없는 많은 사람들에 의해 높이 평가될 수 있다. 예를 들면, 산책은 비용이 전혀 안 들면서 매우 가치가 있는 보강재가 된다. 또, 정원가꾸기, 낮잠자기, 일광욕하기, 조깅하는 것 등도 똑같다. 시간에 쫓기는 많은 사람들에게 부담없이 소비할 수 있는 30분 정도의 자유시간은 극도로 매혹적인 보강재라고 생각한다.

비용이 들지않는 보상을 쉽게 찾기 어려울 때 Premack원리를 사용함으로써 보강재들을 찾아볼 수 있다. Premack원리는 최초로 이를 서술한 연구자의 이름을 따라 명명한 것인데, 그 내용은 목표를 실행하는데 있어서 부수적인 것이라면서 예전에는 당연하게 여겼던 행동을 보강원으로 이용하는 것이다. 예를 들면, Alex는 부인에게 "잘 잤오?"하고 유쾌하게 아침인사를 했을 때만 신문을 읽으면서 아침식사를 하기로 했다. Kristin은 매일 수업 중에 정한 양만큼의 질문을 한 후에야 저녁에 조깅하기로 했다.

4) 내면적 보강재 : 보다 효과적으로 의사소통을 함으로써 얻는 만족감이나 자부심, 성취감, 위안감과 같은 감정이 이에 속한다. 자신의 업적을 반드시 인정해 줌으로써 내면적 보강재들을 자기 자신에게 부여하는게 가능하다. 내면적 보강재들은 행동을 유지시켜 나가는데 강력한 영향을 줄 수 있기는 하지만 일반적으로 자기수정 프로그램의 한 부분으로써 부여하기란 상당히 어렵다. 그러므로 보강재는 나머지 세 범주 중의 하나에서 선택하고, 내면적 성취감은 거의 확실히 프로그램의 효력을 지켜주고 더해줄 것이라고 믿을 때 선택하는 것이 현명할 것이다.

C. 보강재 선택의 기준

자기표현 목표를 향해 나가는데 있어서 자신이 선택한 보강재가 가장 효과적이 될 거라는 확신을 얻기 위해서는 보강재를 선택하는 몇 가지 지침들이 있어야 한다.

첫째, 자신에게 중요한 것이어야 한다. 다른 말로 표현하면, 그 보강재를 얻기 위하여 목표행위를 실행에 옮기고 싶어해야 한다. 왜냐하면 다른 사람에게는 원기를 북돋아 줄 수 있을 것같이 보이는 것도 자신에게는 전혀 매력이 없을 수도 있기 때문에 반드시 개인적으로 매력이 있는 것들만 뽑도록 하여야 한다.

둘째, 만족스럽지 못한 방식으로 행동하는 데서 생기는 어떤 이익보다도 더 강력해야 한다. 예를 들면, Carla는 처음에는 새로 나온 레코드앨범을 듣는 것으로 남자친구에 대한 자신의 솔직성을 보상해 주기로 했으나, 침묵으로 그를 어색하게 만드는 즐거움이 어떤 음악보다 훨씬 더 감미롭다는 것을 알았다. 이러한 사실을 깨닫자마자 그녀는 남자친구가 불편해 하는 것을 구경하는 것보다 더 가치가 있는 새로운 보상을 찾기 시작했다.

　세 번째 지침으로 보강재를 얻지 못할 경우 큰 타격을 입을 정도로 중요한 것이어서는 안된다. 예를 들면, 원래 Dottie는 그녀의 아이들이 아침에 자주 보채며 울 때 차분히 응해줄 수 있을 경우에만 점심식사를 하기로 결정했었다. 그런데 이런 식의 보강재는 두 가지 결점이 있다. 첫째, 만약 애들이 울지 않는다면 행동목표 달성을 못하며 배를 곯게 되고 시장끼를 느끼기 시작할 것이고, 둘째, 차분하게 대해주지 못해서 점심을 거른다면 오후에 하는 조교 일에 효과적 기능을 발휘할 수 없다는 점이다. 어떤 보상을 얻지 못해 생기는 결과가 지나치게 불쾌할 것이라면 전망이 너무 가혹하기 때문에 그 보상을 아예 취소시켜 버릴지도 모른다. 다른 말로 하면 앞으로 일하는데 충분히 중요하긴 하지만 없이 살아가더라도 상관이 없는 즐거운 보강 매개체를 찾으라는 것이다.

　넷째, 사용함으로서 효력을 상실해 버리는 것이어서는 안된다. 사실 단한가지 보강재만 사용할 이유는 없다. 보강재가 싫증이 나지 않게 하는 한가지 방법은 다양한 보강재를 제공해 주는 목록을 만드는 것이다. 수업 중에 꼭 참여해야겠다는 한 학생은 선택할 수 있는 보강재 목록을 생각해냈다. 즉 새 과학공상 소설책 구입하기, 오후에 낮잠 즐기기, 친구와 함께 당구 즐기기 등이 나열되어 있는 목록을 작성했다.

　다섯째, 손에 넣기 쉬운 것이어야 한다. 자기표현 행위를 했을 때마다 50달러나 또는 일주일 간의 휴가로서 보상이 바람직할 수도 있으나, 많은 사람들의 재원을 넘어서는 것이 된다. 이러한 한계성 때문에 수많은 유형적이고 활동적인 보강재가 목표행위를 실행에 옮길 때마다 자신에게 보상해 주는 것은 현실적으로 불가능하다고 일단 생각될 것이다. 그러나 다행히도 토큰 보상은 의미있는 항목들을 쉽게 구하게 한다. 이 방법은 바라는 행동을 실행할 때마다 자신에게 점수를 주는 것이다. Bill의 가장 큰 소원은 겨울방학동안 먼 유원지로 스키여행을 가는 것이었다. 여행을 하려면 미리 몇 달 동안 저축해야 했으나 저축하는게 힘들다는 것을 알기 때문에, 그는 일하는 거래처에서 고객들에게 좀 더 미소를 많이 짓겠다는 목표를 절약계획과 서로 결합시켰다. 미소를 지을 때마다 25센트를 자신에게 주었다. 그리하여 8주가 채 되지도 않아 여행하기에 충분한 돈을 저축했을 뿐만 아니라 새 스키 장비를 구입할 돈도 마련하게 되었다.

계획을 좀 더 다양하게 하기 위해서는 바라는 행동을 실행했을 때마다 얻은 점수를 상환해 줄 수 있는 표를 작성하는 것이 좋다. 교사를 하고 있는 Nellie는 학생이 잘한 일에 칭찬을 하게 되면 자신에게 점수를 주었다. 그녀는 다음과 같이 점수를 표시한 계획표를 작성했다.

　1점=30분 동안 일광욕하거나 수영하기
　5점=좋은 음식점에서 점심식사 하기
10점=새 여름 수영복 구입하기
20점=저금한 돈을 찾아 카메라 망원렌즈를 사는 것

효과적인 보강재 선택을 위한 마지막 지침 : 보강재는 가능한 한 바라는 행동에 곧이어 유용하게 쓰여져야 한다. 연구에 의하면 보강재의 효과는 언젠가는 배당금을 받게 되리라고 하면서도 지금 이 책을 저술하는 일이 왜 그토록 힘든지 그 이유도 이로서 설명된다. 내가 지금 이 책을 저술하고 있는 일이 아마 2년은 지나야 이 책에 대한 첫 인사를 받게 될 것 같기 때문이다. 담배, 과자 등과 같은 보강재들은 즉시 보상받기 쉽다. 그러나 식사, 낮잠, 성관계 등으로 바라는 행동을 보상해주는 것은 항상 실제적이 되지는 못한다.

신속하게 보상해주는 방법의 하나는 조금 전에 서술한 점수 표시제를 이용하는 것이다. 나중에 도로 상환 받을 수 있는 점수를 즉시 획득하는 방법은 대개 효과가 있다. 둘째로는 당신의 행동에 대해 하찮지만 즐거움을 줄 수 있는 것을 즉시 보상해주는 반면, 일주일 동안의 중간목표는 좀더 실속있는 것으로 강화시키는 방법이다. 강의시간 중에 "에"소리를 줄이고 싶어했던 한 교사는 이 목표를 학생들과 분담했는데 그들은 각 수업시간이 끝날 때마다 그가 성공했음을 알려줬다. 일주일동안의 전체

"에"발음 수가 중간목표와 맞먹거나 능가할 정도로 줄어들었을 때의 주말에는 스테이크로 저녁을 들면서 자신을 강화시켜 주었다.

□ 연습문제 Ⅵ-3 보강재 목록 □

새로운 대화를 실행함으로서 자신을 강화시켜 줄 수 있는 여러 방안이 있다. 이 목록은 아주 완전하지는 못하지만 명백한 보강재들을 제시해 줌으로서 자신에게 특별히 유쾌한 보강재들이 무엇인가 떠오르게 해 줄 것이다.

1. 각 범주를 보면서 자신을 위해 보강재로 쓸 수 있는 항목을 지적하고 빈칸에는 잠재적인 보강재를 상세하게 적어 채우도록 한다. 예를 들면, '친구방문' 범주에다 한 명이나 둘 정도의 이름을 특별히 적을 수 있고, '독서' 범주에는 애독하는 어떤 특수한 책이나 독서 방법을 기술할 수 있다.

2. 이 목록에 포함되지 않은 보강재가 생각나면 즉시 각 항의 끝부분에 적어 놓도록 한다. 이 목록을 살펴본 후 자기수정 계획에 사용할 수 있는 보강재 목록을 작성할 수 있어야 한다.

A. 물질적 보강재
 1. 음식 : 스낵, 좋아하는 식사. 음료수, 외식
 2. 옷 : 새 옷 사기, 구두 수선 등
 3. 용모 : 머리모양, 화장품, 보석
 4. 실내장식 : 가구, 그림, 꽃, 가정용구, 음악시설(레코드, 스피커)
 5. 책과 잡지 : 소설, 시사기사, 예술, 유모어, 학교
 6. 교통수단(자동차, 자전거, 오토바이 등)을 수선하기, 액세서리 구입
 7. 저축 : 특수한 목적으로, 일반적인 목적으로

B. 사회적 보강재
 1. 다른 사람으로부터 칭찬받는 것
 2. 사랑을 받는 것
 3. 농담을 받아들이는 것
 4. 친구 방문하기
 5. 친척 방문하기
 6. 전화로 이야기하기
 7. 새로운 사람을 만나는 것

8. 기대하지 않았던 선물을 받는 것
9. '내가 너한테 그렇게 말했지' 라고 하는 것
10. 파티를 여는 것
11. 파티에 참석하는 것
12. 데이트 하는 것
13. 부담없는 데이트 하기
14. 기 타

C. 활동보강재
1. 여행 : 하루, 2일, 일주일 등
2. 운동 : 자전거 타기, 테니스, 골프, 수영, 야구, 농구, 축구, 스키, 조깅, 산타기 또는 산책 , 말타기
3. 텔레비젼, 라디오 즐기기
4. 독서하기 : 소설, 시사 기사, 역사, 유머소설, 사상, 전기
5. 영화, 연극, 음악회 관람
6. 매력적인 남자와 여자를 쳐다보는 것
7. 취미 활동 : 재봉, 수공, 수집, 미술, 퍼즐(그림맞추기)
8. 소풍 혹은 캠핑 가기
9. 정원 가꾸기
10. 카드놀이 혹은 윷놀이
11. 음악듣기 : 생음악, 녹음된 음악을 집에서 듣기, 차 속에서 듣기
12. 요리 : 자기가 좋아하는 요리, 남을 위해 요리하기
13. 담배 피우기
14. 자유시간 : 죄책감을 느끼지 않는 한에서 허비할 수 있는 시간
15. 목욕 : 거품 목욕, 샤워, 사우나
16. 낮잠, 늦잠
17. 기타

3. 위 기준에서 일치하는 보강재를 나열하시오. 자신에게 만족스러운 보강재는 자기수정 계획에 가장 효과적인 것이 될 것이다.

4. 이제는 이들 항목 전부나 혹은 일부분을 '자기수정 진도표'에 옮기시오. 원하는 행동을 강화시키기 위해 어떤 것을 사용할 것인지, 또 중간목표에 도달하기 위해 어떤 것을 얻을 것인지 지적하시오. 부록 4에 있는 보기를 참조할 것.

일단 이 장에서 모든 단계들을 끝마쳤다면 자기수정 계획의 조정기간을 시작할 준비가 되어 있는 셈이다. 다시 말하면 지금은 목표행위에 도달하기 위해 보다 더 차근차근 가까이 움직여 나가기 시작할 때이다. 그렇게 할 때 지금까지 기술한 근본적인 단계들을 따르는 것을 기억하라.

-충실하고 정확하게 표적행위가 일어나는 모든 경우를 기록하라. 그리고 매일 그 기록을 자기수정 진도표에 옮겨 적으라. 기억을 믿지 말고, 노력의 결과를 그래프로 나타내기 위해 내일까지 기다리지 말라.

-표적행위가 일어난 후 가능하면 그 즉시 강화시켜라. 자기표현의 결과로 타인 속에서나 개인 성장의 본질적인 감정으로부터 우러나는 호의적인 반응 때문에 자신이 개선되어 나아가고 있다는 것을 느끼게 될지라도 자신을 변화시키기 위하여 이런 힘에 의존하지는 말아야 한다. 의도적이고 충실한 자기강화는 새로운 의사소통 습관을 획득하는데 걸리는 시간 동안 변화를 위해 필수적이고 계속적인 자극을 주게 될 것이다. 새로운 방식으로 행동하기 위해 필요한 보강재들은 현재의 자기표현 양식으로 생기는 이익보다 더 클 것이라는 점을 확신하라. 착실하게 지속적으로 진행시키는 것이 극적인 변화를 시도하다가 실패하는 것보다 훨씬 낫다. 만일 순조롭게 진행되고 있다고 느낀다면 중간 목표달성을 확신할 수 있도록 중간 목표 사이의 거리를 단축시켜라. 현재 진행중인 중간 목표에 도달하기 전까지는 새로운 중간 목표로 넘어가지 말아야 한다.

최종 목표에 도달할 때까지 자기수정 계획을 계속 진행시키시오. 언젠가 어려움을 당하게 되면, 이 장에 있는 내용을 즉시 다시 살펴보고 문제점을 즉각 고치도록 하시오.

5. 처벌과 자기수정(Punishment and Self-Modification)

지금까지는 처벌에 관한 언급이 전혀 없었다. 처벌이 변화를 위한 바람직한 수단이 아니라는 이유는 적어도 두 가지 있다.

첫째, 처벌은 바람직하지 못한 행동을 꺾을 수는 있으나 처벌보다 더 좋은 대안을 가르쳐 주지 않는다. 제3장에서 보았듯이, 처벌에 직면할 경우 사람들은 도피 또는 회피 행동을 함으로써 불쾌한 상황을 제거하게 되며, 보다 바람직한 대안을 반드시 가르쳐 주지는 않는다. 예를 들어, 지나치게 공격적인 방법으로 분노를 표현하여 자신을 심하게 처벌할 경우 분노의 폭발을 줄일 수 있거나, 대신 자신을 더욱 더 강력하게 주장하기조차 할런지 모른다. 또 한편으로는 똑같이 바람직하지 못한 행동, 즉 뾰로통해지거나 빈정대거나 혹은 사람을 피하면서 자신의 공격에 따르는 불쾌한 결과를 피할 수도 있다. 그러나 분명한 것은 이와 같은 경우에 있어서 처벌은 바람직한 결과를 낳지는 못한다는 점이다.

결국 처벌하는 것으로 끝나지 않는 유일한 방법으로 행동하도록 하기 위하여, 새롭고 바람직하지 못한 행동을 처벌하는 것에 대해서는 어떻게 생각하는가? 이러한 전략은 결국에 가서는 효과가 있을지 모르지만, 확실히 덜 효과적이고 시간을 더 많이 소비하게 되기 때문에 원래부터 바라는 결과만 단지 보상하게 될 뿐이다.

처벌을 피하는 또 다른 이유는 상식적인 것이다. 즉, 평소 습관대로 대화를 나누지 못하게 될 정도로 심하게 처벌하는 것은 계획을 전혀 실행에 옮겨 보지도 못하게 하는 것과 다름없는 심한 처벌이 될 수도 있기 때문이다. 자기부정, 불안, 당황으로 끝나버리는 계획에 대해 이런 질문을 떠올리게 된다. "만약 처벌이 자기개선의 방법이라면 누가 이를 필요로 하겠는가?" 보다 나은 대화를 할 수 있게 왜 자신에게 보상해 주지 않는가? 보상해 주면 계획의 지속적 수행에 따르는 전망을 학수고대하며 기다리게 된다.

6. 자기수정에 대한 의문점(Doubts about Self-Modification)

이 장에서 여러가지 방법들을 배우고 나서, 어떤 독자들은 한 두가지 점에 반대하게 될 것이다. 이들은 자기수정 기술의 효과에 대해서는 의심을 하지 않지만, 방법 이면에 있는 철학에 대해서 의문을 갖기도 한다. 그런 의문이 때때로 생기기 때문에 여기서 대답해 줄 필요가 있다고 하겠다.

Q : 자기수정은 속임수가 아닌가?

A : 자기수정은 정확히 말해 주위상황을 통제함으로써 효과를 발휘한다. 그러나 당신은 다른 것들을 변화시키려 하지 않고 자신의 의사소통 개선에만 집중하기 때문에 속임수라든지, 다른 사람들이 알지도 못하게 하거나 그들의 의사에는 아랑곳없이 그들을 통제한다는 얘기는 타당하지 못하다. 목표를 세우던 바로 그 신중함에서 더 나아가 크게 예상되는 결과를 완전히 의식하면서 그 과정을 진행시키면 확실하게 이루어지게 된다.

Q : 왜 이런 단계들을 모두 거쳐야 하는가? 진정으로 변화를 원하는 사람은 복잡하지 않게 변화시킬 수 있을 것 같다.

A : 어떤 사람들은 주위환경이 그들을 복잡하게 하기 때문에 만족스럽지 못한 방법으로 행동하며, 또 어떤 사람들은 단지 습관에 젖어 그렇게 행동한다. 보다 바람직한 대안을 단지 인식하는 것만으로도 변화를 초래하기에 충분하지만, 어떤 경우엔 새로운 길로 접어들기 위해서 후원이 필요하다. 이 장에 있는 방법들은 변화하고자 하는 당신의 첫 노력이 성공할 것을 확고히 후원해 주는 셈이 된다. 자기수정만이 변화의 유일한 방법이라고 말하는 것은 어리석겠지만, 좀 더 잘 의사소통하기를 원하는 것만으로는 충분치 못한 경우에 이 방법이 효과가 있다면 왜 사용하지 않겠는가?

Q : 보강재들에 지나치게 의존하게 되는 위험성은 없는가? 모든 자기표

현의 행위를 보상해야 하는 생활은 끔찍할 것 같다.

A : 목표를 달성한 후까지 의도적으로 자기수정의 방법을 사용해야 할 위험성은 전혀 없다. 왜냐하면, 보다 효과적으로 대화를 나누는 사람이 될 때 증진된 자존심과 자신감에서 생기는 내적 보강재가 더 많을 것이기 때문이다. 좀 더 표현하고 싶은 대로 행동함으로써 생기는 사회적 이익에서 오는 느낌은 자기표현 행동을 유지시키는데 충분한 자극이 될 것이다.

Q : 자기표현의 과정은 아주 기계적인 것 같다. 자기표현대로 나타내는 데 있어서 감정에 대한 언급은 없고 단지 행동에 대해서만 언급한 것 같다. 마음가짐의 변화없이는 어떤 새로운 행동도 단지 가면일 뿐이다.

A : 종종 자기의식적인 연습으로 시작된 자기표현은 곧 진정한 현실로 변한다.

자전거나 스키 타기와 같은 새로운 기술을 처음 배우던 때를 생각하라. 처음 몇 번은 서투르겠지만 강행해 나가면 나중에는 자연스럽게 탈 수 있듯이, 처음으로 시도한 자기표현에 가끔 수반되는 어색한 감정은 곧 사라지고 정말 자신이 있으면 능숙하다는 느낌을 남겨 줄 것이다. 처음에 딱딱하게 느낀다고 괴로워하지 말고 참고 견디어야 한다. 그러면 곧 효과적으로 자신을 표현하고 싶다는 것을 알게 될 것이다.

요 약

본 장에서는 새로운 의사소통 기술을 가르치기 위한 체계적인 방법을 소개하였다. 이 방법은 대부분의 의사소통 목표에 도달할 수 있도록 도움을 주는데 효과적이긴 하지만, 다음과 같은 경우에 가장 적당하게 사용된다. 첫째는 자기개선을 위한 최초의 시도를 하려는데 자기 자신을 강화시킬 가망성이 거의 없을 때이고, 둘째는 어떤 기술이 너무 복잡해서 단순한 모델의 관찰, 행위연습, 지도, 둔감화 등과 같은 방법으로 배울 수가 없을 때이다.

자기수정 방법은 4가지 기본단계로 구성된다. 첫째, 목표 행위를 정한다. 둘째, 시도하기 전에 표적행위 실행빈도수로 구성된 기준율을 측정한다. 휴대하기 간편하고, 지나치지 않으며 하기 쉬운 행동 계산과 기록방법을 개발하는 일이 요구된다. 셋째, 기준율과 목표사이의 간격은 실제로 성공을 보장하기에 충분할 만큼 적당한 중간 단계들로 나눈다. 넷째, 목표에 지속적으로 다가가는 모든 경우를 강화시켜 줄 수 있는 보상체계를 고안한다. 행동변화를 위한 수단으로 사용하기에 이러한 보강재들은 처벌보다 훨씬 바람직하다. 보강재는 단순히 구태의연하고 바람직하지 못한 자신의 행동을 감소시켜 줄 뿐 아니라 새로운 기술을 가르쳐 줄 수 있기 때문이다.

제 3 부
구체적인 적용
(SPECIFIC APPLICATION)

다음 3개의 장은 자기표현과 관련해 가장 흔히 일어날 수 있는 몇 가지 문제 즉, 관계를 맺고 대화를 나누는 것, 감정을 표현하는 것, 비판에 대처하는 것, 갈등을 처리하는 것, 요구하는 것, 그리고 다른 이들의 요구를 언제 거절하는 것이 적절한가에 대해 중점적으로 기술하고 있다.

제 2 부에서 다룬 행동을 변화시키는 방법과 제 3 부에서 다룰 구체적인 조언을 결합시키면 대화 기술을 향상시킬 수 있는 좋은 기회가 될 것이다.

그 이외엔 오직 각자의 노력과 부지런함이 필요할 뿐이다.

제 7 장
대화기술을 통한 인간관계의 정립
(Establishing Relationships through Conversation Skills)

내가 지도해 온 자기표현 훈련집단 (assertiveness-building group)에서 가장 빈번히 언급되는 목표는 보다 훌륭한 대화자가 되고 싶다는 소망에 관한 것이다. 남녀노소를 불문하고 누구나 한결같이 이 기술은 배우길 원하는 것 같다. 신체적 조건이나 학력 또는 수입도 별 문제가 되지 않는 듯하다. 거의 누구나 훌륭한 대화를 할 수 있기를 바란다. 사실 최초의 접촉이나 그에 따른 접촉도 대부분은 언어를 통해서 이루어지므로 이같은 바람은 일리가 있다. 그러므로 원만하고 유익한 관계를 맺고 또 유지시키는데 잘 대화하고 지속해 나가는 능력이 왜 필수적인지 쉽사리 이해할 수 있을 것이다.

주의사항 : 여기에 있는 내용으로 도움을 받을 수는 있지만, 그렇다고 어떤 경우에나 완벽한 대화자로 만들어 주는 것은 아니라는 점을 명심해야 한다. 언제나 자신감이 넘치고 능숙한 대화자라 할지라도 항상 잘 해낼 수는 없다. 어떤 특정한 만남이 잘 이루어지지 않는 데는 여러가지 이유가 있다. 때로는 단순히 공통 관심사가 없기 때문에 다른 사람들과 어울리는 것에 흥미를 느끼지 못할 수도 있다. 또 상대방이 어떤 이유로 선입관을 갖고 있다든지 혹은 단순히 비사교적인 성격 때문에 대화를 원치 않을 수도 있다. 마지막 이유로는 당신이 그 상황을 잘 처리할 수 없기 때문이기도 하다. 이같은 예를 가지고 짜증나게 하고 싶지는 않다. 단

지, 여기에 있는 대화기술은 의사소통의 전반적인 효과를 증진시켜 준다는 것이지 어떤 경우에나 완벽을 보장하지는 않는다는 점을 명심해야 한다. 다른 어떤 일이 아닌 대화에 있어서 언제나 성공적으로 해내는 것은 현실적이지도 않을 뿐더러 그럴 필요도 없다. 야구선수는 3회에 한 번 꼴로만 훌륭히 쳐내서 3할 3푼의 타율로 올스타가 될 수도 있다. 또 훌륭한 사업가는 손해보다는 좀 더 많은 이익이 남는 일에 투자해서 부자가 될 수도 있다. 이들이 완벽을 기대하지 않으며 그럴 필요도 없는 것처럼 당신도 완벽을 기대할 필요는 없다.

1. 의사소통의 여러 단계(Levels of Communication)

대화(conversation)라는 말은 사실상 몇 개의 매우 상이한 형태의 상호작용을 포함한다. 이 단계들을 인식하지 못하면 전파가 교차하는 식의 대화가 되기 십상이어서 두 사람이 같은 주제를 얘기하는 것같이 보이지만 그 파장은 명백히 다른 생활이다. 이 여러가지 형태를 구별하는 것이 다음에 나오는 내용들을 이해하는데 매우 중요하므로 여기서 이야기하기로 하겠다.

한 원점을 둘러싸는 4개의 동심원을 그린다고 하자. 이 원점은 각자의 근본성질-신념, 기질, 장점, 단점, 좋아하는 것, 싫어하는 것, 각자가 독특하게 지닌 모든 중요한 사실과 특색, 그것들이 하나로 뭉쳐진 것을 나타낸다고 가정하자. 만약 단번에 타인과 완전한 교류나 공감이 가능하다면, 결과적으로 상대방이 이 원점에 담긴 모든 것을 안다는 말이 된다. 대부분의 경우, 이런 식의 강하고 직접적인 교류나 공감은 시간이 흐르고 신뢰가 깊어짐으로써 가능하기 때문에, 남에게 자신을 알게 하는 방법은 이 원점을 둘러싸고 있는 여러 단계의 정보를 제공하는 일이다. 이 각각의 단계들을 살펴보고 그 속에 포함된 내용을 알아보도록 하자.

A. 일상적인 대화

원점에서 가장 멀리 떨어져 있는 층은 일상적인 대화가 오가는 층이다. 예를 들면 "어떻게 지내십니까?", "잘 지냅니다." "언제 한 번 얘기 좀 합시다." 등.

이와 같은 대화는 글자 그대로 받아들여지기를 바래서 나누는 말들이 아니다. 사실 일상적인 "안녕하십니까?"라는 인사말에 대해서 강의나 마음의 상태, 애정생활 그리고 경제적인 문제들에 관한 긴 말로 대답한다면 상대방은 퍽 놀랄 것이다. 그러나 이런 일상의 대화를 무의미한 것으로 받아들인다면 그것 또한 실수다. 왜냐하면 이것들은 여러가지 유용한 기능을 수행하기 때문이다. 예를 들어서, 이런 대화는 두 사람에게 서로를 헤아리고, 더 깊은 얘기를 나누는 것이 좋을 것인지 아닌지를 결정할 시간을 준다. 첫 인상이란 대개 그가 무슨 말을 했느냐 보다 무언중에 풍기는 상대방의 성격에 의해 좌우된다. 시선 마주치기, 목소리, 얼굴표정, 자세 등등의 것들이 때로는 대화의 초기에서 한 말보다 더 많은 사실을 이야기해 준다. 이러한 무언의 대화가 지닌 가치와 "제가 당신과 가까워지기 위해 저를 열어 보이기 전에 당신을 살펴볼 시간을 좀 갖고 싶습니다."라고 말했을 때의 부자연스러움을 생각해 보자. 이렇게 몇 마디 주고 받는 대화는 최초의 단계에 손쉽게 돌입할 수 있게 해준다는 걸 알 수 있다.

일상적인 대화는 또한 보통 우리가 노골적으로 할 수 없는 것-예를 들면, "난 당신이 누구인지 안다."라는 것(아는 두 사람이 서로 지나칠 때)-을 암암리에 알리는 구실도 한다. "괜찮으시다면 얘기를 나누고 싶습니다." 혹은 "가볍고 공적인 대화만 하도록 합시다. 지금으로선 나 자신을 드러내 놓고 싶지 않습니다." 등도 일상적인 대화가 자주 암암리에 내포하는 내용이다. 일상적인 대화는 여러 가지 다른 비언어적인 신호를 수반해서 "무례를 범하고 싶진 않습니다만, 지금으로선 제게서 좀 떠나 주셨으면 좋겠는데요"라고도 말할 수 있다. 이 모든 경우에 대화는 사람들 사이를 원활하게 하고 앞으로 있을 보다 더 깊은 대화를 지시하며 가치

있는 암호와도 같은 기능을 수행한다.

이제 대화의 처음 몇 분간은 그 내용보다는 서로를 헤아리는 기회라는 점에서 더 중요하다는 것을 알게 되었다. 이것이 사실이라면 단 몇 분 동안이라도 시시한 화제를 나누느라 신경 쓸 필요가 없다. 사실, 이 기술은 말보다는 행동이 더 중요한 시점에서 '뭔가 근본적이고 개인적인 이야기를 해야 하지 않을까'하는 압박에서 벗어날 수가 있기 때문에 매우 유용하다.

Lange와 Jakubowski(1976)에 의해 개발된 다음에 나오는 연습을 시도해 보면 혼자서 혹은 자기표현 집단에서 보다 더 손쉽게 초기의 대화를 시작하는 방법을 배울 수 있다. 연습을 해 보려면 두 사람이 더 있어야 한다.

1. 셋 중에서 한 사람을 화자(speaker)로 정한다. 나머지 둘은 청자(listener)가 된다.
2. 화자는 카드에 적힌 무의미한 화제들 중 하나를 선택한다(Lange와 Jakubowski는 크리넥스 화장지라든가, 빨래집게, 핀, 일반화장지와 같은 걸 추천한다.)
3. 그러면 화자는 이런 화제에 대해서 1~3분 정도 잠시 이야기한다.
4. 세 사람의 참가자가 모두 화자 역을 한 다음, 그들 행위 중에 비언어적인 효과에 대해 서로에게 기본적인 개념을 알린다(이 단계에서 사용되는 유용한 방법은 연습문제 Ⅲ-2에 있는 자기표현의 비언어적 요소와 음성적 요소의 점검표를 살피는 것이다). 어떤 형태의 행위연습에 있어서나, 개선의 여지를 제시하기 전에 각자의 행위에 긍정적인 초점을 맞추는 것이 중요하다.

이 연습은 최초의 몇 분 동안의 대화에 있어서 재미와 자신감을 한층

더 갖게 해준다.

B. 사실

일상적인 대화의 단계에서 의사소통 모델의 내부로 한 걸음 더 들어가면 '사실'을 주고받는 단계가 된다.

보기 : -아마, 시내의 차고에서 차를 고칠 수 있을 텐데요. 재생 발전기가 필요한 것 같군요.
   -저는 캘리포니아에 있는 조그만 대학의 교수입니다.
   -만약 이번 주말에 등산을 가면 비를 만나게 될 텐데요.

비록 처음엔 비개인적인 대화로 보이지만, '사실'이란 상대에 관해서 많은 것을 알려 줄 수 있다. 그러므로써 앞으로 나눌 대화 기초를 마련해 준다. 예를 들어 위의 세 가지 진술에 관해서 생각해 보자.

-화자는 그 동네를 잘 알고 있으며, 또한 차에 대해서도 최소한의 것을 알고 있다는 사실을 알 수 있다. 만약 둘 중 하나의 주제에 흥미를 느낀다면 그것을 대화의 실마리로 잡을 수 있을 것이다.

-화자는 지식층에 속해 있다. 당신은 어떤가?

대학에 관해서 뭔가 얘기를 나누고 싶다거나, 캘리포니아에 대해서 물어보고 싶은 것은 없는지? 바로 지금이 기회이다.

-산에서 비가 오리라는 걸 화자는 어떻게 알고 있을까?

아마 일기예보를 듣고 안 것인지도 모르나 그것은 별로 얘기할 거리가 되지 않는다. 반면에 상대는 당신이 가려고 하는 지역을 잘 알고 있는 것인지도 모른다. 뭔가 공통의 관심거리를 갖고 있는 셈이 된다.

사실은 그 자체로도 흥미로울 수가 있다. 또한 그 상대방과 관계를 맺는 것이 과연 가치가 있는지 여부를 판정하는데 있어서도 훌륭한 단서가 된다.

C. 의견

한층 더 화자의 개인 중심부로 접근해가는 단계가 의견이다.
- 나는 매번 선거 때마다 대의명분을 내걸고 꼭 입후보 했었습니다. 그러나 정치란 매우 더럽다고 생각해서 이젠 투표조차 않는답니다.
- 멕시코 음식을 좋아하신다면, Lupita식당에 가보시는 게 어때요. 매우 훌륭하죠!
- Jack은 사기꾼인 것 같아.

이런 식의 의견제시가 상대에 대해서 매우 많은 것을 알려준다는 것은 명백하다. 다시 말해서 일상의 대화나 사실보다도 훨씬 더 많은 것을 알려준다. 만약 화자가 그 주제에 관해서 어떤 입장을 취하는지 안다면, 둘의 대화가 어느 정도 가능성이 있는지를 좀 더 확실히 알 수 있게 되는 것이다. 같은 식으로 자신의 개인적인 의견을 말할 때마다 다른 사람들에게 서로의 대화를 지속시키기 위해 그들이 반응을 보일 수 있는 자료를 제공해 줄 뿐만 아니라, 자기 자신에 대해서도 중요한 정보를 제공하는 셈이 된다.

D. 감정

대화의 네 번째 단계이면서도 개인의 중심부에 가장 가까운 단계는 감정의 영역이다. 언뜻 보기에 감정의 단계는 의견의 단계와 같아 보일지 모른다. 그러나 큰 차이가 있다. 위에서 우리가 보았듯이 "Jack은 사기꾼인 것 같아"라는 건 의견이다. 그러면 이 판단 위에서 이루어지는 세 개의 다른 감정을 살펴보면서 화자에 대해 얼마나 많은 걸 알게 되는지 살펴보자.
- Jack은 사기꾼인 것 같아. Jack이 내 앞에서 거짓된 행동을 한 것을 생각하면 슬퍼.
- Jack은 사기꾼인 것 같아. Jack이 나에게 솔직하지 못한 걸 보면 화가 나.
- Jack은 사기꾼인 것 같아. 우리 모두 그의 행실을 알고 있는데도

Jack이 설치는 걸 보면 불안하단 말야.

일단 의사소통 4단계의 차이를 알고 나면, 대화를 지속시키는 것이 어려운 이유를 쉽게 알게 된다. 어떤 때 화자들은 배타적이어서 사실의 단계에 머물러 있기도 한다. 사업상의 관계라면 그렇게 하는 것이 알맞을 테지만 대부분의 경우에선 그렇지 않다. 심지어 어떤 사람들은 일상적인 대화의 단계조차 결코 벗어나는 법이 없다. 그리고 식이요법이 너무 지나쳐서 그릇된 효과를 보기도 하는 것처럼, 감정과 의견을 지나치게 드러내는 것도 불쾌할 수 있다. 상황변화에 따라 화자들이 한 단계에서 다음 단계로 차례로 넘어간다면 대부분의 경우 성공적인 대화가 이루어진다.

또 두 대화자가 서로 다른 단계에서 관계 맺기를 원하고 있을 때에 흔히 문제가 일어난다. 상대가 개인적인 감정을 드러내기를 원하는 반면에, 이 쪽에선 단지 사실이나, 때로는 의견 정도까지만 다루기 원한다면 결과는 서로에게 불편할 따름이다. 다음의 파티에서 Jack과 Roger의 만남을 생각해 보자.

J : 안녕하세요. 내 이름은 Jack입니다.
    처음 뵙는 것 같은데요.(일상의 대화)

R : Roger입니다. 만나서 반가워요. (일상의 대화)

J : 여기 아는 사람 있어요? 난 방금 옆집에 이사 왔거든요. 그래서 주인을 빼놓고는 아무도 몰라요. 그의 이름이 뭐더라…… Lou이든가?
    (사실)

R : Lou 맞아요. 난 아내와 같이 왔어요. 저기 보이는 사람이죠. 그리고 우린 몇몇 사람들을 알고 있죠.
    (사실 : 둘 다 여기까지는 자연스럽다)

J : 저도 아내가 있었죠. 그러나 헤어졌어요. 그녀는 사실 날 배반한거죠. (사실과 의견)

R : 그래요?(일상대화 : 그는 이 말에 대해 어떻게 반응해야 좋을지 모르고 있다)

J : 네 모든 일이 잘 되어 나갔죠. 그렇게 생각했어요. 그런데 어느 날

그녀가 담당 의사하고 사랑에 빠져서 이혼하고 싶다고 말했어요. 난 아직도 아내에게서 헤어나지 못하고 있어요.(사실 그리고 감정).

R : 아, 네, 안됐군요(일상대화 : Roger는 이제 매우 불편해졌다.)

J : 이제 다시는 여자를 믿지 못하리라고 생각해요. 아직도 그녀를 사랑하고 있다는 사실이 나를 괴롭히고 있어요. 그녀는 정말 내 가슴을 찢어 놓았어요. (감정과 사실)

R : 죄송합니다. 가봐야 되겠네요. (일상대화)

분명히 Jack은 Roger가 미처 받아들일 준비가 되어 있기 훨씬 전에 이미 감정을 나누는 단계까지 갔다. 만약 이것이 훨씬 후에 이루어졌다면 이런 대화는 우정에 도움을 주었겠지만, Jack이 너무 빨리 다가갔기 때문에 Roger를 당황하게 만들었을 뿐이다. 지나치게 빨리 다음 단계로 발전하게 되면 상대방이 불편해지는 위험성이 있다는 걸 기억해야한다.

□ 연습문제 □ Ⅶ - 1

방금 읽은 대화의 여러 단계 사이의 차이점을 구별하는 능력을 테스트 해 보시오. 다음 보기에 있는 공란에 각 영역에 따른 자신의 진정한 반응을 쓰시오.

<보기> 주제 : 작가와 그의 작품

a. 사실
  1. 내가 쓴 두 번째 책이다.
  2. 첫 번째 책은 개인간의 의사소통에 관한 교과서였다.
  3. 노력한 대가로 지난 여름에 캐나다 여행을 할 수 있었고 장마철이 되기 전에 지붕을 수리할 충분한 돈이 남게 될지 모른다.

b. 의 견
  1. 나는 그 책들을 쓴 보람이 있다고 생각한다.
  2. 책을 쓰기 위한 연구의 결과로 훌륭한 교사가 되었다고 생각한다.
  3. 나는 글 쓰는 시간과 빈둥거리는 시간을 효과적으로 구별하지 못하고 있다.

c. 감 정

1. 일류 출판사가 나의 저작물이 충분히 출판할 가치가 있다고 인정해서 매우 자랑스럽게 생각하며 만족한다.
2. 출판사의 마감 전까지 이 원고를 끝낼 수 있을지 점점 불안해진다.
3. 이제 쓰는데 진력이 난다. 오늘과 같이 맑은 날은 해수욕장에서 보내고 싶다.

1. 주제 : 자기표현 훈련
    a. 사 실
        ㄱ.
        ㄴ.
        ㄷ.
    b. 의 견
        ㄱ.
        ㄴ.
        ㄷ.
    c. 감 정
        ㄱ.
        ㄴ.
        ㄷ.
2. 주제 : 인생에서 앞으로 5년
    a. 사 실
        ㄱ.
        ㄴ.
        ㄷ.
    b. 의 견
        ㄱ.
        ㄴ.
        ㄷ.
    c. 감 정
        ㄱ.
        ㄴ.
        ㄷ.
3. 주제 : 이 나라 정부의 현 상태
    a. 사 실
        ㄱ.

ㄴ.
　　　ㄷ.
　　b. 의 견
　　　ㄱ.
　　　ㄴ.
　　　ㄷ.
　c. 감 정
　　　ㄱ.
　　　ㄴ.
　　　ㄷ.

2. 대화기술(Conversation Skills)의 문제

　의사소통의 4단계를 구분할 수 있게 됐으니, 이젠 다양한 구체적인 기술들을 어떻게 대화에 적용시켜 사용하느냐를 알아 볼 차례다. 이제까지 읽어 온 대로, 이 리스트가 모든 사람이 따라야 할 오직 하나의 대화 스타일이 있을 뿐이라는 걸 의미하지는 않는다. 관계를 맺는데 가장 효과적인 스타일은 다른 어느 누구의 것도 아닌 각자의 행위에 독특한 것이어야 한다. 이 이상의 진리는 없다. 대화 스타일은 실상 누구와 함께 무엇을 하고 있느냐, 어떻게 느끼고 있느냐에 따라 그때마다 달라지는 것이다. 이 장에서 제시하는 내용을 살펴보면 알겠지만, 이것들은 오직 각자가 그것들을 사용하여 자기만의 독특한 대화스타일을 만들 수 있도록 하는 자원에 지나지 않는다. 여러 사람이 똑같은 벽돌과 콘크리트, 나무, 유리를 가지고 전혀 스타일이 다르면서도 아름다운 집을 짓는 것과 마찬가지로 여기에 있는 아이디어를 사용하여 개성에 맞는 타인 접근방법을 개발할 수 있다.

　또 한가지는 다음의 기술들을 실행에 옮길 때 좀 어색하게 느낄지도 모르겠다. 스케이트나 자전거 타는 법을 배운 사람이라면, 맨 처음의 서

툴렸던 시도를 자연스럽고 세련되게 바꾸어 준 것은 훈련과 인내력이라는 사실을 기억할 수 있다. 대화하는 능력을 확고히 다지는데 있어서도 마찬가지다. 하룻밤 사이에 완벽해지기를 기대해선 안 된다.

제4장부터 6장까지 나온 원리들을 생각하라. 즉 자신에게 현실성이 없는 요구를 하지 말라. 시작할 때는 다음 중 하나만을 우선 택하는 편이 현명하다. 만약 개방적인 질문부터 시작하기로 하였으면 하루에 한번 혹은 한 대화에 한 번만 시도해 보라. 단 한 발자국이라도 이런 식으로 나갈 수 있다면 옛날의 대화방식에서 발전됐다는 걸 기억해야 한다. 그래서 점차 자유자재로 사용하게 되면 그 기술은 더욱 자주 사용하게 되고, 어느새 자연스러워지게 될 것이다.

이번 장과 책 내용 전체와의 연결을 위해서, 마지막으로 대화란, 사실 모든 의사소통이 다 그렇지만 기술인 동시에 과학이라는 점을 말해야겠다. 앞서 든 예로 말해 본다면, 거의 모든 사람들이 훈련과 지도를 잘 받아 훌륭한 빙상선수는 될 수 있어도, 올림픽에 참가할 정도로 아주 잘하는 사람은 거의 없다는 것이다. 문제는 완벽한 대화자가 되느냐 안 되느냐 하는 점이 아니고 능력의 한도 내에서 얼마나 능숙하고 자유스럽게 대화를 구사하는 사람이 되느냐 하는 점이다.

A. 대화의 시작

대화(혹은 관계)는 우선 공통 관심사의 추구라고 볼 수 있다. 그렇다고 맘에 드는 사람들만 만나라는 걸 의미하지는 않는다. 왜냐하면 그런 대화는 곧 싫증나게 마련이기 때문이다. 그러나 대화를 시작하기 위해선 최소한 같은 화제를 나누는데 관심이 일치해야 한다.

다음 제안들은 분명 대화를 시작하기 위한 전략이라고 할 수 있다. 이 제안들의 목적이 모호하다고 할지라도, 진짜 목적은 대화를 트는 것이다. 너무 교묘한 방법일까? 그럴지도 모른다. 그럼 그렇게 하는 것이 나쁜가? 그렇지는 않다고 생각한다. 실제로 잘 이루어지지 않는 대화가 많고 이런 경우 대부분 둘 중 어느 누구도 대화를 지속시키는 방법을 모르기 때문에 일찍 대화가 단절되고 만다. 이 처음 단계의 불편을 극복하고 더 나아가서 서로를 알게 만드는 방법은 어떤 것이든 유용하다. 다음의 모든 접근방법들은 꽤 잘 알려진 것이므로 쉽게 알 수 있을 것이다. 만약 상대방이 당신의 시도에 반응을 보인다면 그 방법을 계속하라는 신호나 다름없다. 그렇지 않을 경우, 다음 사항들을 확실히 알아두어야 한다.

1) 기본자료

어쨌든 서로 관심이 있는 화제부터 시작해야 하므로 Zunin(1972)이 말하는 자신의 이름과 사는 고장과 같은 정보를 교환하면서 대화를 시작하는 것이 좋다. "성함이 어떻게 되세요?" "무슨 일을 하십니까?" "고향이 어디세요?" 이런 질문들은 매우 기초적이긴 하지만, 이들이 알려주는 사실들은 우리 생활의 많은 부분을 차지한다. 단순히 정보를 제공하는 것일 수도 있으나, 다음과 같은 대화는 계속 얘기할 수 있는 공통의 화제를 제공하는 기회가 된다.

A : 안녕하세요. 저는 Alyx입니다.
B : 안녕하세요. Brian입니다.
A : 첫 학기십니까?
B : 네, 당신은요?
A : 저도 역시 그래요. 이 지방 출신인가요?
B : 아뇨. Lorane이라는 Oregon의 작은 도시에서 왔죠.
A : 거기 가본 일이 있어요! 그 교외에 농장을 가진 집을 알고 있거든요. Gowdyville 쪽이예요. 아마 그들을 알런지도 모르겠군요.

2) 가벼운 대화

서로 기본적인 사실들을 교환하는 것 못지않게 서로 공통의 관심사를 나누는데 있어서 약간의 이야기는 관계발전을 위한 도약대의 구실을 한다. 그러나 이것들은 다만, 이야기하고 싶다는 걸 의미하는 사교상의 상투어가 아니라는 것을 기억할 필요가 있다. 다음 보기를 살펴보자.

R : 덥지 않으세요?

L : 딱 좋습니다. 이 날씨는 고향을 생각나게 하는군요. 사막지대에서 왔거든요.

R : 어딘데요?

L : Borrego Springs 근처예요. 정말 그립습니다.

R : 그래요? 난 항상 사막이란 아무 것도 없는 데라고 생각했는데 사막의 무엇이 그렇게 좋은가요? 그건 그렇고 제 이름은 Rob입니다.

L : 제 이름은 Lee입니다. 그러니까 우선 사막은 정말 평화롭거든요.

3) 칭 찬

칭찬만큼 유용한 것은 없다. 그렇다고 해서 마음에도 없는 아첨을 얘기하라는 게 아니다. 아첨은 대개 대화를 더 하고 싶은 마음을 없애버리기 마련이다. 적당한 기회에 진심에서 우러나오는 칭찬이나 감사를 표하는 것은 대화를 트는 좋은 방법이 된다.

- 아주 아름다운 반지예요. 특별히 주문해서 만든 겁니까?
- 이렇게 말해도 될지 모르겠지만, 정말 좋은 목소리를 가졌어요. 노래를 많이 부르시나요?
- 정말 차를 잘 다루시는군요. 나도 언젠가는 새 BMW를 갖고 싶어요.

비록 이런 식의 칭찬은 놀라움을 줄 수도 있으나 받는 사람은 대개 감사히 여기게 마련이다. 때때로 사람들은 이런 때 어떻게 반응해야 좋을지 몰라 쩔쩔매기도 한다(제8장 참조). 그러므로, 이런 말 끝에 세련된 대답을 유도하는 질문이나 다른 말을 곁들이는 것도 좋은 생각이다.

4) 도움의 요청과 수락

도움을 필요로 하는 상황 때문에 어떤 때는 괴로움을 당할 수도 있으나, 때론 사람을 사귀는데 유리할 수도 있다. 도움을 요청하는 것은 대화를 시작하는 쉬운 방법이 될 수 있다.

- 실례합니다. 길을 잃었어요. 도서관에 가는 길을 좀 알려 주시겠어요?
- 절 좀 도와주실 수 있겠어요? 고기를 불에 구우려고 하는데, 어떻게 썰어야 좋을지 모르겠군요.
- 우리는 똑같은 상표의 자전거를 가지고 있군요. 기어를 잘 움직일 수가 없는데, 좀 도와주시겠어요.

마찬가지로 도움을 주겠다는 제안 역시 대화를 유도하는 좋은 방법이 된다.

- 짐 내리는 것을 좀 도와 드릴까요?
- 어리둥절하신가 보죠. 뭘 찾아 드릴까요?
- 바퀴가 빡빡한 것 같군요. 제가 부드럽게 할 수 있는지 좀 살펴볼까요?

이런 말들은 너무 상투적인 것이라 상대방에게 오히려 거리감을 주는 게 아닐까 생각해선 안된다. 대화의 처음 몇 분 동안 비언어적인 메시지가 말보다 더 중요하다는 걸 기억하라(이들 요소를 다시 살펴보려면 연습문제 IV-2 참조). 정말 상대방에 대해 뭔가 더 알고 싶고 관심이 있다면 어떻게 말을 하든 이런 느낌은 뚜렷이 드러난다. 자연스런 화제가 쉽게 떠오르지 않을 때 익살이나 상상력으로 어색한 기분이 들게 하기보다는 차라리 상투적인 접근방식을 이용하는 것이 현명하다. 처음 몇 분간은 접촉을 취하는 것이 대화의 주요 목적이다. 이 목적을 일단 달성하면 친해질 수 있는 많은 시간을 갖게 될 것이다.

B. 여분의 정보 이용하기

종종 사실을 교환하고 약간의 일상적인 대화를 해서 자연스럽고도 만족할만한 대화를 이끌기도 한다. 그러나 어떤 경우에는 일이 그렇게 쉽게 되지 않는다. 흔한 장면을 하나 생각해 보자. 이제 막 어떤 사람을 만났다. 서로를 소개했고, 어디에 사는지, 직업이 무엇인지, 어디 출신인지에 대해 이야기했다. 날씨에 관해서도 이야기를 나눴다. 그리곤 어색한 침묵이 흐른다. 어색하게 시선을 이리저리 돌리면서 몇 분이 지나면 둘은 더 이상 그 긴장을 참을 수가 없게 된다. 결국 둘 중 하나가 "얘기 잘 나누었습니다."라든가 "가봐야 되겠습니다."라는 말을 입 밖에 내게 되고 진정한 대화를 시작하기도 전에 대화를 끝내 버리고 만다.

대개 이런 때 뭔가 말을 하려고 초조해 할 필요는 없다. 대부분의 사람들은 당신에게 여분의 정보(free information) - 당신이 묻거나 언급한 것 이상의 자료 - 를 제공하여 대화를 발전시키고자 한다. 이 여분의 정보를 이용하는 기술은 대화의 진전에서 아주 중요한 부분이다. 사람들은 의식적이건 무의식적이건 자기가 무엇인가를 의논하고 싶어서 말을 꺼낸 것이며 그가 적절하다고 느끼는 어떤 것에 관해 얘기를 나누자는 일종의 초대장과 같은 것으로 볼 수 있다.

대부분의 대화 속에는 사용 가능한 것보다 더 많은 정보가 담겨 있다. 다음 보기 장면을 살펴보자. 낯선 두 사람인 Ward와 Bert가 비행기 안에서 옆에 앉게 되었다.

W : 실례합니다, 시간 좀 알 수 있겠어요?
B : 네 가만있어 보자……, 이런 벌써 1시 반이네요.
B : 오늘은 연착이 될 것 같군요. 대개 제시간에 도착하는데(여분의 정보 - Bert씨는 이 비행기에 관해 잘 알고 있음에 틀림없다.)
W : (이 여분의 정보를 이용해서)이런 여행을 자주 하시나 보죠?
B : 최소한 한 달에 두 번쯤 합니다. 항공사에 근무하기 때문에 여기저기 돌아다니는 것이 제 임무의 일부랍니다. 하지만 지금은 내 딸을 보러 갑니다. (두 가지 자진해서 말 해 주는 정보가 여기서 발견된다 : Bert씨는 항공사에 근무하고 딸이 있다.)
W : 항공사에서 무슨 일을 하시는데요?
B : 나는 뉴잉글랜드, 뉴욕, 뉴져지 지방의 지역 판매부장이요.(그의 직

업을 보다 명확히 하는 내용)

W : 야, 재미있어 보입니다. 지역 판매부장이란 도대체 뭘 하는 거죠?

　Ward가 대화를 얼마나 쉽게 계속 이끌어 나가는지 눈여겨보라. 필요한 것은 다만 Bert가 제공하는 선 - Bert는 그의 직업에 관해서 이야기하는 듯하다. - 을 따르는 것뿐이다. 비록 Ward가 이런 종류의 업무에 관심을 둔 적이 없다면 그는 Bert가 제공하는 그의 딸에 관한 정보를 계속 따라가기만 하면 된다. 그녀가 어디에 사는지, 거기서 뭘 하는지, Bert는 요즘 아이들에 대해서 어떻게 생각하는지 등등, 또 하나 Bert에게 질문을 던질 여지가 있다. 그가 일하는 여러 지방에 관해서이다. 즉, 생활조건, 기후, 취업여건 등등. 다시 말해서, 어떤 정보를 실마리로 하여 대화를 풀어나갈 것인가 하는 것은 각자의 흥미에 달려 있다. 진실로 상대방에 대해 알기 원한다면 알고 싶어하는 문제에 관한 정보가 대화 속에 포함되어 있을 수 있다.

　여분의 정보는 말 뿐 만 아니라 비언어적인 단서 속에도 포함되어 있다. 다음에 나오는 Lynne와 Maria의 경우처럼, 의복, 용모, 웃음, 얼굴표정 등이 대화의 기초를 형성하기도 한다.

L : 댁의 강아지는 지시대로 잘 움직이는군요. 훈련을 많이 시켰나요?

M : 고마워요. 이 개가 어렸을 때 몇 주일 동안 개 훈련원에 데리고 다녔죠. 하지만 사실 대부분의 행동은 오빠가 훈련시켰습니다. 그는 심리학을 전공하는 대학생이에요.(개 훈련원과 그녀의 오빠에 관한 자유로운 대화)

L : 그럼 댁의 오빠가 개를 심리분석했나요?

M : 아뇨. 그렇게 거창한 것은 아니구요. 그는 학습이론에 관한 논문을 쓰고 있었거든요. 그래서 상으로 칭찬을 해주어 Fido(개이름)를 잘 다룰 수 있게 된 거죠. 보세요……

□ 연습문제 □ Ⅵ - 2

혼자 또는 자기표현 훈련집단에서 Manuel Smith(1795)의 저서에서 따온 다음 문제로 여분의 정보를 이용해 대화를 지속시키는 연습을 할 수 있다.
1. 세 사람이 한 조를 구성한다. 유도자와 반응자, 그리고 관찰자를 정한다.
2. 유도자는 논평이나 질문을 해서 반응자와 이야기를 시작한다. 적당하다고 생각되는 화제는 어느 것이나 좋다.
3. 처음 3~4분 동안 유도자의 역할은 반응자가 제공하는 여러 정보에 따라 반응자가 한 말에 근거해 질문을 계속 던져야 한다. 주고받는 내용이 좀 인위적인 것같이 느껴진다고 해서 걱정할 필요는 없다. 이것은 연습이지 실제 대화는 아니기 때문이다.
4. 3~4분 정도 지난 다음 관찰자가 유도자에게 기본 관념을 제시하는데, 이는 그가 이 연습을 잘 해나가기 위한 방법과 또 그가 추적할 수 있는 여분의 정보를 지적해 주는 것이다. 그런 다음 관찰자와 유도자는 반응자에게 그 대화를 잘 이끌기 위해서 어떻게 그가 더 많은 여분의 정보를 그들과 나눌 수 있었는지를 제시해 준다.
5. 서로 돌아가면서 두 번 더 이 과정을 반복한다.

C. 개방적인 질문을 사용하는 방법

때로는 상대방이 많은 정보를 제공해 주어서 힘들이지 않고 대화를 지속시킬 수도 있으나, 신경질적으로 반응한다든지 혹은 기술부족으로 반응이 될 만한 어떤 자료도 내보이지 않는다면 어떻게 할까? 미식 축구 경기장에서 Andy와 그 옆에 낯선 사람 사이에서 벌어지는 광경을 예로 들어 보자.

A : 후반전에 좀 재미있게 되어야겠는데, 안 그렇습니까?
S : 네, 그래야죠.
A : 이제까지 너무 실수가 많았어요.
　　이제 좀 앞으로 나아지리라 생각합니까?
S : 글쎄요.
A : 누가 쿼터 백(quater back)에서 시작을 할 것 같아요?

그 노장 선수? 아니면 신참?
S : 아마도 노장일 것 같군요.
A : 에, 그가 이제는 더 이상 가로막지 말았으면 하는데, 댁은 그가 그러리라고 생각합니까?
S : 모르겠습니다. 그러지 않기를 바라고 있습니다.

이쯤되면 Andy는 아마 매우 의기소침해져서 대화를 더 이상 시도하려 들지 않을 것이다. 아마도 그것이 그 과묵한 상대자가 원하는 것일지도 모르겠지만, 그 반면에 Andy가 상대방이 좀 더 쉽게 대답할 수 있게 유도했더라면 대화는 수월하게 풀려 나갔을 것이다.

예를 보자.
A : 후반부는 어떻게 되리라고 생각하십니까?
S : 아마 전반부와 같을 것 같군요. 실수가 많이 나는…….
A : 네, 진흙투성이 축구장이 그 원인인 것 같아요. 하지만 두 팀 모두 눈이 올 때도 이보다 더 잘하는 걸 봤거든요. 오늘은 무엇 때문에 잘 못한다고 생각하세요?
S : 모르겠네요. 최소한 공격팀은 쿼터 백에 문제가 있는 것 같군요. 저렇게 돌아다니는 것보다는 한 사람에게 따라 붙어야 할 것 같아요.
A : 누구를 기용해야 되리라고 생각하세요?
S : 나에게 그렇게 묻는다면 - 저 고참은 아무래도 한물 간 것 같으니까, 그를 벤치에 앉히고 젊은 선수를 뛰게 하겠어요. 자꾸 참가를 시켜야 좋아질텐데…….

무엇이 두 대화의 차이를 만들었다고 생각하는가? 대답은 Andy가 던진 질문의 종류가 다르다는 것이다. 첫 번째 예에서 그는 한 두 마디로 대답할 수 있는 폐쇄적인 질문을(closed-ended question)사용했다. 그렇게 짧고 전달내용이 거의 없는 대답은 여분의 정보를 담고 있지 않다. 따라서 Andy는 질문을 하기 전보다 상대방에 대해 더 아는 것이라곤 없는 상태로 남아 있게 되었다. 두 번째 대화에서의 질문은 대조적으로 개방적(open-ended)이었다. 즉, 보다 자세한 대답을 요구하는 질문이었다.

"North Dakota의 Fargo에는 할 일이 많습니까?"라고 물어보는 대신 "North Dakota의 Fargo에는 어떤 종류의 할 일이 있습니까?"라고 묻도록 하라.

"간호사라는 직업에 만족하십니까?"라고 물어보는 대신 "간호사로서 좋다고 느껴지는 점은 무엇입니까?"라고 물어보라.

"아직도 초월명상을 계속하고 있나요?" 대신에 "초월명상법에 관련된 댁의 경험은 어떤 것이 있는지 듣고 싶은데요"라고 말하라.

개방적인 질문이 지닌 큰 이점 중 하나는 그 시점에서 어느 단계의 의사소통이 적절한 것인지 알려주고 그에 따라 대화를 유도하게 해 준다는 사실이다.

'사실' 단계 :
 "이 근처에 캠핑할만한 조용한 장소가 어디에 있나요?"
 "건축가가 되기 위해선 어떤 수련과정이 필요한가요?"

'의견' 단계 :
 "우리집 가정의(family doctor)로서 누구를 정하는 것이 좋을까요? 그리고 그 이유는?"
 "복지문제에 관해서 무엇이 어떻게 이루어져야 한다고 생각하십니까?"

'감정'의 단계 :
 "일자리를 얻을 기회가 결코 주어진 적이 없다는 것을 알았을 때 어떻게 느꼈습니까?"
 "결국 아이를 가지기로 결심한 까닭은 무엇입니까?" "왜 저렇게 화가 나있죠?"

☐ **연습문제** ☐ Ⅶ - 3

그룹, 혹은 혼자서 다음 행동들을 시도하여, 개방적인 질문을 유도하는 기술을 익히시오.
1. 다음의 각 상황에서 자연스럽게 꺼낼 수 있는 개방적인 질문을 5개 적어 보시오.
    a. 모임에서 낯선 사람을 만날 때
    b. 딴 고장에서 온 여행자와 이야기를 나눌 때
    c. 직장에서 새 동료들에게 소개될 때
    d. 강의 첫 시간에 낯선 사람 옆에 앉게 되었을 때
    e. 최근의 경험 중에서 대화도중 당황했을 때
2. 질문자, 응답자, 관찰자로 구성된 3인조를 만드시오. 질문자의 역할은 다만 개방적인 질문을 던져 대화를 시작하고, 진행해 나가는 것이다. 응답자는, 절대 되묻지 말고 대답만 해야 한다. 이렇게 해나가면서 관찰자는 질문자의 행위 속에서 훌륭한 점과 더욱 개선의 여지가 있는 점을 지적해 내야한다. 세 사람이 모두 역을 바꿔 가면서 한 번씩 다른 사람의 역을 해보도록 한다.
3. T.V의 대담 프로그램이나 공공문제에 관한 프로그램 중에서 하나를 골라 매주 시청하라. 이때 출연자들이 여분의 정보를 제시할 수 있게 사회자는 거의 대부분 개방적인 질문만을 던진다는 점을 주의 깊게 보도록 한다. 당신은 평소 사람들과 얘기를 나눌 때 그들의 의견과 감정을 이끌어 내고, 정보를 찾아내는 일을 하고 있는가? 그런 경우 T.V에서 관찰한 기술 중의 일부를 어떻게 적용시킬 수 있는지 자신에게 물어보도록 하라.

D. 자기개방

앞 페이지의 대화들을 주의 깊게 살펴보면, 대화를 시작하는 사람들은 어느 경우에나 질문을 많이 한다. 그들은 상대방과 사실이나 의견 혹은 감정을 거의 나누지 않는다. 한참 동안 이런 식으로 계속되는 대화는 오래 지속되지 않을 것이다. 왜냐하면 상대방이 자신의 얘기는 하지 않으면서 일방적으로 응답자를 심문하는 것처럼 하니까. 인간관계란 서로 자신에 관한 것을 나누어 가질 때 발전할 수 있기 때문에 어떤 대화에서든지 쌍방이 어느 정도 자기 자신을 개방하는게 매우 중요하다.

좋은 친구가 될 수 있으리라고 생각되는 사람을 만났다고 가정하자. 새로 습득한 개방적인 질문을 사용하여 그에 따른 여분의 정보를 끝까지 추적할 경우 그에 대해 더 많이 알게 되리라는 것은 매우 확실하다. 상대방의 입장에서 이 교류를 한 번 바라보기로 하자. 당신을 향한 그의 감정은 어떤 것일까? 여기에 대한 대답은 얼마나 당신이 자기 자신을 그와 함께 나누었느냐에 따라 좌우된다. 상대방에게 나름대로 당신을 판단할 근거도 주지 않은 채 상대방이 당신에게 관심을 보여주기를 기대하는 것은 현실성이 없는 얘기다. 왜 자신의 인간관계가 진전이 없는지 의아해 하는 많은 사람들은 자신이 어떤 사람인지 즉, 무엇을 좋아하고, 무엇을 싫어하며, 어떤 재능을 지녔고, 어떤 의견과 감정을 가지고 있는지를 알리는 게 얼마나 중요한지 모르고 있다. 잘 알지 못하는 신비에서 오는 매력은 어떤 것이나 그리 오래 가지 못한다. 그러므로 인간관계를 맺기 위해서는 늦건 빠르건 간에 그가 누구인지를 알아야 할 필요가 있다.

오직 마음 속 깊이 간직한 생각과 감정을 나누어야 한다고 생각하여 겁먹을 필요는 없다. 이런 식의 인격적인 교류가 적절한 상황에서는 매우 중요하지만, 단순히 알고 있는 사실이나 갖고 있는 생각 따위만을 나누는 것 또한 중요하고 가치있는 일이다.

다음의 대화에서 자기 자신을 개방하는 것이 대화에 얼마나 도움을 주고 있는지 보도록 하자. 또 어떻게 개방적인 질문을 구사하고 여분의 정보를 사용하는지 살펴보자. Gene이 Mandy를 만난 곳은 아파트의 복도였다.

G : 안녕하세요. 서로 이웃이 되겠네요.
　　옆집에 방금 이사 왔어요. 제 이름은 Gene이예요.(자기개방)
G : 전 아직도 이번 이사 때문에 정신이 없어요.
　　하지만 여긴 좋은 곳처럼 보이는데 어떻게 생각하세요?
　　(자신을 드러냄과 동시에 개방적인 질문을 던지면서 Mandy의 의견을 이끌어 낸다.)

M : 때때로 여긴 좀 시끄럽죠. 그러나 사람들은 모두 좋아요. 저는 직장이 가까운 곳으로 집을 옮기고 싶지만, 여기만큼 좋은 데는 못 얻을 것 같아요. (아파트와 자신의 직업에 관한 여분의 정보)

G : (이때에 Gene은 Mandy와 이웃에 대해서 아니면 직업에 관해서 이야기할 것인가 선택을 한다.)
어떤 사람들이 여기 사나요? (개방적인 질문)

M : 별의별 사람들이 다 산답니다. 아랫층의 Toscant씨는 은퇴한 바이얼리스트인데, 매우 무뚝뚝하긴 하지만 한 번 터놓으면 정말 좋은 사람이에요. 그의 옆집에 사는 여자는 - 이름은 잘 생각이 안 나는데 - 시내의 정부청사에서 일하고 있죠. 그녀에 대해선 잘 몰라요. 2층에는 Smyth씨 가족이 살아요. Smyth씨는 보트를 만들고, Sheila는 무용을 배우고 있어요. 그들에겐 Tim이라는 어린 사내아이가 있어요. 아주 좋은 사람들이에요.(풍부한 여분의 정보, 사실과 의견)

G : 정말 다양한 사람들이 다 살고 있군요. 말씀하시는 걸 들어보니, 여기를 좋아하게 될 것 같아요. 내가 지난번에 살던 곳은 커다란 아파트였는데, 아무도 서로에 대해 잘 몰랐어요. 참 좋지 않더군요. 좀 더 인간적인 곳에서 살게 되어 기뻐요.(자기개방, 사실과 감정)

M : 어떻게 여기로 이사 오게 되었죠?
도시에 이사 온 게 처음인가요? (여기서 Mandy는 최초로 질문을 던진다)

G : 예, 시카고에서 여기로 이사 왔습니다.
거기서 학교를 다닐 예정이었으나 결국 그만두었죠. 지금은 숙련된 전기 기술자입니다.(자기개방)

M : 아, 그래요! 나는 작가예요. 그리고 기계에 대해선 문외한입니다. 삼 주일 전에 전등이 하나 고장났는데 고칠 생각도 안 해 보고 그냥 놔둘 정도랍니다. (자기개방)

G : 좋으시다면 한 번 봐드리고 싶군요.

　　　　난 수리하는 걸 좋아해요. (자기개방)
M : 정말 잘 됐군요.
G : 좋아요. 낯선 곳에 와서 친절한 분과 이야기하게 되어 반갑습니다. 만나서 정말 기쁩니다. (자신의 감정을 드러냄)

□ 연습문제 □ Ⅶ-1

　두 사람이 대화자가 되고 나머지 한 사람은 관찰자가 되어 다시 이 새로운 기술을 연습하시오. 관찰자는 기본관념을 제시하고, 한 사람은 여분의 정보를 제시하여 대화를 시작해야 한다. 그리고 나머지 한 사람은 자신을 개방시킬 수 있는 항목을 하나 꺼내며 응답한다. 3~4분간 이런 방법으로 대화를 계속하고 서로 번갈아 가며 한 번씩 각 역할을 맡는다.

E. 경청하기

　대화에 있어서 때론 침묵이 금이다. 누구든지 당신의 이야기에 온 귀를 기울여 진정으로 관심을 보여준 사람과 얘기해 본 즐거움을 경험한 적이 있을 것이다. 어떤 때는 계속 이야기를 들어주기만 하는 사람이 가장 훌륭한 대화상대일 수도 있다.

　왜 들어주는 것이 가치가 있는 일인지 거기에는, 두 가지 이유가 있다. 첫째로, 사람들은 자신이 얘기하는 것을 자신이 듣고 싶어하는 경우가 가끔 있다. 이런 행동이 언제나 이기주의에서 나오는 것은 아니다. 자신이 자랑스럽게 여기는 것을 또 열렬한 관심을 가지고 있는 문제를 다른 사람에게 털어 놓는다고 해서 나쁠 이유는 하나도 없다. 이 때에 상대방의 이야기가 흥미롭다고 생각하면 대화에 끼어 들어 당신의 의견을 말할 필요가 없다. 그저 상대방이 즐기게 내버려 둔다.

　둘째로, 상대방이 고민하고 있거나 문제가 있는 경우이다. 이런 경우에는 그저 무감동하게 침묵을 지키고, 타인에게 그의 문제를 털어놓게 해주는 게 종종 도움이 된다.

실제로 경청하기에는 두 가지 종류가 있는데 대화 중에 둘 다 활용할 수 있다.

1) 수동적 경청

종종 대화에서는 심리학자인 Thomas Gordon(1970)이 말한 "말문 열기"(door openers)가 유일하게 필요하다. 이는 대화에 관심을 쏟고 있다는 것을 상대방에게 알려주는 짧은 말들이다. 예를 들면 "으흠" "오" 등과 같은 감탄사들은 독창적이진 않지만 효과적이다. 물론, 실제 생각은 다른 데 있으면서 듣는 척 하는 수도 있겠으나 여기서의 의도는 그게 아닙니다. 이와는 달리 상대에게 같이 얘기를 나눌 수 있는 여지를 주어 그에 관한 많은 것을 알 수도 있다. 사람들은 가끔 자신에 대해서 이야기하는 것을 싫어하는데 이 때 이런 태도를 사용하면 그들에 대해서 알고 싶어한다는 신호로서 작용될 수도 있다.

2) 반영적 경청

Walter와 Aaron사이의 다음 대화를 생각해 보자.

W : 아내와 나는 아이들에게 디즈니랜드를 구경시켜 주려고 생각하는 중입니다.
A : 재미있겠군요.
W : 네, 돈만 부족하지 않다면 그렇겠지요.
A : 돈이 많이 드나요?
W : 아마 그럴거예요. 우선 그곳까지 가는 비용, 그리고 입장료, 핫도그, 캔디, 소다, 그곳에 머물 비용, 게다가 애들 옷과 모자까지 사려면 말입니다.
A : 생각보다 돈이 많이 들겠는데요.
W : 네, 디즈니랜드뿐만이 아니죠. 그것은 그래도 그만한 가치가 있겠지만, 요즈음에는 모든 것이 비싸요. 오락에 쓰기 위해 저축하는 돈은 고사하고, 필요한 물건을 살 수 있을 만큼 충분한 돈을 가져

본 적도 없답니다.

A : 가계를 꾸리시느라 힘드시군요.

W : 네, 아내가 아이를 가진 다음부터 어떻게 가계를 꾸려 왔는지 모르겠어요.

A : 앞으로 걱정이시겠어요?

W : 네, 현재 봉급으로는 힘들죠.

A : 더 많은 수입을 얻을 수 있는 방법을 말씀하시는 것인가요?

W : 네, 나는 아내가 일 이 년 정도 더 아이와 함께 지내는 게 좋겠다고 생각해요. 그 동안 내 수입만으로 어떻게 꾸려 나갈 수 있을지 모르겠어요.

A : 힘드시겠군요.

W : 네, 제가 새 직장을 구하든가 부업으로 더 벌든가 해야겠어요.

이 대화에서 Aaron의 응답을 다시 보도록 하자. 그는 자신의 판단이나 충고로 대화에 끼어들지 않고 다만 Walier의 생각과 감정에만 반응을 보였다. 이런 종류의 반응을 반영적 경청 또는 적극적 경청(active listening:Gordon, 1970)이라고 하는데, 이는 말하는 사람의 말에 내포되어 있는 감정이나 생각을 듣는 이의 말로 요약 확인하는 것으로 매우 효과적인 방법이다.

반영적 경청하기는 두 가지 경우에 잘 적용된다. 첫째는, 수동적 경청하기(passive listening)와 마찬가지로 상대방에게 말하기를 계속 권유하는 셈이 된다. 상대방의 말을 다른 말로 쉽게 옮김으로써 사실은 "예, 나는 ……을 이해합니다. 그 다음에는 무슨 일이 일어났죠?"하는 것과 같다. 둘째는, 방금 읽은 내용에 잘 나타나 있듯이 다른 말로 쉽게 옮겨주면 상대방은 뒤죽박죽 된 자신의 생각을 정리하는데 상당한 도움을 받게 된다. 사람들은 가끔 자기 자신의 문제에 대한 해답을 스스로 발견할 수 있는데, 반영적 경청하기는 혼돈된 생각을 정리하도록 도와주는 한가지 방법이다.

경청 기술을 익히게 하는 연습 중 잘 알려진 것이 있다. 상대자를 선정한 후 다 관심이 있는 주제를 하나 택한다. 예를 들면, 지역적인 정치이슈, 자기표현의 문제점, 부자와 유명인사가 되는 길 따위이다. 다음 규칙에 따라 정한 주제에 대해 토론하라 : 서로 자기가 상대방의 말을 충분히 이해했다고 확신하기 전에는 상대방의 말에 대응하지 말 것. 상대방의 말을 자신의 말로 다시 옮기며 적극적으로 듣는 기술을 사용하여 이해력을 점검해 볼 수 있다. 다음 연습은 다른 사람을 더 잘 이해할 수 있는 능력을 길러줄 뿐만 아니라 대화를 효과적으로 이끌어 주는데 있어서 경청이 얼마나 유용한지 알게 해 줄 것이다.

□ 연습문제 □ Ⅶ-5

새로 습득한 대화기술을 요약하는 방법으로 다음을 연습해 보시오.
1. 두 세 사람이 있는 그룹에 참가한다.
2. 어떻게 그룹 내의 다른 사람들과 접촉할 수 있을지 혼자서 잠시 동안 생각해 본다. 무슨 말, 어떤 행동을 해야 할지? 또 어떤 상황에서 해야 할지 등에 대해서.
3. 돌아가면서 다른 사람들과 자신의 생각을 나누도록 한다.
   나는 "당신과 …에 의해서 접촉할 수 있습니다."라고 각 참가자에게 말한다.
4. 당신이 각 참가자들에게 말을 건 후, 참가자들은 좀 더 나은 성공을 위해 그들이 어떻게 당신의 접근 방식을 고쳐 줄 수 있는지 돌아가면서 얘기를 해줘야 한다.
5. 각자 얘기하고 귀환(feedback)을 받은 후 그룹에 속하지 않은 사람 중에서 가장 접촉하기를 원하는 한 사람을 잠시 동안 각자 상상해 본다.
6. 참가자들끼리 어떻게 그들이 선택한 사람과 접촉할 수 있는지에 대해 교대로 이야기한다. 참가자들은 각자가 선택한 접촉방법을 세련되게 할 수 있게 다시 귀환 반응을 한다.
7. 그룹 전체가 다른 사람과 접촉하는 제일 좋은 방법-"최상의 접근(super

contact)"-을 하나 결정한다.
8. 그룹회원이 여럿이라면 각자가 서로 번갈아 가며 다른 사람에게 접근했던 경험 중에서 가장 뛰어났던 것을 골라 발표하도록 한다.

요 약

만일 개인을 하나의 섬이라고 한다면 편안하고 훌륭하게 대화할 수 있는 능력은 섬과 섬을 연결시켜 다른 사람들과 함께 자신에 관한 얘기를 나누고 그 대가로 그들에 관해 많은 것을 알 수 있게 해주는 일종의 교량과 같다. 개개인을 서로 이어주는 일련의 훌륭한 교량들은 아주 중요하다. 왜냐하면 이 교량을 통해서만 다른 사람과 접촉할 수 있고 인간관계를 맺을 수 있기 때문이다. 그러나 접촉한 모든 사람들과 영속적인 관계 또는 잠깐이라도 유쾌한 관계를 맺을 수 있으리라는 비현실적인 기대는 하지 않는게 좋다. 만나는 모든 사람에게 관심을 가지게 된다든가 또는 모두가 당신의 제안에 반응을 보일 것이라고 기대하는 것은 비현실적이다. 앞에서 얘기한 것처럼, 성공적으로 대화할 수 있는 능력을 "평균타율(batting average)"로 생각해라. 여기서 배운 기술들은 이 평균타율을 올리는데 도움을 줄 것이므로 더욱 더 만족스러운 인간관계를 맺을 수 있을 것이다. 상호관계는 다 같이 가치 있다고 생각하는 몇몇 단계 즉, 일상적인 대화, 사실, 의견 감정의 단계에서 일어날 수 있다는 사실을 기억해야 한다. 어느 대화에서나 이용할 수 있는 단계는 자기 자신과 상대방이 처해 있는 상황 등에 따라 선택해야 한다. 본 장에 서술되어 있는 다양한 대화의 유형 즉, 기본적 자료의 교환, 약간의 이야기, 칭찬하기, 도움의 요청과 수락 등을 상기해 보도록 한다. 또한 대화를 시작하여 유지시키는데 필요한 여러가지 기술도 사용해 보도록 한다.

제 8 장
감정의 표현과 비평에 대처하는 방법
(Expressing Feelings and Coping with Criticism)

1. 감정의 표현(Expressing Feelings)

감정 표현을 대부분 좌절시키는 것이 우리 사회이다. 많은 어린이들은 말을 알아들을 수 있는 나이가 됐을 때부터 받아들여질 수 있는 감정의 범위가 제한되어 있음을 깨닫게 된다. 다음과 같은 일상적인 주의들이 얼마나 귀에 익숙한지 생각해 보라.
"화내지 마라."
"근심할 것 하나도 없어."
"웃을 일이 아니야."
"기분 나쁠 이유가 전혀 없어."
"자제해. 흥분하지 말라구."
"제발, 울지 마라!"
위와 같은 말들이 감정을 체험할 수 있는 상대방의 권리를 어떻게 부정하고 있는지 눈여겨 볼 필요가 있다. 다시 말하면, 화내는 것도 걱정하는 것도 정당한 것이 못되고, 어떤 상황을 우습게 생각한다면 뭔가 잘못된 것이며, 기분 나빠하는 것 때문에 바보같이 인식되어 버린다. 또한 흥분하는 것은 바람직하지 못하며 - 즉, 감정을 자제해야 하며, 우는 모습을 보여서도 안된다는 것이다.

아이를 가진 부모로서 나는 이러한 요구가 대개는 진정시키는 하나의 관례적인 방법에 지나지 않는다고 본다. 하지만 자주 반복될 경우, 그 발언은 강하고 분명한 것으로 부각되면서 매우 좁은 범위의 감정표현과 체험만이 받아들여진다는 점을 인식시키게 된다. 애정표현은 제한된 범위 내에서 해야 좋다. 다시 말해서, 부모에 대한 포옹과 키스는 무방하지만 젊은 청년이라면 아버지와는 악수를 해야 할 것이다. 친구에 대한 애정표현은 나이가 듦에 따라 점차 적어져, 가장 단순한 표현인 "나는 너를 좋아해(I like you)"라는 말조차 성인들 간에는 거의 들을 수가 없다. 때때로 행복하지 못한 상태에 처하게 될 때도 과도한 감정표현으로 남을 피곤하게 해서는 결코 안된다.

한 개인의 감정표현의 자유는 사회적 역할에 따르는 요구가 많아지면서 더 제한받게 된다. 상품판매인은 아무리 불쾌해도 고객에게 무조건 웃음을 지어야 한다고 교육받고, 교직자들은 전문분야와 학생들을 전혀 편견 없이 다루어야 한다며, 이성적 행동의 전형으로 묘사되고, 학생들은 "받아들여 질 수 있는(acceptable)"질문을 하면 칭찬받고 그렇지 않으면 복종해야만 하는 존재로 인식되고 있다.

더욱이 우리는 우연히 부여받은 성(sex)에 좌우되어 어떤 감정을 자유롭게 표현하지 못해 낙심한다. 남성은 절대로 울지 않아야 하는 이성적인 존재이고 신체적으로나 감정적으로나 강해야 한다. 공격성은 하나의 상징적인 덕목으로 본다("해병대가 남자를 만든다."는 얘기가 있을 정도이다). 반면에 여성은 일시적 기분에 사로잡혀 눈물을 잘 흘리고 그밖의 감정표현에도 익숙하다. 그들은 가끔 비합리적이고 직관적일 때가 있다. 결정을 내리고 자기주장을 내세울 때도 있지만, 남성의 반대에 직면할 경우엔 "독살스러운 여자" 혹은 그 이상 더 모욕적인 말을 듣지 않기 위해 여성들은 자기주장을 양보해야만 한다는 예 따위이다.

위와 같은 제약으로 많은 사람들이 감정을 깊이 느낄 수 있는 능력을 상실하고 있다. 근육을 사용하지 않으면 퇴화되는 것과 같이 어떤 감정을 느끼고 표현하는 능력도 사용하지 않으면 퇴화되어 간다. 사회가 기대하는 역할수행을 다한 인생 말년에는 서러움이 마음에 가득 차 있어도 소리내어 울기도 힘들게 된다. 몇 년 동안 화내는 것을 억제하고 나면, 나중에는 그런 감정을 느끼는 것조차 무척 힘이 든다. 친구를 사랑할 수 있다는 사실을 한 번도 수긍한 적이 없는 사람에게는 그런 사실을 받아들인다는게 정말 어려울 수 있다.

이러한 감정을 느끼는 게 힘들다면 감정을 같이 나누는 것은 더욱 더 힘들다는 점을 이해하기 쉽다. 몇 년 동안 사귀어 온 결혼 상대자에게 "나는 외롭다."고 말하는 용기를 어디에서 발견할 수 있는가? 인생을 자신감과 확신을 가지고 살아온 부모나 사장, 선생이 어떻게 "미안하다. 내가 틀렸다."고 말할 수 있으며, 인생을 전혀 남에게 의지하지 않고 살아온 사람이 어떻게 "나는 너의 우정을 필요로 한다."고 갑자기 말할 수 있겠는가? 이와 같은 변화들은 이 책에서 우리들이 살펴보았던 초기의 몇몇 목표들을 아이들의 장난처럼 보이게 만든다.

A. 표현하고 싶은대로 감정을 나타낼 때의 이점

모든 사람들이 알아차릴 수 있게 항상 감정을 표현할 필요가 있는가? 아마 항상 그럴 필요는 없을 것이다. 아주 예외적인 경우가 아니다. 하지만 자신의 생애에 중요한 영향을 미치는 사람들과 보다 많은 감정을 같이 나눔으로써 몇 가지 이득을 볼 수 있을 것이다.

첫째, 자신의 감정을 표현하면 건강에 이롭다. 제 1 장에서 보았듯이 표현하지 않고 지나쳐 버린 감정은 대개 나중에 정신 신체 질환, 즉 심리적인 원인 때문에 진짜 고통을 느끼는 병으로 나타난다. 20세기에는 긴장이나 울화 때문에 생긴 위궤양으로 고통받고 있는 사람들이 아주 흔해서 "stereotype"이라 부를 수 있을 정도다. 심한 두통, 등과 목의 만성적인 통증, 심장병, 불면증, 심지어 고혈압도 많은 경우 환자가 자유롭게 자신의 감정을 표현할 수 없었다는데 그 원인이 있음을 알게 된다. 어떤 강한 감정을 체험한 후 몸에 생기는 변화를 파악해 보면, 감정에 대한 육체적 반응을 스스로 확인할 수 있다. 분노는 어디에 나타나는가? 위 아니면 꼭 다문 턱에? 혹은 신경이 긴장되거나 심장의 고동이 심하게 뛰는 것으로 나타나는가? 공포와 흥분, 당황, 그리고 죄책감은 어떠한가? 이러한 감정을 완전하고 능숙하게 표현한 후에 얼마나 그것을 잘 느끼게 되는지를 일단 깨닫기만 하면, 감정을 표현하는데 대한 이익은 분명해진다. 타인에게 모욕감을 주지 않고 감정을 허심탄회하게 표현하게 되면, 상당한 안도감과 만족감을 느끼게 된다. 아울러 정신적으로나 육체적으로 더욱 안정되고 강해지는 걸 느끼게 된다. 내가 감정을 스스로 표현하지 않고 삭혀 버렸던 경험과 위의 경우를 대조하여 볼 때, 어느 것이 건강에 더 좋은지는 물어볼 필요가 없다. 이와 같은 일은 누구에게나 마찬가지가 아니겠는가?

건강상의 생리적 이익 외에, 감정을 효과적으로 표현하여 얻는 또 다른 이득은 다른 이들과 보다 가까운 친분을 맺을 수 있다는 것이다. 내 친구중 하나는 자신의 결혼생활을 회상하면서 다음과 같이 말한 적이 있다. "아주 오랫동안 나는 아내의 마음을 상하게 할지도 모른다고 생각하여 많은 감정들을 가슴에 숨기고 있었다네. 예를 들어, 피곤하다거나 화가 난다거나 또는 다른 여성에게 마음이 끌렸을 때는 아내에게 말을 하지 않았지 뭔가, 그렇게 함으로써 난 아내의 감정을 상하지 않게는 했지만, 더욱 더 그녀에게서 멀어지는 걸 느끼게 되었지. 결국 감정을 진실하게 표현하지 않고 많이 감추게 되었고, 시간이 지날수록 마치 그녀와 몸짓으로 판단하여 말을 알아 맞추는 어색한 심리적 제스춰 게임을 하고 있는 듯했네. 마침내 나는 일생을 함께 하기로 약속했던 그녀에게서 멀어지는 것 같은 기분을 더 이상 참을 수 없어서, 내 마음 속에 일어나는 모든 감정들, 유쾌한 감정뿐만 아니라 불편한 감정도 다 그녀에게 표현하기 시작했다네. 우리가 과거의 우리 자신에 대해 진정으로 이야기를 다시 나눌 수 있게 되자, 전에는 입 밖에 내놓지 않았던 많은 감정들을 숨김없이 털어 놓을 수 있었지. 이런 식의 감정교류가 우리의 삶을 보다 수월한 것으로 만들었다고는 말하지 않겠네. 사실 가끔은 둘 중 한 명이 상대방의 감정을 상대하기가 힘들기도 했으니까. 하지만 아내에 대해 오랫동안 전에 느껴왔던 것보다 지금은 더 가깝게 느끼게 되었다고 단정 지을 수 있다네. 우리의 결혼생활이 전에는 가식과 회피로 가득 차 있었지만 지금은 서로에 대해 잘 알고 있지. 게다가 그녀에게 정직할 수 있기 때문에 이전보다 더 애정을 느끼고 있다네."

내 친구와 같은 사람들이 자신의 감정을 표현하기 두려워하는 이유 중 하나는 그렇게 정직하게 감정을 표현하고도 친밀 관계가 지속될 수 있을지 확신하지 못하기 때문이라고 생각한다. 이같은 두려움은 다음과 같은 생각으로 표현할 수 있다.

- 남편에게 우리의 결혼생활이 지겹다고 말한다면 그는 아마도 내 곁을 떠날 것이다.
- 어떤 문제에 관해서 나를 놀릴 때 마음이 상한다고 내 친구에게 말한다면, 그녀는 아마 화가 나서 나를 더 이상 좋아하지 않게 될 것이다.
- 나의 제안을 사장이 묵살할 경우 나는 무시당하는 것 같고 화도 난다고 사장에게 말한다면, 그는 나를 해고할지도 모른다.

이러한 두려움이 현실로 나타날 수 있다고 해도, 강하게 감정표현을 자제한 결과도 나쁘기는 마찬가지다. 배우자와 이야기를 나눌 수 없게 되면 짜증나는 결혼생활이 변화되지 않으며, 친구관계는 적대적인 양상으로 지속되고 노동조건은 불유쾌한 상태로 남게 된다. 이러한 파괴적인 양상이 얼마나 더 계속되어야 할 것인가? 마침내 감정을 표현하든지 아니면 관계를 단절하든지 둘 중 하나를 택해야만 할 때가 닥치게 된다.

타인에게 감정을 표현하기 꺼리는 또 다른 이유는 감정을 정직하게 표현하면 고통도 생기지만 이익도 가져올 수 있다는 점을 인식하지 못하기 때문이다. 나는 살아오면서 이러한 사실을 여러 번 경험한 적이 있다. 수업을 잘못 운영해 화가 났을 때 학생들과 같이 감정을 나누어 대부분 잘

못된 점을 같이 찾아내 시정할 수 있었다. 용기를 내어 친구에 대한 주의나 사랑, 애정을 표현했을 때마다 관계가 더욱 향상된 것을 느꼈다. 또, 내가 느끼는 감정을 아내에게 말할 때마다 나를 존중하는 마음은 더욱 커져 갔고, 그만큼 결혼생활의 유대도 강화되어 갔다. 이러한 이익들은 모험과 불안을 통해 얻어지는 것이다. 왜냐하면 감정을 같이 나눈다는 게 항상 쉬운 일은 아니기 때문이다. 그러나 시인 Ric Masten이 얘기한 것처럼 "기쁨의 높이는 고통의 깊이와 정비례한다." 고통 없이 기쁨이 생길 수 없듯이 안정 유지에 급급하면 지겨움만을 초래하게 되나 정직하면 사나운 비바람이 치는 것과 같은 인생일지라도 흥미진진하고 성숙하게 살아갈 수 있을 것이다.

B. 감정의 표현 시기와 방법

이제까지 내용이 감정에서 우러나오는 완전히 자발적인 행동만을 주장한 것이 아닌가 생각할지도 모르겠지만 그렇지 않다.

이 세상은 모든 사람이 자기감정을 분출시키는 것을 용인할 만큼 너그럽지 않다. 그러나 한편, 감정을 무시하고 부정하는 것과 전적으로 감정에만 맡기어 제멋대로 표현하는 것 사이에 균형을 이룰 수 있으리라 생각한다. 이러한 균형을 이루기 위해서는 사람들이 보다 많은 감정을 서로 나눠야 하며, 억제하지 말아야 한다고 생각한다.

그러면 대인관계를 증진시키기 위해 감정표현을 완전하고도 솔직하게 나타낼 수 있는 가장 좋은 기회가 언제이며, 또 어떻게 결정지을 것인지 그 지침이 될 사항을 몇 가지 제시하고자 한다.

1) 감정과 행동의 차이점을 인식할 것.

우리 딸아이가 아주 어렸을 때 그치지 않고 밤새도록 울었던 적이 있다. 다음날 아침 울음소리 때문에 너무 피곤해서 집을 잠시 나가버리고 싶다고 느꼈던 것이 기억난다. 물론 그 충동대로 행동하지는 않았다. 나는 아주 인내심이 강하고 허용할 줄 아는 합리적인 부모가 되고 싶었지만 사실은 그렇지가 못했다. 순간적인 감정에 따라 행동하고 싶지도 않지만, 그렇다고 표현되지 못한 감정들이 쌓여 언젠가 나를 망쳐 버리도록 그대로 무시하고 싶지도 않다. 이런 이유 때문에 내게 닥친 일을 표현할 수 있고, 행동으로 옮길 것인지 여부를 결정할 수 있었을 때, 가장 기분이 상쾌함을 느낀다.

이를테면, 감정대로 행동하고 표현하지는 않을지라도 어떤 새로운 상황에서 내 감정의 미묘한 변화를 인정할 수 있기를 바란다. 내가 다른 여자에게 매혹되었을 때에 그 감정대로 행동할 수 없을지라도 그런 감정을 그대로 받아들이기를 원한다. 그리고 모임이나 수업시간에 권태로움을 느낄 때, 대부분의 경우엔 졸립다거나 나가 버리고 싶다는 마음을 억제하겠지만, 그 감정은 그대로 수긍하고 싶다. 다른 말로 표현하면, 느끼는 감정대로 항상 행동하겠다고 하는 건 아니라는 것이다.

이러한 구별은 매우 중요하다. 왜냐하면 이렇게 함으로써 어떤 감정을 인정하고 표현하면 불행한 일련의 행동이 야기될지도 모른다는 공포에서 해방될 수 있기 때문이다. 예를 들어보자. 만일 친구에게 "난 너무 화가 나서 네 코를 부러뜨릴 수도 있다."고 말한다면, 왜 그렇게 분노를 느끼는지 그 이유를 정확히 알아낼 수 있게 되고, 따라서 화나게 만들었던 문제를 해결할 수 있게 될 것이다. 반면에 아무 문제도 없다는 듯이 꾸민다면 화를 풀어줄 수 있는 것은 아무것도 없고 결국엔 우정에 금이 갈 지경까지 이르게 된다.

2) 감정을 표현하기에 가장 좋은 시간과 장소를 선택할 것.

타인에 대한 감정을 어떻게 표현할 것인가를 결정하고 나면, 그 다음엔 적당한 시간과 장소를 선택하는 일이 중요하다. 대개 어떤 감정을 강하게 처음 느낄 때, 표현하는 것은 가장 적절치 못하다. 만일 이웃에서 떠드는 소리 때문에 잠이 깼을 경우 끓어오르는 분노를 그대로 표현하면 나중에 후회하게 될 것이다. 이러한 경우에는 가장 설득력 있게 감정을 표현할 수 있도록 신중히 생각할 수 있을 때까지 기다리는 게 더 현명한 처사이다.

처음 흥분된 감정이 진정되기를 기다린 뒤 감정을 표현하기에 가장 적절한 시간을 선택하는 것이 중요하다. 어떤 다른 문제로 몹시 바쁘다거나 피로하다든지 혹은 골치를 썩히고 있다면, 이들은 한결같이 감정표현을 미룰 수 있는 좋은 이유가 된다. 종종 감정을 표현하기 전에 상대방이 받아들일 준비가 되어 있는 상태인지 확인해야 한다.

3) 자신의 감정에 책임을 질 것.

타인의 행동에 대응하여 어떤 감정을 체험할 때는 감정을 느끼게 한 장본인이 그 타인이 아니라는 점을 이해하는 것이 중요하다. 다른 말로 표현하면, 어느 누구도 당신을 슬프게 만들거나 행복하게 만들지 않는다는 것이다. 어떤 방식으로 반응하는가는 자기 자신에게 책임이 있다. 한번 이렇게 살펴보자. 보통 때 보다 특히 어떤 때에는 쉽게 감정이 뒤틀린다. 평상시엔 거의 화날 것이 못되는 하찮은 일들이 갑자기 감정의 폭발을 초래하기도 한다. 자신의 반응을 결정하는 것은 사물이나 사람 그 자체라기보다 주어진 시간에 그들에 관해 어떻게 느끼는가에 달려 있다. 책의 출판이 아직 끝나지 않았거나 혹은 약속 시간에 늦어서 무척 당황하고 있다면 여러 해 동안 익숙했던 친구의 농담에 대해서조차 화를 낼지도 모른다. 이때 내가 화난 것은 사실 친구 때문이라고 말할 수 있을까? 아니다. 내가 화가 난 것은 내 자신의 입버릇이나 게으름 - 다른 말로 얘기하면, 나와 내부에 있던 어떤 것 - 때문이라 말하는 것이 보다 타당하다. 이와 똑같은 원리는 다른 감정에도 적용된다. 예를 들어 당신이 누구를 짝사랑한다고 할 경우, 짝사랑의 대상이 되는 사람이 당신의 맘에 상처를 입히는 것은 아니다. 당신이 자기 자신을 그렇게 느끼도록 놔두고 있거나 아니면 단지 당신 마음이 아픈 것뿐이다. 술을 많이 마신다고 해서 슬퍼지거나 즐거워지지 않는다. 왜냐하면 그런 감정은 이미 우리 내부에 있었으니까 말이다.

자신의 감정을 스스로 책임지는 말을 사용하는 게 중요하다. "네가 나를 화나게 하고 있어"하는 대신에 "내가 화나고 있다."고 말하라.

"자네가 나를 불쾌하게 만드는군"하는 대신에 "자네가 그렇게 할 때 나는 기분 나쁘게 느낀다네."라고 말하라. 다른 사람들이 내가 좋아하고 싫어하도록 만드는 것은 아닌데 그렇다고 가정하는 것은 자신의 감정에 대한 책임을 부정하는 셈이 된다.

4) 자신의 감정을 분명하고 명확하게 표현할 것.

혼란스러울 때나 불안할 때는 때때로 감정을 불명확하게 표현한다. 무슨 뜻이냐 하면, 한마디의 말이 더 효과적일 텐데 말을 많이 사용한다는 의미이다. "네가 한 시간 30분이나 늦어서 화가 났다." 대신에 모퉁이에서 1시 30분에 만나기로 했는데 네가 세 시가 되어서야 나타나서 약간 화가 났다고 말하고 싶어"라고 말하는 것은 그 한 예가 된다. 자신의 감정을 분명하게 표현하는 한가지 열쇠는 기분 나쁘다, 혼란스럽다, 흥분된다, 화나 있다 등 대부분 감정을 한 마디로 요약하는 것이다. 같은 방식으로 어떠한 감정을 갖게 된 이유를 생각해 보면 아주 간단히 묘사할 수 있다. 제 3장에 기술되어 있는 사고를 분명하고 조리있게 표현하는데 대한 중요성을 기억해 보도록 하라.

둘째, 지나치게 길게 감정을 표현하는 것 뿐 아니라 감정의 정도를 축소시키거나 한정하는 것 역시 감정표현을 혼란케 하는 요인이 된다. 예를 들면, "약간 불행해", "꽤 흥분해 있어", "좀 어리둥절하군" 등과 같은 말이 있다. 물론, 모든 감정이 강렬하지는 않다. 예를 들어, 우리는 슬픔과 기쁨의 정도를 경험으로 안다. 그러나 어떤 사람들은 거의 모든 감정을 깎아 내리는 경향이 있다. 당신도 그러한가?

셋째로, 감정표현을 혼란스럽게 하는 요인은 감정을 암호식으로 나타내는데 있다. 이는 문제되고 있는 감정을 화자가 표현하는 게 불편할 때 대개 발생한다. 어떤 신호는 말에 관계된 것으로서, 화자는 전하고 싶은 말을 다소 미묘하게 암시한다. 예를 들어 "나는 외롭다."를 나타내는 감정적인 표현은 "이번 주말엔 별로 일도 많이 생길 것 같지 않은데 바쁘지 않다면 한번 들러 주지 않을래?"라고 할 수 있다. 한편 이러한 간접적인 표현은 이점도 있다. 즉 화자가 불행한 감정을 그대로 표현해서 자신을 완전히 드러내는 걸 막아주고, 직선적으로 표현해서 거절당하지 않도록 자기방어 구실도 해준다. 반면에, 간접적으로 표현해서 진실한 감정을 인식시킬 수 있는 기회가 줄어들기도 한다. 이러한 이유 때문에 암호식으로 말을 전하는 사람들은 감정을 쉽게 이해시키지 못해 자기의 필요를 충족시킬 수 있는 기회를 포착하기가 힘들다.

5) 일차적인 감정과 이차적인 감정의 차이점을 인식할 것.

대부분의 경우에 있어서 우리가 표현하는 그 감정은 그 당시 느끼는 유일한 감정이 아니다. 파티에서의 Heidi와 Mike의 예를 들어보자. 화제가 여자의 맵시로 돌아가자, Mike는 Heidi가 몇 년 전에 우편주문으로 산 가슴을 크게 하는 기구를 우스개로 들춰 냈다. Heidi는 굴욕감을 느껴 Mike에게 화를 냈다. "어떻게 그런 말을 할 수가 있어요? 그 말은 말로 할 수 있는 것 중에서 가장 경솔하고 유치한 말이예요. 저는 당신에게 화가 나 있어요" Heidi가 화내는 것은 아마 당연할 수도 있지만, 그녀는 Mike에게 자신의 감정을 제대로 표현하지 못했다. 사실 분노에 대한 책임은 그녀에게 있었다. 왜냐하면 그녀가 당황한 것은 감추고 싶었던 비밀이 다른 사람에게 알려졌기 때문이다. 그녀가 이 일차적인 감정을 표현했었다면 Mike는 그녀의 분노를 이해하게 되었을지도 모르며, 따라서 보다 건설적인 방식으로 반응하였을 게다. 분노는 비록 표현할 수는 있을지언정 일차적인 감정은 아니다. 당황과 아울러 분노는 혼란, 실망, 좌절 또는 슬픔 뒤에 따라온다. 이런 경우에 뒤따르는 분노 즉, 이차감정보다 먼저 생긴 감정 즉, 일차감정을 표현하는 게 중요하다.

6) 감정은 특정한 상황과 관련되어 있음을 인식할 것.

당신의 감정이 어떤 특정한 상황에 집중되어 있음을 확실히 알아야 한다. "네게 화낼꺼야" 대신에 "네가 약속을 지키지 않으면 화낼꺼야"라고 말하고 "네게 싫증났다." 대신에 "네가 돈에 대해서 얘기할 때는 싫다."고 말하도록 하자.

많은 사람들이 대인관계에 파경이 올 것을 두려워해 감정을 제대로 표현하지 못한다. 모든 다른 사람과의 관계에서, 어떤 때는 긍정적으로 어떤 때는 부정적으로 반응해야 함을 깨달아야 한다. 다만 특정한 상황에 국한함으로써 우정이 깨질 염려없이 특정감정을 직선적으로 표현할 수 있을 것이다.

2. 자기표현적인 비평대처(Coping Assertively with Criticism)

□ **연습문제** □ Ⅷ-1

당신은 비평에 어떤 식으로 반응하나? 다음 물음에 답하기 전에 자신이 겪었던 몇몇 사례들을 잠시 상기해 보시오.
1. 당신의 가족들에게 비평받은 경우 한 가지를 쓰시오.
   그 때 당신은 어떻게 반응했고, 무슨 말을 했으며 기분은 어떠했는지?
2. 당신이 친구에게 비평받은 경우 한 가지를 쓰시오.
   그 때 당신은 어떻게 반응했는가?
3. 당신이 학교나 직장에서 비평받은 경우 한 가지를 쓰시오.
   그 때 당신은 어떻게 반응했는가?

어떠한 경우에서나 다음 세 가지 중의 한 가지 방법으로 비평에 대응할 것 같다. 첫째, 타인에게 부정적인 비평을 받을 때 후퇴하는 경우이다. 때때로 이런 후퇴는 비록 동의하거나 찬성하지 않는다 하더라도 그 공격을 조용히 받아들이는 형태를 취한 것이 된다. 다른 경우에 있어서 후퇴는 물리적인 것이다. 즉 그 비평이 아주 가혹하다면 그 비평자 곁을 일시적으로 혹은 영원히 떠날 수도 있다. 이런 식으로 반응함으로써 평정은 유지되지만, 자존심에 크나큰 고통을 받게 된다. 왜냐하면 타인의 평가를 조용히 받아들임으로써, 자신의 권리를 지키지 못했다는데 대해 자존심이 손상받는 괴로움을 겪게 될 것이기 때문이다.

둘째, 자기 자신을 정당화시키는 경우이다. 이 반응은 적어도 자존심을 유지시켜 주는 이점은 있으나, 두 가지 면에서 결점이 있다. 하나는 비평이 옳은 경우에 지나치게 자신을 정당화하거나 방어하기 때문에 자신에 관한 견해가 타당함을 깨닫지 못하는 결점이 있다. 또 하나는, 비평자가 상대방이 변호하는 내용을 거의 받아들이지 않으려는 결점이 있다. "네가 계속 자신을 방어하고 있지만, 그래도 네가 틀렸다고 생각한다."고 말할 수도 있다. 이러한 경우에는 정당화하려고 노력할 가치도 없다.

셋째, 비평에 대해 반격하는 경우이다. 즉, 비평자의 결점을 지적해서 자신에게 가해지는 압박감을 줄이려 한다. 비평에 반격하면 자신의 결점에서 초점을 다른 곳으로 이동시킬 수 있지만, 자신과 비평자 사이에 적의를 조장시키고 우정을 약화시키는 바람직하지 못한 결과를 낳을 수도 있다. 이런 점에서 반격은 때때로 싸움에서는 이길 수 있으나 우정은 잃어버리게 한다.

이상에서 보았듯이 비평에 대한 전형적인 반응들은 대체로 비생산적이다. 그러면 어떤 방법이 남아 있는가? 우리는 정당한 것이든 그렇지 않은 것이든 모든 비평을 항상 직시하고, 비평이 닥칠 때를 예상해 준비된 대응책을 갖고 있을 필요가 있다. 다음 페이지에 후퇴하거나 정당화하고 반격하는 것을 대신할 수 있는 두 가지 새로운 대안 - 질문하는 것과 동의하는 것 - 을 제시하겠다. 일단 그 대안들을 습득하고 나면 타인의 권리를 위협하지 않으면서 비평에 적극적으로 대처해 나갈 수 있을 것이다. 또, 그 결과로 자신의 자존심을 높이고, 자신에 관해 보다 많이 알게 되며, 비평자와 우정을 강화하는데 도움이 될 것이다. 어려운 주문일까? 아마 그럴지도 모른다. 그러나 다음에 소개될 내용을 잘 읽고 또 그것을 잘 응용하면 위에서 말한 두 가지 새로운 대안을 습득할 수 있을 것이다.

A. 비평을 받아들이기 힘든 이유

호의적인 의도에서 나온 것일지라도 왜 비평에 흔히 방어적으로 반응하게 될까? 이 질문에는 적어도 두 가지 대답이 가능한데 이 대답들은 비평이 다른 사람에게 방어심리를 일으키는 이유를 분명하게 해주는 동시에 다른 사람의 공격을 받았을 때 화가 나는 이유도 확실하게 해 줄 것이다.

첫째, 비평이 불안정한 공적 이미지(public image)를 위협할 때 방어적이 된다. 이 원리를 이해하기 위해 다음과 같은 경우를 상상해 보자. 어떤 익살스러운 유치원 꼬마가 당신에게 "돌대가리"라고 놀려댈 경우, 어떤 반응을 보일 것인가? 아마 웃음으로 응수할 것이다. 왜냐하면, 그 어린아이가 사용한 단어에 대해 당신이 반대할지는 모르나 "나는 돌대가리가 아니란다." 하는 식의 방어적인 대꾸를 할 만큼 그 비난을 심각하게 받아들여 가면서 인격을 계속 유지하려 하지는 않을 것 같기 때문이다. 심지어는 이런 식의 대답에 대한 발상 자체가 우스울 수도 있다. 왜냐하면 어린아이들의 분별력 없는 소견에 대항해 자신을 정당화시키지 않을 수 없을 만큼 자신의 공적인 이미지가 불안정한 어른들은 거의 없기 때문이다.

마찬가지로, 항상은 아니지만 성인들의 소견이 확실한 근거가 없는 것일 때는 쉽게 넘겨버릴 수 있게 된다. "돌대가리"란 욕에 상응하는 어른의 욕은 당신이 고되게 일을 하는데도 게으르다고 한다거나, 혹은 모든 이들이 당신의 기술에 감탄하는데도 불구하고 무능력하다고 하는 비난이 그에 속할지 모른다. 그런 상황에서 당신의 태도는 "나무나 돌은 나의 뼈를 부러뜨릴지 모르지만 내가 사실이 아니라고 믿는 욕설은 결코 나를 다치게 하지 못할 것이다."라는 속담으로 설명할 수 있다.

일반적으로 다른 사람의 비평을 민감하게 여기지 않는 경우는 남이 한 비평에 분명히 동의하고 수용한 경우를 들 수 있다. 예를 들어, 다음과 같은 경우를 상상해 보자. 전혀 새로운 어떤 어려운 기술 - 말하자면 전기수리나 이상한 외국어 - 을 이제 막 배우기 시작했다고 하자. 몇 분 후

선생은 당신이 더 배우기 힘들겠다고 얘기했을 때 진심으로 그 판단에 동의한 후 그 길고 힘든 과정을 포기하기도 한다. 여기에는 어떠한 분쟁 이유도 없기 때문에 방어적으로 반응을 보일 가능성은 전혀 없다.

이제는 다른 종류의 상황들을 보여주는 다음 장면들을 생각해 보자. 먼저 경우와 같이 각 상황에 대해서 침착하게 반응할 수 있는지 우선 살펴보도록 하라.

- 만일 체중을 줄이고 싶어하는 당신이 두 번째로 간식을 더 먹으려는 순간 친구가 체중이 늘 것이라고 당신을 놀리는 경우를 상상한다.
- 만일 담배 피우는 것 때문에 고심하고 있는데, 담배로 손이 갈 때마다 친구가 흡연은 암과 연결된다는 연구 결과를 강조하는 것을 상상한다.
- 만일 돈을 저축하기가 힘드는데 비록 여행으로 인해 빚을 지게 되리라는 점을 알고 있다 하더라도 올해 휴가는 여행을 하면서 보내기로 방금 결정했다고 상상한다. 그런 다음, 한 친구가 휴가를 위해 얼마를 쓸 생각이냐고 물어본다.
- 만약 당신이 일에 때때로 전념하지 못하는데 어느 날 늦잠을 자고 지각했다. 상사가 당신을 슬쩍 쳐다본 다음 벽시계를 보는 광경을 당신이 본다고 상상한다.

이 각각의 경우에 행동하고 있는 자신을 그려보았는가? 만약 똑바로 지적할 수 있다면, 다른 사람의 행동에 대해 반응할 때 마음에 떠오르는 표상은 아마도 자신의 입장에 관해 방어적인 반응을 포함할 것이다. 앞에서도 읽었듯이 이러한 방어심리는 다음 세 가지 형태 중 한가지로 나타난다. 첫째는 후퇴하는 것 즉, 비평을 받아들이지는 않으나 의견 충돌을 피하기 위해 가만히 있을 수 있다. 두 번째 가능한 방어적인 반응은 정당화나 합리화 방법을 이용한다. "나는 일을 좀 더 잘하기 위한 방법을 생각하면서 늦게까지 있었기 때문에 늦잠을 잤다." 든가 "지금이야말로 휴가를 즐길 가장 좋은 때다. 왜냐하면 내년에는 돈이 더 들테니까." 마지막 하나는, 비평에 반격을 가하는 것이 될 수도 있다. "담배 피우는 걸 가지고 나를 몰아 세우지마! 적어도 나는 너같이 미친놈처럼 차를 몰지는 않으니까." 혹은, "과식에 대해 이러쿵 저러쿵 하지 말라구. 나는 네가 피자 조각을 게걸스럽게 먹는 것을 봤단 말이야." 등과 같은 반응이 이에 속한다.

이와 같은 상황에 대한 당신의 반응 속에 후퇴, 정당화 혹은 반격이 포함되어 있든 아니든 당신의 행동에는, 유치원 꼬마가 당신을 욕했을 때나 선생이 당신더러 경험이 없다고 비평했을 때는 품지 않았던 방어 심리의 요소가 내포되어 있다. 그 차이점은 무엇일까? 왜 어떤 상황에서는 자신을 정당화시키고 싶어하고 다른 상황에서는 그렇지 않은가? 결정적인 요인은 어린아이와의 연령차, 그리고 선생과의 능력차 때문에 나타나는 것 같지만, 좀 더 자세히 살펴보면 흥분시키는 사람의 자세보다 당신의 태도에 더 많은 원인이 있다는 것을 알게 된다. 왜냐하면 자기가 돌대가리가 아닌 것을 알고 있을 때에는 그와 같은 비난에 대항해서 자신을 방어할 필요가 전혀 없기 때문이다. 그리고 배우고 싶은 기술에 대한 지식 정보를 가지지 못한 데 대해 허심탄회하게 동의할 수 있기 때문에 기술을 배우는데 힘이 들 것이라는 선생의 의견에도 동의하기가 쉬웠다. 다른 말로 표현하면, 그런 경우에는 자존심에 대한 위협이 전혀 없다. 그러나 그 다음 네 가지 경우에는 아마도 다른 사람의 평가에 대항해서 그 평가를 받아들일 수 있을 정도까지 자신을 옹호해야 한다고 느꼈을 것이다. 과식이나 흡연했을 때 죄를 지었다는 양심의 가책을 느끼는가? 자신의 수입을 초과해서 소비를 하면 괴로운 생각이 드는가? 만약 그렇다고 하면, 그 때는 방어적으로 반응을 보일 잠재력을 지니고 있다고 하겠다.

비평에 대한 방어적인 반응을 자세히 이해하기 위해서 각자 지니고 있는 두 가지 종류의 이미지를 인식할 필요가 있다. 그 첫째는, 공적 이미지(public image)인데 때때로 세상에 나타내는 인격과 얼굴이라고 한다. 사람들은 대부분 정직, 매력, 신뢰성과 그 밖의 다른 미덕이 나타나는 공적 이미지를 호의적으로 투영시키고자 한다. 그러나 어떤 경우에는 부정적인 공적 이미지를 보전시키기도 하는데 이 때는 기술, 매력, 지력부족을 암시하는 행동이나 말을 포함할 수도 있다. 사람들은 말뿐 만 아니라, 행동으로서도 자신들의 공적 이미지를 영속화시킨다. 자신이 세련됐음을 멋진 옷이나 유식한 표현으로 나타내고, 세심한 눈짓이나 고개를 끄덕여서 다른 사람에 대한 관심을 나타내기도 한다. 무관심한 웃음으로 성질이 태평스럽다는 걸 알리기도 한다. 모든 행동은 말에 의한 것이건 아니건 간에 다른 사람에게 자신이 자신을 어떻게 생각하고 있는지를 말해 준다.

공적인 이미지와 아울러 사람들은 각각 사적인 모습도 지니고 있다. 이 명칭이 암시하듯이, 이 사적 이미지(private image)는 각각 개인적으로 갖고 있다고 믿고 있는 자기 자신에 대한 견해로 이루어져 있다. 사적 이미지는 공적 이미지와 같은 범주로 구성되어 있는데 많은 경우에 이들은 서로 일치한다. 예를 들어, 자신을 종교적인 인물이나 과학소설 광으로 생각할 경우, 이러한 확신을 공적으로 나타내는 것을 피하지 않는다. 그러나 다른 경우에 있어서 사람들은 사적 이미지를 타인과 공유하고자 하지 않으며 심지어는 스스로도 인정하려고 하지 않는다. 지금 막 떠오르는 장면을 하나 생각해 보자. 만일 늘어나는 체중문제가 심각하다고 말하는데 당신이 단 것을 너무 좋아한다고 친구가 지적한다면, 당신은 다이어트를 하지 않았음을 인정하거나, 또는 자신은 애를 써서 다이어트를 할 필요가 없는 사람이라고 말해 자신에 대한 이미지를 보호하려 할 것이다. 공적 이미지를 호의적으로 인식시키는데 드는 투자를 감안한다면(예 : "이번엔 정말로 다이어트를 할거야. 나는 건강을 아주 중요하게 생각하기 때문에 더 이상 과식할 수가 없어"), 사람들이 왜 종종 그런 거짓을 영속화시키려는 경향을 보이는지 이해할 만 하다. 그 밖의 다른 상황에서도 같은 논리가 적용된다. 만일 공적으로 자신의 건강을 소중히 여긴다고 주장한다면, 흡연과 같이 몸에 해로운 습관을 정당화시켜야 할 필요가 생긴다. 만일, 자신을 재정적으로 신뢰할 수 있는 사람이라고 주장하려면 불필요한 것을 사들여서 과시하려는 당신의 결정에 이의를 제기하는 사람에게 신뢰할 수 있는 사람이라는 인상을 보존할 필요가 생긴다. 또한 다른 사람들이 자신을 책임감 있는 피고용인으로 여기는 데에 관심이 있다면, 일에 대한 모든 행동을 그런 생각이 들기에 적합하게 할 필요가 있다. 같은 식으로, 마음이 굳게 닫혀 있는 그 순간에도 자신은 결코 고집쟁이가 아니라고 주장하지는 않는가? 생각이 다른 데 있으면서도 주의를 집중하고 있다고 항변하려 드는게 일반적인 현상이 아닌가? 어린애 같은 목소리로 말하면서 자신은 유치하게 행동하지 않는다고 주장하는 일은 없는가? 이처럼 우리는 때때로 완전에 가까운 공적 이미지를 주려고 애쓴다. 물론, 이런 정당화의 문제점은 항상 완전히 열린 마음으로 주의력을 갖고 언제나 성인답게 행동할 수 있는 사람은 거의 없다는 사실이다. 그 결과 정말 방어할 수 없는 상황에서조차 자기 자신을 방어하려고 드는 우스운 꼴이 되고 만다.

 이러한 일관성 유지에 대한 노력은 왜 사람들이 비평에 방어적으로 반응하는 가에 대해 그 이유를 알 수 있게 된다. 타인의 평가가 자신이 원하는 평가 방식과 어긋날 때 사람들은 그 비평을 논박하는 경향이 있다. 그리고 대부분 이러한 방어적인 반응은 자신을 비현실적으로 잘 보이게 하려는데 집중된 것이므로, 가장 옳은 비평에 대해서도 가끔 방어적으로 반응하게 된다는 점이 명백해진다.

 이러한 논리가 당신에게도 타당하게 적용되는지 생각해 보라. 다음 며칠 동안은 비평에 방어적으로 반응하는 경우에 주의를 집중하라. 당신은 부정확한 공적 이미지를 보호하고 있는가? 당신은 정곡을 찌르는 비평에 가장 강하게 반발하는가?

 얼마 동안 스스로 관찰해 보면, 방어하는 까닭은 불안정한 자신의 공적 이미지를 보호하기 위한 것이었다는 게 드러난다. 물론 항상 그런 것은 아니지만 말이다. 타인의 비평이 분명히 타당한데도 불구하고, 그 비평을

받아들이기 힘든 예를 찾아볼 수 있을 것이다. 사실 같은 문제에 대한 비평인데도 어떤 사람의 비평은 쉽게 받아들일 수 있는 반면 특정한 사람의 비평에는 항상 반대하게 되는 경우를 발견할 수도 있을 것이다. 특정한 사람의 비평에 반대하는 반응은 비평을 받아들이기 힘든 두 번째 이유가 된다.

  둘째, 비평자가 문제의 원천을 잘못 지적할 때 방어적이 된다. 심리학자인 Thomas Gordon(1970)은 이러한 현상을 설명하기 위해 모델을 하나 만들었다. 다음 상자 안의 공간은 다른 사람과 맺는 관계를 나타낸다고 하자.

다른 사람과 맺는 관계

(1)

이 관계는 세 영역으로 세분될 수 있다. 처음 부분은 아무 문제도 존재하지 않는 상황을 나타낸다.

(2) | **문제가 없음(No Problems)** |

이 영역은 자신의 소망 사항이 다른 사람의 것과 같거나 양립될 수 있는 상황이다. 예를 들면,
- 혼자 있고 싶은데 상대방도 그런 경우
- 백과사전을 하나 사고 싶은데 세일즈맨이 팔고 싶어할 경우
- 추가소득을 원하는데 사장이 시간외 근무를 원할 경우
- 지난 휴가에 대해 말하고 싶은데 친구가 듣고 싶어할 경우

분명히 모든 대인관계가 다 문제없는 것은 아니다. 어려운 상황은 흔히 자신에게 문제가 있을 때 발생한다.

	문제가 없음
(3)	자신에게 문제가 있음

예를 들면:

- 이웃 집 개가 앞마당 잔디에 배설을 하는 경우
- 교사가 지루하다고 생각되는 긴 이야기를 하는 경우
- 당신이 어떻게 삶을 영위할 것인가에 대해 요청하지 않은 충고를 가족들이 자주하는 경우
- 친구가 모욕적이라고 생각되는 농담을 하는 경우

위의 각 경우에 바람이나 필요를 충족시키지 못한 것은 바로 당신이지 다른 상대방이 아님을 이해하는 것이 중요하다. 이웃사람은 자기네 개가 당신의 잔디를 더럽혀도 어떤 곤란을 당하지 않는다(물론, 개도 전혀 문제가 없다). 교사는 아마도 그렇게 긴 이야기를 오래하는 것에 큰 만족을 느끼고 있을 것이다. 충고를 해주는 가족들은 아마 당신에게 충고해 줌으로써 의무를 다하고 있다고 믿고 있을 것이다. 당신에게 농담을 하는 친구는 무대 위에서 재치를 과시할 기회를 즐기고 있는 것이다. 각 경우에, 괴로운 사람은 바로 당신 자신이기 때문에 당신이 이러한 문제를 지니고 있음을 깨달아야 한다.

이와는 대조적으로 상대방이 충족되지 않은 바람이나 요구사항이 있는 경우 - 다시 말해서, 상대방에게 문제가 있는 상황이 있다.

	상대방에게 문제가 있음
(4)	문제가 없음

때때로 상대방의 문제는 자신과 무관한 상황에서 발생한다.

- 친구가 요즘 밤에 충분히 잠을 자지 못해 피로하기 때문에, 당신과 함께 파티에 참석하고 싶어하지 않을 경우

- 감독자가 방금 사장에게 힐책 당했기 때문에 당신에게 쏘아 대는 경우
- 낯선 사람이 상당한 투자에서 방금 손해봤기 때문에 당신의 친절한 제안에 응하지 않는 경우
- 가게 점원이 이가 아프기 때문에 당신에게 무례하게 대하는 경우

이러한 불친절한 반응이 상대방의 문제에 기인한 것임을 인식하기는 때로 어렵다. 왜냐하면, 어떤 사람이 언제 피곤하고, 직장에서 힐책 당했고, 금전 문제에 몰두해 있으며, 육체적 고통을 겪고 있는지 항상 알 수는 없기 때문이다. 그리고 우리가 이러한 문제의 원인을 파악하고 있지 않으므로, 언뜻 이해하기 힘든 상대방의 행동에 기분이 쉽게 상하게 된다.

당신과 무관한 문제 외에, 당신의 행동 때문에 타인에게 문제가 발생하는 상황이 있다.
- 식당에서 당신 옆에 앉은 사람이 당신이 피운 담배 연기 때문에 고통 받는 경우
- 가족 중 한 사람의 생일을 당신이 잊어버렸기 때문에, 그가 화가 난 경우
- 애인이 당신과 단둘이 있고 싶어하는데, 당신은 다른 친구를 만나러갈 경우
- 한 친구가 당신과 문제를 상의하고자 하는데, 당신은 너무 일에 바빠서 도와줄 수 없는 경우

비록 위의 모든 상황에 당신이 관련돼 있기는 하지만, 어느 경우나 문제는 여전히 상대방에게 있는 게 분명하다. 당신은 담배를 만족스럽게 피우고 있으니까 고통받는 사람은 바로 이웃 사람이며, 남의 생일을 잊었다고 해서 고통받지 않으니까 무시당한 것 같이 느낀 사람은 바로 당신의 가족이다. 당신은 같이 있기를 원하지 않은데 애인이 열망하고 있고, 제시된 문제에 관해 이야기할 필요가 없는데 친구는 당신의 조언을 필요로

하고 있다.

이 모든 것들은 앞으로 얘기할 중심 주제인 비평과 약간의 관련이 있다. 왜냐하면, 방어적으로 행동하게 되는 주요 이유는 사람들이 실상은 자기 자신의 문제이면서도 상대방의 문제라고 그릇되게 비난하기 때문이다.

같은 식으로, 실상 문제가 있는 사람은 그들인데도 부당하게 비난하기 때문에 그 비평에 분개하는 경우가 자주 있다. 다음과 같은 비평들이 어떤 식으로 방어심리를 유발시키는지 알아보도록 하자.

-"너는 너무 말이 많아"
-"너는 시시해"
-"너는 좀 더 관대해야 해"
-"너는 내 말을 듣지 않고 있구나"

이러한 비난이 진실인 경우에도 말하는 사람이 왜 당신이 그런 행동을 하는지 즉, 사태가 악화되어 원망하는 뜻을 나타내고 있다는 것을 인정하지 못할 경우, 그 비난을 받아들이기는 더욱 어렵다. 다음 장에서 문제는 자신에게 있다고 분명히 인정하는 방식으로 다른 사람에게 불만을 제대로 표현하는 방법을 배우게 될 것이다. 이제, 우리가 비평에 대항하여 그렇게 방어적이 되는 한 가지 이유는, 사실은 그 반대인데도 불구하고, 상대방이 부당하게 우리가 문제를 갖고 있다고 비난하기 때문이라고 설명해도 충분하다.

이런 사실을 알고 있으면 비평에 직면해서도 여전히 냉정을 잃지 않게 될 것이다. 당신이 자애스럽지 못하고, 이기적이며, 소란스럽다고 누군가 비난하면서 "네게 문제가 있어"라고 해도, 문제가 있는 것은 바로 그들이라는 사실을 인식하여 평정을 유지할 수 있을 것이다.

B. 나 – 전달법과 반영적 경청

1) 나 – 전달법

나 – 전달법은 당신과 직접적으로 관련된 것에 대해 의사소통을 하는 방법이다. 다른 사람에 대한 당신의 평가와 해석을 표현하는 것이 아니라 당신 자신이 느끼는 감정과 경험을 표현하는 방법이다.

나-전달법은 당신이 당신 자신을 보다 더 잘 이해하도록 해 줄 뿐 아니라 상대방에게 당신을 더 잘 알릴 수 있게 하며 궁극적으로 상대방에게 그들의 마음을 정직하게 개방하도록 용기를 준다.

나-전달법은 예를 들어 "OO가 일을 잘 처리해 줘서 기분이 좋은데."와 같이 매우 긍정적이기도 한 반면에 "내게 그런 행동을 한 것이 매우 언짢아."와 매우 부정적일 수도 있으며, "나는 아무 느낌도 없어."와 같이 중간 입장일 수도 있다. 또한 나-전달법은 예를 들어 "OO는 색상선택을 아주 잘 하는군요."라고 하는 대신에 "OO가 칠한 색상이 내겐 아주 좋아요."처럼 다른 사람을 평가하지 않고 긍정적으로 지지할 수 있으며, 또는 "회식 장소를 잘못 선택했어."라고 하는 대신 "나는 그 회식 장소가 마음에 들지 않아."처럼 다른 사람을 비판하지 않고 싫은 감정을 전달할 수 있다.

나-전달법은 당신이 상대방의 행동을 수용할 수 없다고 느낄 때 특별히 활용될 수 있는 기술이다. 상대방의 행동을 비난하지 않고 당신의 진실한 마음과 감정을 드러내기 때문에, 상대방은 당신이 자기의 도움이 필요하다는 것을 깨닫게 되어 방어적이 되지 않고 책임감을 느끼게 된다. 상대방이 자발적으로 자기의 행동을 변화시키기 위해서 당신의 문제가 무엇인지 알 필요가 있다. 그러기 위해서 세 가지 정보가 필요하다.

① 문제를 유발시키는 상대방의 행동은 무엇인가?
② 그 행동이 당신에게 어떤 영향을 끼치는가?
③ 당신은 그 결과에 대해 어떤 느낌을 갖는가?

이러한 세 가지 요소를 포함하고 있는 의사전달을 (직면적) 나-전달법이라고 한다. 나-전달법은 상대방에게 당신이 수용할 수 있는 방향으로 행동하도록 영향을 준다. 나-전달법에 포함된 세 가지 요소가 효과를 나타내는 것은 두 가지 까닭에서이다.

첫째, 상대방이 자신의 행동이 당신에게 구체적인 영향을 끼치는 것을

알게 되기 때문이며

둘째, 상대방이 그 행동을 계속하려는 욕구를 줄이거나 또는 다른 방법으로 그 욕구를 충족하려고 하기 때문이다.

다시 말해서 상대방이 자기의 행동이 당신에게 진짜 문제가 된다는 것을 알게 되면 당신을 위해 행동을 바꾸게 될 가능성이 높아진다. 그 새로운 행동은 정확하게 당신이 바라는 것이 될 수도 있고 당신이 전혀 기대하지 않는 것일 수도 있다.

예를 들어 근무에 열중하던 당신이 크게 소리지르며 싸우는 두 직원에게 나-전달법으로 말한다면 당신이 원했던 것처럼 두 직원이 싸움을 멈추고 각각 따로 자기 자리로 갈 수 있다. 그러나 기대와는 달리 두 직원이 다른 장소로 옮겨서 싸움을 계속할 수도 있다. 이와 같이 기대하지 않았던 결과가 일어났을 때 당신에게 별 문제가 되지 않으면 상대방을 수용해 주어라. 만일 문제가 된다면 거부되는 감정을 상대방에게 전달하되 상대방의 창의성과 사려성을 인정해 줘야 한다.

나-전달법을 배우는 것은 매우 어렵고 힘든 과제이다. 여기에서 하는 실습은 당신이 나-전달법의 세 가지 요소를 알고 활용하는데 도움을 줄 것이다. 나-전달법의 구성요소는

① 상대방의 행동을 비난없이 묘사하고
② 당신에게 미치는 구체적인 영향과
③ 그로 말미암아 당신이 갖게 되는 느낌을 전달하는 것이다.

나-전달법을 사용하면 상대방의 행동을 무례한 행동으로 보지 않고 상대방과 나 자신의 욕구를 충족하려는 행동으로 보는 능력을 넓혀 나가게 된다. 즉 당신은 불만스러운 상대방의 행동에 대해 훈계나 비난 등을 하기보다는 당신의 욕구에 방해가 되고 있다는 것을 알려 주어 상대방에게 책임감을 느끼게 할 수 있다. 상대방의 행동을 변화시키기 위해 만들어진 나-전달법을 사용하여 당신의 감정을 적합하게 표현할 수 있다. 거의 모든 경우에 있어서 평가를 내리기보다는 오히려 당신의 느낌을 이야기하는 게 상호간에 좀 더 만족스러운 관계를 유지하게 할 것이다.

2) 반영적 경청

반영적 경청이란 상대방의 이야기를 듣고 혹은 상대방의 표정이나 행동을 보고 그 사랑의 심정이 어떠할까를 파악한 후 상대방에게 이를 확인해 보는 과정이라고 정의할 수 있다. 위의 정의에서 볼 수 있듯이 반영적 경청은 3단계의 과정을 포함하고 있다.

첫번째 단계는 상대방이 표출하는 언어적 혹은 비언어적 정보를 관심있게 그리고 민감하게 받아들이는 과정이다. 특히 상대방의 표정이나 행동에 큰 관심을 두어야 하는 과정이다. 왜냐하면 많은 학자들에 의하면 상대방의 표정이나 행동에 더 많은 그리고 정확한 그 사람의 정서적 정보가 내포되어 있기 때문이다. 상대방의 정서와 감정을 알아내는 것은 다음 두 번째 단계의 가장 중요한 부분이 된다.

두 번째 단계는 상대방이 방출하는 모든 정보를 바탕으로 상대방의 심정을 이해하는 과정이다. 특히 상대방의 기분이나 감정 혹은 정서가 어떠할 것인가를 정확하게 추측하는 것이 이 단계에서 매우 중요하다. 그 이유는 만약 상대방이 큰 문제 상황에 있다면 그 사람은 정서적으로 불안정한 상태 즉 「감정의 홍수상태」에 놓이게 되는데 이 때 그 사람의 기분을 정확하게 이해해주면 그 사람은 「감정의 홍수상태」에서 빠져나올 수 있기 때문이다.

마지막으로 세 번째 단계는 2단계까지에서 얻은 상대방의 기분이나 감정에 대한 당신의 이해를 상대방에게 확인하는 과정이다. 아무리 정확하게 상대방의 심정이나 기분을 이해했다 하더라도 이것이 상대방에게 전해지지 않으면 그 이해는 아무런 의미가 없다. 내가 상대방을 이해하고 있다는 것이 전달되므로써 상대방은 비로소 타인에게 이해받고 있음을 알게 되며 자신의 불안정한 정서상태에서 빠져나오게 된다.

지금까지의 반영적 경청에 대한 정의에 근거하여 몇 가지 반영적 경청의 실례를 들어본다. 몇 차례의 진급기회에서 누락된 한 회사원이 얼굴을 붉으락 푸르락하며 코를 씩씩거리고 있을 경우 이 사람에게 반영적 경청을 한다면 이렇게 할 수 있을 것이다.

"이번에도 진급을 못하게 되니 정말 회사의 처사에 대해 큰 분노를 느끼시겠네요?"라고. 다른 경우를 생각해 보자. 늦게 집에 돌아와야 할 경우에는 꼭 전화를 먼저 해달라고 수 차례 부탁받은 남편이 오늘도 전화없이 밤 12시가 넘어 늦게 귀가하였다. 집에 들어와 보니 아내가 소파 끝에 앉아 아무 대꾸없이 무표정한 얼굴을 하고 있었다.

이런 상황에서 남편이 아내에게 할 수 있는 반영적 경청은 무엇일까. '여러 차례 부탁했는데도 전화없이 늦게 오니까 나한테 너무 실망했나 봐?'라고 남편이 아내에게 이야기해 준다면 이것이 바로 훌륭한 반영적 경청이라 할 수 있다. 다음과 같은 경우도 생각해 볼 수 있다. 엄마와 중학교 일학년 아들 사이에서, 엄마가 너무 많은 기대를 아들에게 하면서 그 기대를 채우지 못할 때마다 아들에게 비난과 힐책을 해댔다. 그러다가 이제는 아들이 엄마와 이야기하기를 거부하고 자기 방에 들어가 문을 잠그고 혼자만 있으려고 한다. 이런 경우 엄마가 "동수야, 엄마가 자주 너를 비난하고 자존심을 상하게 해서, 엄마가 너무 원망스럽고 한편으로는 증오스럽겠구나?"하고 아들에게 이야기해 준다면 아들의 감정을 잘 읽어 주는 반영적 경청으로 볼 수 있다. 하나의 예만 더 들어보자. 한 회사에서 미스 김이라는 여사무원이 뾰루퉁한 얼굴로 과장에게 다가가 "손님이 오면 왜 나만 꼭 커피를 타다 드려야 돼요?"라고 불평을 할 때 과장이 다음과 같이 미스 김에게 이야기 해준다면 이는 반영적 경청의 예라 할 수 있을 것이다. "다른 사람도 있는데 미스 김만 시킨다고 생각하니 부당하다는 느낌이 드나보군요."

이같은 반영적 경청은 왜 그리고 어느 때 필요하며 또 어떤 효과가 있을까? 우리 인간은 다른 사람을 떠나서는 살 수 없다. 우리는 다른 사람과 맺는 관계 속에서 이런 저런 크고 작은 문제들을 끊임없이 접하면서 살아간다. 그리고 이러한 문제들에 직면하게 되면 대체적으로 어떤 정서적 불안정을 경험하게 된다. 특히 문제가 심각한 경우에는 더욱 그러하다. 이같은 불안정을 흔히 「감정의 홍수상태」라 부른다.

감정의 홍수상태에 빠지게 되면 일단 정상적으로 보고 들을 수 있는 우리의 능력이 떨어진다. 우리의 이성 혹은 합리적인 사고과정은 흥분된 정서의 증가로 크게 방해를 받는다. 화가 머리끝까지 나있는 사람의 행동에 대해 생각해 보면 쉽게 이해가 갈 것이다. 이 사람은 정서적으로 너무 흥분된 상태에 있기 때문에 자신을 합리적으로 통제하지 못한다. 상대방에게 감정적인 언행을 보임으로써 이제는 상대방을 감정의 홍수상태로 몰고 간다. 감정의 홍수상태에 놓여 있는 두 사람은 결코 좋은 관계를 형성할 수 없으며 문제해결은 더욱 어려워지게 된다.

그러므로 감정의 홍수상태에 있는 개인은 가능한 한 빨리 그 상태에서 빠져나오는 것이 필요하다. 만약 상대방이 정서적으로 불안정한 상태에 있다고 생각되면 그 사람을 빨리 그런 상태에서 구출하여 보다 안정된 상태로 안내하는 것이 서로의 관계를 위해서 필요하다. 이를 위해 사용될 수 있는 효과적인 의사소통 기술이 바로 반영적 경청이다. 반영적 경청은 상대방에게 '남이 나를 이해하는구나'하는 생각을 갖게 하여 그 사람의 고조된 감정상태에 '물고'를 터주는 기능을 한다.

앞에서 든 반영적 경청의 예를 다시 상기해 보기 바란다. 그 예들이 문제를 가지고 있는 상대방의 기분이나 감정을 얼마나 잘 대변해 주고 있는가, 그리고 반영적 경청 후 상대방이 어느 정도 보다 안정된 정서상태로 갈 수 있겠는가 하는 측면에서 검토해 볼 필요가 있다. 위에 제시한 예들인 반영적 경청은 모두 단편적인 한마디로 표현되어 있다. 물론 이 한마디가 상대방을 완전한 정상의 정서 상태로 안내할 수는 없을 것이다. 실제에 있어서는 수 차례, 어떤 경우는 무수히 많은 반영적 경청이 필요하다. 따라서 위의 예는 단 한번의 반영적 경청을 해줄 수밖에 없는 상황이라고 가정하고 검토되어야 할 것이다.

반영적 경청을 통해 상대방을 감정의 홍수상태에서 빠져나오게 하면 우리는 여러가지 이점을 얻을 수 있다. 큰 이점이라 한다면, 우선 반영적 경청을 통해 상대방은 자신이 이해받고 존중받고 있다는 생각을 가져서 나에게 보다 친근한 감정을 가지며 보다 정직하고 개방적인 행동을 보이게 된다. 이 같은 상대방의 행동에 따라 나도 역시 상대방에게 보다 호의적이고 좋은 감정을 갖게 된다. 다시 말해 두 사람의 관계가 더욱 좋아지게 된다.

동시에 상대방은 반영적 경청을 통해 안정된 정서상태로 돌아가기 때문에 보다 이성적이며 합리적으로, 그리고 보다 창의적으로 자신의 문제를 해결할 수 있게 된다. 상대방의 문제는 궁극적으로 상대방 자신이 스스로 현명하게 해결해야 하는 것이다. 나는 상대방에게 어떤 정보를 전해 줄 수 있을지 모르나 상대방의 문제 해결사는 될 수 없으며 또한 되어서도 안 된다. 이런 점에서 반영적 경청은 문제해결에서 타인에게 덜 의존적이며 더욱 자기 책임감을 갖도록 하여 자기 운명의 주인공이 될 수 있도록 상대방을 도와주는 효과를 지니고 있다고 볼 수 있다.

3. 비평에 대처하는 방법(Methods for Copining with Critcism)

과거에 어떤 식으로 비평에 대처했는지 이해하는 것도 중요하지만, 그것만으로는 앞으로 자기 자신을 더욱 효과적으로 다룰 수 있음을 보장하지는 않는다. 실제로는 말하는 그 사람의 문제인데도, 당신이 문제를 가지고 있다고 어떤 사람이 부당하고 과격하게 비난할 때 냉정을 지키기는 어렵다. 그 비평이 타당하다고 생각될 때조차 공적 이미지를 방어하는 자기 자신을 발견할 것이다.

이같은 상황을 위하여 방어에 관한 몇 가지 대안을 배울 필요가 있다. 다시 말해서, 정당화시키거나 반격해야겠다고 생각하기보다는 정직하면서도 교묘하지 않게 비평에 대처하는 방법이 있다. 여기에는 두 가지 방법이 있는데, 처음에는 거의 유치하리만큼 단순하게 보인다. 그러나 실제에 있어서는 많은 사람들이 배우고 있는 자기표현 기술 중에서도 매우 가치있는 것으로 거듭 증명되고 있다.

A. 비평받을 때 더 많은 정보를 구하라

이 방법은 타인이 말한 것을 이해하기도 전에 비평에 대처하는 것은 어리석다는 것이며 언뜻 보기에는 부당하고 어리석게 보이는 비평일지라도 최소한 일말의 진실이 때로는 더 많은 진실이 종종 포함되어 있기 때문에 유용하다.

비평받을 때 상세한 자료를 구하라는 충고에 많은 독자들이 반발한다. 이들의 저항감은 화자의 말에 마음을 열고 듣는 것과 그것을 받아 아주 적대적인 말들을 이해하고 인정하고 들을 수 있음을 일단 깨닫게 되면, 다른 사람의 말을 듣기가 훨씬 쉬워진다. 찬성하지 않을 경우에도 일단 그 비평자를 이해하면 좋은 위치에서 자신을 잘 설명하게 될 것이다. 한편, 상대방의 비평을 주의깊게 경청하고 난 후에 그것이 타당한 비판임을 바로 깨달을 수 있는 경우에는 자신에 관한 몇 가지 유익한 정보를 얻을 수 있고 잃는 것이라고는 하나도 없을 것이다.

물론, 오랫동안 본능적으로 비평에 저항해 왔는데 이렇게 다른 사람의 말을 들어주는 습관을 기르려면 몇 가지 연습이 필요하다. 내용을 보다 분명히 하기 위해, 비평자에게 추가 정보를 얻을 수 있는 몇 가지 방법을 여기에 제시하고자 한다.

1) 구체적인 내용 물어보기

비록 변화되기를 진지하게 원한다 하더라도 비평자의 모호한 공격은 사실 쓸모가 없다. "너는 불공평해" 혹은 "너는 결코 도와주지 않는구나" 같은 추상적인 비난은 이해하기 어려울 수 있다. 이러한 경우에 그에게 더욱 상세한 정보를 요구하는 것이 좋은 생각이다. "내가 어떤 점에서 불공평하지?"하고 우선 질문하여 그 비난을 올바르게 판단하도록 한다. 그 비난에 대해 논쟁하거나 동의하기 전에 "언제 내가 도와주지 않았지?"하고 물어볼 수도 있다.

추가 정보를 구할 때 제3장에서 문제점을 행동으로 규정지은 뒤 분명한 목표를 세우는데 사용했던 방법을 기억해 보면 도움이 될 것이다. 즉,

- 비평에 관련된 사람이 누구인지 물어보라.
"누구에게 내가 무례합니까?"
"어떤 손님을 내가 무시했어요?"
"내가 사과해야만 한다고 정확히 누가 생각하나요?"
- 어떤 상황에서 적대적인 행동이 일어나는지 발견하라.
"언제 내가 당신의 말을 듣지 않았나요?"
"나에 대한 언짢은 기분을 언제 처음 느끼기 시작했나요?"
"내가 정확히 언제 말씀대로 따르지 않았다고 생각하십니까?"
- 비평자를 화나게 한 특정한 행동을 이해하라.
"당신이 나를 이해하는데 내가 어렵게 만든 것이 무엇입니까?"
"내가 어떻게 행동했을 때 내가 자상하지 못하다고 생각하십니까?"
"정확히 그 그림의 어느 부분을 싫어하십니까?"

만일 이런 식으로 질문해서 이미 명확한 내용을 파악했는데도 불구하고 여전히 방어적으로 행동한다고 비난받는다면, 문제는 질문 방식에 있을지 모른다. 제3장에서 읽었듯이 목소리의 어조, 표정, 마음가짐 그밖의 비언어적 단서들은 같은 말이라도 아주 다른 것을 암시할 수 있다. 예를 들면, 화자가 제정신이 아니라는 생각을 알리기 위해서이거나 혹은 알고 싶어하는 순수한 바람을 전달하기 위해 "정확히 무슨 얘기를 하고 있지요?"라는 말을 어떻게 사용할 것인가에 대해 생각해 보라. 진지하게 화자에게 더 많은 것을 알고 싶어 할 때만 구체적인 내용을 물어 보는게 중요하다. 왜냐하면 다른 환경에서 질문해서 일을 더욱 악화시킬 수도 있기 때문이다.

2) 구체적인 내용에 대해 추측하기

어떤 경우에는 타인의 비평에 대한 구체적인 내용을 진지하고 조리있게 물어 보았어도 성공을 거두지 못하는 수가 있다.

때때로 비평자들은 그들이 공격적이라고 생각한 행동을 정확히 규정지을 수 없을 것이다. 이러한 경우 "당신의 유머감각이 어디가 잘못된 것인지 정확히 이야기해 줄 수는 없지만, 내가 그것을 좋아하지 않는다는 사실만은 말해줄 수 있다."와 같은 말을 듣게 될 것이다. 다른 경우, 비평자들은 그들이 싫어하는 행동을 정확히 말해 줄 수도 있으나 여러 이유로 상대방이 그것을 알아내기 위해 고생하도록 내버려두어 잘못된 만족을 얻으려고도 한다. 때때로 이같은 경우 "당신이 나의 기분을 상하게 하려고 한 짓이 무엇인지도 모른다면 당신에게 말하지 않겠소"와 같은 말을 듣게 된다.

말할 것도 없이, 타인의 비평에 대해 진정으로 알고 싶은데 자세한 내용을 알지 못하게 되면 욕구 불만이 생긴다. 이같은 경우엔 비평자를 화나게 한 것이 무엇인지 구체적인 불만 사항에 관해 추측해 보면 좀 더 분명히 알 수 있다. 정확히 무슨 "죄"를 지었는지 알아야 하므로 어떤 의미에서는 탐정과 혐의자 양쪽 역할을 다 해야 한다. 구체적인 내용에 대해 질문하는 기술처럼 만족할만한 결과를 얻기 위해서라면 호의를 가지고 추측해야 한다. 쌍방을 위해서 정말로 문제가 되고 있는 일이 무엇인지 알아내려는데 관심이 있다는 것을 비평자에게 전달할 필요가 있다. 일단 이런 의도를 전달하고 나면, 사실상 자신과 비평자 양쪽이 다 같은 목표를 추구하고 있기 때문에 일반적으로 분위기는 더욱 부드럽게 된다. 여기에 다른 사람의 비평 내용을 자세하게 추측하는 - 누군가에게 듣게 될지도 모르는 - 몇 가지 대표적인 질문들이 있다.

- "그래서 당신이 내가 서류 작성할 때 사용했던 말에 반대하는군요. 내 말이 너무 형식적이었던가요?"
- "좋아요, 복장이 우습게 보인다는 당신 생각을 이해해요. 그런데 뭐가 나빠요? 색깔? 그게 복장과 어떤 관계가 있나요? 그게 아니면 옷감?"
- "당신은 내가 해야 할 집안 일을 하지 않고 있다고 말하는데, 그 말은 내가 청소를 충분히 도와주지 않았다는 뜻이오?"

3) 말을 바꾸어 화자의 생각을 쉽게 설명하기

더 많은 것을 알기 위한 또 다른 전략은 생각과 감정을 쉽게 바꾸어 설명하여 혼동되어 있거나 다루기 힘든 화자에게 이야기를 꺼내는 것이다. 이 방법은 실제로 제7장에서 배운 반영적 경청 기술을 다른 방법으로 사용하는 것과 같다. 그 곳에서 읽은 대로 알기 쉽게 바꾸어 설명함으로써 상대방이 자신의 문제를 스스로 해결하도록 돕는데에 특히 유익하다. 그리고 사람들이 당신을 비난하는 것은 당신의 행동이 그들에게 어떤 문제를 일으키기 때문이므로 이 방법은 특히 적절한 것이다.

감정을 쉽게 바꾸어 생각할 때 한 가지 유리한 점은, 공격적이 될지도 모를 특정한 행동에 대해 어떤 추측도 할 필요가 없다는 것이다. 비평자는 바르게 이해하고 있다는 점을 분명히 해주거나 부연해 주어 그들의 공격에 대해 스스로 더 많은 것을 알게 될 것이다. 쉽게 말을 바꾸어 사용하는데 재능이 있는 상점 주인과 기분이 상한 손님 사이에 벌어지는 간단한 대화를 예로 들어보기로 하자.

손 님 : 이 가게의 경영 방식에 아주 넌더리가 나요! 결코 다시는 여기서 물건을 사지 않겠다고 말해주고 싶군요.

주 인 : (고객의 감정을 곰곰이 생각하며) 기분이 아주 언짢아 보이는군요. 문제가 무엇인지 말씀해 주시겠어요?

손 님 : 그건 내 문제가 아니고 당신 점원들의 문제예요. 손님이 여기 주위에서 물건 찾는 것을 도와주는 것을 아주 싫어하는 것 같군요.

주 인 : 그러니까 원하는 물건을 찾는데 잘 도와주지 않았다는 말씀이군요? 그렇죠?

손 님 : 도움이라구요! 점원에게 이야기조차 해보지 못하고 주위를 둘러보는데 20분 보냈어요. 내 말은 가게를 경영하는 방식이 잘못됐다는 것입니다.

주 인 : 점원들이 손님을 무시하고 있는 것처럼 보인다는 얘기십니까?

손 님 : 아니오. 점원들은 다른 손님들 때문에 무척 바빴어요. 이 시간에 들이닥치는 많은 손님들을 맞기 위해선 여기저기 도와주는

사람이 충분해야 할 것 같다는 얘기입니다.
주 인 : 이제 알았어요. 댁이 가장 화난 이유는 결국 댁에게 신속히 봉사할 점원이 충분치 못하다는 것이었군요.
손 님 : 옳아요. 일단 내가 받는 서비스엔 불평이 없어요. 또 당신가게가 이 부근에서 좋은 물건을 확보해 놓고 있다고 생각해요. 문제는 내가 바빠서 도움을 청하려고 그렇게 오래 기다릴 수 없다는 것뿐입니다.
주 인 : 그 점에 대해 주의를 환기시켜 주서서 기쁩니다. 우리는 단골손님이 화가 나서 이 가게를 다시는 안 찾아오는 것을 정말로 원하지 않아요. 그런 일이 다시는 일어나지 않도록 노력하겠습니다.

이 대화는 쉽게 말을 바꾸어 생각하고 표현하는데 따르는 두 가지 유익한 점을 보여주고 있다. 첫째로, 비평자가 일단 자신의 말이 받아들여지고 있는 것을 깨닫게 되면, 공격의 강도는 대개 약화된다. 종종 비평이란 요구가 충족되지 못한 데서 야기되기 때문이다. 위의 경우 부분적인 이유는 주의 부족 때문이었다. 주인이 진지하게 그녀의 곤경에 관심을 나타내자마자 그녀는 기분이 좋아지기 시작했으며, 상대적으로 평온한 기분으로 가게를 떠날 수 있었다. 물론 언제나 반영적으로 경청하여 비평자를 누그러뜨릴 수 있다는 얘기는 아니다. 그러나 그렇지 않을 때조차도 여전히 이 기술을 가치 있게 만드는 또 다른 이점이 있다. 예컨대, 위의 대화에서 주인은 손님을 이해하는데 시간을 들여 몇 가지 가치 있는 정보를 얻었다. 그는 붐빌 때 손님이 물건 사는 것을 도와 줄 고용인들의 수가 충분치 않음을 알아냈다. 또한 시간이 지체되면 적어도 사업에 바쁜 몇몇 손님들을 짜증나게 하여 손실을 초래하게 된다는 사실을 알게 되었다. 이러한 인식은 분명히 중요한 것인데 손님의 불평에 방어적으로 행동했다면 주인은 그러한 정보를 알 수 없었을 것이다. 앞에서 읽은 대로 곁에서 보기엔 형편없는 비평조차도 일단의 진실을 포함하고 있기 때문에 정말로 개선하려는 데에 관심이 있는 사람이라면 비평을 끝까지 듣는 게 현명한 태도이다.

4) 자신의 행동 결과에 대해 물어보기

대개의 사람들은 몇몇 요구 사항이 이루어지지 않고 있을 때만 상대의 방어 행동에 대해 불평한다. 이러한 종류의 비평에 대처하는 한 가지 방법은 자신의 행동이 상대방에게 어떤 곤란한 결과를 초래하고 있는지 정확히 찾아내는 것이다. 자신에게는 완전히 정당하게 보이는 행동들이라도 비평자에게 곤란을 초래하는 일이 종종 있기 때문이다. 일단 이 점을 이해하고 나면 예전에는 어리석게 들렸던 말들도 새로운 의미를 띠게 될 것이다.

A : 자넨 내가 고양이를 중성으로 만들어야만 한다고 말했지. 왜 그게 자네에게 그렇게 중요한가?

B : 밤에 자네 고양이가 내 고양이에게 싸움을 걸기 때문이지. 수의사의 청구서를 갚는데도 지쳤어.

C : 내가 직장에 늦건 말건 왜 자네가 신경쓰나?

D : 자네가 어디에 있는지 사장이 물을 때 자네가 곤궁에 빠지지 않도록 이야기를 꾸며내야 하는 부담을 느끼기 때문일세. 게다가 나는 거짓말하는 것을 좋아하지 않거든.

E : 내가 포커에서 돈을 잃는게 왜 당신을 괴롭게 만들지? 당신은 내가 여유 이상의 노름은 결코 하지 않는다는 것을 잘 알잖아.

F : 그게 돈 문제 뿐만이 아니예요. 돈을 잃었을 때 당신은 며칠 동안 신경질 내잖아요. 그런 일은 나에겐 재미없는 일이거든요.

처음에는 이 말이 이상하게 들리겠지만, 일단 한 가지 불평을 이해하게 될 경우, 자신의 행동에 또 어떤 것이 비평자를 괴롭히는지 찾아보는 것이 유익하다. 한 가지 비평에서 한 가지 가치있는 교훈을 배울 수 있다면, 두 가지 다른 불평을 들음으로써 두 배로 알 수 있다는 것은 좋은 생각이다. 그러나 또 다른 불평을 찾는 것이 언제나 현명한 일은 아니다. 그 이전에 세 가지 조건이 충족되어야 한다. 첫째로, 동시에 또 다른 불평에 부닥치기 전에 첫 번째 불평은 이해하고 있다고 확신해야 한다. 불평을 해결한다는 것은 때론 빠른 변화를 요구하는 다른 사람의 요청을 끝까지 다 들어 준 뒤 그것에 대해 생각해 보겠노라고 약속하는 것을 뜻한다. 마지막으로, 비평자들은 상대방이 변화되기를 실제로는 기대하지 않는다. 이러한 경우의 해결이란 단순한 시간을 들여서 진실하게 그 비평을 이해하기 위해 노력을 했다는 것만을 의미할 수도 있다.

가게 주인과 짜증난 손님 사이의 대화로 다시 돌아가서, 또 다른 비평을 청하면 어떤 효과가 있는지 알아보도록 하자.

주 인 : 바쁜 동안에도 점원을 좀 더 고용할 것을 약속합니다. 여기 계시는 동안 우리 가게의 경영을 개선할 수 있는 어떤 다른 방법들에 대해 손님이 생각한 점이 있으신지 알고 싶습니다.

손 님 : 뭐라구요? 잘못하고 있는 것이 어떤 것인지, 내가 생각하고 있는 것을 정말로 알고 싶다고요?

주 인 : 그렇습니다. 더 잘 할 수 있는 방법을 모른다면 앞으로도 결코 고치지 못할 테니까요.

손 님 : 그래요. 내가 생각할 수 있는 다른 문제점은 주차에 관한 것이죠. 남쪽에 있는 주차장에 차를 세우기 위해 배달 트럭이 짐 내리는 것을 몇 분씩이나 기다려야만 하거든요. 그래서 어딘가에 트럭 주차장을 만들거나 아니면 더 한가한 시간에 짐을 내렸으면 해요.

주 인 : 좋은 지적입니다. 우리가 다른 회사의 운전사를 항상 통제할 수는 없습니다만, 분명히 그 운전사들을 파견한 사람들에게 요구해서 해결할 수 있는 방법을 알아보도록 하죠. 지적해 주신 당신에게 무척 감사하다고 말씀드리고 싶습니다. 여기 주위의 상

황이 나쁠 때에도 이곳이 쇼핑하기에 가장 좋은 곳이 될 수 있도록 최선을 다하는 것이 우리에겐 중요하지요.

때때로 비평자에게 더 많은 정보를 청해서 이해하려 하는 것만으론 충분하지 못하다. 예를 들어, 다른 사람의 항의를 완전히 이해하고서도, 여전히 말로는 방어적인 반응이 나오려는 것을 느낄 경우 어떻게 하는가? 자신을 방어하려다 논쟁에 휘말릴 것은 분명하다. 반면에, 다른 사람이 자신에 대해 이야기하고 있는 것도 간단히 받아들일 수 없게 된다. 이러한 딜레마에 대한 해답은 아주 간단하다. 즉, 비평받을 때 화자에게 동의하는 것이다.

B. 비평받을 때 화자에게 동의하라.

그러나, 어떻게 사실이라고 믿지도 않는 말에 정직하게 동의할 수 있냐고 항변할 것이다. 다음 페이지에서 정직하게 다른 사람의 견해를 받아들일 수 없으면서 자기 위치를 유지하게 되는 상황은 실제로 결코 없다는 것을 보여주어 이 질문에 대답해 줄 것이다. 어떻게 그럴 수 있는지 알아보기 위해서 각각 다른 네 가지 형태의 동의가 있다는 것과 각기 다른 환경에서 표현될 수 있다는 사실을 깨달을 필요가 있다.

1) 진실에 동의하기

이것은 실현하기는 가끔 어렵더라도 이해하기는 가장 쉬운 형태의 동의이다. 우리는 다른 사람의 비평이 실제로 옳을 때 진실에 동의한다.

-"당신이 옳아요. 나는 화가 났어요."
-"내가 방어적이었다고 생각해요."
-"당신이 그 점을 들춰내서 내가 좀 빈정거렸어요."

어떤 일이 논쟁할 수 없는 것이라는 점을 깨달을 때 사실에 동의한다는 것은 아주 현명하게 보인다. 만약 4시에 만나기로 약속하고서 5시에 나타났다면, 지각한 이유에 대해 아무리 잘 설명해도 지각은 지각이다. 또 빌린 물건을 부러뜨리거나 시작한 일을 끝마치지 못했다면, 그 사실을 부인할 여지가 없다. 같은 식으로, 만약 정직하다면 귀에 듣기 좋은 소리가 아닐 때라도 자신의 행동에 대한 여러 가지 해석에 동의해야만 할 것이다. 우리는 어리석게 행동하고 경청하지 못하며 경솔하게 행동한다. 일단 스스로 완벽하다고 생각하는 사고방식을 떨쳐버리면 이러한 사실을 인정하기가 훨씬 더 쉬워진다.

그런데 자신의 행동에 대한 다른 사람의 얘기가 가끔은 정확하다는 게 분명하다면, 반발하지 않고 받아들이기가 왜 그렇게도 어려울까? 이 질문에 대한 대답은 사실(facts)에 동의하는 것과 종종 그에 수반되는 판단(judgement)을 받아들이는 것과를 혼동하는데 있다. 대부분의 비평자들은 화나게 한 행동을 묘사하는데 그치는 게 아니라 평가까지 한다. 우리가 반발하게 되는 것은 바로 이 평가 때문이다.

-"화내는 것은 어리석어."
-"당신이 방어적일 이유는 없어."
-"그렇게 빈정대는 것은 나빠."

사람들은 이와 같은 판단에 분노를 느끼게 된다. 비평의 묘사엔 동의할 수 있고 심지어는 배우기도 할 수 있으나, 그 묘사에 수반되는 평가를 인정할 수는 없다는 것을 깨달음으로써, 종종 정직하면서도 방어적이지 않은 반응을 보이게 될 것이다. 다음 교사(T)와 학생(S)사이의 대화는 지금 말한 내용을 잘 보여주는 예이다.

T : 이 시험지를 봐요. 단 두 페이지뿐인데 잘못된 철자가 열 두 개나 있어. 너는 쓰는데 정말 큰 문제가 있는 것 같애.

S : 옳아요. 저는 정말 잘 쓸 수가 없어요.

T : 저학년에서는 도대체 어떻게 하고 있는지 모르겠구나. 서술문을 쓸 수 있는 학생들을 배출해 내는 것 같지가 않으니 말이야.

S : 그렇게 말씀하시는 것을 선생님께 처음 듣는게 아녜요.

T : 영작문 수업에 그렇게 많은 시간을 보냈는데도 기본적인 철자의 기초조차 마스터하지 못했다는 사실 때문에 네가 침울하겠구나.

S : 그래요. 그 때문에 괴로워요.

이 학생은 교사의 말에 동의하면서 어떻게 해서든지 자신을 떨어뜨리지 않으려 했다는 점을 눈여겨보라. 비록 형편없는 쓰기 실력을 설명하는데 정상을 참작할 만한 환경이 있을지는 모르겠으나, 이 학생은 완전한 체하려는 부담감이 없기 때문에 실수를 정당화시킬 필요가 없었다. 단지 사실에 동의함으로써 이 학생은 자신의 품위를 유지할 수 있었으며 비생산적인 논쟁을 피할 수 있었다.

물론, 반발을 줄이기 위해서는 사실에 대한 동의가 악의없이 받아들여진 정직한 것이어야 한다는 점은 말할 필요도 없다. 정확하지 못한 묘사를 받아들이는 것은 경멸할만하며 나쁜 마음을 가지고 거짓에 동의하는 체하면, 단지 말썽만 일으키게 될 뿐이다. 만일 이 학생이 빈정거리는 투로 같은 말을 했다면 대화는 얼마나 비생산적이었을지 상상할 수 있을 것이다. 매우 진실되게 동의할 수 있는 경우, 단지 그 사실에 동의만 하라. 항상 이렇게 하는게 가능하지는 않아도, 자주 사용할 수는 있다는 사실을 알게 되면 깜짝 놀랄 것이다.

비평에 동의하는 것이 좋다는 생각을 받아들였을지도 모르나, 그 자체에 의해 그렇게 된다는 점을 주장하는 것은 비평자에게 적절한 반응이 아니다. 예를 들면, 일단 자신이 방어적이며, 습관적으로 지각을 하고 냉소적이라고 다른 사람들에게 인정되어 있다면, 그 사람들이 이런 행동에 대한 당신의 의도를 물어볼 것을 예상할 수 있다.

이와 같은 질문은 공정한 것이다. 대개의 경우, 단지 다른 사람의 비평을 이해하고 비난에 동의하면서 전과 같이 계속 행동하는 것은 실수가 된다. 이러한 행동은 상대방에게 전혀 관심이 없다는 것을 분명하게 나타낸다. "그래, 이제 내가 너를 괴롭게 만들었던 점을 이해해. 네가 옳아. 하지만 나는 과거에도 그렇게 해왔고 아마 앞으로도 계속 그럴꺼야"라고 말하는 것과 같다. 진정으로 관심을 두지 않는 사람 즉, 잔재주 피우며 간청하는 사람들이나 입이 사나운 이방인들과 같은 사람을 다룰 때는 이러한 반응이 적절할지 모른다. 그러나 자신에게 중요한 사람들에게는 분명 적절하지 않다.

계속 읽어 나가기 전에, 일반적으로 상대방의 공격에 불을 당기는 분쟁을 해결하는데 있어서 비평에 비방어적으로 대응하는 것은 단지 첫 걸음에 불과하다는 점을 이해하고 지나가야 한다. 그만큼 비방어적인 대응은 다룰만한 가치가 많은 아주 중요한 걸음이기 때문이다.

그러나 비방어적인 대응 자체는 직면해 있는 많은 문제를 다루는 데 만족스러울 정도로 도움을 주지는 않을 것이다. 갈등을 충분히 다루기 위해서는 제9장에 설명되어 있는 기술들을 배울 필요가 있을 것이다. 지금은 비평에 동의하고 질문에 대처하는 기술은 훈련하는 것으로 충분하다.

2) 가능성에 동의하기

때때로 비평자는 상대방의 행동으로 생길 수도 있는 불쾌한 결과를 지적할 것이다.

- "좀 더 많은 사람들과 이야기를 나누지 않는다면, 그들은 당신을 건방지다고 생각할 것이다."
- "좀 더 많은 운동을 하지 않는다면, 당신은 가까운 시일 내에 심장마비를 일으키게 될 것이다."
- "당신이 그 무리들과 같이 뛰어 다닌다면, 아마 후회하게 될 것이다."

종종 이같은 말들은 비평자가 상대방의 안전을 위해 진정으로 알려주는 유익한 제의들이다. 그러나 어떤 경우엔 비평자가 원하는 대로 행동하도록 유도하는 수단이 되기도 한다. 예를 들면, "만약 축구경기에 간다면, 자넨 감기에 걸릴지도 몰라"라는 말은 "나는 축구경기에 가고 싶지 않다."는 것을 의미할 수 있다. "네가 늦도록 자지 않는다면 아마 내일 피곤할 거야"는 "나는 네가 일찍 자기를 원한다."라고 해석할 수 있다. 제 9 장에서 이러한 간접적인 공격 방법에 대해서 자세히 얘기할 것이므로 지금은 이러한 경고가 종종 방어심리를 유발시킨다는 점을 말하는 것으로 충분하다. 다음에 나오는 어머니(M)와 아들(S) 사이의 논쟁을 보면 무슨 뜻인지 알 수 있을 것이다.

M : 네가 왜 저 오토바이를 타고 싶어하는지 모르겠구나. 사고로 쉽게 다칠지도 모르잖니?

S : 그런 바보같은 소리하지 마세요. 내가 조심해서 운전하는데다가 고속도로에서는 별로 타지 않는다는 사실을 아시잖아요(가능성 부인).

M : 그래. 그렇지만 신문을 볼 때마다 다치거나 죽은 사람들에 관한 기사를 읽게 된단다. 어떤 미친 운전사가 너를 보지 못하고 보통 길에서도 치게 할 위험은 항상 있어(상해에 관한 가능성 언급).

S : 오! 너무 걱정하고 계셔요. 저는 항상 다른 운전사들을 경계하고 있어요. 게다가 저는 자동차보다는 오토바이 타는데 훨씬 더 능숙하거든요(상해에 대한 가능성 부인).

M : 네가 조심스럽다는 건 안다. 그러나 모든 불행은 단 한 번의 실수 때문이잖니?

S : 어떤 사람은 매일 하는 샤워나 면도하다가도 죽어요. 그렇다고 제가 샤워나 면도하는 걸 그만두기를 원하시나요? 어머닌 모든 일을 아주 과장되게 생각하고 계세요.(죽음에 대한 가능성 부인).

상대방의 예측을 부정하면 대부분 비생산적인 결과를 초래한다는 점을 이 보기는 말해 주고 있다. 아들은 비평자인 어머니를 설득시키지도 않고 자신의 마음도 바꾸지 않고 있다. 비평자가 얘기하는 가능성에 동의할 때와 어떤 차이가 있는지 주의해 볼 필요가 있다.

M : 나는 네가 왜 오토바이를 타고 싶어하는지 모르겠구나. 사고로 쉽게 다칠지도 모르잖니?(사고에 대한 가능성 언급)

S : 그럴 경우도 있다고 생각해요(가능성에 동의)

M : 아주 옳은 소리야. 신문을 볼 때마다 다치거나 죽은 사람들 기사를

읽게 된단다. 몇몇 미친 운전사가 너를 보지 못하고 칠 위험은 어
　　　디에나 항상 있어(상해의 가능성에 동의).
　S : 그렇지만, 내가 오토바이를 타지 못할 만큼 위험이 크다고는 생각
　　　하지 않아요.
　M : 지금 그렇게 말하긴 쉽단다. 하지만 언젠가는 내 말 듣지 않은 것
　　　을 후회하게 될 거야.
　S : 그래요. 정말로 언젠가는 오토바이 타는 것을 후회할지도 몰라요(가
　　　능성에 대한 동의).

　아들이 어떤 식으로 어머니의 예측을 고려하고 있고, 우연하게 일어나게 될지도 모를 사실을 인정하고 있는지 주의해 보라. 이러한 반응은 처음엔 무관심하고 냉담하게 보이지만, 간접 유도의 함정을 피하는데 도움을 줄 수 있다. 아들은 어머니의 근심을 이해했으며 심지어는 그 얘기가 사실이 될 수 있다는 가능성에 동의했다. 이 대화는 어머니가 오토바이를 타는데 따르는 위험성을 아들에게 단지 지적하는 식의 솔직한 대화였다는 것을 생각해 보라. 그러나 만약 어머니의 예측이 사실은 "나는 더 이상 네가 오토바이 타는 것을 원하지 않는다."는 걸 나타내기 위한 간접적인 방법이었다면, 아들의 반응은 어머니의 요구를 분명히 하여 그 결과 그가 오토바이에 대해 터놓고 얘기할 수 있게 해줬을 것이다. 이 점에서 아들이 원하는 대로 오토바이 운행과 재미를 만족시키는 동시에 어머니의 근심을 덜게 하는 해결책을 찾을 수도 있었다.

　감추고 있는 의논사항을 해결하게 하는 점 외에도, 가능성에 동의하는 것은 예전에는 미처 생각하지 못했을 행동 결과를 미리 알아차리게 해주는 또 하나의 유리한 점을 지니고 있다. 부적당하다고 맹목적으로 부인하는 대신에, 가능성에 동의하게 되면 가장 바람직한 행동 진로를 택하고 있는지 객관적인 시야에서 살펴볼 수 있을 것이다. 이렇게 객관적으로 살펴본 후에는 행동을 정말 변화시켜야 한다는 비평자의 의견에 동의할 수도 있다.

3) 원칙에 동의하기

종종 비평은 불리하게 비교되는 것을 피해 추상적인 관념의 형태로 나타나기도 한다.

- "나는 당신이 일에 너무 많은 시간을 쓰지 않았으면 합니다. 아시다시피, 휴식도 중요하니까요."
- "아이들에게 너무 많은 것을 기대하지 말아야 해요. 어느 누구도 완전하지는 않으니까요."
- "투표하지 않겠다는 건 무슨 의미죠? 정부는 당신같은 사람들이 더욱 많은 관심을 가질 때에만 좋아질 수 있습니다."
- "아직도 그 말 때문에 기분 나쁘다는 얘기신가요? 당신은 농담을 웃으며 받아들이는 방법을 배워야만 해요."

이러한 경우에는 그 비평의 토대가 되는 원칙을 받아들이면서도 자신이 해왔던 대로 계속 행동하는 게 전적으로 가능하다. 이 명백한 모순은 다음과 같은 두 가지 이유 때문에 타당하다. 첫째로, 추상적인 말이 모든 인간행동에 적용되는 건 아니다. 예를 들면, 휴식이 중요하긴 하나 일정 시간 동안 일에 몰두해 있는 것이 적절한 경우도 있다. 아이들에게 과도한 요구를 하는 것이 부당하긴 하나 몇몇 경우에는 예외적으로 행동하게 하는 게 필요하다. 성경에 있는 대로, 모든 목적에는 때가 있으며 평상시에 옳은 것일지라도 항상 그렇지는 않기 때문이다.

원칙적으로 비평에 동의하긴 하나 행동을 고치지 않는 두 번째 이유는 사람은 모순된 존재이기 때문이다. 인간은 완전히 이성적인 존재가 아니기 때문에 종종 자신을 위한 최선의 이익도 상대편을 위한 이익도 아닌 일을 한다. 다시 말해서 완전함에 대한 믿음에서 벗어날 필요가 있다는 뜻이다. 모든 사람이 다 성인은 아니기 때문에 항상 성인처럼 행동해야 할 것이라고 기대하는 것은 비현실적이다. 나는 이 원칙을 자기표현을 가르치는 선생이며, 저자인 나 자신과 관련시킬 수 있다. 나는 지나친 비자기표현 방식으로 행동하고 있는 내 자신을 발견할 때가 종종 있다. 즉,

내 문제와 목표를 행동으로 규정짓지 못하고 점진적으로 고치려는 대신 단번에 몇 가지 방법으로 내 자신을 향상시키려고 기대하며, 그리고(아주 아이러니컬하게도)비평에 직면해서는 방어적이 되는 자신을 발견할 때가 있다. 이러한 상황을 마주 대하게 될 때 내부에서 대화는 종종 다음과 같이 진행된다.

Top dog : 이봐. 당신은 위선자야. 자기표현 전문가이면서 심지어 자
(대아)　　　신에 대한 사소한 비난조차 받아들이지 않잖아? 그래? 안 그래?

Under dog : (구슬픈 소리로)그래. 그건 내 잘못이 아니야. 나는 최선
(소아)　　　을 다했어. 그러나 때때로 사람들이 너무나 불쾌해. 아니야. 네가 옳아(원칙에 동의하며). 아마도 난 비평을 좀 더 잘 받아들일 수 있어야만 할 꺼야. 하지만 아직도 내가 가르치는 모든 내용을 다 마스터하지 못했어. 아마도 좀 지나면 좋아지겠지. 제발 그렇게 되면 좋겠어!

4) 비평자의 인식에 동의하기

　비평자에게 동의한 것에 대한 근거가 전혀 없어 보일 때는 어떤가? 다시 말해서 남들이 반발하는 내용을 이해한다는 점을 확실히 하기 위해 주의 깊게 귀 기울여 들어 왔으며, 질문도 던져 봤지만 더 많이 들으면 들을수록 그 내용이 전혀 근거가 없다는 것을 더욱 더 확신하게 될 경우 즉, 비평에 진실이 없고, 가능성에 동의할 수 없으며, 비평자가 제시한 원칙을 받아들이기조차 할 수 없을 경우 말이다. 이러한 경우에 처해 있을 때도 한 가지 동의 방법이 있기는 있다. 즉, 이 때는 비평자의 결론에 동의하는 것이 아니라, 그들 방식대로 사물을 인식하는 그들의 권리에 동의하는 것이다.

A : 방금 말한 모든 장소에 당신이 있었다고는 믿지 않아요. 당신은 아마도 우리가 당신을 정열가로 생각하도록 이 모두를 꾸며냈을 겁니다.

B : 그래요. 당신이 왜 그런 생각을 하는지 알 수 있습니다. 남의 동의를 구하기 위해서 거짓말하는 사람을 나도 몇 알고 있지요.

A : 나는 그 일을 위해 당신을 고용하는 것에 애당초 반대했다는 것을 알려드리고 싶군요. 그 이유는 당신이 여자이기 때문입니다.

B : 성차별 금지법에도 불구하고 그것을 믿지 않는 이유를 이해할 수 있어요. 제가 잠시 여기 있게 되면 아마 마음을 고치게 될 거라고 생각해요.

A : 집에서 쉬고 싶다는 당신의 이유가 정직하다고 생각지 않아요. 당신은 머리가 아프다고 말했죠. 내가 생각하기에 당신은 Mary와 Walt를 피하고 있어요.

B : Mary와 내가 지난 번 논쟁을 했기 때문에 당신이 그런 생각을 하는군요. 그러나, 내가 말할 수 있는 것은 정말로 머리가 아프다는 거예요.

이같은 응답은 비록 스스로 비평을 선택해서 받아들인다거나 행동을 변화시키지 않는다 해도 상대방의 인식이 타당함을 인정하고 있음을 비평자에게 이야기해 주는 셈이 된다. 이런 식의 비평대처 방식은 의견 교환이 싸움으로 번질 수도 있는 즉, 누가 옳고 누가 그른가에 대한 논쟁을 피하게 하기 때문에 가치있다고 하겠다. 다음의 Amy(A)와 Bob(B) 사이의 대화에서 그 차이점을 살펴보도록 하자.

인식에 반대하며 :

A : 나는 네가 왜 Josh와 어울리는지 모르겠어. Josh는 너무나 유치해서 애벌레같은 느낌을 줘.

B : 무슨 뜻이야? 유치하다니? 그는 정말 멋진 사내야. 나는 네가 좀 과민하다고 생각하는데.

A : 신경과민이라고! 혐오스런 행동에 맘을 상하는 것이 신경과민이라면, 내가 나쁘단 말이야?

B : 너는 아무 잘못도 없어. 사람들이 주위에서 놀릴 때 네가 너무 민

감한 것 뿐이야.
A : 너무 민감해? 흥, 너한테 무슨 일이 있었는가 보군. 너는 남에 대해 늘 좋은 견해를 보이곤 했지….

인식에 동의하며 :
A : 나는 어떻게 내가 Josh와 어울리는지 모르겠어. 그는 너무 유치해서 징그러운 벌레같은 느낌을 줘.
B : 그래? 나는 그와 어울리는 것이 즐거운데, 하지만 그의 농담이 어떤 사람들에겐 아주 공격적이라고 생각해.
A : 맞았어! 어떻게 네가 그를 참아내는지 모르겠구나.
B : 음, 만약 네가 그의 유머를 이해 못한다면, 너는 그를 사귀고 싶은 마음이 안들거라고 생각해.

두 번째 대화에서 Bob이 어떤 식으로 Amy의 기분을 조금도 상하지 않게 하면서 그 자신의 위치를 유지할 수 있었는지를 주의 깊게 살펴보라. 이런 식으로 받아들이는 것은 비평자의 인식에 성공적으로 동의하는 데 중요한 요소가 된다. 즉 얘기가 진행될 때 어떤 문제에 대한 비평자의 견해를 조금도 반대하고 있지 않다는 점을 분명히 해야 한다. 비평자의 견해를 공격할 의도가 전혀 없음을 나타내기 때문에, 그들은 덜 방어적이 되는 것이다.

4. 모범적인 대화의 예(A Sample Dialogue)

이제 Jay와 Patty 두 대화자가 어려운 상황에서 어떻게 비평과 비평자의 인식에 동의하고 반대하며 조심스럽게 비평에 대처해 나가는지 보도록 하자. Jay와 Patty는 양쪽 다 일에 아주 시달리는 나날을 보내고 있다. 아울러 Jay는 도시에서 시골로 이사하는 것이 더 행복할지 모른다는 생각에 몰두해 있고, Patty는 휴가 때 Jay가 그녀의 부모를 기꺼이 방문할 것인지에 대해 그의 대답을 듣길 원한다. 게다가, 양쪽 모두 Jay가 최근에 Patty에 대해 별로 애정이 없다는 사실 때문에 괴로워하고 있다.

P : 당신은 생각해 볼 시간적인 여유가 있었으니까, 휴가 때 내 가족을 방문하는 것에 대해 말 좀 해보세요.

J : (이 일을 논쟁하고 싶지는 않지만 상냥하고 주의 깊게 보이려고 하면서) 아, 모르겠어.

P : 부모님께 전화드릴 수 있게 오늘 저녁에 결정했으면 좋겠어요.

J : 솔직하게 말하자면, 오늘밤 그 일에 대해 정말 이야기하고 싶지 않아.

P : (끈덕지게) 당신은 지난주에도 그렇게 말했잖아요. 나 혼자서라도 갈 수 있어요. 그러나 엄마와 아빠가 당신도 보고 싶어한다는 것을 나는 알고 있어요. 어쨌든 결정을 회피하는 건 이제 그만두고 내게 답을 해 주었으면 좋겠어요. ("당신은 결정을 회피하고 있어요"라는 비평에 유의할 것)

J : 맞아. 나는 내가 가고 싶은지에 대한 결정을 회피하고 있었다고 생각해(진실에 대한 동의). 많은 생각으로 머리가 무겁기 때문에, 그리고 사실대로 말하자면, 또 다른 일로 더 걱정하고 싶지 않아요.

P : 음, 나는 정말로 당신이 곧 결정해 주길 바래요.

J : (진지하게 관심이 있는 목소리로) 내가 아직도 결정하지 않았다는 것이 왜 당신을 피곤하게 만들지?(자신의 행동 결과에 대한 질문) 무엇보다도 휴가는 아직 두 달이나 남아 있는데.

P : 그 일로 내가 자꾸 당신을 피곤하게 만들고 싶지 않기 때문이에요. 그 문제를 거론할 때마다 잔소리하는 기분이에요. 그러니까, 당신이 단호하게 결단을 내리고 나면 우린 더 이상 그 문제 때문에 골치 아파할 필요가 없을 거예요.

J : 알았어. 당신은 내가 당신의 계속된 질문에 분개하고 있다고 생각했

군(화자의 말을 바꾸어 생각함).
P : 글쎄, 조금은 그랬어요. 하지만 그보다도 질문하는데 지쳤어요. 계속 말싸움할 필요가 없게 하기 위해서라도 당신이 결정한다는 게 그리 큰일은 아니라고 생각해요.
J : 왜 그것이 당신에게 쉬운 결정으로 보이는지 알겠어(Patty의 인식에 동의하며). 자, 그게 당신을 피곤하게 하는 모든 것이오? 그밖에 다른 것은 없소?
P : (망설이며) 그 밖의 다른 일들은 좋다고 생각해요……
(난데없이) 최근 우리 사이에 생긴 일들은 별로 좋은 것이 없었다는 것이 사실이에요.
J : 나 또한 그러한 느낌을 가졌오. 그것이 내가 시골로 이사하는 것에 관해 걱정하고 있는 것과 어떤 관련이 있는 건가?(구체적인 일에 대해 추측하며)
P : (비난하듯이) 아니, 사실을 말하자면, 당신은 요새 내게 별로 애정이 없는 것 같아요.
J : 알아, 그리고 그 점이 또한 나를 괴롭혀(사실에 대한 동의).
P : 모두 어떻게 된 건지 알고 싶어요. 나는 당신이 더 이상 나를 돌보지 않는다고 생각지 않을 수가 없어요.
J : 알아, 내 생각도 역시 그래(원칙적으로 동의). 내가 아직도 걱정하고 있다는 것이 내 말의 전부요. 그리고 이것은 당신과 마찬가지로 나를 당황케 하오.
p : 자, 우리가 그 점에 대해 이해할 수 있길 바래요.
만약 이런 종류의 일이 계속된다면, 우리는 앞으로 함께 살지 못한다는 신호일 것 같아 정말로 두려워요.
J : 그럴 수 있다고 생각해(가능성에 대한 동의).
그러나 나는 우리가 함께 살고 싶어한다는 것을 알고 있어. 나는 당신에게 무엇이든지 이야기 할 참이오. 만약 일이 곧 좋아지지 않는다면, 아마 Ben에게 이야기해야 할 것 같애. 전에 그는 Sally와 이

같은 고비를 넘겼다고 말했어. 하지만 그들은 카운셀러를 만나서 그것을 해결했다구. 적어도 시도할 가치가 있는 일인 것 같아.

5. 자기표현대로 비평에 대처했을 때 따르는 여러가지 이점
(Advantages of Coping Assertively with Criticism)

Jay와 Patty는 이 대화에서 그들의 문제를 완전히 해결하지는 못했지만, 많은 걸 달성해 냈다. 여기서 일어났던 일을 살펴보면 자기를 표현함으로써 비평에 대처하는데 따르는 몇 가지 유익한 점을 분명히 알게 될 것이다.

이런 식으로 비평에 대처하는 방법은 첫째, 방어하려는 욕구를 감소시킨다는 이점이 있다. Jay와 Patty가 전 번에는 몇 차례 말을 주고받지 않고 곧 논쟁에 휘말렸었는데 이번에는 차분히 대화를 해 나갈 수 있었다. 이러한 변화는 대개 비평자에게 질문하고 동의하는데 따르는 새로운 태도에 있다. 다시 말해서 상대방이 당신의 행동에 대해 반대하는 것을 이해하기 위해 진지하게 몰두해 있다면, 반격하거나 회피함으로써 자신을 보호할 시간을 가지지 못할 것이며, 그 필요 또한 느끼지 못할 것이다.

둘째, 좀 더 쉽게 비평을 받아들일 수 있게 할 뿐만 아니라 아주 흥분한 비평자를 진정시키는 데 효과가 있다. 비평은 종종 상대방의 얘기를 듣지 않는다거나 무시하고 있다는 좌절감에서 싹트기 때문에 질문과 동의는 상대방의 견해를 흥미있고 타당한 것으로 본다는 것을 나타내주는 분명한 표시가 된다. 그러므로 여기 제시된 사항을 따르면 비록 비난을 초래했던 원래 행동을 아직도 지니고 있다 하더라도, 자신이나 비평자 양쪽 다 도와주는 셈이 된다.

세 번째 유리한 점은 비평에 질문하고 동의함으로써 자신에 대해 많은 것을 배울 수 있다는 것이다. 종종 사람들은 비평이 대부분 옳은 것인데 저항하기 때문에 상대의 이의에 동의하고 질문함으로써 상대방의 견해가 지닌 장점을 고려하게 될 것이다. 일단 그렇게 하는데 시간을 들인다면 원래의 비평이 사실은 근거가 있었음을 느끼게 되는 것은 당연하다. 이렇게 비평을 비방어적으로 받아들여서 자신을 더 좋은 상태로 변화시킬 수 있다.

여기에 서술된 행동을 통해 자신에 대해서 더 많은 것을 배울 수 있을 뿐 아니라 비평자를 더 잘 이해할 수 있게 해준다. 위의 대화에서 예를 들면, Jay는 그가 부부관계의 애정 결핍 때문에 고통받고 있는 것과 마찬가지로 Patty 또한 그러하다는 것을 알았다. 전에는 혼자 근심하고 있다고 느꼈는데, 이제는 Patty가 이 문제에 대해 적어도 어떻게 느끼고 있는지 알 수 있게 되었다.

비평자에게 동의하고 질문해서 얻는 마지막 이점은 그로 인해 자신의 갈등을 종종 해결할 수 있다는 것이다. 이같은 행동에 수반되는 협조적인 분위기는 자신과 상대방은 적이 아니며, 그 문제의 해결책을 찾는데 양쪽 다 관심이 있다는 것을 분명하게 해준다. 문제점에 대한 해답을 찾는데 있어서 호전적이고 방어적인 분위기 보다 이같은 태도가 훨씬 더 많은 기회를 만들어 준다는 것은 분명하다.

□ 연습문제 □ Ⅷ

비평에 대처하는 방법에 대해 어느 정도 이해하고 있는지 테스트하시오.
다음 세 가지는 살아오는 동안 한 번 이상은 들어봤을 불평 목록이다. 각각에 대해서 교과서에 기술되어 있는 질문과 동의 기술을 얼마나 사용하고 있는지 표시해 보시오.

각각의 설명을 읽을 때 자신의 생활 속에서 이야기하고 있는 특정 인물을 마음속에 그리시오. 설명에 나오는 장소, 시간, 환경을 생각하시오. 자신의 반응을 기술할 때는 자기표현적인 방법으로 말하고 있는 자신의 분명한 이미지를 떠올리시오.

비평의 보기 : "당신은 내가 말한 모든 것을 한쪽 귀로 듣고 한쪽 귀로 흘

려 버리는 것 같습니다."

A. 질문반응
1. 구체적인 내용 물어 보기 : "내가 당신을 무시하는 것처럼 보일 때의 예를 내게 가르쳐 주시면, 당신이 무엇을 말하려는 것인지 더 잘 이해가 될 것 같습니다.
2. 구체적인 내용에 관해 추측하기 : "당신은 그런 일이 발생한 때를 지적하려는 것입니까? 아니면 계속 일어나고 있다는 뜻입니까?"
3. 비평자의 생각을 쉬운 말로 바꾸어 말하기 : "당신은 내가 그저 당신에게 맞장구나 치고 있다고 생각하기 때문에 당신이 내게 얘기하고 싶어지지 않다는 것이죠. 그렇지 않아요?"
4. 자신의 행동결과에 대해 물어보기 : "내가 당신의 말을 흘려듣는다면 왜 문제가 됩니까?
5. 추가적인 불평에 대해 물어보기 : "내가 당신의 말을 심각하게 듣지 않는 것만이 당신을 화나게 만든다는 뜻입니까? 그 외 또 다른 것도 있습니까?"

B. 동의반응
1. 진실에 동의하기 : "당신이 옳다고 생각합니다. 때때로 나는 피곤하다거나 열중할 때는 대부분 당신의 말에 주의를 기울이지 못합니다."
2. 가능성에 동의하기 : "당신이 어쩌면 옳을 것이라고 생각합니다. 내가 당신에게 항상 주의를 기울이지는 않았다는 것이 확실해요.
3. 원칙에 동의하기 : "당신이 옳아요. 가장 좋은 것은 내가 당신에게 늘 주의를 기울이는 것이 되겠지요. 내가 좀 더 나은 대화자라면 더 많은 주의를 기울였을 것입니다."
4. 인식에 동의하기 : "내가 어떤 일을 할 것이라고 말한 후 실행하지 않을 때 내가 당신의 얘기에 귀를 기울이고 있지 않았을지도 모른다고 당신이 생각할 수 있습니다."

사례 #1 : "아시다시피, 당신은 비평에 매우 민감합니다. 하지만 너무 과민해서는 안 됩니다. 그렇게 하는 것은 단지 당신을 고통스럽게 할 뿐입니다.

A. 질문반응
1. 구체적인 내용 물어보기 :

2 구체적인 내용에 관해 추측하기

3. 비평자의 생각을 쉬운 말로 바꾸어 말하기

   4. 자신의 행동결과에 대해 물어보기

   5. 또 다른 불평에 대해 물어보기

B. 동의반응
   1. 진실에 동의하기

   2. 가능성에 동의하기

   3. 원칙에 동의하기

   4. 인식에 동의하기

사례 #2 : "당신은 이 근처에서 더 나은 직업을 가져야 할 겁니다. 나는 당신이 최선을 다해 노력하고 있다고 생각하지 않습니다."

A. 질문반응
   1. 구체적인 내용 물어보기

   2. 구체적인 내용에 대해 추측하기

   3. 비평자의 생각을 쉬운 말로 바꾸어 말하기

   4. 자신의 행동결과에 대해 물어보기

   5. 또 다른 불평에 대해 물어보기

B. 동의반응
   1. 진실에 동의하기

   2. 가능성에 동의하기

   3. 원칙에 동의하기

4. 인식에 동의하기

□ **역할연습**

이와 아울러 Emith(1975)의 연구에 기초를 두고 있는 다음 연습을 시도해 보면 비평에 대처할 수 있을 것이다.

파트너와 함께 누가 비평자의 역할을 담당할 것인지 결정한 다음, 한 사람은 비평에 대처한다. 비평자는 응답자에 관한 잘못 – 실제로 있거나 상상하여 – 을 지적함으로써 시작하는데, 응답자는 이 장에 기술되어 있는 반응기술 중에서 한 가지나 여러 개를 골라 차례로 사용한다. 그 다음, 비평자는 원래의 불평을 확대시키거나 새로운 불평을 찾아 단계적으로 공격을 확대해 간다. 이 과정은 3~4분 동안 계속 되며, 그 동안 응답자가 할 수 있는 유일한 반응은 위에 열거돼 있는 반응들로 한정된다. 한 쪽의 역할을 완전히 마친 후에는 역할을 교대하여 그 절차를 반복한다.

이 연습은 말 같지도 않은 비평이 점점 더 가해지기 때문에 아주 우스울 수가 있다. 그러나 요점은 명백하다. 즉, 방어적이 되거나 자신을 매도함이 없이 다른 사람의 공격에 대응할 수 있고 경청할 수 있게 된다는 점이다.

6. 비평에 대처한 후 얻어지는 것?
(After Coping with Criticism, what?)

이제까지는 다른 사람의 비평에 대한 첫 반응을 개선시키는 방법에 관해 다루어 왔다. 처음 부분에서도 강조했듯이 당신은 평가가 내려진 후에야 입을 열 것이다. 이 짧은 기간을 상세하게 다루는 것은 이 때 골치거리가 생길 가능성을 고려한다면 값어치 있는 일이다. 타인의 의견에 대한 정당화나 빈정거리는 말 또는 분노, 폭발 같은 방어적인 반응들은 대개 만족스런 대화를 할 수 없게 만드는 갈등의 요인이 되기 십상이다. 방어적인 표현의 결과는 한 번의 대화 이상으로 연장된다. 왜냐하면 논쟁의 열기 속에서 비난이 가해지고 여기서 생기는 위협은 앞으로 여러 해 동안 쌍방을 괴롭힐 수 있기 때문이다. 비평을 잘못 다루는데 따르는 심각성을 고려한다면, 조용히 비방어적으로 대처할 수 있는 능력은 효과적인 대화의 전제조건(prerequisite)이라고 말하는 것은 타당하다.

전제조건이라는 단어에 주의하라. 왜냐하면 앞에서도 보았듯이, 비평을 건설적으로 취급하는 것은 갈등을 원만하게 해결하는 첫 걸음에 불과하기 때문이다. 사람이 당신을 비난하는 까닭은 대개 그들이 필요하거나 원하는 것을 갖지 못했기 때문에 생긴 문제라는 것을 기억해야 한다. 다른 사람의 문제를 보다 상세히 알기 위해서 여기서 배운 정보 구하기 응답방식을 사용할 수 있다. 동의하는 응답방식은 자신의 역할을 인정하게 하는데 도움을 줄 것이다. 그러나 이러한 단계들을 일단 완수한 경우라 하더라도 다른 사람이 더 이상 비평할 필요성이 없도록 하기 위해서는 아직도 문제를 해결할 필요가 남아 있다. 다음에 나오는 9장은 이러한 문제해결 방식을 다루고 있다.

요 약

우리 사회는 대부분 감정을 인식하고 표현하는 것을 무시한다. 감정을 통제함으로써 사람들은 더 나은 육체적 건강과 타인과 갖는 향상된 친밀감 그리고 대인관계의 성장과 같은 많은 이익을 얻지 못한다. 주어진 시간에 어떤 특별한 감정을 표현할 것인가, 아닌가를 몇 가지 요인에 의해 결정해야 한다. 즉, 감정을 명확하고 분명하게 말할 필요에 대한 인식, 일차적인 감정과 이차적인 감정의 구별, 그리고 그 감정은 특정한 상황에 제한되어야 한다는 것을 인식할 필요가 있다.

비평은 유약한 공적 이미지(a weak public image)를 위협하기 때문에, 문제의 원인을 비평자가 아닌 비평당하는 사람에게 잘못 귀속시키기 때문에 대개 받아들이기 힘들다. 두 가지의 비평 대처방법 즉, 상세한 내용에 대해 질문하고 비평자에게 동의하는 방법이 추천되어 있다. 이 방법을 따를 경우 몇 가지 이점이 생길 것이다. 즉 자신에 관해 보다 많이 배우게 되고, 덜 방어적이 되며, 동시에 비평자의 분노를 가라앉히게 될 것이다.

비평에 대한 상세한 것을 알고 비평자에 동의한다는 것은 상호 간의 갈등을 해소하는데 있어서 단지 첫 걸음에 불과할 뿐이라는 점을 인식하는 것이 중요하다. 추가적인 방법들은 9장에서 소개할 것이다.

제 9 장
개인의 욕구충족
: 갈등의 처리, 요청하기, 거절하기
(Satisfying Personal needs : Managing Conflicts, Making Requests, and Saying No)

1. 갈등의 본질(The Nature of Conflict)

당신은 생활 속에서 어떤 갈등에 직면하고 있는가? 최근의 경험 중 네 가지 보기를 들어보라. 이 단계를 수행하기 전에는 계속 읽어 나가지 말아야 한다.

갈 등 1.

갈 등 2.

갈 등 3.

갈 등 4.

이러한 예들은 갈등이 여러 종류의 사람에게서, 다양한 주제를 가지고, 수많은 환경에서 일어날 수 있다는 사실을 보여준다. 때로는 자신과 가장 친한 사람들 - 배우자, 부모, 자녀, 애인, 친구들 - 을 포함하기도 하고, 때로는 전혀 낯선 사람들을 포함하기도 한다. 직장에서나 집에서 또는 낯선 곳에서도 일어날 수 있다. 때로는 아주 중요한 이슈 - 경력, 미래, 개인의 권리 - 와 관계되고, 어떤 때는 배달된 신문이 현관에 있는지 혹은 잔디에 놓여 있는지, 아니면 레스토랑의 커피가 따뜻한지 아닌지 하는 대단치 않은 일에서 갈등이 발생할 수도 있다. 그 결과 갈등은 걱정과 고통으로 끝나거나 혹은 비애나 분노, 경쟁의식을 불러일으킬 수 있다. 심지어 어떤 때는 일종의 즐거운 위안을 주기도 한다. 이러한 반응은 일생에 있어서 어떤 것에 대한 의식의 윤곽을 결정지을 만큼 격렬하기도 하고 거의 알아채지 못할 만큼 미약하기도 하다. 즉 갈등의 결과는 관여자에 의하여 즉시 잊혀져 버릴 만큼 사소한 것 일 수도 있고, 어떤 경우에는 그 잔재가 수 년 동안, 심지어는 일생 동안 계속되기도 한다.

이렇게 다양한 환경에도 불구하고, 앞에 묘사한 것뿐만 아니라 생활 속에서 직면하는 모든 갈등은 공통적인 요소가 있는데 그것은 - 하나, 혹은 그 이상의 - 명백히 상반되는 욕구(need)가 있다는 점이다. 이러한 욕구는 쉽게 인식되기도 하나, 어떤 때는 알아내기 어려울 때도 있다. 그러나 어떤 경우든지 갈등이 스스로 해소될 기회는 거의 없으며, 사실은 종종 훨씬 더 큰 갈등으로 불어나기도 한다.

인간의 욕구는 서로 양립하기 어려운 경우가 많은 까닭에 우리는 갈등이 불가피하다는 것을 인식해야 한다. 제 2 장에서도 살펴보았지만, 우리는 갈등 또 이와 같은 욕구 때문에 고통을 받게 되기도 한다. 많은 사람들이 결혼 후에는 행복하게 살 것이라는 동화같은 이상을 믿으면서 결혼을 한다. 부모는 자식들이 완전하고 이상적으로 자라주기를 기대하고, 자기의 직업에 만족하지 못하는 사람은 끊임없이 만족스런 직업을 찾아다닌다. 또 외로운 사람은 이상적인 우정을 구한다. 그러나 어떠한 사람도 자신의 욕구를 항상 충족시킬 수는 없기 때문에, 그리고 이러한 기대는 완전히 충족될 수가 없기 때문에, 자주 갈등이 생겨나게 되는 것이다.

갈등이 불가피한 것은 사실이지만 그렇다 해서 미해결로 남겨 둘 수도 없는 일이다. 올바른 태도와 약간의 지식을 가짐으로써 모든 사람이 만족할 수 있는 방법으로 갈등을 해소시키는 것이 가능하다. 이 장의 끝에 가면 문제가 되고 있는 것은 갈등이 아니라 갈등을 다루는 방법임을 알게 될 것이다. 그 각각의 특성을 이해하는 것이 갈등을 효과적으로 해결하는 가장 중요한 첫 단계가 된다.

2. 갈등의 형태(The Styles of Conflict)

욕구가 충족되지 않을 때 사람들이 행할 수 있는 방법에는 네 가지가 있다. 네 경우 모두 매우 다른 결과를 초래하는데, 알기 쉽게 설명하기 위해 나의 경우를 예로 들어 보기로 하자. 내가 이 글을 쓰고 있는 곳은 최근에 아내와 힘을 합쳐서 산 집의 서재이다. 창문 밖 거리의 중앙에서 작은 개 두 마리가 지나가는 차를 보고 쫓아다니며 끊임없이 짖어대고 있다. 나는 이 개들이 짖는 소리에 정신을 집중할 수가 없다. 더 이상 견딜 수 없어 이 상태를 벗어나기 위한 방도를 생각해 본다면 다음의 네 가지 경우로 나누어 볼 수 있다.

A. 비자기표현 행위

자기표현을 못하는 사람이 갈등을 처리하는 방법에는 두 가지가 있다. 한 가지 방법은 종종 자신의 필요나 욕구를 무시해 버리는 것이다. 예를 들면, 위 상황에서 창문을 닫고 더욱 더 집중함으로써 개들이 짖는 소리를 잊어버리려고 하는 것이다. 또는 문제 발생 자체를 무시해 버릴 수도 있다. 즉 조그만 개가 짖어대는 것은 아무도 괴롭히는 일이 아니라고 생각하는 것이다. 그러나 여러가지 다른 경우에 있어서 아무런 일도 없었다고 주장(내면에서)하는 것 즉, 자기의 욕구나 필요를 무시해 버리는 것은 현실적인 일이 아니다.

예를 들어 누군가가 옆에서 담배를 피워 당신의 건강을 해롭게 한다면, 당신은 후자와 같이 침묵만을 지킴으로써 자기 자신을 처벌하는 셈이 되는 것이다. 한편 상사에게 더 많은 정보를 얻어야 할 필요가 있는데 잘 이해한 것처럼 행동한다면, 그로 인해 일의 효율과 질을 저하시키게 된다. 또한 수선을 부탁한 것이 잘 안되었을 때 그대로 괜찮다고 받아들이면 쓸데없는 곳에 돈을 낭비하는 셈이 된다. 이러한 모든 경우에서 보듯이, 욕구가 충족되지 않았는데도 아무 것도 문제되지 않는다고 하면서 자신의 욕구를 무시해 버리는 것은 진정한 해답이 될 수가 없다.

　비자기표현적인 사람이 갈등을 제거하는 두 번째 방법은, 자신의 욕구가 충족되지 않은 상황에서 자신은 아무런 행동도 취하지 않으면서 문제가 스스로 해결되리라는 희망을 가지고 단순히 그 상황을 받아들이는 것이다. 예를 들면, 위의 예에서 나는 그 개의 주인이 나타나 주기를 기다리는 것이다. 또는 그 개가 달리는 차에 치어 죽기를 바랄 수도 있다. 이러한 경우는 물론 모두 가능한 것이지만 이 방법으로 문제가 해결되기를 기대하는 것은 비현실적인 일이다. 비록 이 방법으로 문제가 해결된다고 하더라도 한 평생 그렇게 운이 좋으리라고는 볼 수 없지 않는가? 또한 그것은 자존심을 상하게 하는 일이기도 하다. 따라서 자기표현을 포기하는 것은 만족스러운 방법이 되지 못한다는 점이 명백해 진다.

B. 직접 공격

　비자기표현적인 사람은 소극적인 행동을 하는 반면에 공격적인 사람은 지나친 행동을 감행하게 된다. 이러한 공격적인 행동의 결과로 흔히 나타나는 것은 분노와 자기방어요, 상처와 수치이다.

　공격적인 행동은 다른 사람과 맺는 인간관계를 해친다. 나의 문제로 돌아와서 생각하면, 우리 마을은 개를 묶어 놔야 하는 법이 있기 때문에 내가 그 법적인 권리를 행사하면 자신에게는 평화가 찾아오겠지만, 불행히도 나의 이런 행동으로 이웃과 한동안 대화가 중단될 것이고, 이웃에게 사소한 문제까지 법을 들먹거린다는 불평을 듣게 될 것이다. 나는 우리 가족과 이웃이 오랫동안 함께 잘 지내기를 원하기 때문에 이러한 적개심을 유발시키는 행동은 바람직하지 않다고 하겠다.

C. 간접 공격

　심리학자 George Bach는 그의 저서 중에서 "미치게 만드는(crazy making)"이라는 단어를 곧잘 인용, 묘사하곤 하였다. 미치게 만든다는 감정은 원한이나 분노를 집적 드러내거나 표현할 수 없을 때 나타난다. 즉, 미치도록 화난 사람(crazy maker)은 불쾌 감정을 내면화시키기 때문에 얼굴에는 친절한 표정을 나타내지만 교묘하고 간접적인 방법으로 공격적인 의사표시를 하게 된다. 그러나 겉으로 부드럽게 행동하지만 숨겨진 분노는 오래 유지 될 수 없으며 대상자에게 결국 배반감에 대한 노여움을 사게 하는 원인이 되고 마는 것이다. 이 때 대상이 되는 상대는 공격적인 자세로 반감을 드러낼 수도 있고, 자신의 손상된 감정을 내면화시키면서 물러설 수도 있다. 어떻든 이러한 간접적인 공격형태는 대인관계에 손실을 초래하게 된다.

나의 경우로 돌아와 생각한다면, 나는 내 이웃과 그 개에게 여러 가지 간접적인 공격형태를 취할 수 있다. 한 가지 방법은 익명으로 시당국에 건의를 한 다음에 개가 끌려가게 되면 동정을 표시하는 것이다. 혹은 내 이웃 사람들에게 불평을 털어놓음으로써 개주인이 개를 조용히 하게 하거나, 그를 사회적으로 고립시킬 수 있다. 개주인과 우정어린 얘기를 하면서 우연히 내가 전에 살던 곳에서 겪은 지독한 이웃에 대해 그 사람이 분별없이 개를 제멋대로 하도록 놔두었기 때문에 온 동네가 개 짖는 소리로 시끄러웠다고 얘기하는 것이다(혹은, 더욱 더 교묘하게 시끄러운 어린이에 대해 얘기할 수도 있다).

이러한 간접공격 형태의 예는 여러가지 결점을 내포하고 있다. 우선 나의 이러한 간접적인 공격행위가 효과가 없는 경우를 들 수 있다. 즉, 내 이웃은 이같이 가면을 쓴 공격을 단순히 지나쳐 듣고 개 짖는 것을 방치해 버릴 수 있다. 반면에 나의 의사가 분명히 전달되었다고 하더라도, 내가 진지하게 얘기하지 않았기 때문이거나 혹은 그 주인의 완고한 고집으로 내 불만을 간단히 거절해 버릴 수도 있는 일이다. 어떻든 이러한 간접적인 공격형태는 나의 욕구를 충족시켜 주지는 못하는 것이다.

두 번째 결점으로 간접적인 공격형태가 근시적으로 볼 때는 성공적인 것일 수는 있어도 장기적인 안목으로 볼 때는 그렇지 못한 결과를 초래하는 경우를 들 수 있다. 가령 나는 개주인을 협박해서 개의 입을 막을 수도 있지만 그 결과가 낳는 불협화음이 오랫동안 남게 될 수가 있다. 즉, 개주인은 복수의 수단으로 이번에는 자기가 간접적인 공격 형태를 취해, 나의 행동에 대해 다른 사람들에게 제멋대로 지껄여 댈 것이고 그 결과 나에게는 좋지 못한 결과만 남게 될 것이다. 이러한 불화는 비생산적인 것이며, 간접적인 표현방법이 우리에게 이득을 주기보다는 손실을 더 많이 끼치게 되는 것이다.

덧붙여서 세 번째 결점은, 이러한 간접적인 공격형태는 순수한 인간관계를 맺을 기회를 박탈해 버릴 수 있다는 점이다. 즉, 내가 개주인을 하나의 방해물로만 생각하고 그를 저버린다면, 그를 한 인간으로서 알 기회는 없어져 버리는 것이다. 다시 말해서, 개주인을 교묘하게 설득하려고만 하고 그가 재미있고 협동적인 사람이라는 것을 잃어버리게 되는 셈이다. 비록 내가 이웃 따위는 가깝게 지내지 않아도 좋다는 식의 사고방식으로 사는 사람이라 하더라도 간접적인 공격형태가 인간관계를 저해시킨다는 것은 생의 다른 중요한 국면에도 적용되는 것이다. 가령, 내 처와 아이들을 교묘한 방법으로 다루려 한다면 그들은 진정한 나를 몰라 줄 것이고, 또한 내 동료들에게 나의 욕구를 솔직하게 털어놓으려 하지 않는다면 진정한 친구 관계는 유지하기 어렵게 될 것이다. 똑같은 원리가 나의 벗이나 학생들, 기타 같은 생활권 안에서 생활하게 될 모든 사람에게도 적용된다. 한 마디로 간접적인 공격 형태는 친밀한 인간관계를 저해시키는 것이 되고 만다.

D. 자기표현

자기표현을 올바르게 하는 사람은 다른 사람을 비난하거나 지시하는 일이 없이 분명하고 직접적인 표현으로 자신의 욕구나 생각, 감정 등을 표현함으로써 능숙하게 갈등을 다루어 간다. 그들은 대부분 모든 사람을 만족시키면서 문제를 해결해 나갈 수 있다는 호감적인 태도를 지니고 있다. 이러한 기술과 태도를 지니고 있다고 해서 항상 원하는 바를 얻게 되는 것은 아니지만 적어도 그렇게 할 수 있는 최선의 기회는 얻을 수 있다. 그리고 비록 욕구가 완전히 충족되지는 못한다 하더라도 이러한 방법은 요구하는 사람이나 그것을 듣는 사람의 자존심을 유지시켜 준다. 따라서 이렇게 자기표현을 원만하게 처리할 줄 아는 사람은 갈등을 처리해 나갈 때, 그 과정에서 느끼는 불쾌한 감정이 배제되고 있음을 경험하게 된다. 즉 비자기표현적으로 하거나 공격적인 자기표현으로 인한 좋지 못한 상황을 변화시켜 자신에게 더욱 안락하고 편안한 감정을 맛볼 수 있게 된다. 이러한 자기표현적인 과정을 나의 경우를 보며 생각해 보자.

우선 나는 그러한 소음이 내게 있어서 단순한 나의 신경과민이거나 또는 일시적인 기분에서 비롯된 불만이 아니라는 확신이 설 때까지 기다릴 것이다. 이러한 나의 불만이 현실적인 것이라고 느낀다면 나는 개주인을 찾아가서 인사를 하고 문제점을 설명할 것이다. 그리고 개주인이 미처 깨닫지 못하고 있을지도 모르는 일 - 개가 길에 나와서 놀다가 차만 지나가면 짖어대는 일 - 에 대해서 얘기하고 이 사실이 어째서 내게 괴로움을 주는지 다음과 같이 얘기할 것이다. 즉, 세살박이 딸애가 하나 있는데 그 소리에 잠을 깨게 되고, 그 결과 내가 일을 하기가 어려운 실정이라는 점과, 심하면 내 감정이 악화되어 "저 놈의 개새끼가!"라고 하는가 하면 "저 놈의 개새끼는 끌려가지도 않나?"하는 식으로 나쁜 마음이 싹트게 될지도 모르므로 이런 식으로 처리되기보다는 서로가 같이 의논하면 만족할만한 해결점을 발견할 수 있지 않을까 해서 찾아온 것이라고 입장을 밝힐 것이다. 이러한 시도는 대단한 노고를 필요로 하는 것도 아니며 상대방의 감정이 악화되지 않고 평온한 가운데 결정을 구할 수 있다고 생각한다. 이러한 방법은 가장 바람직한 것일 뿐만 아니라 내가 정직하고도 직접적인 행동을 함으로써 나의 자존심도 유지할 수 있다.

갈등을 자기표현적으로 다루어 나가는 기술은 이 책에 기술되어 있는 기술 중에서도 가장 시도해 볼 만한 기술이다. 이는 최대의 성의를 요구하는 것이며, 특히 자기가 갖고 있는 파괴적인 습관이 아주 천성적인 경우라면 다음과 같은 방법을 따라야 한다. 한편 갈등을 조절하는 일은 각자가 개발시켜야 할 가장 중요한 일이다. 왜냐하면 초조나 오해, 혹은 사람들 간에 일어나는 욕구의 충돌 등에 직면했을 때 인간관계를 원만하게 유지시켜 줄 수 있는 것이 바로 이러한 기술이기 때문이다.

의사소통의 형태(Styles of Communication)

	비자기표현형	직접공격형	간접공격형	자기표현형
상대방에 대한 접근방식	자신은 옳지 않으나 상대방은 옳다. (I-Not O.K You-O.K)	자신은 옳으나 상대방은 옳지 않음. (I-O.K You-Not O.K)	자신은 옳으나 상대방은 옳지 않음(그러므로 상대방이 스스로 옳지 않다고 생각하도록 만듦) (I-O.K You-Not O.K)	자신도 상대방도 다 옳다 (I-O.K You-O.K)
의사결정	상대방이 선택하게 둠.	상대방을 위해 선택. 상대방은 그 사실을 알고 있음.	상대방을 위해 선택. 상대방은 그 사실을 모름.	자신을 위한 선택
자부심	낮음	높거나 낮음	높게 보이나 대체로 낮음	대체로 높음
행동	도피, 굴복	노골적인 공격	은폐, 공격	직접 대면
상대편의 반응	죄책감, 분노, 좌절, 불평	마음의 상처, 방어태세, 수치심	당황, 좌절, 감정조작	상호존중
성공 양상	운 또는 상대방의 관용에 의한 성공	상대방이 스스로 굴복하게 함.	조작에 의한 승리	완전한 승리 또는 손해가 없는 해결책을 시도함

(S. Phelps와 N. Austin(1974)의 「The Assertive Woman」에서 수정)

□ 연습문제 □ IX - 1

아래에 있는 네 가지 의사소통 상황을 검토함으로써 다양한 갈등처리 형태를 이해하도록 하라. 혼자서 또는 작은 그룹을 형성하여 각 경우에 대한 자신의 반응을 묘사하고 각각의 가능한 결과를 묘사해 보라.

<보기> : 3주 전에 친구가 곧 돌려준다면서 옷을 하나 빌려갔는데, 그 이후 당신은 그 옷을 볼 수 없었고, 그 친구는 일언반구도 없다고 할 경우.

A. 비자기표현적 반응 : 그 친구에게 아무 말도 하지 않고 그저 그녀가 그것을 기억해서 돌려주기를 바란다.
예상되는 결과 : 옷을 되돌려 받을 수 없게 되어 친구를 원망한 나머지 그녀를 피하게 되고 아무것도 빌려 주려 하지 않게 될 것이다.

B. 직접공격적인 반응 : 그녀와 정면으로 부딪쳐서 그녀의 무분별하고 무책임한 행동을 질책한다. 그리고 그녀가 옷을 망가뜨렸기 때문에 두려워서 말을 않고 있을 거라고 나무란다.
예상되는 결과 : 친구는 비난을 받고 마음이 상하게 된다. 설사, 그녀가 의도적으로 빌려간 옷을 보관하고 있었다 하더라도, 이런 공격을 받으면 그녀가 참기 어렵게 될 것이다. 이로 인하여 서로가 서로를 피하게 될 것이다.

C. 간접공격적인 반응 : 빌려준 옷을 내가 얼마나 아끼고 있는지 넌지시 일깨워 주면서 나는 물건을 빌려가서 돌려주지 않는 사람을 좋아하지 않는다고 자연스럽게 얘기한다. 또 다른 사람과 있었던 사례를 잡담 삼아 떠들어 댄다.
예상되는 결과 : 친구는 나의 얘기를 듣고 당황할 것이다. 어쩌면 나의 암시를 무시해 버릴지도 모른다. 그리고 만일 내가 말하는 속셈을 알아차리고 옷을 돌려준다고 해도 내가 둘러대는 수법에 분명 넌더리를 낼 것이다.

D. 자기표현적인 반응 : 논쟁을 전제로 하지 않는 범위에서 그녀와 정면으로 직면해 아직도 그녀가 내 옷을 돌려주지 않고 있음을 상기시킨다. 그리고 특정한 시간을 정해 돌려줄 것을 요청한다.
예상되는 결과 : 물론 문제가 야기되었을 때 친구는 당황하겠지만, 공격성

이 없기 때문에 친구는 쾌히 응하게 될 것이다. 따라서 문제가 확실히 처리되었으므로 둘의 관계는 별 탈 없이 지속될 수 있게 된다.

1. 파티석상에서 방금 만난 사람이 내가 잘 알고 있는 사람을 듣기 거북하게 혹평하고 있다.
    A. 비자기표현적인 반응 _____
    B. 직접공격적인 반응 _____
    C. 간접공격적인 반응 _____
    D. 자기표현적인 반응 _____

2. 축구 경기장에서, 뒤에 있는 사람이 자기네 편이 조금만 잘했다 하면 계속 떠들어 대는 바람에 구경을 하는데 지장이 많다.
    A. 비자기표현적인 반응 _____
    B. 직접공격적인 반응 _____
    C. 간접공격적인 반응 _____
    D. 자기표현적인 반응 _____

3. 과히 늦지 않은 시간, 함께 사는 동료에게, 돌아오는 길에 가게에 들러서 오늘 저녁에 있을 파티에 쓸 과자를 좀 사다 달라고 했는데, 그가 들어왔을 때는 빈손이었고 가게까지 가서 사오기에는 너무 늦었다.
    A. 비자기표현적인 반응 _____
    B. 직접공격적인 반응 _____
    C. 간접공격적인 반응 _____
    D. 자기표현적인 반응 _____

4. 내게 정치적인 의견을 물어본 친구에게 의견을 얘기하고 있다. 그런데 이 친구는 듣지 않고 딴청을 부리고 있다. 내게 의견을 듣고자 했으면 적어도 주의를 기울여 주어야 할 것이라고 생각한다.
    A. 비자기표현적인 반응 _____
    B. 직접공격적인 반응 _____
    C. 간접공격적인 반응 _____
    D. 자기표현적인 반응 _____

이제 이러한 네 가지 유형의 반응을 이해했으면 맨 앞에서 진술했던 네 가지의 갈등으로 돌아가서 당신은 어떤 방법으로 그 갈등들을 처리하겠는지 결정하라. 그러한 경우와 그밖에 당신이 상상할 수 있는 다른 예들로 볼 때 당신은 이 네 가지 유행 중 어디에 속한다고 생각하는가? 당신 자신의 의견을 정했으면 다른 사람에게도 그 상황을 설명해 주고 당신을 어느 부류에 넣고 있는지 알아보라. 당신은 지금 자신이 갈등을 처리하고 있는 방법에 만족하고 있는가? 만일 그렇지 않다면 이 장에 묘사된 방법을 당신의 생활에 어떻게 적용할 것인지에 대해 생각해 보아라.

3. 자기표현적인 문제해결(Assertive Problem Solving)

이 장의 나머지를 통해서 여러분은 욕구를 효과적으로 처리하는 방법에 대해 배우게 될 것이다. 이러한 접근방법의 이점은 여러가지 다양한 상황에 골고루 적용된다는 점이다. 이러한 방법은 상대방이나 자신에게 자기의 입장을 확실히 밝히면서 바람직하고 편안한 결론에 도달할 수 있게 해준다. 다음에 다루는 내용은 매우 중요하므로 주의 깊게 읽고 혼자서나 혹은 그룹 별로 연습문제를 풀어보도록 하라. 여러분이 배울 방법들은 확실히 효과적인 것이긴 하지만, 능숙하게 다루어졌을 때만 최상의 효과를 낼 수 있다. 각 절을 개개인이 읽을 수 있도록 준비해 편안한 기분으로 진행할 수 있도록 하자. 이러한 과정은 많은 시간을 요구하긴 하지만, 그 결과로 얻는 보상은 만족할 만한 것이 될 것이다.

A. "나 – 전달법" : 자신이 자신의 문제를 소유하라

제 8 장의 모든 문제는 자신에 관한 것과 다른 사람에 관계되는 것 두 가지로 크게 구별지을 수 있다고 하였는데, 자기 욕구가 충족되지 못할 때마다 발생되는 문제를 전자라 할 수 있겠다. 마음에 들지 않는 물건을 되돌려 주고 싶다거나, 이웃이 떠드는 소리에 잠을 설친다든가, 고용주에게 작업조건을 개선해 달라고 하고 싶다거나 하는 등등의 문제는 자신의 문제이다. 왜냐하면 각 경우에 다른 사람들은 모두 만족하고 있는데, 자

기 자신만이 불만을 갖고 있기 때문이다. 다시 말해서, 자신이 갖고 있는 문제의 특성은 불만을 제공하는 환경적인 요소들이 주로 자신에게 관계되기 때문에 그에 대해 불만을 토로하게 된다는 것이다.

이에 대조적인 상황으로, 자신은 만족하고 있는데 다른 사람이 욕구를 충족치 못하는 - 다시 말해서 다른 사람들이 문제를 갖고 있는 - 경우를 들 수 있겠다. 좀 더 상세히 문제를 얘기하자면, 식사예법이 좋지 않다든가, 아니면 유머감각이 없다든가, 약속을 안 지킨다든가, 일하는 게 영 마음에 들지 않게 한다든가 하는 것은 자기 자신에게는 별 불만을 일으키지 않지만 다른 사람들에게는 그들의 욕구를 만족시키는데 장애요소가 되어 불만을 야기시키게 되는 것이다.

이렇게 문제 소유권 - 문제가 어디에 속하느냐 하는 - 의 문제가 제기될 때 다른 사람들이 가지고 있는 문제에 대해서는 관심을 가지고 말할 필요가 없다. 다만 다른 사람이 가지고 있는 문제가 자신에게 직접 영향을 끼치게 되었을 때는 이에 대해서 말할 필요가 있다. 그럼에도 불구하고 많은 사람들은 이를 잘못 오해하여 효과적으로 문제를 해결할 기회를 놓치고 있다.

□ 연습문제 □ Ⅸ - 2

갈등을 효과적으로 처리하기 위해서, 갈등이 시작될 때는 욕구가 충족되지 않을 때임을 알 필요가 있다. 이러한 원리를 증명하기 위하여 남의 잘못이라고 당신이 생각하거나 혹은 실제로 판단을 내리거나 혹은 다른 사람의 행동을 비난했던 경우를 세 가지만 제시하여 보라. 각 경우에 있어서 당신이 소유한 문제 - 즉 당신에게 말을 하도록 만든 욕구 - 를 기술하라.

<보 기>

당신의 불평 또는 비평 : 여자친구와 약속을 했는데도 불구하고 나타나지 않았을 때, 아마도 매우 바빴던 모양이라며 나는 간접적으로 그녀를 비난했다.

당신이 그런 말을 하도록 만든 충족되지 않은 욕구 : 위의 문제에는 충족되지 않는 욕구가 두 가지 있다. 첫째는 그녀와 교제하기를 원하는 것이고,

둘째는 나의 우정이 아직도 그녀에게 각별하다는 것을 알리고 싶은 것이다.

갈등 # 1. :
당신의 불평이나 비평

그런 말을 하도록 만든 당신의 충족되지 않은 욕구

갈등 # 2. :
당신의 불평이나 비평

그런 말을 하도록 만든 당신의 충족되지 않은 욕구

갈등 # 3. :
당신의 불평이나 비평

그런 말을 하도록 만든 당신의 충족되지 않은 욕구

이상의 연습문제를 완성시키면서 당신은 적어도 그 중의 하나는 자기 자신의 문제 때문에 타인을 부당하게 책망했다는 사실을 알게 될 것이다. 제 8 장에서 읽었듯이 사람들은 비난받기를 싫어한다. 비록 그 비난이 옳은 것이라 할지라도 일단 부당하게 책망을 받게 되면 상대방의 방어태세는 강화된다. 다음의 대화에서 그와 같은 양상을 살펴보도록 하자.

어머니 : 아직 싱크대 속에 쳐 박혀 있는 접시들이 네가 먹은 거니?
아　들 : 네
어머니 : 넌 어딘가가 잘못된 모양이야. 식사 후 부엌 치우라는 말 한번 이면 될 것을 천 번은 말했을 게다. 왜 말을 듣지 않니?
(해석 : "너에게는 두 가지 문제가 있다. 즉 너는 내 말을 듣지 않으며 네가 해야만 할 설거지를 하지 않는다." 이 두 가지 비난이 옳다고 하더 라도 위의 상황은 어머니가 문제를 소유했을 뿐이지 아들은 괴롭지 않는

다는 점에 주목할 것)

아　들 : 에이 참! 싱크대에 접시 몇 개 있는 것이 뭐 그리 대단한 일이에요? 어머니는 사소한 일에 너무 신경질적이세요(공격을 당했으므로 지금 그 아들도 어머니가 문제를 가지고 있음을 비난 함).

어머니 : 애야! 내가 신경질적인데 대해 너한테 훈계들을 필요는 없단다. 네가 걱정해야 할 일은 내가 말한 것을 듣고 그것을 하는 것이야.

아　들 : (뽀루퉁하게) 들을 만한 가치가 있었다면 그렇게 했을지도 몰라요.

고　객 : 여보쇼! 내 차를 그렇게 막 몰면 안돼요. 당신은 다른 사람의 재산에 대해서 좀 더 주의를 해야만 하겠오. (해석 : 너는 문제가 있다. 즉, 무책임하다)

주차장직원 : (방어적으로) 당신은 내가 무엇에 부딪치는 걸 보았소?

고　객 : 아니요. 그러나 번잡한 곳에서 그토록 빨리 차를 몰면 사고는 시간 문제란 말이오.(해석 : 너는 문제가 있다. 즉, 사고를 내려 하고 있다)

직　원 : (빈정거리는 투로) 여보쇼, 선생. 나는 이 주차장에서 2년동안 일해 왔지만 범퍼 한 번 긁히지 않았소.

고　객 : 건방지게 굴지 마시오. 당신 주인에게 이 사실을 알릴지도 모르니까.

직　원 : 어서 불평해 보시구려. 그 주인은 내 사촌이니까. 그리고 난 다른 사람에 비하면 아주 얌전히 차를 모는 편이라구요.

이런 식의 의사교환은 확실히 좋은 것이 못된다. 나쁜 감정을 일으킬 뿐만 아니라 대개는 오히려 욕구충족의 기회도 앗아가 버리고 만다. 그러나 위의 대화에서 보듯이 불평은 가끔 정당하기도 하다. 즉, 주차장 직원들은 속력을 내기 마련이며, 아이들은 설거지를 해야 하는 의무를 잊어버리기도 한다. 그 외에도 여러가지 경우에서 타인의 행동에 불만족스러움을 느낄 때가 많을 것이다.

이러한 상황에서 거리낌 없이 말하지 못하는 것은 해결책이 되지 않는다. 반면에 방금 읽은 보기에서와 같이 공격적인 불평도 만족스러운 해결책이 되지 않는다. 그렇다면 대안은 무엇인가?

이제 이 문제에 대한 해답은 명백해진 셈인데, 그것은 자기표현적인 갈등 해결방법으로서 우선 첫 단계는 그 문제를 자신의 문제라고 확인하는 것이다. 당신이 결코 공격적으로 행동하지 않으므로써 방어적으로 될 가능성을 감소시킬 수 있게 된다. 덧붙여서, 문제의 명확한 진술은 자신의 행동이 상대방에게 어떻게 영향을 미쳤는지 의식하지 못한 사람들에게도 들을 만한 가치가 있는 이야기 거리가 될 것이다.

문제의 소유에 대한 진술이 가장 효과적으로 되기 위해서는 다음의 세 가지 요소를 포함해야 한다.

- 자신에게 문제를 야기시킨 특정한 행동에 대한 비판없는 기술
- 이 문제 때문에 생긴 구체적이고 가시적인 결과나 영향들에 대한 나열
- 문제의 결과로 인해 당신이 경험한 감정에 대한 기술

이것은 다음과 같은 공식을 사용함으로써 좀 더 효과적으로 기억할 수 있다(Gordon, 1971) :

"나는 문제가 있다. 상대방이 _____할 때, _____
　　　　　　　　　　　　　(특정한 행동)　　　(특정한 결과나 영향)

일어나며, 그리고 나는 _____느낀다."
　　　　　　　　　　(자신의 느낌)

예를 들면 앞의 대화에서 화가 난 어머니가 아들을 꾸중하는 대신 이 공식을 썼더라면 이렇게 말할 수 있었을 것이다. "문제가 있단다. 내가 부엌을 치운 후에 네가 싱크대에 접시들을 벌려두면(행동), 돌아와서 난

그것을 씻어야 하고(결과), 그 때문에 무척 지치고 피곤해(느낌).

　같은 방법으로, 주차장에서 화가 난 고객은 다음과 같이 말함으로써 그의 심정을 설명할 수 있을 것이다. "문제가 있소. 타이어에서 끽끽하는 소리가 날 정도로 당신이 내 차를 빨리 몰 때(행동), 나는 불평하게 되는데(결과), 그 이유는 사고가 날까봐 걱정하기 때문이오(느낌)."

　이 공식은 충족되지 않은 욕구를 지니고 있는 경우에 실제적으로 응용할 수 있다.

  －문제가 있소. 당신이 자정이 지나 전축을 그렇게 크게 틀면(행동) 잠을 잘 수가 없고 동네 개들이 모두 짖기 시작하오(결과). 그럴 때 내가 얼마나 화가 나는지 당신도 상상하리라 믿소(느낌).
  －문제가 있어요. 당신이 6시까지 이곳에 온다고 약속하고서도 7시가 되도록 나타나지 않아서(행동), 저녁식사도 엉망이 됐고 벼르던 쇼 구경도 늦어 버렸어요(결과). 내가 당신에게 별로 중요하지 못한 존재같이 느껴져서 마음이 상해요(느낌)."

　때로는 말하는 순서를 바꿔서 말하고자 하는 바를 좀 더 효과적으로 나타낼 수도 있다. 어떤 때는 문제가 있다는 사실을 알기기 위해 다른 단어들을 사용할 수 있을 것이다. 어쨌든 중요한 점은 이 모든 요소들이 말 가운데 나타나 있으며 상대방이 그 요소들을 이해하도록 설명해야 한다는 점이다.

  －내가 화가 난다는 것을 지금 말해야만 하겠소(느낌). 당신이 다른 사람들 앞에서 나의 좋지 않은 기억력에 관해 농담할 때 말이오(행동). 사실, 너무 무안해 나도 당신의 결점을 들춰내서 보복하려고 하는 내 자신을 발견하오(결과)."
  －내가 Erika와 함께 하는 놀이에 Jason을 초청하지 않은 이유는(결과), 그가 또 버럭 화를 내서 그녀에게 물건들을 집어 던질까봐(행동) 염려했기 때문이오(느낌).

―고용주인 당신이 짤막한 통고 한 마디로 우리 종업원들에게 정규시간 외에도 일할 것을 원할 때(행동), 우리가 늦게까지 고생을 합니다. 그래서 당신이 지적한 바와 같이 불평을 하고 협동심을 발휘하지 못하는 것입니다(결과). 아무튼 그 새 규정은 우리들에게 반발심을 생기게 했다는 것을 말씀드리는 것입니다(느낌).

어순이야 어찌 되었든지 간에 위의 각 메시지의 목적은 말하는 사람의 문제를 서술하는 것이지 상대방 행동을 평가하는 것이 아님을 주목하라. 그 결과 소위 Thomas Gordon(1970)이 말한 나-전달법(I-message)-감정표현과 설명-을 최대로 사용하고 너-전달법(You-message)-판단, 비난, 욕설, 비평-을 최소로 사용하고 있다. 또한 어떠한 경우든지 상대방의 행동에 대해서 변화를 요구하지 않도록 한다. 당장 행동의 변화를 요구하고 싶을 때가 있겠지만 사람들은 요구하는 이유를 명확히 이해하기 전에는 그렇게 쉽게 자신의 행동을 변화시키려 하지 않는다는 것을 알아야 한다.

"나-전달법"을 전달하는 모든 과정에 있어 가장 중요한 요소는 문제가 실로 자신의 것이라는 진정한 인식이다. 그 외는 문제가 되는 행동기술이 가능한 한 구체적이어야 한다는 게 중요하다. 예컨대, 상대방의 부주의를 언급하는 대신에 그들이 실제로 행한 행동 즉, 말하는 도중에 말을 가로챘다든가, 말을 끝내기도 전에 슬금슬금 사라져 버렸다든가, 방금 말한 것을 잊어 버렸다든가 하는 것 등을 상세하게 기술하는 것이다. 이와 같은 원칙은 타인의 행동 결과를 기술하는 데에도 적용된다. 단순히 불편하다고만 말하지 말고, 화가 난 과정을 기술하라. 끝으로 상대방에게 당신 감정이 심하게 긴장되어 있는 정도를 이해했는가 확인하라. 만일 화가 난다면 "조금 귀찮게 됐어"라고 말하지 말고 자신이 지금 얼마나 화나 있는지 상대방에게 충분히 알게 하라.

물론 나-전달법(I-message)이 항상 열세에 있는 상태를 면하게 한다거나 타인의 행동을 자신에게 맞도록 변화시키게 해 준다는 보장은 없다. 때로는 당신이 처해 있는 궁지를 이해하고 아마 동정까지 보이겠지만, 어떤 때는 당신이 어떤 어려움에 직면해 있는지 신경조차 쓰지 않을 수도 있다. 가령 "좋아요. 당신은 문제가 있군요. 그런데 그게 대체 나와 무슨 상관이죠?"하는 식으로 말이다.

그러나 이런 상황에 대해 너무 걱정하지는 말라. 대처하는데 도움이 될 방법들을 곧 배울 수 있을 것이다. 당분간은 다음과 같은 사실-만일 타인과의 사이에 생기는 어떤 불평이든 그것은 자신의 문제임-을 진정으로 믿고, 이것을 여기서 보여준 공식에 의거하여 기술해 보려고 노력한다면 많은 갈등이 성공적으로 해결 될 것이라는 점을 잊지 말아라. 이러한 목적달성을 돕기 위하여 다음 연습 문제를 풀어 보도록 한다.

□ 연습문제 □ Ⅸ-3

다음 각 상황에 대해 "나는 문제가 있다." 식으로 기술하시오. 당신의 행동을 야기시킨 특정한 행동과 그 결과 그러한 당신이 느낀 감정의 정도를 명확히 기술하고 삽입구의 각 요소들을 분류하시오.

<보 기>

오랜 친구가 가끔 당신에게 화를 낸다고 느낀다. 오랫동안 이 친구는 함께 어울리자는 제안을 하지 않았고, 만나자는 요청을 할 때마다 냉담한 반응을 보였다.

당신의 진술 : 나를 괴롭혀 온 어떤 것이 있는데 그 문제를 당신과 함께 나누고 싶다. 무슨 이유에서인지는 모르지만 당신이 내게 화를 내고 있는 것 같아서 참 유감스럽다(느낌).

이런 말을 하는 이유는 당신이 거의 석 달 동안 함께 어울리자고 초대도 하지 않았고, 내가 전화를 걸 때마다 바쁘다고 말했기 때문이다(행동).

이런 식으로 계속 된다면 우리들의 우정은 끝장 날 것이고, 나는 그런 결과를 맞게 되는 것이 아쉽다(결과).

상황 # 1 : 최근 한 친구가 어떤 기금 모금 운동에 관계하게 됐는데 그는 여러 번 당신 집을 방문하면서 이 운동에 참여하자고 권유했다. 흥미가 없다고 정중히 거절했으나 그 친구는 당신의 도움이 있어야 한다고 계속 고집해왔다.

당신의 진술 :

상황 # 2 : 흥미가 있는 것 같아 강의에 등록했는데 문제는 선생이 종종 강의 주제에서 벗어나 자신의 여행에 관해 길고 지루하게 이야기를 하곤 하는 것이다. 당신은 정해진 주제에 관해 배우기를 원하고 있다.
당신의 진술 :

상황 # 3 : 몇 해 동안 당신은 마을에 있는 식당에서 식사해 왔다. 음식이 맛있었고 분위기도 유쾌했으며, 서비스는 친절하고 정중했다. 그러나 최근 그곳은 딴판이 되었다. 새로운 웨이터는 당신에게 신경을 쓰지 않는 것 같고 식당은 예전처럼 청결하지도 않고, 음식도 전보다 못한 것 같다. 당신은 그 식당에 마지막 기회를 주기로 작정했는데, 마침 맛없는 음식을 먹고 있을 때 주인이 다가와서 모든 것이 맘에 드느냐고 묻는다.
당신의 진술 :

이제 위의 진술을 완성시키고 "나는 문제가 있다." 공식을 사용하는 법을 이해했다면, 이 장의 맨 앞에 기술한 개인적인 갈등으로 돌아가 보자. 그 갈등들은 다른 사람들과의 관계에서 이 새로운 방법이 어떻게 적용될 것인지 다음 공란에 묘사해 보시오. 앞에서 설명한 것처럼 당신 자신의 것으로 확인하는 문제가 되는 행동, 그 결과, 그리고 자신의 감정을 정확히 묘사해야 한다는 점에 명심하여야 한다.

갈등 # 1.

갈등 # 2.

갈등 # 3.

갈등 # 4.

"나는 문제가 있다."는 공식을 사용함으로써 자신의 문제를 어떻게 나타낼 수 있었는지에 대해 살펴보았으므로 문제는 실제로 이러한 방식으로 타인에게 접근하느냐의 여부가 된다. 물론, 자기 자신을 표현하는 것이 이 책의 목표이지만, 당신이 즉시 그렇게 해야 하는지의 여부는 몇 가지 요인에 달려 있다. 첫째로 "나 – 전달법"을 일상생활에 도입할 때는 적당한 비율로 해야 함을 잊지 말아야 한다. 4, 5, 6장에서 성공단계의 원칙을 기억하라. 오래된 습성을 바꾸기 위한 방법은 새로운 표적행동을 점차적으로 늘리는데 있다. 이 새로운 공식을 적용하는데 무리해서는 안된다. 천천히 시작하고 그것을 확실하게 생활에 도입해야 한다.

둘째는 타인에게 접근하기 전에 우선 상황 판단을 잘 해야 한다는 것이다. 왜냐하면 당신의 문제를 조롱하거나 무시하려 드는 공격적인 사람들도 있을 수 있기 때문이다. 이런 경우에는 다음 페이지에 서술된 보다 강력한 방법을 사용할 필요가 있다. 따라서 "나-전달법"을 사용함에 있어서는 이러한 방법이 잘 먹혀 들어갈 수 있는 사람을 선택해야 한다는 것이 중요하다.

세 번째로 고려해야 할 사항은 시간상의 문제이다. 문제가 야기되자마자 상대방에게 접근하는 것은 때로 현명하지 못할 수도 있다. 상대방이 피곤해 하거나, 화가 나 있거나 무엇인가에 몰두해 있을 때에는 좀 더 좋은 기회를 포착할 때까지 대화를 유보하는 것이 현명할 것이다. 마지막으로 고려해야 할 사항은 그 방법을 사용하는데 있어 불편함을 느끼지 않느냐 하는 점이다. 만일 그 방법이 자신에게 자연스럽게 느껴지지 않는다면, 4장에 언급한 행위 연습 방법을 사용함으로써 그 방법에 대한 이해도를 보강할 수 있을 것이다. 만일 다행스럽게도 자기표현 훈련집단에 등록되어 있다면 다른 회원들과 행동연습을 함으로써 훌륭한 효과를 얻을 수 있을 것이다. 혼자서 이 책을 읽고 있다면 내재적 행위연습(covert behavior rehearsal)기술을 이용해서 자신의 기술을 증진시킬 수 있을 것이다.

B. 반복적인 자기표현 : 이해될 때까지 주장하라.

"나는 문제가 있다."식의 접근방법은 불평을 전달하는데 효과적인 시작이라는 것은 사실이지만 때로는 가장 효과적으로 표현된 메시지일지라도 다른 사람에게 받아들여지지 않는 경우가 있다. 예컨대 다음과 같은 문제를 가지고 친구와 같이 얘기를 나누는 상황을 가정해 보자.

－나는 요즈음 어떤 문제 때문에 고민하고 있는데, 그 문제를 너와 함께 의논하고 싶어. 솔직히 말해서, 네가 불경스러운 언어를 그렇게 많이 사용하였을 때(행동), 나는 마음이 언짢았어(느낌). 가끔 '제기랄'이나 '빌어먹을' 따위의 말을 쓰는 경우엔 지나칠 수도 있지만 다른 말들은 용납하기가 어려워. 최근에 이런 점 때문에 너를 피하고 있는 나 자신을 발

견했는데, 그건 별로 좋은 일이 아니라고 생각해(결과). 그래서 내 느낌을 너에게 말하는 거야.

이와 같은 방법으로 문제를 타인과 같이 얘기할 때 상대방은 당신의 처지를 이해하고 당신의 요구에 맞도록 자신의 행동을 바꾸려고 할 가능성도 있는 반면에 당신의 충고에 대하여 불만족스러운 반응을 보이는 경우도 상당히 있을 것이다.
　예를 들면,
－들어봐. 요즈음은 모든 사람이 다 그런 식으로 말을 한단 말이야. 게다가 너도 그런 식으로 얘기를 하고 있어. 너에게도 문제가 있단 말이야!(친구는 방어적이 되고, 자신을 합리화시키려 하고 있으며 반격자세를 하고 있다.)
－그래 난 욕을 많이 한다고 생각해. 언젠가는 고쳐야만 할꺼야.
　(말의 요점은 대강 이해했으나, 그 문제가 상대방에게 얼마나 심각한 것인지에 대해서는 이해하지 못하고 있다.)
－들어봐. 내가 그 전에 차로 데려다 주는 것을 잊었던 일에 대하여 화를 내고 있다면 정말 미안해. 다시는 안 그럴게(상대방의 말을 전적으로 오해하고 있다.)
－요즘 Chris를 본 적이 있니? 그 친구 뭐 좀 잘못된 일이 있는 모양이지? (당신의 갈등에 대해 당황한 나머지 얘기 주제를 완전히 바꿔버리고 있다)
　이들 각각의 경우에서 당신의 친구는 당신이 말하고 있는 내용을 명확히 이해하지 못했거나 당신의 관심을 기꺼이 인정하려 하지 않았음을 알 수 있다. 직면하지 않은 문제에 대해서는 해결할 가능성이 거의 없으므로 이런 경우는 자신의 메시지가 받아들여질 때까지 계속해서 얘기하는 것이 중요하다. 이런 식의 의사관찰 방법을 Lange와 Jakubowski(1976)는 반복적인 자기표현(repeated assertion)이라고 기술한 바 있다.
　반복적인 자기표현이란 자신이 전달하고자 하는 중요한 메시지를 타인이 명확히 받아들였다는 확신이 설 때까지 계속해서 말하는 것을 의미한다. 어떤 때는 단순히 같은 말을 되풀이함으로써 상대방이 억지로라도 그것을 인식하도록 하는 것이 가장 효과적인 방법이 될 수도 있다. 이러한 테크닉은 상대방이 직접적인 반응으로 나타내기를 고의적으로 피한다고 판단될 때 사용하면 각별히 효과가 있다. 아래에서 학생이 교수를 어떻게 대하는지 살펴보라.

학생 : 저는 앞으로 있을 시험내용을 이해하는데 어려움을 겪고 있어요. 저는 최선을 다하려고 신경을 쓰고 있습니다. 그래서 교수님과 몇 가지 문제점을 검토하고 싶습니다. 언제 시간 좀 내주시겠습니까?

교수 : 교재에 있는 내용을 모두 다시 읽어 보았나? 거기서 자네가 필요로 하는 것을 찾아내리라 믿는데.

학생 : 벌써 그렇게 했습니다만 아직도 어리둥절할 뿐입니다. 언제 시간 좀 내주시지 않겠습니까?(반복적인 자기표현)

교수 : 자, 요즘 난 매우 바쁘다네. 다음 주에는 몇몇 위원회에 참석해야 하고, 자네도 알다시피 다른 수업에도 들어가야 하네.

학생 : 알고 있습니다. 전 교수님께서 시간만 내주신다면 언제라도 좋습니다. 언제 시간 좀 내 주시지 않겠습니까?(반복적인 자기표현)

교수 : 물론, 정상적으로 사무실에 있는 시간을 제시해 놓고 있지만, 불행히도 이번 화요일엔 그 시간에 치과에 가기로 약속이 되어 있네.

학생 : 알겠습니다. 사무실에 계시는 시간을 맞출 수 없으시다면, 오늘부터 화요일 사이에는 아무 때라도 좋습니다. 전 거의 온종일 학교에 있고, 내일은 저녁 때 오게 됩니다. 언제 시간 좀 내주시겠습니까?(반복적인 자기표현)

교수 : 좋아, 월요일 아침 일찍 나올 수 있을 것 같군. 8시경에 내 연구실로 오겠나?

학생 : 물론입니다. 그때 뵙겠습니다.

이 보기에서 학생은 위원회 모임, 강의, 치과의사와의 약속 등이 있는 교수의 문제로 면담이 회피되지 않았음에 주의하라. 주된 문제는 만날 시간을 얻어내는 것이었고 이 학생은 자신의 목적이 달성될 때까지 계속해서 자기의사를 표현했다. 이러한 방법의 또 다른 주창자인 Smith(1975)도 지적하듯이, 당신이 필요로 하는 것은 한 마디의 '예'인데, 대부분의 사람들은 거의 '아니요'를 할 준비만 돼 있는 것이다. 물론 계속해서 주장을 하는 동안은 간접적인 공격태도로 타인을 꾸짖기보다는 이해를 얻어내는 데에 진정한 관심을 두고 잠잠히 기다리는 것이 더 중요하다.

반복적인 자기표현의 주 요소는 자기의사를 꾸준히 표현하는 것에 있지만 매번 똑같은 말을 사용해야 하는 것은 아니다. 문제를 반복해서 표현하기 위해 다른 표현을 선택할 경우엔 자신의 의사를 명백하게 표현해야 한다는 점을 명심해야 한다. 다음 대화는 부부 간의 대화이다.

남편 : 최근 들어 우리 집 식비지출이 엄청나서 야단이오. 벌써 작년에 지출한 돈의 반이나 지출이 됐소. 휴가 때를 위해 따로 남겨둔 예산까지 갉아먹고 있는 셈이야. 내 말 알아듣겠소?

아내 : (방어적으로)물가가 계속 오르니 저도 어쩔 수 없지 뭐예요. 가계 사정에 대해 절 나무라지 말았으면 좋겠어요. 그건 제 잘못이 아니잖아요.

남편 : 당신 탓이라고는 하지 않았잖소. 너무 언짢아하지 말아요. 내 말은 초과 지출 때문에 바캉스를 못 가게 될까봐 걱정된다는 거지(반복적인 자기표현)

아내 : 네. 저도 우리가 충분히 저축을 하지 못하면 여행일자를 줄여야 하리라고 생각해요(문제의 심각성을 이해 못함).

남편 : 아니, 상황은 그보다 더 심각해. 이런 상태로 지출을 계속한다면 가서 투숙하고 식사하는 건 고사하고 거기까지 갈 비용도 저축할 수 없을 것 같단 말이야. 그래서 식비지출에 대해 걱정하는 거지(반복적인 자기표현).

아내 : 그렇게까지 문제가 심각한 줄은 몰랐어요. 그럼 어떻게 해야 할까요?

순수한 주장은 그 자체만으로 문제를 해결하지는 못한다 하더라도, 그 목적을 달성하는데 있어서는 중요한 단계가 된다. 그 이유는 상대방이 걱정거리가 무엇인지를 이해하지 못한다면, 문제를 해결할 수 없음은 명백한 일이기 때문이다.

때때로 사람들은 자기의 의사전달을 끝까지 관철시키지 못하는 경우가 있는데, 그 이유는 적극적이라거나, 불쾌한 존재라는 인식을 받기가 두려워서라고 할 수 있다. 그렇지만 정중하고도 강경하게 자기의 의견을 계속해서 주장한다면, 상대방은 메시지의 중요성을 이해하고 왜 당신이 의사를 전달하기 위해 그토록 애쓰고 있는지 올바로 인식하게 될 것이다. 그리고 심지어 타인이 당신을 얕보고 있을 경우에라도 이는 때로 자신의 자존심을 지키기 위해 지불해야 할 대가가 된다.

□ 연습문제 □ IX - 4

다음 장면들을 연습해 봄으로써 반복적인 자기표현 기술을 증진시킬 수 있다. 만일 어떤 자기표현 훈련집단에 속해 있다고 할 경우, 가장 좋은 방법은 참가자를 셋으로 나누어 자기표현자와 응답자 그리고 관찰자를 결정하는 것이다. 그런 다음 서로 역할을 바꾸어 연습해 봄으로써, 모든 사람이 이 기술을 습득할 수 있을 것이다.

만일 혼자서 책을 읽고 있다면, 매 상황마다 자기 자신을 생생히 그려 보면서 혼자서 행위연습(제4장 참조)을 하도록 하라. 최대의 효율성을 발휘하기 위해서는 가능한 한 자신의 이미지를 명백하고 세밀하게 유지해야 한다는 점을 기억해라.

다음의 각 보기에서는 이미 배운 "나는 문제가 있다"는 공식을 이용해 자신이 처해 있는 곤경을 표현하는 것에서 시작하라. 그리고 나서 상대방이 자신의 얘기에 대해 방어적이 되는 경우, 전달하고 있는 내용의 심각성이나 느낌의 정도를 이해하지 못하고 있는 경우, 완전히 오해하고 있는 경우, 또는 주제를 바꾸어 버리는 경우를 가정하고 대화를 계속하라.

상황 # 1.

당신은 거의 이틀 동안 현기증을 느꼈기 때문에 마침내 의사를 찾아가야겠다고 결정했다. 전에는 이런 일이 없었기 때문에 점점 걱정이 된다. 그렇지만 간호원은 아무리 빨라도 일주일 후에야 진찰 약속이 된다고 한다. 당신은 오늘 당장 의사를 만나고 싶다.

상황 # 2.

학교나 직장에 갈 때 몇 달 동안 당신은 이웃과 함께 차를 교대로 운전해서 타고 다녔다. 처음엔 약속도 잘 지켜졌고 연료비도 절약되고 동료의식도 얻게 되었다. 그런데 최근 들어 당신의 동료는 그 날의 약속을 전화로 취소하곤 했다. 병 때문에, 다른 약속 때문에, 때로는 기계고장 때문이라는 것이다. 그때마다 당신이 그녀의 운전 차례를 떠맡곤 했다. 그러나 이런 식의 약속 취소가 너무 잦기 때문에 이 문제에 대해 한번 얘기할 필요를 느낀다. 그녀를 만났는데 그녀는 당신의 말에 직접적인 대답을 하려 하지 않는다.

상황 # 3.

당신은 엽궐련에 대해 극단적인 신체반응을 일으킨다. 눈물이 나고, 기침과 구역질이 난다. 새 손님이 와서 5인치나 되는 싸구려 엽궐련을 꺼내는 것을 보며 "나는 문제가 있다"는 공식을 써서 당신의 입장을 설명한다. 그는 당신이 엽 권련 연기에 익숙해지기만 하면 그런 증세를 느끼지 않을 거라고 얘기한다. 게다가 자기가 피우는 엽궐련은 당신이 피우는 궐련보다 훨씬 좋은 것이라고 주장한다.

C. 요청하기(Reguest Making) :

이제까지는 어떤 갈등에 처했을 때 가장 효과적인 방법으로 상대방이 이해했다는 확신이 설 때까지 계속해서 반복적인 자기표현을 사용하는 방법을 지향해 왔다. 이 과정은 때때로 시간도 걸리고 좌절되기도 하지만, 제시된 문제의 중요성에 대해 상대방이 인식하지 못한다면 그의 태도가 바뀌리라 기대할 수 없기 때문에 반복적인 자기표현은 사용할 만한 가치가 있다고 하겠다. 일단 이 과정을 마치고 나면, 상대방에게 실질적으로 어떤 변화를 요구할 수 있는 마음의 준비가 되어 있게 된다.

그런데 실제로 상대방에게 어떤 변화를 요구하기 이전에 이해해야 할 사실은 요청 그 자체만으로 종종 효과적이지 못할 때가 있다는 것이다. 경우에 따라서는 자신의 욕구(need)에 대한 설명이 덧붙여져야 할 때가 있다. 욕구와 요청은 전혀 다른 것이다. 즉, 우리는 욕구를 충족시키기 위해 요청을 하게 되는 것이다.

- 당신은 극장에서 대사를 듣고 싶은 욕구가 있기 때문에 잡담하는 사람에게 조용히 해 달라고 요청하거나 요청하기를 원한다.
- 우정에 대한 욕구가 있기 때문에 친구에게 약속을 요청한다.
- 호기심을 충족시키고 싶은 욕구가 있기 때문에, 또는 시험에 합격하고 싶은 욕구가 있기 때문에 강의 시간에 의문점에 대한 해답을 요청한다.
- 당신이 샀던 것보다 더 만족스런 물건을 갖고 싶은 욕구가 있기 때문에 상점에서 물려주기를 요청한다.

요청할 때 요청을 하게 된 욕구에 대한 진술이 선행되어야 하는 두 가지 중요한 이유가 있다. 첫째로 그런 진술은 상대방에게 그 요청이 왜 중요한가를 이해시키는데 많은 도움을 주기 때문이다. 일단 자신의 욕구를 명백히 밝히면 욕구를 충족시킬 기회가 더 많아질 수 있다. 예를 들어, 어떤 낯선 사람이 다가와서 돈을 좀 달라고 요청하면 당신은 선뜻 응하기 싫을 것이다. 그러나 이 구걸하는 사람이 공중전화로 화재신고를 해야 하는 믿을만한 시민이라는 것을 알게 되면 태도가 달라 질 것이다. 또한 만일 파티에서 친구가 당신과 다른 손님들에게 일찍 떠나 달라고 요청한다면 아마 굉장히 기분이 상할 것이다. 그러나 그녀가 몸이 불편해서 일찍 잠자리에 들고 싶어한다는 것을 알고 나면 불쾌하고 분개했던 느낌은 아마 동정으로 바뀔 것이다.

요청에 앞서 요청을 하게 된 욕구에 대해 말해야 하는 두 번째 이유는 욕구를 밝히게 되면 자신이 제안하는 것보다 더 좋은 대안이 나올 수도 있기 때문이다. 다시 말해서 상대방이 당신의 요청 뒤에 숨은 욕구를 알게 되면, 당신을 위해서 더 나은 방법을 생각해 낼 수도 있는 것이다. 어떤 여행자가 어느 도시에 와서 한 주민에게 자기는 이곳이 처음이라고 말하고 흥미있게 구경할 만한 곳의 이름을 묻는다면 그 주인은 친절하게 약식 관광여행까지 안내해 줄지도 모른다. 같은 식으로 동료직원에게 필요한 물건을 사야 하기 때문에 일을 대신 좀 해 달라고 부탁할 때 자신이 필요로 하는 물품을 그 동료가 벌써 갖고 있음을 알게 되거나 그 물건을 구할 수 있는 편리한 장소를 귀띔해 줄 수도 있을 것이다. 다음 페이지에서 갈등이 있을 경우 어떻게 하면 두 당사자의 욕구를 모두 충족시킬 수 있는지에 대해서 알게 될 것이다. 지금은 요청할 때는 언제나 이유를 진술하는 것이 중요하다는 점을 이해하는 것만으로 충분하다.

당신은 이미 이 장에서 기술한 여러 갈등에 대해 각각 그 욕구를 기술했었다. 이제 관련된 사람들과 이 욕구를 같이 나눌 수 있는 방법에 대해 잠시 생각해 보기로 하자. 자기표현 훈련집단의 참가자들과 또는 혼자서 여러가지 기술을 연습해 보아라.

일단 자신의 욕구를 분명히 밝히고 나면, 이제는 상대방에게 변화를 기대할 차례다. 상대방에게 변화를 요구하는 방법은 여러가지가 있을 수 있다.

가장 간접적인 방법은 원하는 것에 대한 암시를 주는 것이다. 예를 들어, 친구에게 돈을 좀 빌리고 싶을 때는 최근의 모든 지출사항을 얘기하고 수지를 맞추는 것이 굉장히 힘들다면서 은근히 암시(hint)를 줄 수 있다. 또한 만일 친구가 머지않아 파티를 열 계획임을 알고 거기에 가고 싶을 때는 친구에게 최근에 재미있는 일이 없느냐고 지나가듯이 묻고 자신의 지루한 생활에 대해 얘기할 수 있다. 이런 식으로 암시하는 방법은 가장 위협적이지 않은 요청방법인데, 그 까닭은 직접적인 거절에 따르는 위험부담을 전혀 내포하고 있지 않기 때문이다. 실제적으로 요청하지 않았으므로 거절당할 위험이 없는 것이다. 만일 거절한다고 하더라도 직접적인 요구가 없었으므로 거절하는 사람이나 말하는 사람이 서로 부담없이 이 문제를 해결할 수 있다는 이점이 있다. 이와는 반대로 암시를 주는 방법은 몇 가지 결점이 있다. 우선 너무 간접적이기 때문에 상대방이 전혀 눈치를 못 채고 아무런 도움을 줄 수 없을 경우가 있다. 또 다른 경우, 표현의 미묘함 때문에 요청의 중요성이 감소되어 의도한 만큼 심각하

게 당신의 욕구를 상대방이 받아들이지 못할 수도 있다. 마지막으로 이러한 간접적인 요청방법은 대부분의 자기표현을 못하는 행동과 마찬가지로 종종 자신의 자존심을 상하게 할 수도 있다. "내가 원하는 것조차 요청을 하지 못하는구나"라고 생각하게 되니까 말이다.

암시하는 방법이 완곡한 요청방법이라면 강요(demanding)는 대조적으로 공격적인 것이다. 요청하는 대신 강요자는 상대에게 승낙하도록 명령한다. "그 빌어먹을 음악 좀 꺼버려!"라고 강요자는 외쳐댄다. "내게 당신 문제를 말하지 말아요! 그리고 좀 더 상냥하게 말할 수 없어요?" 자기주장만 내세우는 남편이나 부인은 상대에게 이런 식으로 호통칠 것이다. 이러한 공격적인 행동의 결과는 뻔하다. 그런 식으로 말하는 사람은 상대방을 위협해서 자기의 욕구를 충족시킬 수 있을지는 몰라도 흔히 저항감만을 굳어지게 한다. 어떤 경우든지 강요하는 행위는 상대방에게 분개심과 마음의 상처를 불러일으키게 된다.

강요와 암시라는 극단적인 방법사이에 직접적으로 원하는 바를 요청하는(asking) 자기표현적인 방법이 있다. 이 방법은 욕구 충족을 위한 첫 번째 단계이기도 하다. 그리고 이 방법은 상대에게 행위의 변화를 요청하는 것이므로 자신은 자기의 생각과 감정에 대해 책임을 느끼게 된다. 그러므로 요청하는 방법은 쌍방간에 동등함과 존경하는 태도를 나타내게 해준다. 덧붙여서 이 방법은 자신이 원하는 바를 진술하는 가장 좋은 방법이기도 하다. 왜냐하면 여기에다 자신의 욕구에 대한 진술을 덧붙인다면, 이는 상대방에게 어떻게 행동하기를 바란다는 것을 나타내는 것일 뿐만 아니라 자신의 요청이 왜 중요한가에 대해서도 설명해 주기 때문이다.

□ **연습문제** □ **IX - 5**

당신이 이 장의 맨 앞 부분에서 진술한 갈등에 대해 다시 한 번 살펴보도록 하자. 각각의 경우에 대해 상대방이 어떻게 행동하기를 바라고 있는가를 결정하고, 그것을 암시(hint), 강요(demanding), 자기표현적인 요청(assertive asking)의 방법으로 묘사해 보시오.

<보 기>
암시 : "당신이 와줘서 기뻐요. 저는 달력에 만날 날짜를 잘못 기록했나 하고 저 자신을 의심하고 있었죠."
요구 : "앞으론 꼭 시간을 지켜서 와 주어야겠어. 자넬 기다리느라고 병이 날 지경이었네."
요청 : "앞으로는 약속한 후 몇 분 이내까지는 와주시기 바래요."

갈 등 1
암시 :
강요 :
요청 :

갈 등 2
암시 :
강요 :
요청 :

갈 등 3
암시 :
강요 :
요청 :

갈 등 4
암시 :
강요 :
요청 :

다음과 같은 일들을 시도해 봄으로써 요청하는 기술을 연습할 수 있을 것이다.
1. 세 사람의 낯선 사람에게 다가가서 각각에게 길을 물어본다. 자신이 이미 알고 있는 길이라도 상관이 없다. 요점은 원하는 바를 요청하는 일에 익숙해지는 것이다.
2. 사용하던 차의 소유권을 변경시키는 방법에 대해서 지방 운수국에 도움을 요청하는 전화를 건다. 그 과정을 이해한다는 확신이 설 때까지

반복해서 물어보아야 한다는 점을 명심하여야 한다.
3. 항상 알고 싶었던 어떤 불분명한 사실에 대해 도서관의 직원에게 도움을 요청한다. 예를 들면, 세계의 어떤 나라들이 우리나라와 같은 기후를 갖는가, 타스마니아의 인구 특징은 무엇인가, 냉난방 장치는 어떻게 작동하는가 등등에 대해서.
4 자신의 외모를 좀 더 돋보이게 할 수 있는 방법에 대해 친구의 자문을 구한다. 진심으로 원하고 있다는 점을 분명히 밝힌다.

요청을 한 후에는 그 요청이 수락될 경우와 그렇지 못할 경우에 일어날 수 있는 결과에 대해 언급해 주는 것이 중요하다. 그렇게 하면 상대방은 당신의 요구를 수락할 경우 어떤 점이 유리하며, 또 거절할 경우는 어떤 문제가 일어날 수 있는가에 대하여 좀 더 명확히 알게 될 것이기 때문이다.

-"이제부터 저 때문에 화가 날 때는 마음속에 품고 있지 말고, 저에게 얘기해 주시기 바랍니다. 그렇게 함으로써, 우리는 그 점에 대해 서로 이야기 할 수 있고 해결 할 수 있는 좋은 기회를 찾게 될 것입니다. 그러나 만일 얘기를 하지 않는다면 당신이 나에게서 무엇을 원하는지 알 수 없기 때문에 당신을 위해 아무 것도 할 수 없을 것입니다."

-"현금으로 돈을 받음으로써 이 자리에서 모든 문제를 당장 끝내고 싶습니다. 그렇게 하는 것이 당신에게도 몇 푼의 돈에 대한 걱정을 하면서 시간을 허비하는 것 보다 훨씬 유익하다고 생각합니다. 그러므로 만일 당신이 그 돈을 줄 수 있다면, 일은 순조롭게 진행될 것입니다. 그러나 만약 지금 이 문제를 일단락 짓지 못한다면, 저에게는 문제가 매우 심각해집니다. 나는 구역판매 담당자에게 얘기를 해야만 하고, 그로 인해 아마도 모든 사람에게 감정악화를 초래하는 결과를 빚게 될 것입니다."

-"앞으로는 타이프 치기 전에 반드시 의문점에 대해 물어보도록 하세요. 그렇게 하면 나는 혼동되는 문제를 명확히 할 수가 있고, 또 당신은 일을 한 번만 하면 되니까 시간을 절약할 수 있을 거예요. 그러나 만일 그렇게 하지 않고 당신 마음대로 상상해서 일을 하다가 잘못될 때는 당신은 일을 다시 시작해야 하고, 그렇게 되면 우리는 막대한 시간을 낭비하게 되는 거예요."

요청에 수반되는 결과들을 묘사할 때는 조금 미묘하게 될지도 모른다. 잘못 임한다면, 상대방은 설명을 위협으로 받아들일 것이고, 또한 그 사람에게 방어적인 태세를 취하게 하는 결과를 빚게 된다. 그러나 여기서

하고자 하는 바는 그런 위협적인 것이라기보다는 오히려 가능한 한 정확하게 앞으로의 일을 예견해 보려는 것이다. 따라서 상대방이 하고자 하는 만큼 자신 역시 그 해결책을 원하고 있음을 분명히 밝혀야 한다. 즉 만약 제안이 받아들여진다면 양측 모두가 이득이 된다는 것과, 만약 거절된다면 그 반대의 결과가 초래된다는 점을 명확히 밝혀야 하는 것이다.

□ **연습문제** □ Ⅸ - 6

앞 페이지에 기술한 요청의 수락과 거절에 따르는 결과들을 아래 공간에 기술하여 보시오. 기술할 때는 쌍방을 모두 만족시킬 수 있는 해결책을 진심으로 바라고 있으며, 비위협적인 태도를 지니고 있음을 나타내는 방식으로 쓰도록 한다.

갈등의 예 : "만약 지금부터라도 당신이 약속을 제대로 잘 지키면, 우리 모두에게 좋은 결과를 가져 올 것입니다. 그렇게 하면 서로가 서두를 필요도 없게 될 것이고, 또한 늦었다며 말다툼하는 일도 없게 될 것이라는 걸 압니다. 반면에 계속해서 늦는다면, 아마 나는 점점 더 화가 날 것입니다."

갈 등 1 :

갈 등 2 :

갈 등 3 :

갈 등 4 :

D. 해결책 협상하기

지금 당신은 가능한 한 자기표현적인 태도로 요청했다. 이제 상대방의 반응을 살펴보기로 하자. 상대방은 두 가지 방법으로 대답할 수 있을 것이다. 첫 번째는 제안을 수락하는 것이다. 이 경우엔 대부분의 문제들이 거의 일단락된다. 두 번째 방법은 이와는 달리 요청을 거절하는 경우이다. 그렇다고 해서 자신의 모든 노력이 헛수고라며, 잘못 생각해서는 안 된다. 상대방의 거절은 협상할 수 없다는 점을 나타내기는 하지만 아직도 양쪽을 만족시키면서 문제를 해결할 기회는 남아 있는 것이다. 이 때 쓰는 방법을 양쪽이 서로 상대방을 만족시킨다 하여 양승방법 혹은 제Ⅲ의 방법(토마스 고든)이라고 한다. 그러한 경우에 있어서 성공의 열쇠는 상대방이 자신의 요청을 거절은 했지만 욕구는 인정했다는 것을 인식하는데 있다.

Juile는 15세를 넘자마자 부모와 10대 사이에 생기는 전통적인 갈등을 처음으로 경험하였다. 몇 달 동안 Juile는 근처 마을에 사는 18세 된 Gary를 꾸준하게 사귀고 있었다. 비록 그녀의 부모는 Juile와 그녀의 남자 친구 사이의 나이 차이로 말미암아 일어나게 될지도 모를 문제들에 대해 근심을 하긴 했지만 남자친구에 대해선 친절히 대접해 주었다. 그들은 Gary 친구들의 나이가 대부분 많기 때문에 Juile와 Gary의 행동이 어쩌면 고등학교 2학년인 15세의 범위에서 벗어날 때가 있을지도 모르겠다고 예상하면서 Juile와 함께 그러한 근심에 대해 같이 얘기를 나누었다. 그럴 때마다 Juile는 Gary가 이런 점을 잘 이해하고 있으며 때가 되면 적절한 방법으로 그들의 행동을 기꺼이 고쳐 나갈 생각이라는 점을 확신시켜 주었다.

첫번째 시련은 Gary의 친한 친구가 얼마 안있어 Juile의 집에서 백마일 정도 떨어진 도시에서 결혼식을 올릴 예정이라는 사실을 발표했을 때 시작되었다. Gary와 Juile는 그녀의 부모에게 찾아가서 몇몇 친구들과 함께 그 도시로 차를 몰고 갔다 오겠다고 요청했다. 그리고는 다음과 같은 계획에 대해 얘기를 하였다. 결혼식과 리셉션에 참석한 후 그들 그룹은 두 개의 모텔 방을 빌리기로 계획을 세웠는데, 한 방은 남자 다른 방은 여자들을 위한 방이며 그 곳에서 그 날 밤을 지내고 다음 날 집으로 돌아올 예정이라고 했다.

Juile 부모는 이 계획에 대해 듣자마자 받아들일 수 없다고 선언하였다. 만약 딸이 조금 더 나이가 들었다면 동의 할 수도 있겠지만, 그들로서는 15세의 소녀가 남자친구와 함께 보호자도 없이 밤을 지낸다는 것은 적절치 못하다고 설명하였다. Juile는 염려할 것은 하나도 없다고 간청하며,

부모들이 그녀를 믿지 못하고 있다고 비난하면서 크게 실망했다는 반응을 보였다.

이러한 경우 부모나 자식의 입장은 다같이 강경하게 되므로, 대부분의 가정은 곤경에 처하게 된다. 이러한 상황에서 나타나는 전형적인 현상은 한 사람이 이기거나 또는 지는 것이다. 부모의 요구대로 되면 Juile는 마음의 상처를 받고 부모를 원망하게 될 것이고, Juile가 이기게 되면 부모는 딸이 멀리 떨어져 있는 동안 걱정을 하면서, 그녀가 돌아올 때까지 그들의 책임에 대한 권리를 포기하였다고 느낄 것이다. 이러한 태도들은 어느 편도 바람직스러운 것이 못된다는 것은 분명하다. 관련된 모든 사람을 위해 다행스럽게도 이 가정은 아무도 이기거나 지지 않는 협상적인 해결방법을 써 기술적으로 문제를 해결하였다(Gordon 1970). 이러한 상황에서 그들의 행동을 살펴봄으로써, 실제로 자신이 그런 상황에 처했을 때 어떻게 대처할 수 있을 것인지 살펴보기로 하자.

제Ⅰ, Ⅱ, Ⅲ의 문제해결 방법

1) 쌍방의 욕구를 분명히 밝히기

상대방의 욕구를 무시하면서 겉으로 드러난 요청에만 집착하는 것은 효과적인 문제해결에 가장 큰 장애요인이 된다. 앞서 제시한 보기에서 Juile는 모텔에서 하룻밤을 보내게 해달라고 요청했다. 이 장에서 이미 밝힌 바와 같이, Juile는 이 계획에 대해 부모가 허락해 줄 것을 요청했을 뿐만 아니라 그 요청 뒤에 내재된 그녀의 욕구에 대해서도 설명했다. 무엇보다도 그녀는 결혼파티에서 즐기고 싶은 욕구를 가지고 있었다고 말했다('원했다'고 하는 것이 더 적절한 표현일 것 같다).

그렇기 때문에 어디에서 묵는가 하는 것은 실제로 그다지 중요한 문제가 아니라고 주장했다. 그녀의 또 다른 욕구는 부모들의 신뢰와 관계된 것이었다. 그녀가 자신함에도 불구하고, 여행에서 책임감 있게 행동하리라는 것을 부모들이 믿어 주지 않는 것에 대해 매우 화가 난다는 것이었다.

Juile의 부모도 그 상황에서 그들의 욕구를 진술했다. 첫째는 부모로서 딸의 행복에 대한 책임감을 느낀다는 것이었다. 이러한 책임감은 여러가지 요소들을 포함하고 있는데, 그것은 딸이 집을 떠날 때는 어디에서 그리고 누구와 함께 지낼 것인가 하는 것을 정확히 알아야 한다는 것이었다. 또한 결혼파티에 참석하는 사람 중에서 Gary외에는 아무도 알지 못하기 때문에 딸을 잘 알지도 못하는 사람들과 함께 먼 도시로 보낸다는 것은 내키지 않는 일이라는 것이다. 물론, 거기 참석하는 사람들은 모두 책임감 있고 신뢰할 수 있는 사람들이긴 하겠지만 이에 대한 확인이 있어야겠다는 것이었다.

두 번째 욕구는 Juile가 세상 물정을 모른다는 것에 대한 것이었다. 그녀는 책임감 있는 소녀이긴 하지만, 그녀의 부모가 걱정하는 점은 리셉션에서 많은 샴페인을 마시면 판단력이 흐려지지 않을까 하는 것이었다. 그런 즐거운 파티에서 Juile나 친구들이 술을 마시지 않을 수는 없기 때문이다. 그녀의 부모는 딸이 기분에 따라 술을 많이 마신 나머지 판단력을 상실할까봐 두려워하는 것이다. 그리하여 만취된 채로 차를 몰거나 아니면 Gary와 너무 깊은 선까지 사랑을 나누게 되지나 않을까 하는 점이 걱정이었다. Juile는 그중 어느 것도 염려할 필요가 없다며 부모를 설득시켰지만, 그들은 다시금 재다짐을 받아야겠다고 주장했다. Juile의 부모는 여행을 허락하기 전에 우선 그들의 욕구가 만족되기를 바랬다.

일단 쌍방의 욕구가 명확해졌으므로, 남은 것은 서로간에 만족할 수 있는 해결책을 찾는 것이었다. 그렇다면 어떻게 해서 Juile는 결혼파티를 즐길 수 있었으며, 그녀의 부모는 같이 참석하는 동료들을 신뢰하게 되었고, 또 그녀가 저지를지도 모를 판단의 실수에서 벗어날 수 있을까? 이 질문에 대한 해답은 모든 관련자들이 문제해결을 위한 두 번째 단계의 노력을 계속했기 때문이라고 대답할 수 있다.

2) 여러가지 가능한 해결책 모색하기

여기서 요점은 양자를 모두 만족시킬 수 있는 가능한 모든 방법을 생각해 내고 거기서 가장 좋은 방법을 선택한다는 것이다. 문제점을 조급히 해결하려고 하다 보면, 일차적인 해결에만 급급한 나머지 보다 더 바람직한 행동에 관해 생각해 보지 못하게 된다. 이런 문제점에서 벗어나려면 다양한 해결책 목록을 작성하도록 해야 한다. 이 목록은 가설적인 것이다. 즉, 여러 항목들이 실행에 옮기기엔 부적합할 수도 있다는 말이다. 그러나 그렇다고 너무 근심할 것은 못된다. 왜냐하면 마음에 떠오르는 모든 것을 기록하면 부적합한 제안을 배제할 수 있는 시간을 벌 수 있기 때문이다. 또한 이런 목록을 작성함으로써 모든 노력은 서로서로 조화되어 나가게 됨을 깨닫게 될 것이다. 어느 한 쪽 또는 다른 상대방에게 국한된 것만을 생각해서는 안된다. 다시 말해서, 어느 쪽의 것이든 떠오르는 모든 생각들을 간단하게 메모하도록 한다.

만일 상대방 쪽에서 수정을 가할 수 있는 제안을 해도 괜찮다. 즉, 양자의 것을 모두 적어 놓도록 한다.

Juile와 그녀의 부모는 다음과 같이 그들의 요구를 만족시켜 줄 수 있는 가능한 해결책들을 떠오르는 대로 적었다.

1. Juile와 Gary는 마을에 그대로 머물러 있으면서 즐거운 시간을 보내도록 한다.
2. Juile는 리셉션에 참석한다. 그러나 그 후에는 결혼식이 열린 마을에 있는 아저씨 댁에서 밤을 보낸다.
3. Juile는 모텔에 들어가기 전에, 그리고 도착한 후, 리셉션 중에 그녀의 상황을 부모에게 전화로 알린다.
4. Juile의 부모가 결혼식에 참석할 Gary의 친구들을 만난다.
5. Juile, Gary 그리고 그들의 친구들이 리셉션에서 돌아올 차편과 밤을 지내기에 안전하고 편한 장소를 구한다.

3) 가장 좋은 대안 선택하기

가능한 해결책 목록을 작성했으면, 그 다음 단계는 가능한 한 모든 사람의 요구에 적합한 것을 찾아내서 수정하는 것이다. 앞의 목록을 다시 검토해 보면, Juile나 그녀의 부모나 여러 항목에 대해 불만족스러운 점을 많이 발견하게 될 것이다. 1번은 Juile에게 명백히 불가능한 일이고, 2번 역시 그녀에게는 만족스러운 해결책이 되지 못한다. 왜냐하면 친척집에 머문다는 것은 가족의 치마끈에 매달려 있는 것과 같은데 Juile는 구속받기를 원하지 않기 때문이다. 3번은 Juile에게 만족을 느끼게 할 만한 것인데, 왜냐하면 그녀는 어머니에게 일일이 보고하는 철부지로 자신에 집착하지 않고 전화를 걸 수 있다고 생각하기 때문이다. 그러나 딸과 함께 밤을 지낼 친구들에 대해 확실히 알고 싶어하는 부모의 욕구는 만족시키지 못한다. 4번도 부모의 모든 욕구를 만족시키지 못하는 것이다. 왜냐하면 비록 부모가 딸의 친구들에 대해 알게 된다 하더라도, 그 친구들이 리셉션의 흥겨운 자리에서 어떻게 행동할 것인지와 또 그 여파가 미칠 것인지에 대한 확신은 없기 때문이다.

마지막 항은 과연 누가 돌아올 차편과 즐겁고 안전한 숙박지를 제공해 줄 수 있는가 하는 문제가 남아 있긴 하지만, Juile나 그녀의 부모 모두에게 괜찮은 해결책이다. 이 장벽은 Juile와 Gary가 대화를 나누고 Gary가 어떤 제안을 제시할 수 있다면 깨뜨릴 수 있을지도 모른다. 이런 상황이 알려지자 Gary는 한 가지 생각을 해냈다. 즉, 20대 중반의 그의 형과 형수가 그 결혼식에 참석하는 것이었다. 그들은 모두 교사이기 때문에 Juile의 부모가 신뢰할 수 있을 것이며, 동시에 그들은 젊은 세대이므로 여행시에 그의 동료들과 잘 어울릴 수 있을 것이고 Juile를 잘 보살펴 줄 수 있고 또 이 제안에 대해서도 그들은 참석해 줄 수 있을 것이라고 생각했다. 이 계획은 Juile, Gary 그리고 그녀의 부모를 만족시킬 수 있었으며 Gary가 이런 이야기를 형과 형수에게 말하였을 때 그들 역시 동의했으므로 이 문제는 모두가 만족스럽게 해결되었다.

4) 자신의 해결책을 점검하여 평가해 보기

가장 최선의 것이라고 생각했던 계획도 가끔은 실행과정에서 결점이 드러나는 경우가 있다. 이러한 일은 언제든지 일어날 수 있으므로 해결책을 선택한 후에는 다른 사람을 만나 수정할 필요가 있는지 점검해 보아야 할 것이다.

Juile와 Gary의 결혼식 참석문제와 관련된 단 한 가지 문제가 돌아오는 도중에 발생했다. 차가 파손되어 수리하느라 몇 시간이나 귀가가 늦어지게 됐다. 위와 같이 Juile가 여행할 때 어떤 큰 계획의 변화가 생기면 그녀가 무사히 있다는 것을 부모가 알 수 있도록 전화를 건다는 점에 모두 일치를 보았다.

완벽한 해결책은 돌이켜 보면 매우 간단한 문제인 것처럼 보이지만 사실은 상당한 기술과 관심을 요하는 것이다. 앞에서도 읽었듯이 극복해야 할 가장 큰 장애물은 갈등에 처한 어느 한 편이 양보해야 한다는 점을 믿으려 하는 자세이다. 이러한 태도를 가진 사람은 상대방이 제안하는 어떠한 해결책도 받아들이려 하지 않으며 오로지 자기의 욕구만을 방어하려고 한다. 왜냐하면 그런 사람은 자기 본래 요구에 수정을 가하는 것은 패배를 의미한다고 믿기 때문이다. 요청(request)이 아닌 욕구(need)를 충족시키는 것이 궁극의 목적이라고 생각한다면, 더 나아가 상대방의 욕구도 충족시켜 주면서 자신의 욕구를 충족시킬 수 있다고 생각한다면, 갈등은 훨씬 더 효과적으로 해결될 수 있을 것이다. 물론 좋은 의도만으로 모든 문제가 해결되는 것은 아니다. 두번째로 새겨 두어야 할 사항은 상대방의 의견을 비판적으로 평가하려 하지 말고 가능한 한 협동적인 자세로 해결책의 목록을 작성해 나가야 한다는 점이다. 비판이나 비난만큼 다른 사람의 창조성을 억압하는 것은 없다.

5) 해결책 실행하기

일단 해결책을 선택한 후 실행에 옮기게 되는데, 이때 결정된 사항들이 이행되지 않을 경우에 대비하여 상대방이 그 계획에 대해 기억을 되살릴 수 있도록 건의하는 것도 중요하다. 또한 실제로 결정된 사항들이 이행되지 않았을 때 나-전달법으로 문제상황에 직면할 수 있다.

Juile의 부모는 Gary의 형과 형수에게 Juile의 안전을 부탁하거나 여행

계획에 변화가 생기면 곧 바로 부모에게 연락하기로 한 사항을 기억하게끔 건의한다.

6) 해결책 실행에 대한 평가

제 III의 문제해결방법에서 나온 해결책이 언제나 최선은 아니다. 때때로 당사자들은 그 해결책의 잘못된 점을 발견하게 될 것이다. 이러한 일이 일어나면 수정을 위해서 개방적이 될 것을 잊지 말아야 한다.

만약 Gary의 형과 형수가 결혼식에 같이 참석했으나 Juile와 Gary가 같이 동행할 수 없는 상황이 생겼을 때, Juile를 보호할 수 있는 어른들이 없는 상황은 Juile 부모의 욕구를 만족시킬 수 없게 된다. 이때 Juile와 Gary는 부모님께 이 사실을 알리고 다른 해결책에 대한 조언을 구한다.

자기표현적인 갈등처리에 대한 점검표(Checklist for Assertive Conflict Managment)

다음 목록을 이용하면 실생활에 있어서 불가피하게 갈등에 직면하게 될 때, 쌍방을 모두 만족시키면서 효과적으로 문제를 해결할 수 있을 것이다. 이 목록은 두가지 방법으로 사용할 수 있다. 즉, 이전의 비생산적인 대화방법을 진단하는 도구로, 또는 실제로 문제를 해결해 나가는데 있어서 단계적인 지침서로 이용할 수 있을 것이다.

- 문제의 소유권(자신의 문제인가 혹은 타인의 문제인가)을 확실히 규정할 것.
- 나-전달법(I-message)을 사용해서 다른 사람에게 문제를 제시 할 것.
- 자신을 괴롭히고 있는 행동에 대해 묘사할 것.
- 상대방의 행동이 자신에게 미치는 결과에 대한 윤곽을 잡을 것.
- 상대방의 행동으로 말미암아 야기된 자신의 감정을 표현할 것.
- 상대방이 자신의 이야기에 귀를 기울이고 있고, 자신을 이해한다는 확

신이 설 때까지 계속 의견을 나타낼 것.
- "반복적인 자기표현법"(repeatead assertion)을 사용할 것.
- 자신의 요청을 단호히 밝힐 것.
- 요청하기 전에 자신의 욕구를 밝힐 것.
- 요구할 때는 자기표현적인 요청을 이용하고 암시나 직접적인 요구는 피할 것.
- 자신의 제안이 거절될 경우와 수락될 경우의 결과에 대해 묘사할 것.
- 필요하다면, 양승방법(no-lose solution)으로 협상할 것.
- 자신의 욕구를 진술하고 상대방의 욕구도 알아보도록 할 것.
- 여러가지 가능한 해결책들을 모색해 볼 것.
- 가장 좋은 대안을 선택할 것.
- 진전상황을 평가하기 위한 점검 계획을 세울 것.

4. 거절하기(Saying No)

방금 읽은 내용이 암시하는 바와 같이 바람직하지 못한 요청에 직면할 때 손해 없는 해결을 위해 협상을 시도해야 할 상황이 많이 있다. 그러나, 때로는 그런 요청에 대해 간단 명료하게 무조건 거절하는게 필요하다.

보통 거절해야 할 때는 별로 중요하지 않은 일을 요청받았을 때이다. 그와 같은 경우에는 완벽한 해결을 위해 협상할 정도로 상당한 노력을 기울일 가치가 없다. 다른 사람의 요구를 받았을 때 별로 주의를 기울일 필요가 없는 경우는 다음과 같은 때이다.
- 모금원이 싫어하는 일에 대한 기부금을 받기 위해 수면을 방해하는 경우.

- 항상 채무를 이행하지 않는 동료가 "월요일까지만"하면서 얼마의 돈을 요청하는 경우.

무조건 거절해야 할 두 번째 경우는 자신의 존엄성이나 중대한 개인원칙이 위태롭게 될 때이다. 법을 파괴한다든지, 다른 사람에게 곤란을 준다든지, 또는 개인서약을 파괴한다든지 하는 것은 도저히 협상할 수 없는 범주에 속하는 것이다. 예를 들어, 다음과 같은 제의는 명백히 동의하지 말아야 할 사항에 속한다.

- 동업자가 소득세를 포탈할 수 있게 영수증이나 사인을 해달라고 제안하는 경우.
- 친구들이 그곳에 참석하지 않은 제삼자에 대한 험담에 당신이 끼여들기를 원하는 경우.
- 파티에 초대한 주인이 기름진 음식을 들도록 권유하면서 다이어트를 하지 못하게 하는 경우.

다른 사람에게 주의를 기울일 필요가 없는 경우와 개인 원칙이 위협받을 때 외에도 거절하는 것이 적절한 세 번째 경우는 자신에게 관계가 깊은 사람들과의 경우이다. 그러나 너무 지나친 거절은 손해없는 협상의 장점에서 볼 때 항상 바람직한 것은 아니다. 때때로 어떤 요청은 거절하는 것이 당연하리 만큼 바람직하지 못하지만, 중요한 일이 아니라고 해서 무절제하게 거절하면 그들과의 인간관계가 위태로워지게 되기 때문이다. 예를들면,

- 집에 머물러 있고 싶을 때 어떤 친구가 느닷없이 파티에 초대할 경우
- 이미 다른 계획을 세워 놓았는데 별로 급하지 않은 일을 가지고 고용주가 늦게까지 일하도록 요청할 경우.

- 집에서 허드렛 일을 하고 있는데 이웃 사람이 가구 옮기는 일을 도와 달라고 요청할 경우.

대부분의 상황이 별로 중요해 보이지는 않으나 많은 사람들이 실제로 그런 상황에 직면했을 때는 대단히 거절하기 어려워한다. 이런 어려움은 제 2장에서 소개한 두 가지의 그릇된 사고방식에 기인한다. 어떤 사람들은 거절하기를 꺼려한다. 왜냐하면 자신이 하는 일에 대해 다른 사람들의 지지를 얻기 위해서는 어떤 요구든 수락하는 것이 필요 불가결 하다고 믿는 그릇된 사고방식 때문이다. 이런 부담을 안고 있을 때 모든 경우의 거절은 비난, 위협을 증대시키기 때문에 광범위한 사랑을 받을 수 있는 기회를 위태롭게 한다. 물론 힘들여 수락하는데 따르는 문제점도 많이 있다. 첫째는, 자기 소신을 굽히고 괴로워함으로써 자존심을 상하게 된다.

다른 사람의 요구에 끊임없이 얽매어 있는 자신이 좋게 생각될리 만무하다. 전혀 거절함이 없는 전적인 수락을 추구할 때 생기는 두번째 결과는 때때로 이중적인 곤경에 처하게 된다는 것이다. 이 때 상충되는 요구를 가진 두 사람을 모두 만족시키는 것은 불가능하다. 만약 한 친구는 당신이 심각하게 행동하기를 원하고, 다른 친구는 장난기 있고, 활발하게 행동하기를 원한다면 당신은 갈등을 겪게 될 것이다. 또한 두 사람이 같은 날 파티에 초청했는데 가족들은 당신이 집에 있기를 원한다면 어려운 처지에 놓이게 된다. 모든 사람에게서 다 인정을 받아낸다는 목표는 피곤하고 불가능한 것이다.

사람들이 거절하지 못하게 만드는 두번째 그릇된 사고방식은 모든 사람의 요구를 완전하게 만족시킬 수 있다고 믿는 생각이다. 아마 이런 유형의 사람들을 알고 있을지도 모르겠는데, 그들은 자신의 요구사항은 중요시 하지 않고 다른 사람의 것은 중요하게 여긴다. 즉, 호의를 베풀기, 돈 빌려주기, 심부름 해주기, 다른 사람이 갖고 있는 문제점을 해결하는 일 등, 때때로 이런 사람들은 자기 자신을 이기심이 전혀 없는 순교자 쯤으로 생각하겠지만 상대방은 종종 그들을 자신에게 끊임없이 이익을 가져다주는 신발 흙털개나 젖먹이 같은 어리숙한 친구로 밖에 여기지 않는다. 이렇게 완전성을 추구하는데 따르는 고초와 더불어 그런 노력의 결과 얻어진 자신이 어리석었다는 생각은 때때로 다른 사람에 대한 원망을 누적시키게 만든다. 즉, "왜 나는 늘 조롱감 밖에 되지 않는가?"라는 생각을 하게 된다. 그러나 그들은 이런 감정을 직접 표현하지 않는다.

왜냐하면 그렇게 하는 것은 그들의 완전한 성품에 손상을 준다고 생각하기 때문이다. 이렇게 표현하지 않은 채 축적된 감정은 나중에 이 가련한 성자가 자신에게 요청한 사람에 대해 뒤늦은 비판이나 험담 또는 미치광이 같은 행동으로써 앙갚음을 하게 만든다.

거절해야 하는 중요한 경우가 반드시 있기 마련이므로 어떻게 그렇게 할 수 있는지 그 방법을 배울 필요가 있다. 첫단계는 거절의사를 전달하는 데는 몇 가지 방법이 있다는 것을 깨닫는 것이다.

첫번째 방법은 심하게 거절하는 것이다(보기 : 나는 당신의 일을 도와줄 시간이 없어요. 가구를 옮기고 싶으면 그 일을 할 수 있는 사람을 고용하지 그래요.)이같은 직접적이고 공격적인 방법에는 비난과 불평과 조소가 포함돼 있다. 말할 필요도 없이, 이와 같은 행동은 요청에 응할 필요는 없게 해주지만 불쾌한 감정을 생기게 하므로 대안으로 받아들일 수가 없다.

비자기표현적으로 거절하는 방법은 거절하는 까닭이 선택상의 문제가 아니라 자신도 어쩔 수 없는 어려운 상황때문이라고 역설하면서 근거도 없는 변명을 하는 것이다(보기 : 내일이면 가구 옮기는 것을 도울 수 있습니다만 오늘은 집에서 일해야만 합니다). 때때로 그와 같은 변명은 명백한 거짓말이기 때문에 간파되었을 때 당황하게 된다. 또한 참작할만한 사정이 실제로 있는 경우에도, 그런 사정은 진정으로 요청에 응할 마음이 있다면 변경될 수 있기 때문이다.

거절에 대한 간접적인 공격방법은 요구에 응하고 나서 실행에 옮기지 않는 것이다. 이런 행동은 그 당장은 문제를 해결해 주는 이점이 있으며, 또 거절해야 하는 곤란을 피할 수도 있게 해주지만 결국에 가서는 불화만 초래하게 만든다.

이와 같이 불만족스러운 요청거절 방법과는 대조적인 두 가지 자기표현적인 대안이 있다. 첫째는 충분한 설명을 하면서 거절하는 것이다. 변명과는 달리 충분한 설명은 거절에 대한 책임을 외부 탓으로 돌리기 보다는 받아들이고 있다는 점을 분명하게 해준다(보기 : 오늘은 당신을 도와주기에 좋은 날이 아니군요-나는 이것저것 해야 할 일이 많습니다). 설명은 상대방으로 하여금 거절에 대한 이유를 알게 해주는 이점이 있다. 이와는 반대로 어떤 다른 주석을 달지 않고 간단히 거절하는게 가장 적절할 때도 있다. 이런 방법은 특히 낯설고 관심이 없는 사람에게 사용하는 것이 적당할 것이다. 이런 식의 꾸밈이 없는 단순한 거절은 거절한다하더라도 자신은 상대방에게 이유를 설명해야 할 하등의 의무가 없다는 원칙에 근거한 것이다.

다른 유형의 방법과 마찬가지로 거절한 즉시 상대방이 그것을 받아들이거나 이해해 주리라고 언제나 기대할 수는 없다. 많은 경우에, 이미 앞에서 소개한 바 있는 반복적인 자기표현 기술을 사용할 필요가 있을 것이다. 이 방법은 특히 거절에 대해 죄의식을 느끼게 하거나 또는 교묘한 술수로 승낙을 얻고자 하는 사람에게 좋은 방법이다. 이런 경우에 기억해야 할 필요한 행동은 상대방이 요지를 파악할 때까지 침착하게 자신의 뜻을 반복하여 말해 주는 것이다. 여기서 주의해야 할 점은 공격적인 욕설이나 비자기표현적인 변명을 할 필요가 전혀 없다는 점이다. 단 한 번의 설명과 함께 계속 거절하는 것으로 충분하다. 어떤 모금원과 주부 사이에 벌어지는 다음 대화를 보면 요점이 분명해 질 것이다.

모금원 : 안녕하세요, 저는 희귀동물 보호기금을 만들려는 단체에서 나왔습니다. 모든 시민들과 관계된 문제에 관해 이야기를 나누었으면 합니다.
주 부 : 저는 지금 매우 바빠요. 또 관심도 없구요.
모금원 : 이 희귀동물은 멸종위기에 빠져 있다는 것을 알고 계십니까?
주 부 : 아뇨, 관심 없습니다.

모금원 : 어떤 특수한 집단이 훌륭한 자연을 보존하는 진지한 운동에 종사하고 있다는 것에 대해 당신이 관심을 기울여 주기를 진정으로 바랍니다.
주　부 : 나는 정말 관심이 없습니다.
모금원 : 가기 전에 이 봉투를 두고 갑니다. 내용물을 보시면 우리의 취지를 이해할 수 있고 당신이 적당한 금액을 어떻게 보낼 수 있는지에 대해 알게 될 것입니다.
주　부 : 싫어요. 관심이 없어요.

　거절하는 방법 이외에 바라지 않는 요청에 직면했을 때 대처할 수 있는 또 다른 대안이 있다. 즉 어떻게 대처할 것인가 하는 방법이 생각날 때까지 결정을 보류하는 것이다. 많은 사람들은 상대방과 쉽게 동의해 버리고 만다. 왜냐하면 그런 요청에 대한 준비가 전혀 없었기 때문이다. 거절할 만한 논리적인 이유에 대해 생각도 못한데다가 요청인에게 말할 수 있는 어떤 내용도 역시 생각해내지 못했기 때문이다. 때때로 그들은 거의 반사적으로 승낙해 버리고 만다.
　너무 명백한 일이어서 왈가왈부 할 필요조차 없지만, 당신은 대부분의 요청에 즉각적인 대답을 해야 할 아무런 의무도 없다는 점을 기억하는게 중요하다. "그것에 관해 좀 더 생각해 보고 싶다."는 대답은 전적으로 수긍할 만한 대답이 될 것이다.

□ 연습문제 □ IX - 7

　다음 연습은 Lange와 Jakubowski(1976)가 원하지 않는 요청에 대해 정중하게 거절하는 좋은 예를 제시했는데 그것을 인용한 것이다. 파트너와 함께 하거나 아니면 혼자서 행위연습 방법으로 연습해 보시오.
　자신에게 소중한 어떤 물건을 떠올리고, 상대방이 물건을 빌리기 위해 수다를 떨면서, 아첨하면서, 속이는 말로, 비굴하게, 죄의식을 가지고 또는 기타 방법으로 시도하는 장면을 상상해 보거나 실행해 보시오. 당신의 임무는 가능한 한 자기 표현적이고 지속적인 방법으로 요청해 대해 거절하는 것이다.

일단 이 단계를 마친 후엔, 상대방이 당신에게 당신의 원칙과는 상반되는 행동을 하게 하려고 당신이 소중하게 여기는 정직, 협조, 호의 등의 개인특성을 잡고 늘어지려 한다고 상상해 보라. 또 상대방은 할 수 있는 모든 책략을 다 사용한다고 상상해 보라. 당신이 해야 할 일은 공격적이거나 비자기표현적이 아니면서 자신의 결정을 고수하는 것이다.

두번째 연습은, 당신이 이미 어떤 행동에 대해 동의한 후에 파트너가 점점 더 요구를 강화해 나가는 경우이다. 예를 들어 당신이 주말에 파트너의 나무에 물을 주기로 했다면, 파트너는 일주일, 그 다음엔 한달 동안 그 요구 사항을 증가시키는 것이다.

자신의 위치를 지키면서 거절할 수 있을 정도로 자기표현적이 될 때까지 그와 비슷한 항목을 사용하면서 참가자들과 동일과정을 반복해서 연습하시오(처음에는 차를 하루만 빌려달라고 하였다가 한달까지 증가시키면서 계속 빌려달라는 친구의 요청을 거절하기). 그리고 난 후엔 최종적으로 원칙에 관계된 문제를 가지고 반복하시오(처음에는 선의의 거짓말을 하게 하다가 점점 더 심한 거짓말을 요구하는 경우를 상상하면서 거절해 본다).

5. 모범적인 대화의 예(Sample Dialogue)

이 장에 있는 원리원칙들을 좀 더 분명하게 하기 위해서, 갈등을 해소하기 위해 자기표현 원칙을 사용하면서 대화를 나누고 있는 두 대화자의 보기를 보도록 하자. Anna와 Margo는 대학 시절부터 친구관계다. 그때부터 그들은 같은 마을에 살았으며 공통 관심사에 대해 이야기를 나누었다. 테니스도 치고 성인교육에도 같이 참석했다. 그들은 같은 부류의 친구들과 어울렸으며 가족관계도 유사했다. 그리고 회사에서의 그들의 역할에 관해서도 많은 의견을 나누었다. 그들의 우정은 서로간에 호의와 조력을 베푸는 데까지 이르렀다. 한 사람이 아플 때면 다른 사람은 식사를 준비했다. 그들은 상대방의 부재시에 서로의 아이를 돌보아 주었고 한 사람이 어떤 계획을 세우면 다른 사람은 가능한 한 도와주곤 했다. 그런데 지난 해에 Anna는 성장 가능성이 많은 전망있는 실내장식업을 시작했다. 집 밖에서 일하면서 그녀는 주택에 관계된 일을 얻을 수 있었으며 이제는 커다란 상업적 계획까지 세우게 되었다. 그녀의 사업이 계속 번창하면서 Anna와 Margo는 새로운 문제에 부딪히게 되었다. 전에는 둘이서 장사에 대한 아이디어를 이야기하며 즐거운 시간을 보냈지만, 지금은 Anna에겐 자주 그렇게 보낼 시간이 없다. 서로서로의 집에 방문하여 잡담을 나누는 것이 그들 관계의 일부분처럼 되어 버렸으나 이제 Anna는 자신의 문제에 대해 더 깊이 언급하게 되는 것을 꺼려하게 되었다. 그런데 오늘 그 문제가 곧 바로 대두되었다. Anna는 필사적으로 어떤 한계를 그으려고 하고 있는데, Margo가 잡담하러 방금 들어왔고 오후 내내 시간을 보낼 준비를 하고 온 것처럼 보였기 때문이다.

Margo : 여하튼, 나는 네가 오늘 오후 나와 함께 마을에 내려가 새로 지은 은행을 보았으면 해. 정말 디자인이 잘 됐어. 나는 네가 그곳에서 어떤 좋은 아이디어를 얻을 수 있으리라고 봐.

Anna : (불명료하게) 으-응 참 좋은 생각이다.
나도 그랬으면 좋겠다.(비자기표현적 : 오늘 오후에 Anna가 하기 원하는 유일한 것은 그녀의 일을 꼭 마치는 것이다.)

Margo : 좋아, 그리고나서 나중에 과일을 얹은 아이스크림을 먹으러 Swensen의 가게에 들르면 좋을 거야.
일주일에 한 번 있는 근사한 일 아냐, 안 그래?

Anne : (할 일이 많은데 사회 생활의 감독 역할까지 하려드는 Margo에게 갑자기 분노를 느끼기 시작하자 빈정거리는 투로 말하면서)놀라와, 굉장한 일이야. 그리고 오후에 왜 아이쇼핑은 안하니? 또 체육관에 가서 테니스도 몇 게임 하고, 대학에 들러 새로 개설된 반이 없나 살펴보기도 하고 말이다. 결국 이런 낡아빠진 계획들은 오후를 모두 날려버릴 만큼 중요한 것은

아니잖아!(간접적인 공격)

Margo : 얘! 무엇이 문제니? 나는 다소간 어리숙한 일을 하는 것도 즐겁다고 생각해.

Anna : (목소리는 성질을 이기지 못해 실망과 분노로 범벅이 되지만, 이내 누그려 뜨린다)내가 너처럼 한가하지 않다는 것을 왜 모르니?

내가 만일 모든 것에 관심을 둘 수 있다면 얼마나 좋겠니? 그러나, 나는 해야 할 일이 있어. 나는 네가 일일이 이야기 하지 않아도 이해해 줄 것으로 생각했단 말이야(직접적 공격).

Margo : (어깨를 들먹이며 눈물을 감추지 못하고)내가 너를 괴롭히는 줄 몰랐어. 미안해. 내가 골치덩어리란 사실을 알았어야 했는데……
다시는 이런 일이 없을거야(문쪽으로 비틀거리며 걸어 간다).

Anna : 기다려. Margo, 미안해.

나는 지금 기진맥진한 상태에 있기 때문에 나의 진정한 뜻을 너에게 이야기 못했어. 아니면, 오래 전에 우리의 만남에 문제가 있다는 것을 이야기 했어야만 했는데, 내가 어느 누구보다도 너와 함께 있기를 좋아한다는 것을 너도 알지? 문제는 단지 사업에 정신을 빼앗기고 있는데 네가 예고도 없이 들려서 같이 놀기를 원하고, 집에 있으면서 일 해야 될 때도 너에게 휩쓸려 버릴 때가 있어. 그런 일이 있을 때 나는 죄의식을 느끼고 내가 좋은 친구가 못된다는 생각이 들어 마음이 괴로와. 설상가상으로 잘못은 솔직하게 털어놓지 못한 내게 있으면서도 너를 비난한거야. 나를 괴롭히고 있는 것이 무엇인지 알 수 있겠니? 너는 내 마음을 알지 못해.

(Anna는 자신의 문제소유, Margo의 귀찮은 행위, 그로 인한 결과와 자신의 감정을 인정하려고 "나-전달법"을 사용했다)

Margo : (이전보다 더욱 침통해 하며-그녀는 친구가 얼마나 오랫동안 그렇게 느꼈는지를 깨닫지 못했다)알았어. 너의 일이 우리의 우정보다 더 중요한 것이라는 사실을 깨달았어야 했는데 내가 말했듯이 더 이상 그런 일은 없을거야.

Anna : 아냐, Margo. 너는 내가 말하려는 뜻을 이해 못한 것 같아. 우리의 우정은 이전에 말했던 것 보다도 더욱 중요한 것이야. 그리고, 그것을 해치는 어떤 것도 원하지 않아. 단지 네가 예고 없이 방문했을 때만 그래. 내가 복잡한 상태에 있을 때의 한계성에 대해서 이야기 한거야. 나는 너를 방문할 수가 없는데, 너의 방문을 받으면 죄의식을 느끼게 되고 괴롭게 돼(자기표현의 반복).

Margo : (Anna가 아직도 그녀에게 어느 정도의 관심이 있다는 것을 확신하고)그럼 어떻게 행동해야 한다고 생각하니?

Anna : 내가 원하는 것은 일에 쫓기고 있을 때 방해받지 말았으면 하는 거야. 가장 좋은 방법은, 내가 바쁠 때는 너에게 말해줄 수 있게 네가 오기 전에 전화를 해주는 거라고 생각해. 만약 그렇게 한다면 내가 정신없이 바쁠 때는 너에게 이야기 해 줄 수 있고 이런 당혹스런 상황에 빠지지도 않을거야. 시간이 있을 경우엔 부담없이 같이 즐거운 시간을 보낼 수 있을거야 (Anna는 그녀의 요구를 이야기 했고, 요청을 했으며 승낙할 수 있을 때와 없을 때의 결과에 대해 말했다).

Margo : 내가 전화를 해야 한다는 것은 그다지 달갑지가 않아. 그렇게 하는 것은 어쩐지 나의 갑작스러운 방문을 막는 인위적인 방법 같아서 재미를 반감시킨단 말이야. 네가 바쁠 때면 그냥 돌아갈 수 있게 바쁘다고 말해 주는 건 어떠니?

(Margo는 그녀의 요구를 말했고 그들은 얼핏얼핏 떠오르는 가능한 해결책을 찾기 시작했다.)

Anna : 다른 생각이 떠올랐는데 말이야. 우리들이 함께 지낼 수 있게 일주일에 하루나 이틀 쯤 비워 놓을 수 있어. 그러면 그 때 서로 방문할 수 있잖아. 그렇게 되면, 내가 언제 일하고 언제 놀 것인

지 정확히 알 수 있겠는데 말이야.(좀더 나은 묘안을 떠올리며)

Margo : 흠, 그것 역시 너무 인위적이야.

들어봐, 전에 이 장식업이 너를 녹초로 만들고 있다고 하지 않았니? 몇 달 좀 쉬면서 정말 이 일이 얼마나 중요한 것인지 생각해 보지 그러니? 그럼 우리의 문제는 해결될거야.

Anna : 아니야, 그렇게 되면 일을 할 수가 없어.

이 일은 너무 중요해서 포기할 수가 없어. 내가 일도 하고 우리의 우정도 유지할 수 있는 해결책이 있을 거라고 확신해 (Anna는 자신의 중요한 가치를 단념해야 할 상황에 직면했을 때, 충분한 설명없이 딱부러지는 대답을 했다.)

Margo : 알았어, 네 일이 그렇게 중요하다는 것을 깨닫지 못했어. 그럼, 네가 바쁠 때는 나에게 알려주면 어때? 그때는 집에 있지 뭐. 그리고 연락이 없으면 와도 좋다는 걸로 해석할게.

Anna : 좋은 생각이야. 그렇게 한 두달 정도 잘 되는지 해보기로 하자. 잘 안되면 다른 방법을 모색하기로 해. 이런 문제에 관해 너와 이야기를 나누지 못한 내 자신이 최근 못마땅하다는 생각이 들어. 다시는 이런 문제로 악화되는 일이 없었으면 좋겠어.(두 친구는 최선의 해결책을 선택했으며, 진전상황을 점검하기 위해 만날 계획을 세운다)

Margo : (안도의 빛을 띠우며)나도 동감이야.

이 일이 끝나는 대로 연락해. 우리의 새로운 결속을 축하하기로 하자.

요 약

갈등은 어떤 것이든지 명백하게 서로 상치되는 하나 또는 그 이상되는 욕구의 집합에 의해 일어나는 것으로 간주된다. 왜냐하면 사람들의 욕구는 자주 달라진다고 예상할 수 있기 때문에 어떤 관계에 있어서나 갈등은 피할 수 없을 거라고 기대하는게 현실적이다. 성공적인 의사소통의 열쇠는 그러한 문제를 회피하지 말고 문제가 생길 때 능숙하게 처리하는데 있다.

자신의 욕구를 충족시킬 수 없을 때 행동할 수 있는 방식에는 네 가지가 있다. 첫째, 욕구를 무시하거나 그 중요성을 부인할 때는 비자기표현적으로 행동하는 것이다. 둘째 방법은 직접공격을 하는 것인데, 여기서는 문제가 있는 편에서 상대방을 비평하거나 비난을 퍼붓는 것이다. 세 번째 가능한 반응은 간접공격으로 좀 더 미묘한 방식으로 적개심을 표현하는 것이다. 마지막 방법은 자기표현인데, 이 방법은 성공할 확률이 가장 많을 뿐만 아니라 관계를 강화시켜 줄 수 있다.

자기표현적인 문제해결은 네 단계로 이뤄진다. 첫단계는, "나-전달법"의 언어를 사용함으로써 문제는 자신에게 있음을 확인하는 것이다. 두번째 단계는, 상대방이 정확하게 내용을 알 수 있도록 확실하게 하는 것인데, 이는 필요할 때 반복적인 자기표현 기술을 사용함으로써 가능해 진다. 세번째는 요청을 직접적으로 하고, 먼저 욕구에 대한 진술을 앞세운 다음 승낙이나 거부에 따르는 있을 수 있는 결과에 대한 묘사를 하는 것이다. 마지막 단계는 상대방의 욕구를 만족시키는 완벽한 해결책을 타협하는 것이다.

협상이 전혀 불가능한 경우도 있는데, 이 때는 무조건 거절하며, 가능하다면 설명을 덧붙이도록 한다. 이와 같은 상황을 예로 들자면, 거절하는 쪽에서 볼 때 별로 중요한 관계가 아닌 경우, 개인의 존엄성과 중요한 개인원칙이 관련된 경우, 협상에 실패한다고 해도 관계가 위협 받지 않는 경우 등이 포함된다. 사람들은 일반적으로 다음과 같은 두 가지 비합리적인 생각에 집착한 나머지 때때로 거절하기를 두려워한다. 첫째는 만인에게 인정받는게 중요하다는 생각이고, 둘째는 모든 사람의 욕구를 충족시키는게 언제나 가능하다고 믿는 그릇된 사고방식 때문이다. 대부분의 경우에 있어서 상대방은 요청에 대한 첫번째 거절을 수긍하려 들지 않을 것이다.

  이런 일이 생길 때는 자신의 의사를 분명하게 전달하기 위하여 반복적인 자기표현을 사용하는게 중요하다. 마지막으로, 요청을 받자마자 곧 항상 대답해야 할 필요는 없다는 점을 깨닫는게 중요하다. 달리 얘기해서 어떤 경우에는 제안에 대해 생각해 볼 시간이 필요하다고 간단히 얘기하는게 더욱 바람직한 경우도 있다는 말이다.

부록 I
가능한 자기표현 목표

    이 리스트는 평범한 자기표현 목표들을 많이 포함하고 있다. 자세히 살펴보면 자신의 자기표현 목표행동을 선택하고 분명히 하는데 도움이 될 것이다.

    이 리스트는 네 가지 범주로 나누어져 있으며 각 범주는 자기표현적인 의사소통의 여러 가지 양상을 다루고 있다. 당신이 그 항목들을 읽을 때 자신에게 유익하게 작용될 만한 항목 옆에다 표시를 하도록 하라. 이 단계를 마치자 마자, 당신은 여러 범주로부터 얻은 요소들을 결합함으로써 몇몇 개인적인 목표들을 분명히 지적할 수 있을 것이다. 예를 들어, 당신은 공공장소에서 기부를 해달라고 조르면서 접근하는 낯선 사람에게 크고 확고한 목소리로 거절하겠다고 결심할 수 있을 것이다. 각 목표를 정하면서 부록에 그것을 기록하도록 하라.

A. 좀 더 자기표현적인 행동으로 대처하고 싶은 사람

_____ 부   모
_____ 자   식
_____ 배 우 자
_____ 친   척
_____ 동 업 자
_____ 관 리 인
_____ 부   하
_____ 낯선사람

_____ 이　웃
_____ 친　구
_____ 교　사
_____ 판 매 원
_____ 내과의사
_____ 고 용 인
_____ 기　타

B. 좀 더 자기표현적인 행동을 하고자 하는 환경
_____ 가정에서
_____ 공장에서
_____ 학교에서
_____ 파티에서
_____ 공식석상에서
_____ 가게에서
_____ 레스토랑에서
_____ 기　타
_____ 익숙치 않은 장소에서(길을 잃었을 때 등)
_____ 그룹에서
_____ 기　타

C. 좀 더 자기표현적으로 말하고 싶을 때의 감정적 기분
_____ 분　노
_____ 분　주
_____ 피　곤
_____ 행　복
_____ 슬　픔
_____ 당　황
_____ 애　정
_____ 마음의 상처
_____ 방　어

D. 좀 더 자기표현적으로 논의하고 싶은 주제

_____ 재   정
_____ 성
_____ 정   치
_____ 종   교
_____ 음담패설
_____ 부모와 자녀간의 대화
_____ 기   타

E. 자신이 습득하고 싶거나 향상시키고 싶은 기술

달갑지 않은 요청을 거절하는 일
대화를 시작하는 일
대화를 진행시키는 일
대화를 끝맺는 일
질문하는 일
도움을 요청하는 일
비평에 대처하는 일
비난하려고 하는 일
필요한 것을 밝히는 일
느낌을 말로 표현하는 일(구체적인 느낌을 기술할 것)
느낌을 몸짓으로 표현하는 일(구체적인 느낌을 기술할 것)
자기 소개를 하는 일
개인의 권리를 옹호하는 일
개인적 의견을 표현하는 일
칭찬하는 일
칭찬받는 일
'나는(I)'이라는 말을 사용하는 일
문제의 원천을 밝히는 일
손해가 없도록 협상하는 일

결론을 추진시키는 일
의사소통을 위한 적당한 거리를 선택하는 일
얼굴표정을 개선시키는 일
몸짓을 개선시키는 일
자세를 개선시키는 일
몸의 방향을 개선시키는 일
적당한 크기로 말하는 일
적당한 속도로 말하는 일
유창함을 증진시키는 일("음" "어"따위를 줄이는 일)
적당한 어조로 말하는 일
적당한 억양으로 말하는 일
완전한 문장으로 말하는 일
단순하고 핵심적인 문장으로 생각을 분명하게 표현하는 일
한정어 사용을 줄이는 일

부록 II
개인적인 자기표현 목표

아래의 빈칸을 사용하여 좀 더 자기표현적인 행동을 하기 원하는 구체적인 방법을 기록하라. 생각이 나는 대로 목표를 적어 놓는 것이 중요하다. 자신의 모든 목표행동들을 한 곳에 모아 보관시킴으로써 유사한 목적은 어떤 것이나 더욱 폭넓은 범주로 쉽게 정리할 수 있으며 그 후에는 목표달성의 우선 순위를 정하는데 유용하게 사용할 수 있을 것이다.

개인적인 목표들을 써나감에 있어서는 반드시 지시된 형태를 따라야 한다. 처음엔 관련된 사람이나 사람들을 말하고 다음에는 더욱 효과적인 의사소통을 하고 싶은 상황을 말하라. 자신의 감정적 기분이나 시간과 장소가 중요하다면 그것들도 말하라. 마지막으로 자신이 행동하고자 하는 구체적이고 바람직한 방법을 기록해야 한다는 점을 명심해야 한다. 만약 이러한 문제들에 대해 대답함에 있어서 어려움이 생기면 제3장을 보도록 하라.

자기표현 목표 1

관련된 사람들 :

더욱 자기표현적인 행동을 하기 원하는 상황 :

행동하고자 하는 구체적인 방법 :

자기표현 목표 2

관련된 사람들 :

더욱 자기표현적인 행동을 하기 원하는 상황 :

행동하고자 하는 구체적인 방법 :

자기표현 목표 3

관련된 사람들 :

더욱 자기표현적인 행동을 하기 원하는 상황 :

행동하고자 하는 구체적인 방법 :

자기표현 목표 4

관련된 사람들 :

더욱 자기표현적인 행동을 하기 원하는 상황 :

행동하고자 하는 구체적인 방법 :

자기표현 목표 5

관련된 사람들 :

더욱 자기표현적인 행동을 하기 원하는 상황 :

행동하고자 하는 구체적인 방법 :

자기표현 목표 6

관련된 사람들 :

더욱 자기표현적인 행동을 하기 원하는 상황 :

행동하고자 하는 구체적인 방법 :

자기표현 목표 7

관련된 사람들 :

더욱 자기표현적인 행동을 하기 원하는 상황 :

행동하고자 하는 구체적인 방법 :

자기표현 목표 8

관련된 사람들 :

더욱 자기표현적인 행동을 하기 원하는 상황 :

행동하고자 하는 구체적인 방법 :

자기표현 목표 9

관련된 사람들 :

더욱 자기표현적인 행동을 하기 원하는 상황 :

행동하고자 하는 구체적인 방법 :

자기표현 목표 10

관련된 사람들 :

더욱 자기표현적인 행동을 하기 원하는 상황 :

행동하고자 하는 구체적인 방법 :

자기표현 목표 11

관련된 사람들 :

더욱 자기표현적인 행동을 하기 원하는 상황 :

행동하고자 하는 구체적인 방법 :

자기표현 목표 12

관련된 사람들 :

더욱 자기표현적인 행동을 하기 원하는 상황 :

행동하고자 하는 구체적인 방법 :

자기표현 목표 13

관련된 사람들 :

더욱 자기표현적인 행동을 하기 원하는 상황 :

행동하고자 하는 구체적인 방법 :

자기표현 목표 14

관련된 사람들 :

더욱 자기표현적인 행동을 하기 원하는 상황 :

행동하고자 하는 구체적인 방법 :

자기표현 목표 15

관련된 사람들 :

더욱 자기표현적인 행동을 하기 원하는 상황 :

행동하고자 하는 구체적인 방법 :

자기표현 목표 16

관련된 사람들 :

더욱 자기표현적인 행동을 하기 원하는 상황 :

행동하고자 하는 구체적인 방법 :

자기표현 목표 17

관련된 사람들 :

더욱 자기표현적인 행동을 하기 원하는 상황 :

행동하고자 하는 구체적인 방법 :

자기표현 목표 18

관련된 사람들 :

더욱 자기표현적인 행동을 하기 원하는 상황 :

행동하고자 하는 구체적인 방법 :

자기표현 목표 19

관련된 사람들 :

더욱 자기표현적인 행동을 하기 원하는 상황 :

행동하고자 하는 구체적인 방법 :

자기표현 목표 20

관련된 사람들 :

더욱 자기표현적인 행동을 하기 원하는 상황 :

행동하고자 하는 구체적인 방법 :

부록 Ⅲ
가능한 자기표현 목표

다음 도표들은 제6장에서 언급한 대로 자기표현 훈련 계획의 심장부에 속한다. 이 도표들은 당신이 원하는 의사전달 방식을 정확하게 요약해 줄 것이다. 그리고 당신의 목표와 관련하여 당신이 어떤 위치에 있는지 보여 줄 것이다. 이 도표들은 당신의 진전 정도를 평가하는 것 외에도 계획을 추진하는 동안 일어날 문제들을 분석하고 해결하도록 도와 줄 것이다. 완성된 진도표에 대해서는 부록 Ⅳ를 보기 바란다.

당신의 도표를 완성하기 위해 다음과 같은 단계를 밟으시오.
1. 행동으로 분명하게 나타나는 의사전달 목표를 세울 것.
   그런 다음, 도표 위의 적당한 여백에 목표를 기록할 것.
2. 변화를 시도하기 전에 당신이 목표한 행동에 관계된 횟수를 측정하는 기준선 설정기간을 기록할 것.
3. 중간목표들을 설정할 것. 당신은 목표행동을 점차적으로 늘려가기 위해 중간목표들을 이요하게 될 것이다. 첫 번째 중간목표는 반드시 빈도 기준선 약간 위에 설정하고 꼭 성공할 수 있도록 각 목표사이에 충분한 여유를 둘 것. 자신의 중간목표들이 독립된 요소로 이루어져 있다면 중간목표들에 관계된 진행과정을 기록하는 것은 이 부록에 있는 보조도표를 최종목표행동에 관계된 빈도수는 주도표를 이용할 것. 부록 Ⅳ에 있는 보조도표 샘플을 볼 것.
4. 자신을 표현하는 행동 회수를 증진시키기 위해 사용할 수 있는 다양

한 보강재들을 목록으로 만들 것. 이들 보강재는 다음과 같이 두가지 범주로 구분된다.

a. 개개의 자기표현 행동에 대해 자기 자신에게 줄 수 있는 보상 (필수적)
b. 각 중간목표 달성을 위한 보상(선택적)
   토큰(token)과 다양한 보강재들을 충분히 검토해야 한다는 점을 기억 할 것.

♣ 자기수정 진도표 ♣

임시 중간목표   보 강 재

1. _____   _____
2. _____   _____
3. _____   _____
4. _____   _____
5. _____   _____
6. _____   _____
7. _____   _____
8. _____   _____

아래(C)에 묘사된 표적행위의 빈도수 │
                                   │
                                   └─────────────────────────
                                              날 짜

목   표

a. 관련된 사람들

b. 좀 더 자기표현적으로 행동하고 싶은 상황

c. 증진시키고 싶은 구체적인 행동

요소 접근법을 따른 계획들은 중간목표와 보강재들을 기록하기 위해 아래에 있는 "보조 진행표"를 이용해야만 함.

♣ 보조진행표 ♣
(부록 Ⅳ에 있는 샘플)

1. 도표를 이용하여 독립된 요소들로 이루어진 중간단계들을 계획할 것.
2. 각 요소들을 실행에 옮길 때, 그래프의 맨 왼쪽 여백에 그것을 설명하고 즉시 아래에 자신의 진행과정을 기록할 것.
3. 각각의 중간목표와 함께 당신이 그 빈도수를 늘리기 위해 이용할 보강재들을 설명할 것.
4. 아래에 기록된 중간목표 외에도 "자기수정 진도표" 위에 당신의 최종목표에 대한 빈도수도 계속 기록해 나가도록 할 것. 각 중간목표를 달성하게 될 때 최종목표가 진전돼 나가는 것을 보기 시작할 것이다.

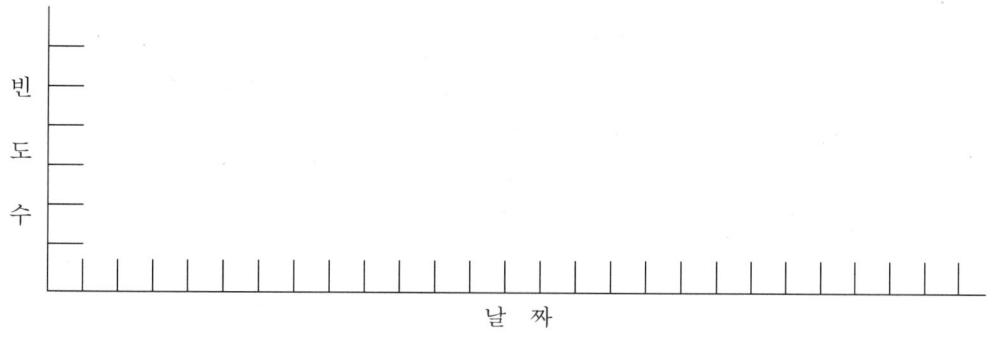

부록 IV
샘플 자기수정 진도표

다음 도표들은 자기수정 계획을 추진해 가는 동안의 진행과정 기록방법을 예시해 주고 있다. 각 도표들은 다음과 같은 사항을 분명하게 나타내고 있음을 주의해서 보기 바란다.

a. 표적행동의 묘사
b. 적당한 기간동안의 기본 자료 기록
c. 현실적인 최종목표 설정
d. 실현가능한 중간목표 설정
e. 달성한 목표들을 보상해 줄 수 있는 보강재의 구체적인 명시

이 도표들을 검토할 때는 페이지를 읽은 후 자신이 선택한 행동계산 방법을 보여주는 한 가지 도표에 세심한 주의를 기울여야 한다.

♣ 자기수정 진도표 ♣
지속기간 측정법(토큰 보강재)

	임시 중간목표	보 강 재
1.	5분	1점 = 중간목표를 달성하기 위한 대화
2.	6분	5점 = 한 시간의 수영
3.	7분	10점 = 주말 뱃놀이
4.	8분	

5. _9분_   15점 = 새 카메라 렌즈
6. _10분_   20점 = J.L. 방문여행
7. _____ _____
8. _____ _____

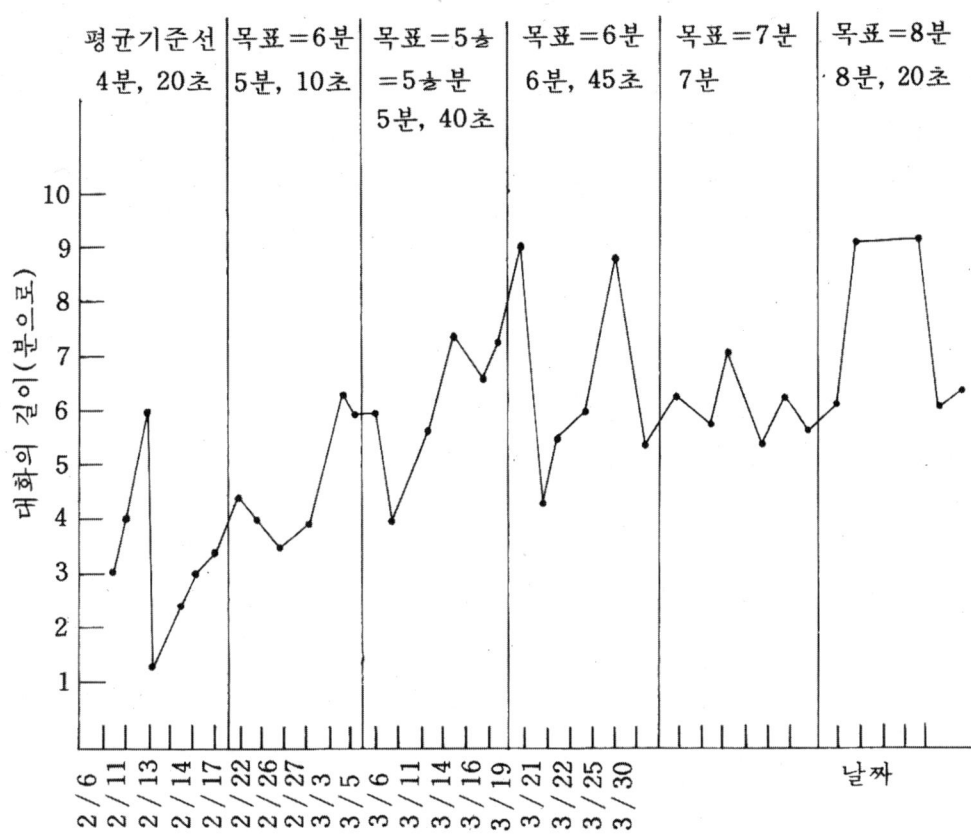

목   표

a. 관련된 사람이나 사람들 : 내가 만나는 사람 중 흥미있게 보이는 사람

b. 좀 더 자기표현적으로 행동하고 싶은 상황 : 광범위한 대화가 허용되는 파티나 혹은 다른 경우(충분한 시간으로 안정됨)

c. 증진시키고 싶은 구체적인 행동 : 대화의 길이를 10분 혹은 그 이상을 늘이기

♣ 자기수정 진도표 ♣

백분율법

임시 중간목표	보 강 재
	내가 한 가지 의견을 표현할 때마다 다음 중의 하나를 할 수 있다.
30%	15분동안 T.V. 뉴스를 보는 것
40%	10분동안 타임지를 읽는 일
50%	잠자기 전에 간식하기
60%	공원까지 자전거 타기
70%	

주의 : 나의 의견을 70% 표현하는 것이 내게 적당하다. 때론 침묵하는 것이 좋다.

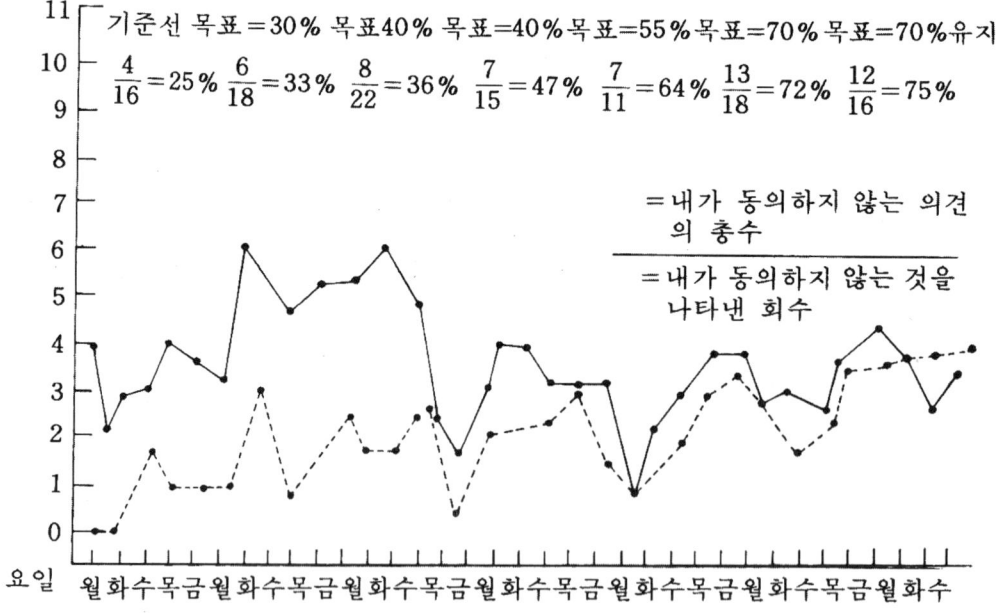

목 표

a. 관련된 사람이나 사람들 : 관리인들과 일하는 동료들.

b. 좀 더 자기표현적으로 행동하고 싶은 상황 : 일 내용에 대해 그들과 의견이 맞지 않을 때.

c. 증진시키고 싶은 구체적인 행동 : 나의 의견을 명확히 표현하는 것.

♣ 자기수정 진도표 ♣

요소 접근법(다음 페이지도 볼 것)

임시 중간목표	보 강 재
1. 개방적인 질문으로 인터뷰를 시작하기	다음 페이지를 볼 것
2. 시간 당 최소한 20가지 질문하기	
3. 질문하는 동안 눈맞춤	
4. 끊어짐이 없이 얘기하기	
5. 혼동될 때는 명확한 내용을 요구하기	
6.	
7.	
8.	

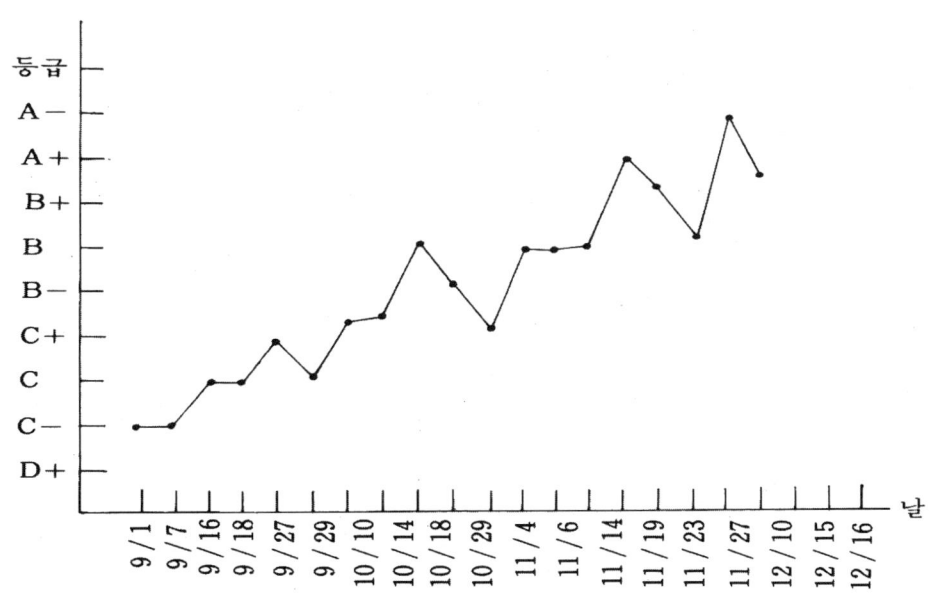

목 표

a. 관련된 사람이나 사람들 : 관리인들과 일하는 동료들.
b. 좀 더 자기표현적으로 행동하고 싶은 상황 : 인터뷰를 준비하고 수행하는 동안
c. 증진시키고 싶은 구체적인 행동 : 저널리즘 수업에서의 논문성적

♣ 보조진도표 ♣

1. 이 도표를 이용하여 독립된 요소들로 이루어진 중간단계들을 계획할 것.
2. 각 요소를 수행할 때 그래프 위에 맨 왼쪽 여백에 그 요소를 설명할 것.
3. 각 중간목표와 함께 중간목표의 빈도수를 증진시키기 위해 사용할 보강재에 대해 설명할 것.
4. 아래에 기록한 중간목표 외에도 "자기수정 진도표"에다 최종 목표에 대한 빈도수도 계속 기록해 나가도록 할 것. 각 중간목표를 달성하게 될 때 당신의 최종목표가 진전돼 나가는 것을 보기 시작하게 될 것이다.

	빈 도 수	
9월 1일 〃 7일 〃 16일 〃 18일	-예 -예 -예 -예	개방적인 질문으로 인터뷰 시작하기(보강재 일류 음식점에서 점심)
9월 27일 〃 29일 10월 10일 〃 14일	-30분 동안 15번 질문 = OK -45분 동안 10번 질문 = 보강재가 없음. -65분 동안 25번 질문 = OK -35분 동안 14번 질문 = OK	시간당 최소한 20가지 질문하기(보강재 = 지도자에게 진전에 대해 자랑함)
10월 18일 〃 26일 11월 4일 〃 6일	-7/15 = 47% = 보강재 없음. -16/20 = 80% = 책 구입 -9/10 = 90% = 공상과학소설책 구입.	질문하는 동안 계속 눈맞춤을 유지하기(보강재 = 80% 성공률이면 책이나 영화를 봄)
11월 14일 〃 19일 〃 23일 〃 27일 12월 3일	-27/32 = 84% = 영화관람 -6번 중단 = 보강재 없음 -8번 중단 = 실패 -3번 중단 = 성공 -2번 중단 = OK -3번 중단 = 가장 어려운 목표	중단하지 말고 계속 이야기하기(보강재 = 3번 혹은 그보다 더 중단없이 얘기가 이루어지면 늦잠을 잠)
12월 10일 〃 15일 〃 16일	-2/3 = 66% = 파티 없음. -4/4 = 100% = 성공! -0/11 = 82% = OK - - -	혼동될 때는 명확한 내용을 요구하기(보강재 = 80% 성공률일 때 술파티를 가짐)

Selected References

Adler, R. and Towne, N. *Looking out/Looking In: Interpersonal Communication*. New York: Holt, Rinehart and Winston, 1975.

Alberti, R. and Emmons, M. *Your Perfect Right*, 2nd ed. San Obispo, Calif.: Impact, 1974.

Aronson, E. *The Social Animal*. New York: Viking press, 1972.

Bach, G and Goldberg, H. *Creative Aggression*. New York: Doubleday, 1974.

_____ and Deutsch, R. *Pairing*. New York: Avon, 1970.

_____ and Wyden, P. *The Intimate Enemy*. New York: Avon, 1968.

Bernstein, D. and Borkovec, T. *Progressive Relaxation. Training*. Champaign, Ill.: Research Press, 1973.

Bodner, G. "The Role of Assessment in Assertion Training." *Counseling Psychologist*, 5, no. 4(1975), 90–66.

Cotler, S. and Guerra, J. *Assertion Training: A Humanistic—Behavioral Guide to self-Dignity*."Champaign, 111.:Research Press, 1976.

Dunbar, F. *Mindand Body: Psychosomatic Medicine*. New York: Random House, 1947.

Ellis, A. *Humanistic Psychotherapy: The Rational—E motive Approach*. New York: Julian Press, 1973.

_____. *Reason and Emotion in Psychotherapy*. New York: Lyle Stuart, 1962.

_____. and Harper, R. *A New Guide to Rational Living*. Englewood Cliffs, N.J.: Prentice-Hall, 1975.

Fenterheim, H. and Baer, J. *Don't Say Yes When You Want to Say No*. New York: David McKay, 1975.

Flowers, J., Cooper, C., and Whitley, J. "Approaches to Assertion Training." *Counseling Psychologist*, 5, no. 4(1975).

Franks, C.(ed.) *Behavior therapy: Appraisal and Status.* New York: McGraw-Hall, 1969.

Gordon, T. *The Basic Modules of the Instructor Outline for Effectiveness Training Courses.* Pasaden a, Calif.: Effectiveness Training Associates, 1971.

_____. *Parent Effectiveness Training.* New York: Peter H. Wyden, 1970.

Hall, E. *The Hidden Dimension.* Garden City, N.Y.: Doubleday, 1969.

_____. *The Silent Language.* Greenwich, Conn: Fawcett Books, 1959.

Herson, M. and Bellack, A. "Assessment of Social Skills" in Ciminero, A., Calhoun, K., and Adams, H.(eds.) *Handbook for Behavioral Assessment.* New York: Wiley, 1977.

Jakubowski, P. and Lacks, P. "Assessment Procedures in Assertion Training." *Counseling Psychologist*, 5, no. 4(1975), 84−90.

Kanfer, F. and Goldestein, A. *Helping People Change.* Elmsford, N. Y.: Pergamon Press, 1975.

Langer, E. and Abelson, R. "The Semantice of Asking a Favor: How to Succeed in Getting Help Without Really Dying." *Journal of Personal and Social Psychology* 24 (1972), 26−32.

Lazaus, A. and Fay A. *I Can if I Want To.* New York: William Morrow, 1975.

McCroskey, J. "The Implementation of a Large−Scale Program of Systematic Desensitization for Communication Apprehension." *Speech Teacher*, 21, no. 4(1975), 225−264.

McQuade, W. and Aikman, A. *Stress.* New Yorl: E. P. Dutton, 1974.

Mahoney, M. and Thoresen, C. *Self-Control: Power to the person.* Monterey, Calif.: Brooks/Cole, 1974.

Marquis, J., Morgan, W. and Piaget, G. G. *A Guidebook for Systematic Desensitization*, 4th ed. Palo Alto, Calif.: Veterans' Administration Hos Pital, 1974.

Moriarty, T. "A Nation of Willing Victims." *Psychology Today*, 8, no. 11 (April 1975), 43−50.

Mulac, A. and Sherman, A. "Behavioral Assessment of Speech Anxiety." *Quarterkt Journal of Speech*, 60, no 2(1974), 135−143.

Osborn, S. and Harris, G. *Assertive Training for Woman* Spring-fiedl, 111.: Charles Thomas, 1975.

Paul, G. and Shannon, D. "Treatment of Anxiety through Systematic Desensitzation in therapy Groups." *Journal of Abnormal and Social Psychology*, 71(1966), 124−135.

Perls, F. *Gestalt Therapy Verbatim.* Lafayette, Calif.:Real People Press, 1969.

Phillips, G. "Reticence:Pathology of the Normal Speaker,"*Speech Mono graphs*, 35 (1968), 39−40.

_____. "The Reticent Syndrome:Some Theoretical Considertations about Etiology and Treatment."*Speech Monographs*, 40(1973), 220−230.

Powell, J. *Why Am I Afraid to Tell You Who I Am?* Chicago:Argus Communications, 1969.

Rathus, S. "Principles and Practices of Assertive Training:An Eclectic Overview." *Counseling Psychologist*, 5, no. 4(1975), 9−19

Rimm, D. and Nasters, J. *Behavior Therapy: Techniques and Empirical Findings.* New York:Academic Press, 1974.

Sawery, W. "An Experimental Investigation of the Role of Psychological Factors in the Production of Gastric Ulcers in Rats."*Journal of Compatative Physiological Psycholoogy*, 49(1956), 457−461.

Selye, H. *The Stress of Life.* New York:McCraw-Hill, 1956.

Shelton, J. and Ackerman J. *Homework in Counseling and Psychotherapy.* Springfield, Ill.:Charles C Thomas, 1974.

Sherman, A. "Real-Life. New York:McCraw-Hill, 1956.

Shelton, J. and Ackerman, J. *Homework in Counseling and Psychotherapy.* Springfield, Ill.:Charles C Thomas, 1974.

Sherman, A. "Real-Life Exposure as a Primary Therapeutic Factor in the Desensitization Treatment of Fear"Journal of Abnormal Psychology, 79, no. 1 (1972), 38−43.

Smith, M. *When I Say No, I Feel Guilty.* New York : Bantam, 1975.

Suinn, R. "Body Thinking : Psychology for Olympic Champs." *Psychology Today*, 10, no 2(1976), 38−43.

Watson, D. and Tharpm R. *Self-Directed Behavior:Self-Modification for Personal Adjustment.* Monterey, Calif:Brooks/Cole, 1972.

Wolf, S. *The Stomarch.* Oxford:Sxford University Press, 1965. Wolfe, J. and Fador, I. "A Cognitive/Behavioral Approach to Modifying Assertive Behavior in Woman." *Counseling Psychologist*, 5. no. 4(1975).

Wolpe, J. *The Practice of Behavior Therapy*, 2d ed. Elmsford, N.Y.:Pergamon Press, 1973.

_____. *Psychotherapy by Reciprocal Inhibition.* Stanford, Calif.:Stanford University

Press, 1958.

———. and Lazarus, A. *Behavior Therapy Techniques.* Elmsford, N. Y.: Peragmon Press, 1966.

Wood, J. *What Are You Afraid of?* Englewood Cliffs, N.J.: Prentice Hall, 1975.

Zimbardo, P., Pilionis, P., and Norwood, R. "The Silent Prison of Shyness." Unpublished manuscript, Stanford Universiyt, 1974.

———., ———., and ———. "The Social Disease Called Shyness." *Psychology Today*, 8, no. 12(1975), 68-72.

Zunin, L. and Zunin, N. *Cuntact: The First Four Minutes.* New York: Ballantine Books, 1972.

索　引

(ㄱ)

간접공격	304, 309
갈등의 본질	301
갈등의 형태	303
감정표현	247, 252
강화	51
개방적인 질문사용	235
개인적인 효율성 훈련	24
개인접근법	194
거절하기	339
결합과정	167
결합접근법	200
공적인 거리	87
공포감	138
과정된 두려움	139
구체적 보강재	204
구체적인 적용	218
기본 이완과정	154
경청하기	241

(ㄴ)

나-전달법	267
내면적 보강재	206
내재적 행위연습(covert rehearsal)	129
눈맞춤	85

(ㄷ)

대화기술의 문제	228
대화기술	219
대화의 시작	229
데이터 기록방법	184
도움의 요청과 수락	231
동의하기	281
두려움을 유발하는 모델	143
둔감화(desensitization)	159

(ㅁ)

목소리의 크기	88
목표행위 정의과정	102

목표행위 모델관찰	118	순수 둔감화	164
목표행위 연습(rehearsal)	119	시각적 요소	85
목표행위 준비태세	112	실제 둔감화	161
몸동작과 자세	87		
몸의 방향	88		
무력함에 대한 믿음	60		
문제의 확인	73		
문제점을 행동을 규정짓기	78		

(ㅇ)

언어적 요소	91
얼굴 표정	87
여분의 정보이용하기	232
역할연습	297
영상화 연습	163
완전성에 대한 믿음	55
외현적 행위 연습(overt rehearsal)	121

(ㅂ)

반영적 경청	270
백분율	179
보강재	202
보강재유형	204
불안을 다루는 방법	147
불안 상황카드	151
비자기표현의 결과	41
비자기표현의 범위	37
비자기표현적인 행동	51
비평에 대처하는 방법	273
빈도접근법	193
빈도수 측정	177
비합리적인 자세	144

요소	197
요소접근법	198
위계설정(hierachy building)	149
유창함	89
음성적 요소	88
의사소통에 따른 불안 다루기	135
의사소통의 여러단계	220
일상적인 대화	221

(ㅈ)

(ㅅ)

수동적 경청	242
사회적 보강재	204
상황접근법	196
셈 과정	158
수용에 대한 믿음	57

자기개방	238
자기수정	173
자기 완성적 예언	66
자기표현의 개념	23
자기표현 문제영역	32
자기표현 범위	37
자기표현의 기초	72

자기표현의 필요성	21	출발점 설정	177
자기표현의 요소	85		
자기표현적인 반응	309	(ㅍ)	
자기표현적인 비평대처	257	파국적 실패	61
자기표현의 정의	28	폐쇄적 질문(closed ended question)	236
점진적인 이완	153	표적 행동	96
정감	90		
준비단계	192	(ㅎ)	
중간단계의 유형	193	행동목표 설정	108
중재계획(intervention plan)	202	행위목표 설정	176
지속시간 측정방법	178	행위연습(behavior rehearsal)	111
진전상황 그래프 작성	186	행위연습 단계	116, 118
직접공격	304, 309	활동 보강재	205
		회상 과정	158
(ㅊ)			
처벌(punishment)	211		
체계적인 자기 둔감화	162		
칭찬	231		

한국심리상담연구소 생활심리시리즈

1. 부모역할 배워지는 것인가
   T. Gordon, J. G. Sands공저 / 김인자 역 / 값 12,500원

2. 인간관계와 자기표현
   R. B. Adler 저 / 김인자 역 / 값 12,000원

3. 적응심리 (개정판)
   E. Atwater 저 / 김인자 역 / 값 16,000원

4. 당신의 삶은 누가 통제하는가
   W. Glasser 저 / 김인자 역 / 값 12,500원

5. 현실치료상담의 적용 I
   R. E. Wubbolding 저 / 김인자 역 / 값 12,000원

5-1. 현실요법(치료상담) 사례집('96, '97)
   김인자 엮음 / 값 5,000원('96), 값 5,000원('97)

5-2. 현실요법(치료상담) 논문집('96, '02)
   김인자 엮음 / 값 8,000원('96), 값 4,500원('02)

6. P.E.T. 논문집('93, '94)
   김인자 엮음 / 값 4,000원('93), 값 5,000원('94)

7. 좋은 학교
   W. Glasser 저 / 김인자 엮음 / 값 10,000원

8. 사람의 마음을 여는 열쇠 8가지
   김인자 저 / 값 8,500원

9. 열린 부모 신나는 아이들
   김인자 엮음 / 값 7,500원

10. 현실치료상담과 선택이론
    김인자 저 / 값 10,000원

11. 다이어트는 이제 그만
    J. McFadden 저 / 김인자, 서민경 역 / 값 6,500원

12. 긍정적 중독
    W. Glasser 저 / 김인자 역 / 개정판 작업 중

13. 어린이 마음을 여는 기술
    R. E. Wubbolding 저 / 이양희 역 / 값 6,500원

14. 자신을 행복하게 만드는 비결
    R. E. Wubboling 저 / 김은진 역 / 값 6,000원

15. 어떠한 학생이라도 성공할 수 있다.
    W. Glasser 저 / 박재황 역 / 값 8,500원

16. 마음의 병을 고친 사람들 이야기
    Naomi Glasser 저 / 조성희 외 역 / 값 8,000원

17. 좋은 선생님이 되는 비결
    W. Glasser 저 / 박정자 역 / 값 6,000원

18. 현실요법(치료상담) 연구집
    한국현실요법연구회 엮음 / 값 5,000원

19. 현실치료상담-선택이론 'Blue Chart 설명서'
    The William Glasser Institute 저 / 값 5,000원

20. 헌팅턴우즈는 이렇게 해서 좋은학교가 되었다
    W. Glasser 저 / 좋은학교 연구회 역 / 값 7,000원

21. 좋은학교를 만드는 비결 S. Ludwig & K. Mentley저 /
    계수정, 김희수 외 공역 / 값 8,000원

22. 당신도 유능한 상담자가 되고 싶은가
    W. Glasser 저 / 김인자 역 / 값 12,000원

23. 현실치료상담과 선택이론 Intensive Week 자료집: 기초 / 중급
    수강 시 수령.   김인자 엮음 / 기초 & 중급 - 값 5,000원

24. 아이에게 행복을 가르쳐 주세요.
    Robert A. Sullo저 / 한귀선 역 / 값 6,500원

25. 섬유근육통, Fibromyalgia
    W. Glasser 저 / 김인자, 박은미 역 / 값 8,500원

26. 동기부여를 위한 효과적인 의사소통 기술
    R. E. Wubboling 저 / 신난자 옮김 / 값 8,000원

27. 경고: 정신과 치료가 당신의 정신건강에 피해를 줄 수 있다.
    W. Glasser 저 / 박재황 역 / 값 12,000원

28. 불행한 10대를 도우려면
    W. Glasser 저 / 박광석 역 / 값 9,500원

29. 당신은 어떤 사람으로 살고 싶은가
    Harold S. Kushner 저 / 박은미 역 / 값 8,500원

30. 성격강점과 덕목의 분류(CSV)
    C. Perterson & M. Seligman저(2019년 인쇄예정 없음)

31. 수필집 - 처음 살아보는 오늘
    김인자 저 / 값 10,000원

32. 행복을 선택하는 부부
    W. Glasser 저 / 홍미혜 역(2019년 인쇄예정 없음)

35. 긍정심리학 프라이머
    C. Peterson 저 / 문용린, 김인자 외 역 값 23,000원

36. 현실치료(상담)의 적용 II
    R. E. Wubboling 저 / 박재황, 김은진 역 / 값 12,000원

37. 선택이론(구, 행복의 심리)
    W. Glasser 저 / 김인자, 우애령 역 / 값 12,500원

38. 내 삶의 주인이 되다(Take charge of your Life)
    W. Glasser 저 / 김인자, 홍미혜 역 / 값 13,000원